Karlheinz Schüssler



# Kleine Geschichte der ägyptischen Kunst

DuMont Buchverlag Köln

*Auf der Umschlagvorderseite:* Wandmalerei im Grab des Sennefer in Schech Abd el-Kurna, Theben-West. 18. Dynastie, um 1420 v. Chr.
*Auf Seite 2:* Holzrelief aus der Mastaba des Beamten Hesire. Kairo, Ägyptisches Museum. 3. Dynastie, um 2600 v. Chr. Aus Sakkara. Höhe 1,14 m

CIP-Titelaufnahme der Deutschen Bibliothek

**Schüssler, Karlheinz:**
Kleine Geschichte der ägyptischen Kunst / Karlheinz Schüssler.
– Erstveröff. – Köln : DuMont, 1988
(DuMont-Taschenbücher ; 214)
ISBN 3-7701-1602-X
NE: GT

Erstveröffentlichung

Satz und Druck: Rasch, Bramsche
Buchbinderische Verarbeitung: Bramscher Buchbinder Betriebe

Printed in Germany ISBN 3–7701–1602–X

# Inhalt

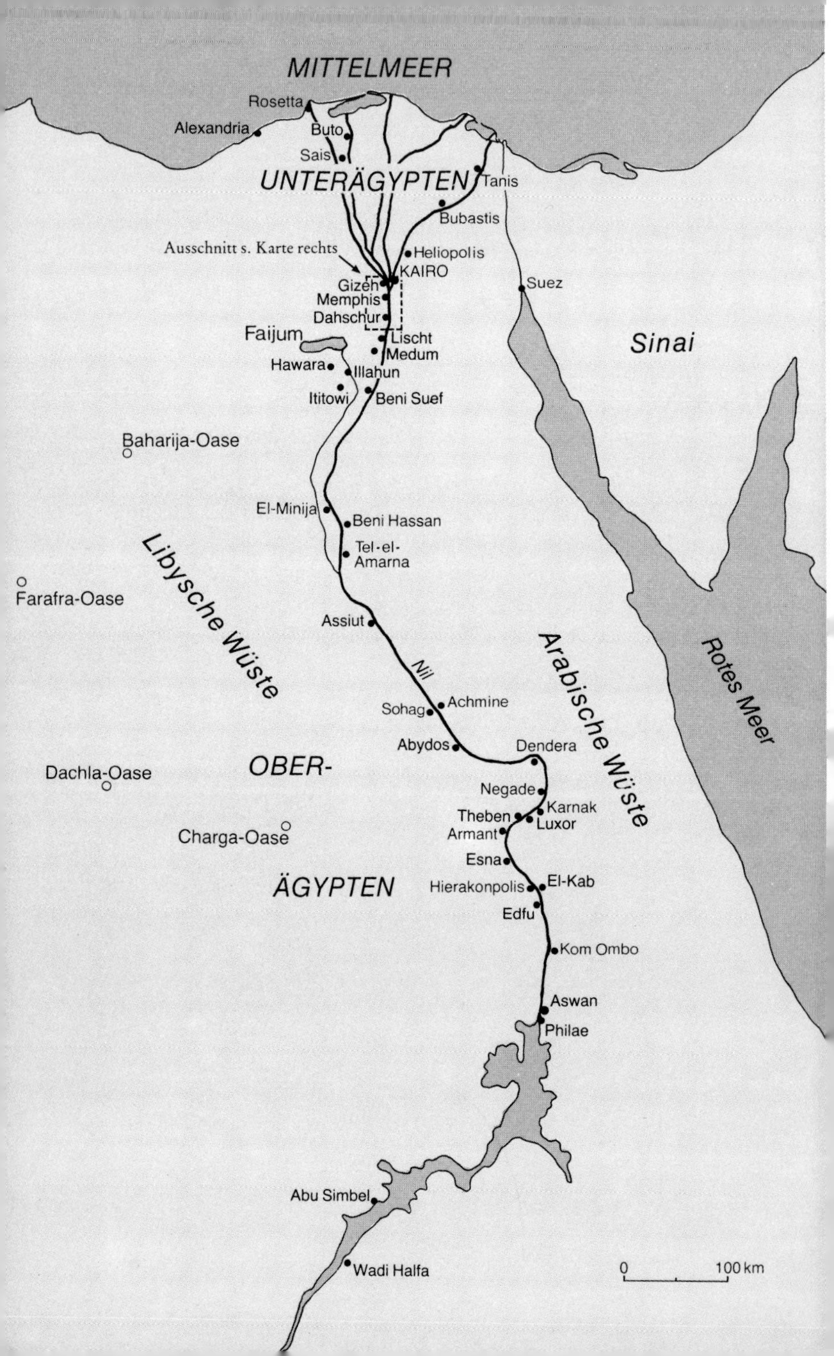

MITTELMEER
Rosetta
Alexandria
Buto
Sais
UNTERÄGYPTEN
Tanis
Bubastis
Ausschnitt s. Karte rechts
Heliopolis
KAIRO
Gizeh
Memphis
Dahschur
Suez
Faijum
Lischt
Medum
Sinai
Hawara
Illahun
Ititowi
Beni Suef
Baharija-Oase
El-Minija
Beni Hassan
Tel-el-Amarna
Libysche Wüste
Farafra-Oase
Assiut
Nil
Arabische Wüste
Rotes Meer
Sohag
Achmine
Abydos
Dendera
OBER-
Dachla-Oase
Negade
Theben
Karnak
Luxor
Armant
Charga-Oase
Esna
ÄGYPTEN
Hierakonpolis
El-Kab
Edfu
Kom Ombo
Aswan
Philae
Abu Simbel
Wadi Halfa
0
100 km

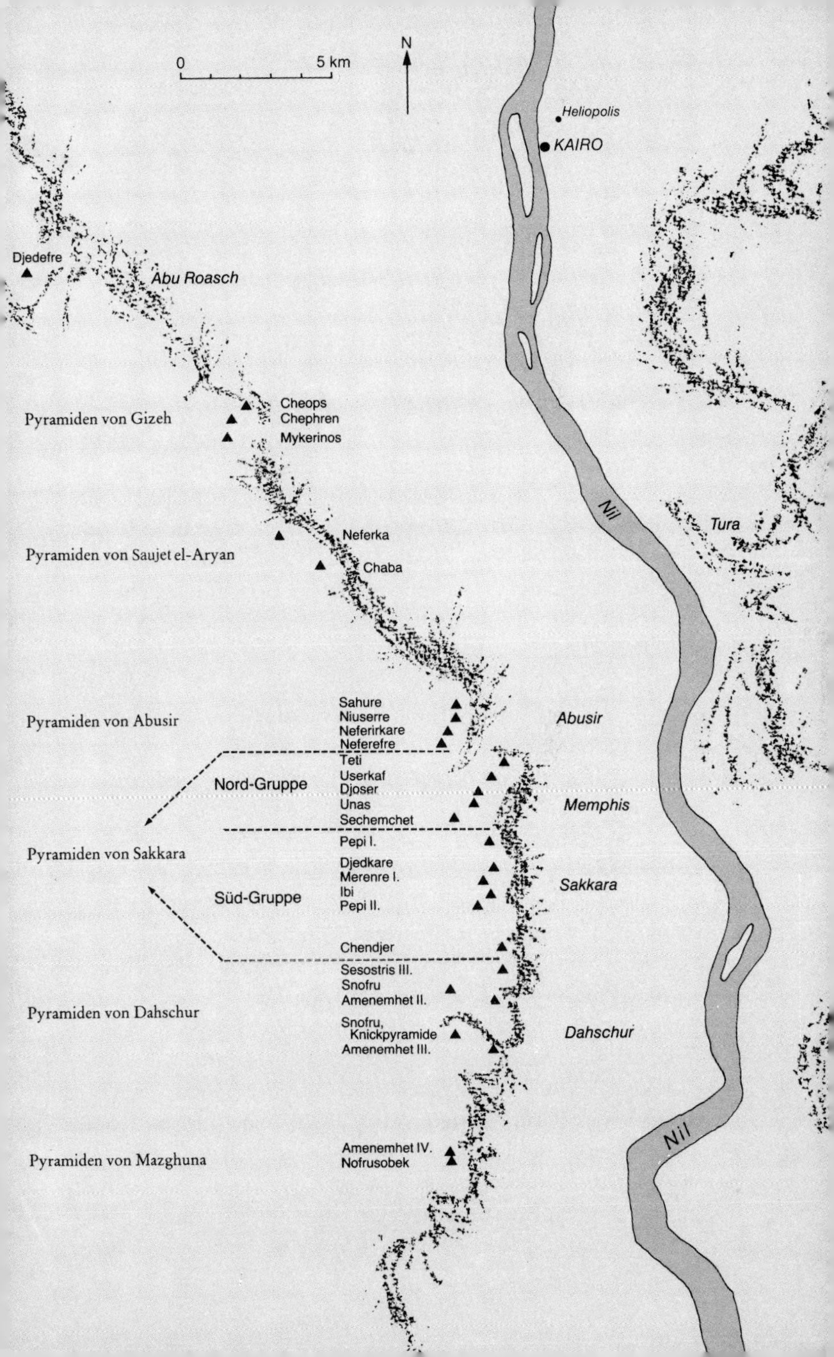
0
5 km
N
Heliopolis
KAIRO
Djedefre
Abu Roasch
Pyramiden von Gizeh
Cheops
Chephren
Mykerinos
Nil
Tura
Pyramiden von Saujet el-Aryan
Neferka
Chaba
Pyramiden von Abusir
Sahure
Niuserre
Neferirkare
Neferefre
Abusir
Nord-Gruppe
Teti
Userkaf
Djoser
Unas
Sechemchet
Memphis
Pyramiden von Sakkara
Pepi I.
Djedkare
Merenre I.
Ibi
Pepi II.
Süd-Gruppe
Sakkara
Chendjer
Sesostris III.
Snofru
Amenemhet II.
Pyramiden von Dahschur
Snofru,
Knickpyramide
Amenemhet III.
Dahschur
Nil
Pyramiden von Mazghuna
Amenemhet IV.
Nofrusobek

# I. Die Vorgeschichte (bis etwa 4000 v. Chr.)

## I.1. Das Paläolithikum (Altsteinzeit)

Schon vor fast zwei Millionen Jahren hielten sich Menschen auf dem Boden des heutigen Ägypten auf. Sie lebten von der Jagd und ernährten sich von den Pflanzen des Landes. Mit Pfeilen und Sticheln aus Feuerstein (silex) erbeuteten sie das Wild, zerlegten es, und mit steinernen Sägen und Bohrern wurde Holz bearbeitet. Archäologen fanden diese frühen primitiven Steinwerkzeuge insbesondere auf dem Westufer des Nil gegenüber dem heutigen Luxor. Die grob behauenen Stücke zählen zu den Geröllkulturen. Sie lassen sich in zwei größere Gruppen unterteilen:

1. Choppers (oder pebbles): Feuersteine mit nur an einer Seite abgehauenen Rändern;
2. Chopping tools: Feuersteine mit an zwei Seiten abgehauenen Rändern.

Natürlich benutzte man auch Geräte, bei denen die Ränder an mehreren Seiten bearbeitet waren. Alle diese Werkzeuge aus jener Zeit sind auch in anderen geographischen Räumen zutage gekommen, und sie unterscheiden sich praktisch nicht von den ägyptischen. Je mehr jedoch die Zeit voranschritt, desto deutlicher traten Differenzierungen bei der Bearbeitung der einzelnen Stücke hervor. In Ägypten erfuhren besonders die Jagdgeräte eine spürbare Verfeinerung, und die Pfeil- und Speerspitzen aus Feuerstein erreichten gegen Ende des Paläolithikums um 10000 v. Chr. ihre vollendete Form. Im Norden des Landes tauchten jetzt auch in der Gegend des heutigen Kairo sonderbare scharfgratige Klingen mit gerader Basis auf, die vermutlich kriegerische Leute aus dem Sinai und aus Palästina ›erfunden‹ hatten; denn die gleichen Werkzeuge waren auch in jenen Gebieten zutage gekommen. Dasselbe gilt für die markanten Speerspitzen mit ihren gezähnten Enden. An den Einkerbungen des Fußes war dieses Instrument mit einem Band an einem Holzstab befestigt, und es diente so als eine höchst gefährliche Waffe. Gerade diese Speerspitzen sind von ihrer Bearbeitung her wohldurchdacht und außerordentlich praktisch. Alle die Funde aus dem Paläolithikum zeigen uns, daß der Mensch noch nicht seßhaft war, sondern sich als Jäger und Sammler in einem weiten Jagdrevier betätigte. Zugleich zeugen sie mit fortschreitender Zeit von zunehmender Verfeinerung der Bearbeitung und von einem sich steigernden ästhetischen Empfinden der Hersteller.

In Europa gingen vor rund 10000 Jahren gegen Ende des Pleistozäns gerade die Ausläufer der letzten Eiszeit zurück. Ägypten lag damals inmitten einer feucht-heißen Klimazone. Durch den dichten, dunklen Urwald wälzten sich die gewaltigen Wassermassen des durchschnittlich 5 km breiten Nil. Mit dem Abschmelzen der letzten Gletscher wurde die Luft über Europa zusehends trockener. Schon bald brachten die Winde nicht mehr den Regen nach Afrika, vielmehr führten sie zur Austrocknung des nordafrikanischen Kontinents. An die Stelle der Urwälder traten jetzt üppige Savannen, und hier und da hatten sich Sümpfe und Dickichte gebildet. Inmitten der dichten Papyrus- und Wasserpflanzen tummelten sich Krokodile, Pythons, Nilpferde, Ginsterkatzen und Wasservögel. Die Menschen zogen sich aus den austrocknenden Gebieten zurück und verlegten ihren Aufenthalt an die Wasserplätze und an den Nil. Als Jäger und Sammler sorgten sie für den Lebensunterhalt und machten mit Pfeilen und Speeren Jagd auf Leoparden und Löwen, Giraffen und Gazellen. Sie erlegten Strauße und Antilopen, Nashörner und Wildesel, Damhirsche, Ure und Steinböcke. Auch Elefantenherden und Marabus wurden von den Jägern verfolgt. An den Ufern des Nil und an den Rändern der Sümpfe zielten Fischer mit ihren Speeren auf die dicken Fische. Je länger der Austrocknungsprozeß anhielt, um so mehr versandeten die Savannen und verwandelten sich in Steppen und schließlich todbringende Wüsten. Die Verarmung von Flora und Fauna trieb die Tiere an die fruchtbaren Landstreifen beiderseits des Nil, und der Mensch, ständig auf der Suche nach neuen Lebensräumen, folgte ihnen. Allerdings scheint die Austrocknung nicht kontinuierlich erfolgt zu sein, sondern in Etappen, wie uns die drei Terrassen im Niltal heute deutlich zeigen. Am Ende des Paläolithikums ließen sich hier die Jäger mit ihren Angehörigen nieder und wechselten nur noch vereinzelt ihren Aufenthaltsort. Der Mensch wurde jetzt am Übergang zum Neolithikum zusehends seßhaft und baute erstmals Getreide an, wie wir den jüngst gefundenen Mahlsteinen entnehmen.

## I.2. Das Neolithikum (Jungsteinzeit)

Die Seßhaftwerdung zu Beginn der Jungsteinzeit führte natürlich zu Veränderungen in den Lebensgewohnheiten der Menschen. Sie bauten jetzt rundliche Hütten aus mit Matten bedeckten Holzgerüsten; und in der Nachbarschaft entstanden Silos zur Aufnahme von Getreide und Feldfrüchten, von Linsen, Gerste und Emmer (eine Weizenart: triticum dicoccum). Den Boden beackerte man mit einfachen, aber wirkungsvollen Werkzeugen, und die Menschen konnten nicht nur sich selbst mit den eigenen Anbauprodukten ernähren, sondern auch Herden wilder Tiere füttern und somit halten. Damit war zugleich die Grundvoraussetzung zur Zähmung des Viehs erfüllt, besonders von Rindern und Schafen. Als Haustiere hielt man Schweine und Ziegen. In diesem Stadium der sich gerade erst herausbildenden bäuerlichen Kultur entdeckten die Menschen neue Techniken: Sie entwickelten das Korbflechten, die Töpferei und die Webkunst; derartige Erfindungen setzen geeignetes Werkzeug voraus, ferner das Vorhandensein zumindest primitiver Brennöfen sowie einfacher Webstuhlkonstruktionen. Die Menschen, denen wir diese Entdeckungen zuschreiben, bewohnten insbesondere den nördlichen Landesteil. Ihre Kultur zählen wir zur Faijum-A-Gruppe; denn am nördlichen Rand des Faijum sowie in der von dem deutschen Ägyptologen Herbert Junker in den Jahren 1929–1938 ausgegrabenen Siedlung bei der Ortschaft Merimde-Beni-Salame im Südwesten des Nildeltas fand man jene unverwechselbare Keramik mit Fischgrätmuster aus der Zeit um 4500 v. Chr.

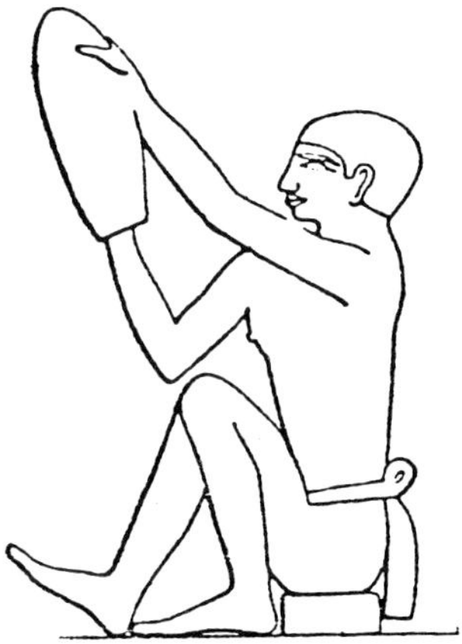

Freies Modellieren und Glätten mit der Hand. Aus dem Grab des Ti in Sakkara. 5. Dynastie, um 2350 v. Chr.

Als Material verwendete man Nilton, formte ihn mit den Händen – die Töpferscheibe war noch unbekannt – und glättete dessen Oberfläche. Ehe das nicht immer sorgfältig bearbeitete Material gebrannt wurde, verzierte man gelegentlich die Oberflächen durch Einritzen von Mustern oder durch Punktieren. Dann erfolgte der Brand bei Temperaturen von bis zu 800° C. Die Verzierungen auf den Gefäßen deuten an, daß sie wohl aus mit Lehm verschmiertem Flechtwerk hervorgegangen sind; derartige Flechtwerkkonstruktionen finden wir noch im Alten Reich. Wohl schon damals dürften nur die Männer die Töpferei betrieben haben; denn im pharaonischen Ägypten wird diese Tätigkeit, die jetzt als verpönt gilt, ausschließlich den Männern zugeschrieben.

Zu dieser Zeit glaubten die Menschen in Unterägypten, daß sie nach ihrem Tode auf Erden weiterleben und sich in ihrer bisherigen Wohngemeinschaft aufhalten würden. Denn die Verstorbenen bestattete man nicht auf abseits gelegenen Friedhöfen, sondern inmitten ihrer Siedlung. Man entdeckte sogar Gräber unter dem Boden derjenigen Hütte, in der der Verstorbene zu Lebzeiten gewohnt hatte. Bei dieser Bestattungsart war gewährleistet, daß der Verstorbene weiterhin unter den Lebenden weilen konnte; so durfte er an ihren täglichen Mahlzeiten teilhaben und hatte keinerlei Mangel an Nahrung im Jenseits.

Grabbeigaben für die Versorgung des Verstorbenen erübrigten sich daher. Also bestattete man den Toten ohne jegliche Beigaben und Schmuck in einer einfachen Sandgrube, die mit Erde wieder zugeschüttet wurde. In ihr lag der Verstorbene in sogenannter Hokkerstellung wie ein Embryo im Mutterleib. Den Toten hatte man so der Mutter Erde zurückgegeben, damit sie ihm ein neues und dieses Mal ewiges Leben schenken möge. Sobald er zu neuem Leben erwachte, blickte er der aufgehenden Sonne entgegen; denn die Toten legte man mit dem Kopf nach Süden auf ihre rechte Seite.

Eine verblüffende Ähnlichkeit mit der Faijum-A-Kultur und der von Merimde-Beni-Salame zeigt etwa zu derselben Zeit (um 5000 v. Chr.) jene Kultur im tiefen Süden des Niltals. Südlich des sechsten Kataraktes fand man in der Gegend von Khartum Reste von Hütten aus Schilfrohr sowie Bestattungen innerhalb der Siedlungen. Ferner deuten Spuren auf Viehzucht, Ackerbau und Haustierhaltung. Auch die schwarzrandige Keramik mit ihrem Flechtwerkmuster stimmt überraschend mit jener aus dem nördlichen Ägypten überein. Wir dürfen daher vermuten, daß die Bevölkerung im Süden des Landes mit jener im Norden in Verbindung stand. Möglicherweise waren zu dieser Zeit die Menschen an vielen Stellen des Niltales seßhaft geworden und standen miteinander im Austausch, wenngleich uns archäologische Belege für die Vermutung noch weitgehend fehlen.

Die Friedhofsbestattungen am Rande der Wüste bei den mittelägyptischen Orten Tasa und Badari zeugen von einer wohl mehr vom Nomadentum geprägten Bevölkerung bei ihrem Übergang zur Seßhaftwerdung. Die Toten bestattete man hier außerhalb der Wohngemeinschaft. Sie wurden – wie in Merimde-Beni-Salame, der Faijum-A-Kultur und in Khartum – in embryonaler Haltung in eine runde oder ovale Grube gelegt und waren in Matten oder Ziegenfelle eingehüllt. Das Umhüllen mit Tierfellen soll sicherlich die aus dem göttlichen Tierleib hervorgehende Wiedergeburt andeuten, eine Vorstellung, die Jahrhunderte später im Alten Ägypten weit verbreitet ist. Auch richtete man die Verstorbenen mit dem Kopf nach Süden aus, allerdings mit einem gravierenden Unterschied: Der Tote lag auf seiner linken Seite, blickte also nicht mehr gen Osten, sondern in »den schönen Westen«, wie später die pharaonischen Ägyp-

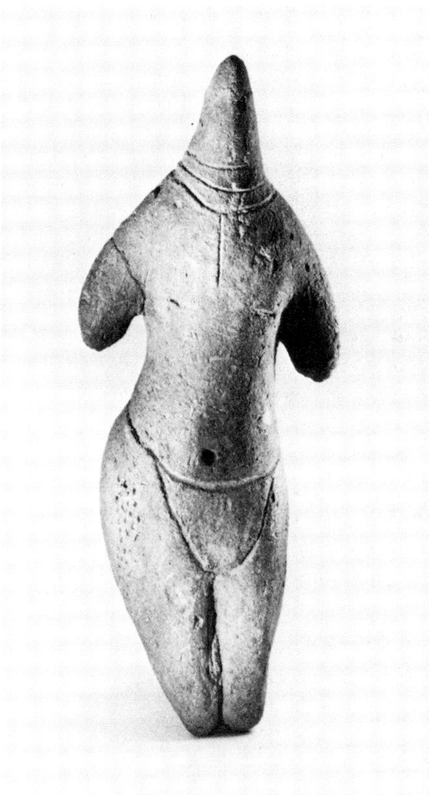

Frauenfigur.
Hannover, Kestner-Museum.
Vorgeschichte.
Aus Unternubien (?).
Höhe 10,4 cm. Ton

ter ihr Totenreich in den Totentexten beschrieben. Noch nach Jahrtausenden erinnerte man sich dieses Totenkultes bei der Darbringung der Speiseopfer am Grabe des Verstorbenen; denn nach schriftlicher Überlieferung sprach dort der Sohn am Grabe seines Vaters: »Erhebe dich von deiner linken Seite und setze dich auf deine rechte Seite.«

Die Absonderung der Verstorbenen von den Siedlungen der Lebenden hatte zur Folge, daß der Tote völlig allein war. Anders als bei den Siedlungsbestattungen hatte er als Wiederauferstandener keinen Kontakt zur Umwelt, zu seinen Verwandten und Freunden im Diesseits. So war es geradezu notwendig, ihn in seiner Einsamkeit zu trösten: Hübsche Frauen und wohlgestaltete Männer – eingeritzt in rotbraune Gefäße – lagen neben ihm, und Steinböcke, Antilopen und Flamingos auf den Gefäßen vertrieben ihm die Langeweile. In beigegebenen Krügen gab es Nahrung in Fülle. Auch Frauen- und Männerfigürchen aus Ton oder Elfenbein fanden sich bei der Grabausstattung. Diese frühgeschichtlichen Figuren haben noch keinen Standfuß, wie wir ihn erst von der geschichtlichen Zeit an kennen; sie konnten noch nicht stehen. Im pharaonischen Ägypten sollten derartige kleine Figuren dem Toten im Jenseits in der Regel die Feldarbeit abnehmen, die er dort – wie er meinte – leisten mußte. Die alten Ägypter nannten diese Figuren ›Uschebtis‹ (= Antworter), die für den Toten zu antworten hatten, wenn man ihn zur Arbeit aufrief. So war der Verstorbene von der Arbeit entlastet und hatte derweil Muße, sich zu pflegen. Auf tiergestaltigen Schminkpaletten aus Schiefer zerrieb er diverse Mineralien zu Pulver und verschönte sein Aussehen, bewahrte seine Frische und reinigte sich, vielleicht, um seinem Gott vollkommener entgegenzutreten. Im pharaonischen Ägypten war schließlich das Schminken des Priesters zu einem unverzichtbaren Ritual geworden, wenn er sich Gott nähern wollte. In der Palettenform schien sich dem Verstorbenen der tiergestaltige Gott zu offenbaren.

# II. Die Frühgeschichte (etwa 4000 bis um 2950 v. Chr.)

## II.1. Die Negade-I-Kultur

Etwa ab 4000 v. Chr. entfalteten sich auf dem Westufer des Nil zwischen den rund 160 km auseinanderliegenden Orten Abydos im Norden und Armant im Süden die beiden bedeutendsten Kulturen, die nach dem Hauptfundort Negade nördlich von Theben als Negade I und Negade II bekannt geworden sind. Sie folgten direkt auf die Badari-Kultur. Der berühmte englische Archäologe Sir William Matthew Flinders Petrie (1853–1942) hatte die Siedlung Negade im Jahre 1895 ausgegraben und dabei eine Fülle von bemerkenswerten Funden zutage gebracht. Wir rechnen sie zur Negade-I-Kultur (etwa 4000–3500 v. Chr.). Fast zeitgleich und von ganz ähnlicher Art sind die Grabungsfunde aus El-Amra nahe Abydos, so daß wir diese Entwicklungsstufe auch als Amra-Kultur beziehungsweise Amratien bezeichnen. Ihr Gepräge erhielt sie von Menschen, die zu dieser Zeit beiderseits des Nil in der westlichen und östlichen Wüste wohnten. Damals waren diese Gebiete noch Steppe, in der sich eine bunte Tierwelt tummelte: Hasen, Antilopen, Giraffen, Strauße, langhörnige Rinder, Esel, Ziegen, Hunde und Schafe sind in weißgelber Farbe auf braunroten Gefäßen aufgemalt. Ähnliche Dekorationen kennen wir auch von den Felsbildern der östlichen nubischen Wüste, besonders aus der Gegend zwischen dem ersten und zweiten Katarakt des Nil.

Der Mensch lebte in rechteckigen Hütten. Als Dach- und Wandverkleidung wählte man Stoff und Matten, die man über ein Holzgestell spannte. Die Negade-Leute ernährten sich vom Vieh und von den Früchten des Feldes. Mit der Kunst des Bierbrauens waren sie längst vertraut. Während die Frauen Hausarbeit verrichteten, begaben sich die Männer gelegentlich auf ausgedehnte Streifzüge; sie kamen weit herum und bevorzugten bisweilen den Unterschlupf in einer Felshöhle. Hier übernachtete man, nahm das erlegte Wild auseinander und verzehrte es gemeinsam. Auf etliche Höhlenwände malten die Jäger ihre Tageserlebnisse. Die Toten bestattete man wie in Badari auf Friedhöfen und gab ihnen eine Fülle von Gefäßen und Schmuckgegenständen mit in das jenseitige Leben.

Die Gefäße dieser Epoche sind erstmals bemalt. Charakteristisch sind die in gelbweißer Farbe aufgetragenen Figuren, die allerdings noch sehr selten sind. Häufiger treffen wir auf abstrakte geometrische Muster, die den rotpolierten Tongefäßen ein geradezu modernes Aussehen verleihen. Als Material für die Anfertigung von Gefäßen verwendete man nun auch Stein, überwiegend den harten Basalt, der lediglich mit Steinwerkzeugen bearbeitet wurde. Eine besondere Vorliebe hatte man offenbar für ausgefallene Gefäße, z. B. für zweihalsige Vasen oder bauchige Flaschen mit dreimal gekröpftem Hals (Abb. S. 19).

Von besonderem Reiz sind die vielen zierlichen Rundplastiken, etwa Tänzerinnen und Schiffsmodelle. Auch Einsteckkämme aus Elfenbein, Halsketten und Armreife erwecken unsere Bewunderung und künden von wachsender Freude an Schmuckgegenständen. Diverse Amulette aus Stein oder Knochen sind zwecks Aufhängung an einer Perlenschnur durchbohrt. Unter den Amuletten dieser Zeit fallen besonders diejenigen mit stilisiertem Hörnerpaar auf sowie die

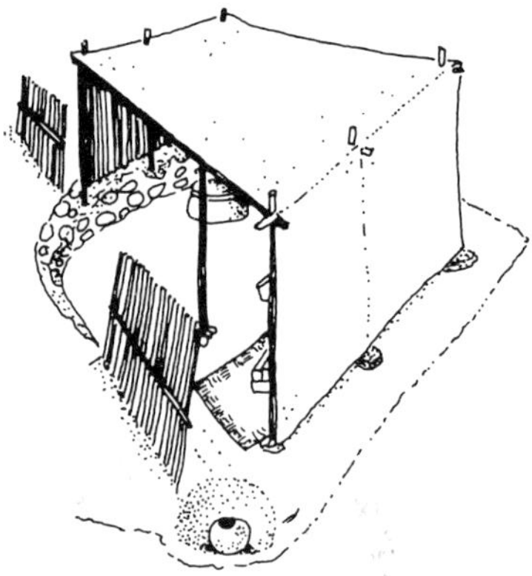

Rekonstruktion eines Hauses in Hierakonpolis. Negade I, um 3600 v. Chr.

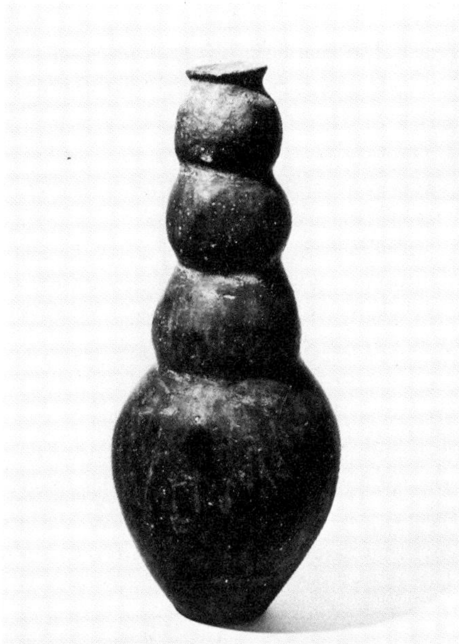

Gekröpfte Flasche. München, Staatliche Sammlung Ägyptischer Kunst. Negade I, um 3600 v. Chr. Höhe 21,8 cm. Ton

sogenannten Stierkopfamulette. Der Träger beziehungsweise die Trägerin dieses Amuletts verehrte offensichtlich den machtvollen Gott, der sich in dem Stier zeigte. Es sollte nicht mehr lange dauern, bis dieser Gott noch vor Beginn der dynastischen Zeit etwa auf den Schminkpaletten (s. u.) in seiner vollen Gestalt sichtbar wurde.

## II.2. Die Negade-II-Kultur

In der Negade-II-Kultur (etwa 3500–3100 v. Chr.) werden gravierende Veränderungen gegenüber Negade-I deutlich. Übrigens nennt man diese Kultur nach einem seiner Fundplätze bei dem oberägyptischen Dorf El-Gerza auch Gerzéen. Am deutlichsten wird der Unterschied bei den Grabanlagen. Aus den kleinen einfachen Sandgruben haben sich inzwischen größere rechteckige Grabtypen entwickelt, die sogar mit luftgetrockneten Nilschlammziegeln ausgemauert wurden. Die Vergrößerung war notwendig geworden infolge der ständig zunehmenden Zahl und Verschiedenartigkeit der Grabbeigaben, wobei Gefäße – überwiegend wohl als Proviantbehälter für das Jenseits gedacht – besonders zahlreich neben dem Toten deponiert waren.

Da fällt vor allem eine Keramikgruppe durch die wellenförmigen Henkel am Gefäßbauch auf. Derartige Ware bezeichnet man als Wellenhenkelgefäße. Die wulstartigen, gegenüberliegenden Griffe werden im Laufe der Zeit immer kleiner, und gegen Ende der 1. Dynastie finden wir statt ihrer nur noch ein dekoratives Schmuckband in Gestalt einer eingeritzten Punktreihe. Das bezeugt, wie sehr man ständig um eine Optimierung der Form bemüht war, die schließlich zu Beginn des Pharaonenreiches ästhetisch ausgereift erscheint und von da an als typisch ägyptisch für Jahrtausende unverändert blieb.

Eine andere Gruppe sticht hervor durch die beigefarbenen Gefäße mit rotbrauner Bemalung. Sie zeigt überwiegend abstrakte Motive in Anlehnung an die Negade-I-Kultur. Da erkennen wir Netz- und Zickzackmuster, Wellenlinien und Spiralen. Gegenständliche Motive treten stark zurück. An Figuren erscheinen gelegentlich Tiere und Menschen, während Schiffsdarstellungen, die jetzt in der Negade-II-Kultur völlig neu hinzugekommen sind, dominieren. Die Schiffe haben mehrere Ruder und tragen vor den Kajüten auffällige Standarten, die schon stark den Gauzeichen des Pharaonenreiches ähneln. Auffallend ist das verstärkte Auftreten von Gefäßen aus Stein anstelle von Ton. Sie haben oft ein tönnchenhaftes oder gedrungenes Aussehen. Auch beutelartige Gefäße mit engem Hals prägen diese Zeit. Dabei ist das jeweils verwendete Gestein von besonderer Schönheit. Erst gegen Ende der Negade-II-Kultur fertigte man derartige Gefäße größer an.

Figürliche Darstellungen kennen wir nicht nur von der Keramik her, sondern auch aus einem Negade-II-Grab, das sich ein Häuptling in der oberägyptischen Hauptstadt Hierakonpolis, dem alten Nechen, anlegen ließ. Dort sind auf einer Wand nicht nur Schiffe aufgemalt, sondern auch Tiere und Menschen (Abb. S. 22). Wir sehen den Menschen bei der Jagd, als Fallensteller und Jagdgehilfen. Er trägt die Phallustasche oder ist mit einem kurzen Lendenschurz

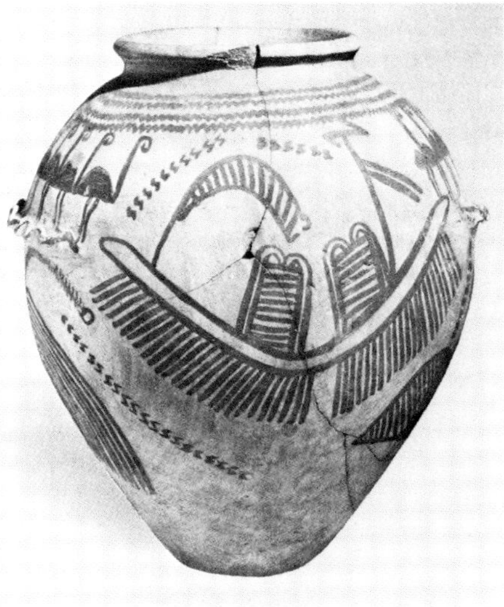

Vase mit Schiffen und Tieren. Laon, Musée archéologique municipal. Negade II, um 3300 v. Chr. Höhe 27 cm. Ton

bekleidet, gelegentlich bedeckt ein Leopardenfell den Oberkörper. Sogar Tänzer in weißem Gewande treten auf. Die Darstellungsformen der Menschen entsprechen hier schon weitgehend jenen stilistischen Eigentümlichkeiten, die für die Malerei aus pharaonischer Zeit charakteristisch sind. Die Körper werden jeweils frontal in ihrer größten Fläche gezeigt, während der Kopf zur Seite gewandt ist und im Profil erscheint. Dasselbe gilt auch für die Tiere. Bei dieser Wandmalerei fällt besonders ein Motiv auf, das uns in pharaonischer Zeit als symbolisches ›Niederschlagen der Feinde‹ bekannt ist (vgl. Abb. S. 174). In der linken unteren Ecke der Malerei erkennen wir einen großen Krieger, der mit einer Keule auf drei mit einem Strick zusammengebundene Feinde einschlägt. Den ihm am nächsten hokkenden Feind packt er an den Haaren. Beachtung verdient auch jene kleine Gruppe ein wenig rechts dieser Niederschlagungsszene: Da kämpft ein Krieger gleichzeitig mit zwei Löwen, die ihn zu beiden Seiten anspringen. Diese Art der Darstellung scheint ihren Ursprung im babylonischen Raum zu haben; auch die vielrudrigen Schiffe auf der Wandmalerei von Hierakonpolis erinnern stark an mesopotamischen Einfluß.

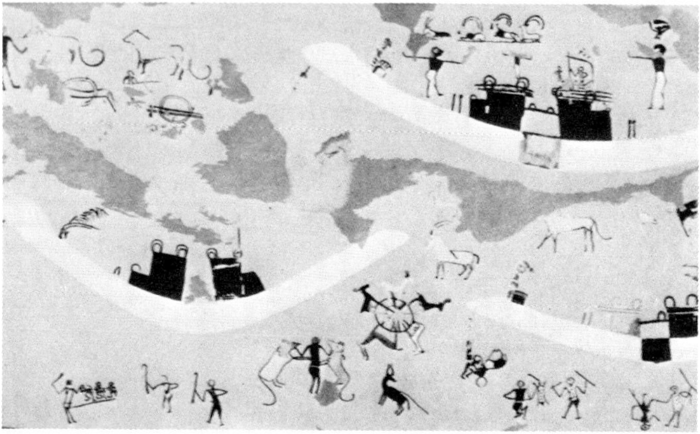

Grab von Hierakonpolis, Wandmalerei. Negade II, um 3300 v. Chr.

Das deutet zweifelsohne auf eine kulturelle und wirtschaftliche Beziehung zu jenem Gebiet, ferner zu Syrien und Palästina. Einen Anhaltspunkt für diese These liefern der blaue Lapislazuli aus Mesopotamien sowie die syrisch-palästinensischen Tongefäße, die in der Negade-II-Kultur in Ägypten auftauchen. Die Gefäßkunst bringt jetzt gern Objekte in Tiergestalt, wie wir sie auch in Vorderasien um diese Zeit wiederfinden. Hier müssen wir auf die besonders hübschen Beigaben aus einem Grab des Friedhofes von Abusir el-Meleq im nördlichen Mittelägypten hinweisen. Die Tiergefäße aus Kalkstein erinnern dermaßen stark an vorderasiatische Stilelemente, daß man diese Fundstätte als ›Kaufmannsgrab‹ ansieht. Aus diesem Grab stammt übrigens das älteste bekannte Gefäß in Kamelgestalt. Die Einfuhr derartiger Ware hing mit der Einwanderung von Vorderasiaten zusammen, die zu dieser Zeit insbesondere das fruchtbare Gebiet des Nildeltas aufsuchten. Sie ließen sich im Ostdelta am pelusischen Nilarm nieder und lebten hier zusammen mit dem dort schon seßhaften ägyptischen Bevölkerungsteil.

Aufschluß über den Jenseitsglauben der dortigen Menschen geben uns in jüngster Zeit mehr als einhundert Gräber, die erst seit dem Jahre 1978 auf dem Friedhof nahe des Ortes Minshat Abu Omar von Münchner Archäologen freigelegt wurden. Dieser alte Friedhof wurde über mehrere Jahrhunderte benutzt; angelegt hatte man ihn offenbar in der Negade-II-Kultur, und zuletzt nahm man Bestattungen zur Zeit der Reichseinigung vor. Die Grabanlagen bestehen aus rechteckigen Sandgruben, deren Boden von Binsenmatten bedeckt war. Dort bestattete man die Toten in embryonaler Haltung und legte sie in der Regel auf die rechte Körperseite, so daß ihr Gesicht gen Westen gerichtet war. Diverse Tongefäße zur Aufnahme von Lebensmitteln deponierte man neben dem Kopf des Verstorbenen und legte ihm sogar ein Gefäß in die vor den Mund gehaltene Hand. Auch an den Füßen stellte man Töpfe und Näpfe ab, gelegentlich sogar entlang des Rückens. Wie man das Fehlen derartiger Gegenstände vor dem Leib deuten soll, bleibt vorerst ungeklärt. Fest steht jedoch, daß diese Gefäße der Versorgung des Verstorbenen dienten.

Aus der Lage der Verstorbenen können wir ablesen, wie sich mittlerweile die Vorstellung über die Lokalisierung des Totenreiches, ja der Glaube von der Wiedergeburt bis hin zur Auferstehung und dem Weiterleben nach dem Tode bei der unterägyptischen Bevölkerung gewandelt hat. Solange der Ägypter – wie schon rund tausend Jahre zuvor in der Merimde-Kultur – als Verstorbener der täglich von neuem aufgehenden Sonne mit ihren lebensspendenden Strahlen entgegenschaute, war er von der Wiedergeburt überzeugt. Er glaubte an den Zyklus des Werdens und Vergehens, wie er ihn ständig in der Natur erleben konnte. Da beobachtete er die jährlich regelmäßig wiederkehrende Nilflut, die das ganze fruchtbare Land überschwemmte, bis nach fast vier Monaten das Land wieder aus den Wassermassen hervorkam. Und als Bauer sah er, wie die Saat auf dem frisch bestellten Acker aufging, emporwuchs, aufblühte und schließlich wieder verging; und dieser Vorgang wiederholte sich immer und überall.

Die Erinnerung an die zyklische Wiedergeburt pflegte der Ägypter in geschichtlicher Zeit durch die Ausbildung des Osiris-Mythos. Der Urform dieses Mythos entnehmen wir, daß einst ein Gott im Wasser ertrank und zu neuem Leben erweckt wurde. Später erfuhr diese Vorstellung zahlreiche Umformungen, woraus sich schließlich die Idee entwickelte, daß der unterägyptische Fruchtbarkeitsgott Osiris sterben mußte, um nach erfolgter Selbstzeugung mit neuer Kraft wieder aufzuerstehen.

Als der Ägypter dazu überging, den Verstorbenen statt gen Osten nunmehr nach Westen auszurichten, drückte er damit einen inzwischen vollzogenen Wandel in seinen Vorstellungen von der zyklischen Auferstehung aus: Der Westen ist – wie schon in der mittelägyptischen Badari-Kultur – zum Ort des Todes geworden. Dort liegt die Wüste, und in ihr gibt es kein Leben; dort geht die Sonne unter, dort stirbt man, dort wird man begraben. Und nicht von ungefähr liegen die Gräber der Verstorbenen regelmäßig in der todbringenden Wüste auf dem westlichen Ufer des Nil. Hier ist der Verstorbene zu einem Toten geworden, zu einem Faktum, das im Statischen verharrt. Das Leben aber, die ›Seele‹, lebt im Jenseits weiter, im Überirdischen. Mit ihren Blicken folgt die ›Seele‹ dem Lauf der sich dem Horizont zuneigenden Sonne, und diese wünscht sie zu erreichen und dabei der Erde zu entfliehen. Am Übergang zur geschichtlichen Zeit wird dieser Wandel besonders deutlich an dem Phänomen, daß man von da an den Leichnam auf ein Bett legt, dem Erdboden entrückt. Gleichzeitig wird die Grabkammer in den königlichen Grabanlagen in immer höhere Positionen gebracht, bis sie schließlich in der Pyramide des Pharaos Cheops in über 42 m Höhe über der Sohle zu liegen kommt. Und aus den späteren Pyramidentexten erfahren wir, daß die Pyramide eine Treppe sei, auf der die ›Seele‹ dem Gotte entgegengeht. Die in der embryonalen Haltung und in der nach Westen gerichteten Lage des Verstorbenen sichtbar gewordene Idee der Wiedergeburt beziehungsweise Auferstehung lebt in der geschichtlichen Zeit fort, wenngleich in der Phase der Geschichtlichwerdung auf die bis dahin geübten Bestattungsformen verzichtet wird.

Denn mit der Erfindung des rechteckigen Sarges in der 1. Dynastie nimmt der Leichnam eine ausgestreckte Haltung ein und liegt fortan in der Rückenlage. Den Sarg aber stellt man nunmehr regelmäßig vor der Westwand der Sargkammer auf, und das Weiterleben wird im Ritus deutlich, worüber unten noch berichtet wird.

## II.3. Die Negade-III-Kultur

Am Ende der Negade-II-Kultur wird bei den Kunstobjekten eine deutliche Reduktion auf eine vereinfachte Grundform sichtbar, so daß man diese Zeitstufe neuerdings gern als Negade III ansieht. Fest steht jedenfalls, daß nun die Gefäßformen schlanker wurden und ein zylindrisches Aussehen erhielten. Bemalte Objekte traten gänzlich in den Hintergrund; sie fehlen bislang aus dieser Zeit. Besonders fällt der Wandel bei den Schminkpaletten auf: Während die Grauwacke-Tafeln anfangs (in der Negade-I-Kultur) nur einfache rhombische Formen hatten, nahmen sie im Laufe der Zeit figürliche Gestalt an und hatten das Aussehen von Fischen, Vögeln, Schildkröten, Nilpferden und Elefanten. Die Tierformen fielen durch ihre stark verkürzten Beine auf. In der Negade-II-Kultur war die Formentwicklung rückläufig. Die Figürlichkeit der Paletten trat zugunsten der Geometrie in den Hintergrund. Allerdings wurde die Reduktion auf ein Grundmuster notwendig, da zugleich das Bestreben nach einer Reliefierung der Paletten aufkam, die schließlich ihren Höhepunkt in der Negade-III-Kultur in Gestalt der sogenannten Prunkpaletten erreichte. Hier wurden die Schminktafeln nur noch als Grundfläche benutzt, die mit reichen Reliefs in Form von Streubildern überzogen ist. Da sind Wüstentiere und Jäger herausgearbeitet, die um den Schminknapf herum miteinander im Kampf liegen. Aber auch diverse Fabelwesen umranken den Napf. Und gern stellte man eine Palme mit zwei Giraffen dar, ein Motiv, das um diese Zeit in Mesopotamien wohlbekannt ist. Fraglich ist, ob die Prunkpaletten überhaupt als Schminktafeln verwendet wurden; denn sie erreichten bisweilen Größen, die eine praktische Verwendung fast ausschließen. Es liegt näher, sie als kultische Objekte mit Votivcharakter zu verstehen, die man dem Ortsgott weihte. Immer wieder fallen die Tierdarstellungen auf, wobei anfangs der Mensch das Wild besiegt, später das Tier den Menschen. Da trampelt zum Beispiel ein starker Stier (auf der Schminkpalette im Louvre zu Paris) einen lockenköpfigen Mann mit Spitzbart nieder, der nur eine Phallustasche trägt. Diese Darstellung stimmt mit jener im unteren Register der Narmer-Palette (Abb. S. 27) fast überein. Mit diesem Stier ist eindeutig der König dargestellt, der die Feinde abwehrt, das Böse vernichtet. Er wird in dynastischer Zeit als ›Starker Stier‹ genannt, den die Pharaonen namentlich in ihrer Titulatur führen.

Den Paletten-Reliefs aus dem Ende der Negade-III-Kultur entnehmen wir, daß sich das ägyptische Reich inzwischen zu einem festen Staatswesen herangebildet hat. Anhand der archäologischen Zeugnisse gilt es inzwischen als sicher, daß die Ägypter zu dieser Zeit und insbesondere im Zusammenhang mit der bevorstehenden Reichseinigung entgegen den bisherigen Theorien keine Kriege geführt oder Stammesfehden ausgetragen haben. Das Reich gliedert sich jetzt in zwei Teile, in Ober- und Unterägypten, wie es seit Beginn der geschichtlichen Zeit urkundlich belegt ist. Darauf deutet die Symmetrie der Giraffen-Paletten, auf denen die Tiere in der Mitte von einer Palme getrennt sind. Und auch die diversen Gauvertreter zeugen von einem geordneten und funktionierenden Verwaltungsapparat. Oberägypten wird inzwischen von der Hauptstadt Nechen aus regiert, die später unter dem Namen Hierakonpolis bekannt wird; in Unterägypten ist die Stadt Pe (wörtlich übersetzt: ›Der Sitz‹) zur Hauptstadt des Westdeltareiches emporgestiegen, die uns später als Buto begegnet. Überall im Lande werden Städte errichtet, wie wir es besonders der Städtepalette im Ägyptischen Museum zu Kairo entnehmen können. Da bestellt jeweils ein Lokalgott mit einer Hacke den Boden und gründet eine befestigte Stadt, die mit einer nischengegliederten Mauer umgeben ist. Diese Mauer entspricht mit ihren Vor- und Rücksprüngen schon ganz jenen Konstruktionen, die wir von der frühzeitlichen Grabarchitektur her kennen, die aber auch in jener gewaltigen Umfassungsmauer wiederkehrt, die den Grabbezirk des Königs Djoser – des eigentlichen Begründers der 3. Dynastie – umzieht. Sie hat die Aufgabe, Böses abzuwehren und Frevler fernzuhalten; zugleich verleiht sie den Bewohnern Schutz nach außen hin.

Aus der Zeit der Reichseinigung – im Übergang von der Negade-III-Kultur zur 1. Dynastie der Pharaonen – stammt das wohl bedeutendste Dokument Ägyptens, die Narmer-Palette aus Hierakonpo-

Palette des Königs Narmer, Vorderseite. Kairo, Ägyptisches Museum. Übergang zur 1. Dynastie, um 2950 v. Chr. Aus Hierakonpolis. Höhe 64 cm. Schiefer ▷

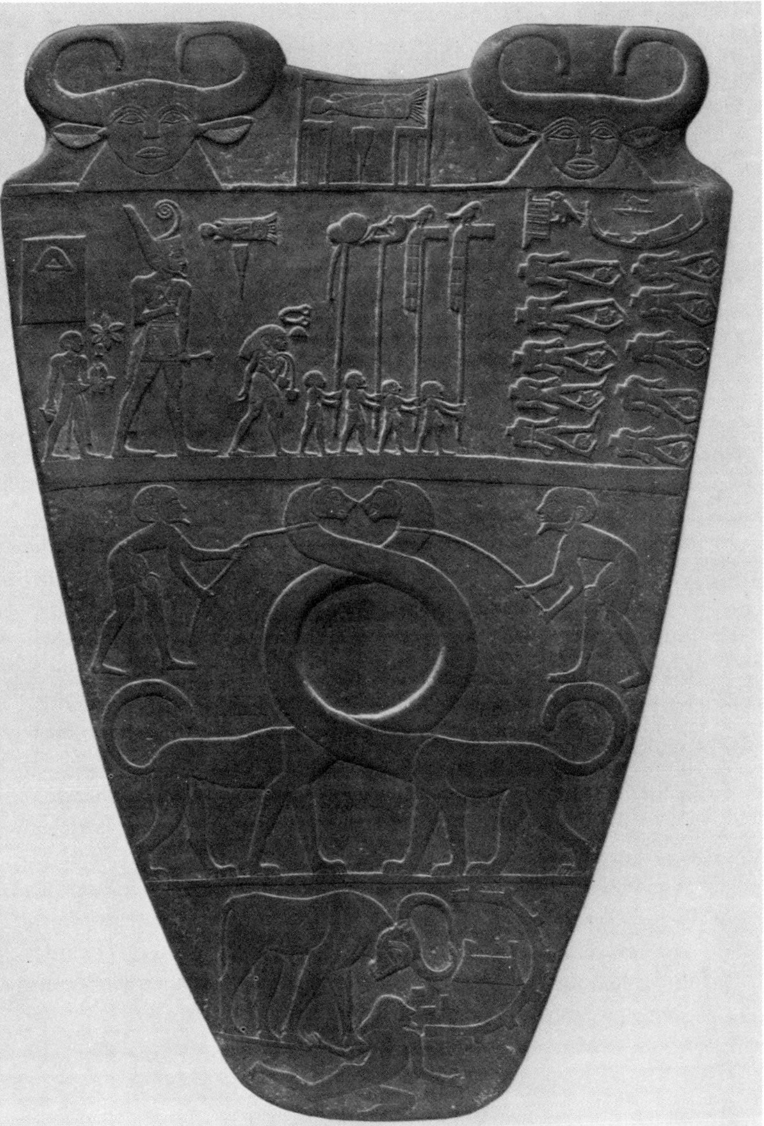

lis. Mit diesem größten und prunkvollsten Stück bricht die Reihe der Paletten ab. Was die Ägypter veranlaßt hatte, mit Beginn der 1. Dynastie keine Paletten mehr anzufertigen, entzieht sich bislang unserer Kenntnis; vermutlich hängt das zusammen mit einer Änderung im Gotteskult. Die großartige Bedeutung der Narmer-Palette liegt begründet in der Einführung der Standlinie, die erstmals der Regellosigkeit des Streubildes ein Ende bereitet und jetzt eine strenge Ordnung der Bildinhalte herbeiführt. Sie läßt die Ordnung anschaulich werden und ist »Symbol jenes Ordnungsgedankens, in dem das Chaos der Vorzeit überwunden wird« (Wolf). Erstmals auch ist auf dieser Palette »die menschliche Figur nach einem festen Formenkanon aufgebaut und dem Rang des jeweils Dargestellten entsprechend in ihrer Größe normiert, so daß sie je nach dem Bildformat beliebig vergrößert oder verkleinert werden kann« (Propyläen). Bemerkenswert ist auch, daß auf dieser Palette in auffälliger Weise Hieroglyphen verwendet werden und somit historische Ereignisse fixieren. Mit den geschilderten charakteristischen Eigenheiten prägt die Narmer-Palette hinfort alles Ägyptische und bestimmt von nun an grundlegend die altägyptische Flachbildkunst.

Die Vorderseite (Napfseite) ist in vier Felder unterteilt. Im obersten Streifen steht zwischen zwei Köpfen der Göttin Hathor der in eine Palastfassade eingeschriebene Name des Königs. Der zweite Bildstreifen behandelt den Triumphzug des Königs, der die unterägyptische Krone trägt. Der gewählte Maßstab der Personen ist allerdings alles andere als einheitlich. Am größten, weil am mächtigsten, ist natürlich der König, vor ihm sorgfältig abgestuft Kanzler, Leibdiener und davor noch einmal abgestuft vier Standartenträger. Vor ihnen häufen sich zehn Leichen mit abgeschlagenem Kopf. Im Mittelfeld bilden die beiden langen Schlangenhälse der Fabeltiere die Umrahmung der Schminkpfanne. Die sogenannten Schlangenhalspanther – sie stehen hier für Ober- und Unterägypten – werden vergeblich von zwei Feinden gebändigt. In dem unteren Bildfeld erscheint der uns von der sogenannten Stierpalette her bekannte König als Stier und zertrampelt den Feind.

Palette des Königs Narmer, Rückseite ▷

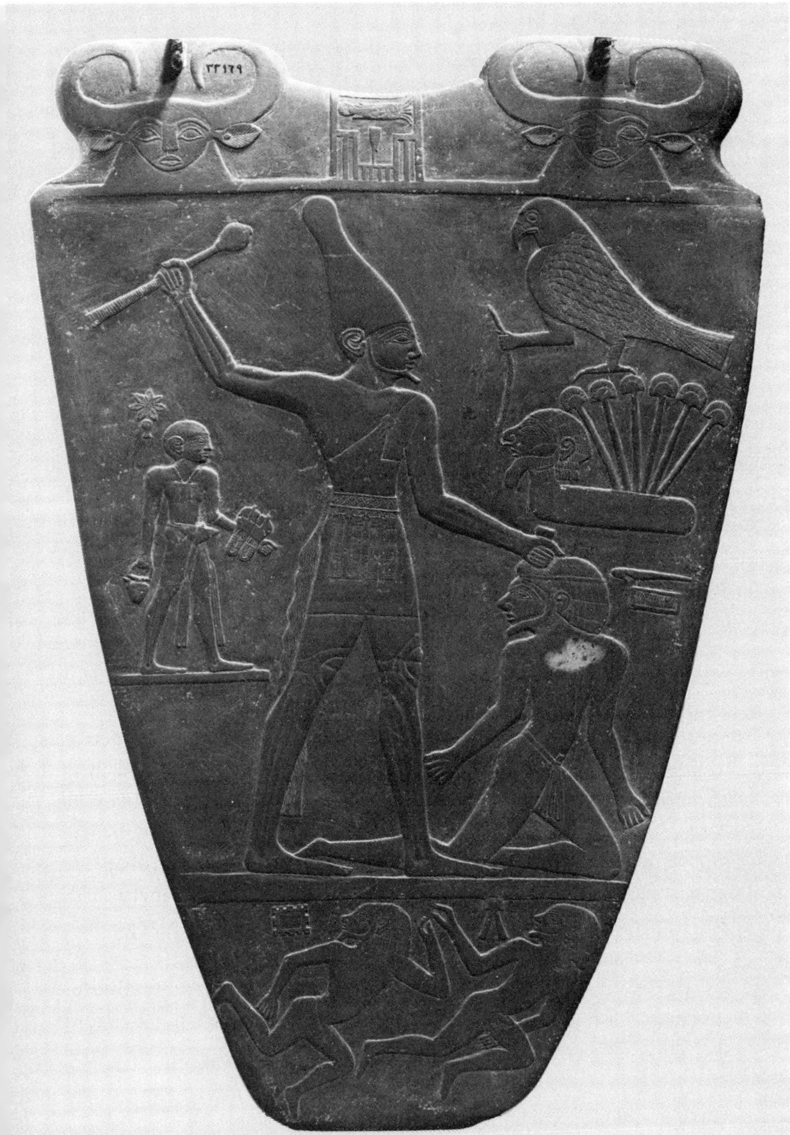

Die Rückseite gliedert sich in drei Register: Der oberste Streifen entspricht jenem der Vorderseite. Im Mittelfeld wird der König mit oberägyptischer Krone, Kinnbart, Prunkschurz und Tierschwanz dargestellt. Hier ist die Figur des Königs noch größer dargestellt als auf der Vorderseite, wodurch Macht und Würde besonders hervortreten. Bis in die späte Zeit der ägyptischen Kultur dient diese Art der Darstellung als Symbol für den siegreichen Pharao. Die Beischrift sagt, daß er der Repräsentant des Harpunengaus im Delta ist. Mit der Keule erschlägt er den vor ihm in die Knie gegangenen Feind. Im unteren Bildfeld liegen unter den Füßen des Königs zwei besiegte Gegner; der eine stammt offenbar aus Memphis, der andere wohl aus Sais im Delta.

Der Reliefstil entwickelt sich in der Negade-II/III-Kultur nicht allein auf den Schminkpaletten, sondern wir entdecken ihn auch auf Messergriffen und Keulenköpfen. Während jene durchweg aus weichem Elfenbein gefertigt sind, verwendete man für diese den relativ weichen Kalkstein. Auf den Messergriffen kommen die bekanntesten Wüstentiere vor, und wir können nur staunen, mit welcher Akribie der Künstler alle diese Tiere herausgearbeitet hat: Allein auf dem Elfenbeingriff des Messers im Brooklyn-Museum begegnen uns bis zu dreihundert (!) Tiere in bewundernswerter Genauigkeit. Den wohl hervorragendsten Griff finden wir im Louvre zu Paris: Dort liegt das Messer vom Gebel el-Arak. Das Relief »läßt nicht nur durch die sorgsam abgewogene Verteilung der Figuren auf der Fläche ein tektonisches Aufbauprinzip erkennen, durch das es alle seine Vorgänger in den Schatten stellt, sondern es scheint auch bereits in der Beziehung der Bildteile zu Oben und Unten ein inneres Aufbauprinzip zu walten« (Wolf). Der Schritt zur Standlinie steht unmittelbar bevor. Ihr begegnen wir auf einer anderen Denkmälergruppe: den Triumphkeulen. Anfangs (in Negade-I) nimmt der Knauf birnenförmige Gestalt an und wird fortan auch mit Reliefs überzogen, die man schließlich in der Negade-III-Kultur durch Standlinien unterteilt. So ist der Elfenbeinknauf der Keule des Königs Skorpion, der in Oxford aufbewahrt wird, in drei Felder aufgeteilt und entspricht ungefähr dem Aufbau der Rückseite der Narmer-Palette, wenngleich die Gliederung noch nicht so klar erfolgte.

Alle obengenannten Reliefstücke – Paletten, Triumphkeulen, Messergriffe – stammen aus einer Zeit bis hin zum Beginn der geschichtlichen Ära Ägyptens. Mit der 1. Dynastie des Pharaonenreiches aber bricht diese Reihe ab, und der Reliefstil begegnet uns von da an auf gänzlich anders gearbeiteten Objekten. Ohnehin widmet man sich jetzt größeren Gegenständen, wie wir es an der Architektur, der Plastik und den Stelen ablesen können.

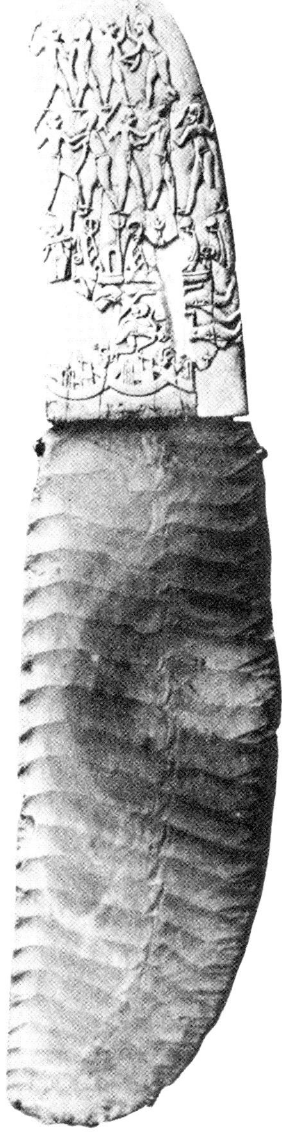

Messer vom Gebel el-Arak. Paris, Louvre. Übergang zur 1. Dynastie, um 2950 v. Chr. Feuerstein; Griff aus Elfenbein, mit Kriegs- und Jagdzsenen verziert. Länge 27,4 cm

# III. Die Frühzeit
## (1. und 2. Dynastie, um 2950 bis 2640 v. Chr.)

## III.1. Die Schrift und Sprache

Mit dem Aufkommen der Hieroglyphenschrift setzt für uns die geschichtliche Zeit Ägyptens ein. Jene ›Heilige Schrift‹ ermöglichte es dem Ägypter, Ereignisse festzuhalten und sie zur Historie werden zu lassen. Da die ersten Schriftzeichen bereits auf Denkmälern vor der 1. Dynastie vorkommen, beginnt die Historie daher, entgegen weitverbreiteter Meinung, schon in vordynastischer Zeit.

Gegen Ende der 2. Dynastie steht die ägyptische Schrift als voll entwickelte Hieroglyphenschrift vor uns. Somit hat es rund ein halbes Jahrtausend gedauert, bis sie sich zu dieser Stufe hin entwickelt hat – ein langwieriger Prozeß, wie wir ihn auch von anderen Sprachen her kennen. Anfangs erscheint die Hieroglyphenschrift als Beischrift zu Bildern, so z. B. auf der Narmer-Palette (Abb. S. 27 u. 29). Hier nennen die Schriftzeichen geographische Bezeichnungen und Eigennamen und tragen jetzt dazu bei, das dargestellte Ereignis in den Bereich des Geschichtlichen einzuordnen.

Das Schriftsystem geht davon aus, daß die Begriffe durch ein Bild wiedergegeben werden. So werden die Begriffe ›Haus‹, ›Gesicht‹ oder ›Sonne‹ jeweils durch die entsprechenden Bilder 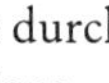, 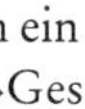 oder  ausgedrückt. Diese *Bildzeichen* (Ideogramme) sind also Zeichen, die den dargestellten Gegenstand direkt bezeichnen und daher entsprechend zu ›lesen‹ sind.

Daneben gibt es eine weitere Gruppe von Schriftzeichen, die mit dem dargestellten Begriff nichts mehr zu tun haben, sondern lediglich eine bestimmte Lautfolge ausdrücken und daher *Lautzeichen* (Phonogramme) genannt werden. Wir können diese Entwicklung etwa vergleichen mit dem Prinzip des Rebus, indem wir den Begriff

›Tor‹ (= Narr) mit dem Bild eines Tores wiedergeben würden. So schreibt der Ägypter z. B. das Wort für ›werden‹ mit dem Bilde des Käfers , indem das Wort für ›Käfer‹ auf das Wort ›werden‹ mit den gleichen Konsonanten übertragen wird. Vokale läßt die ägyptische Schrift unberücksichtigt und bringt nur Konsonantenzeichen sowie die Halbkonsonanten *w* und *j* zum Ausdruck. Der Ägypter ersah natürlich aus dem Zusammenhang, welche Vokale er beim Lesen der Schrift hinzuzudenken hatte. Das ist ja in der heutigen arabischen Schrift, in der ebenfalls nur Konsonanten geschrieben werden, ganz genauso. Wenn wir die Konsonanten *m s t* in einem deutschen Text anträfen, so könnten wir lesen Mast, Most oder Mist; aus dem Textzusammenhang entnähme man dann aber, welches Wort gemeint ist. Die ägyptischen Lautzeichen bedeuten also eine Folge von zwei, drei oder mehr Konsonanten, zwischen denen in der Schriftsprache keine Vokale erscheinen. Damit wir heute die aufeinanderfolgenden Konsonanten überhaupt aussprechen können, schieben wir jeweils einen ›E‹-Laut ein und sprechen die Konsonantenfolge *m s t* demnach *meset.*

Um eine eventuelle Vieldeutigkeit der vokallosen Schrift zu vermeiden, fügte man vielfach den Begriffen noch *Deutzeichen* (Determinative) bei. Diese Zeichen sind ›stumm‹, sie werden also nicht gelesen und deuten nur die Kategorie an, zu der der betreffende Begriff gehört. Diese Deutzeichen stehen stets am Ende des Wortes und haben zugleich die Aufgabe eines Worttrenners. So versieht der Ägypter z. B. alle Wörter, die Tätigkeiten des Kopfes bezeichnen (trinken, sprechen, essen, denken, erkennen usw.), mit dem Deutzeichen eines hockenden Mannes, der die Hand an den Mund führt: .

Das Hieroglyphen-Alphabet, das freilich von der Wissenschaft zusammengestellt wurde, besteht aus vierundzwanzig Einkonsonantenzeichen (s. S. 34 f.).

Neben diesen Buchstaben kennt der Ägypter aber noch über rund 600 weitere Zeichen als Zwei- und Dreikonsonantenzeichen sowie eine Unmenge von Determinativen.

Die Hieroglyphenschrift war dazu bestimmt, in Stein gemeißelt oder auch in Holz geschnitzt zu werden; sie war also eine Denk-

| Zeichen | Bedeutung | Umschrift | Aussprache |
|---|---|---|---|
|  | *Geier* | *3* | a |
|  | *Schilfblatt* | j | j oder i |
|  | *Unterarm* | *c* | a |
|  | *Wachtelküken* | w | w oder u |
| 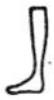 | *Fuß* | b | b |
|  | *Hocker* | p | p |
|  | *Hornviper* | f | f |
| 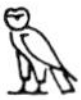 | *Eule* | m | m |
|  | *Wasserlinie* | n | n |
|  | *Mund* | r | r |
|  | *Hof* | h | h |
|  | *Strick* | ḥ | ch |
|  | *Placenta?* | ch | ch |
|  | *Tierleib mit Zitzen* | ẖ | ch |
|  | *Riegel* | s | s |
| 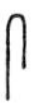 | *gefaltetes Tuch* | ś | s |
|  | *See* | š | sch |
|  | *Hügel* | ḳ | k |
|  | *Henkelkorb* | k | k |

| Zeichen | Bedeutung | Umschrift | Aussprache |
|---|---|---|---|
|  | *Krugständer* | g | g |
|  | *Brot* | t | t |
|  | *Seil* | ṯ | tj |
|  | *Hand* | d | d |
| 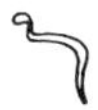 | *Kobra* | ḏ | dj |

malsschrift. Wollte man hingegen mit der Hand für Zwecke des täglichen Lebens einige Notizen festhalten, Briefe und Rechnungen schreiben, so bediente man sich des sogenannten ›Hieratisch‹, einer Kursivschrift, die bis in das 6. Jh. v. Chr. in Gebrauch war. Aus dieser stark kursiven Geschäftsschrift ging vom 7. Jh. v. Chr. an eine äußerst verkürzte Schriftform hervor, die wir ›Demotisch‹ nennen, d. h. Volksschrift. Sie diente besonders zur Aufzeichnung der Urkundensprache der Spätzeit, während die hieratische Schrift für religiöse Zwecke weiterverwendet wurde. Erst die koptische Schrift bringt als erste auf ägyptischem Boden Vokale zum Ausdruck. Denn mit der Übernahme des griechischen Alphabets haben von christlicher Zeit an die Ägypter versucht, ihre Sprache nicht mehr mit den heidnischen Hieroglyphen darzustellen, sondern statt dessen nur noch mit den ›heiligen‹ Buchstaben des griechischen Alphabets.

Lange Zeit waren die Hieroglyphen im wahrsten Sinne eine ›heilige Schrift‹ (das griechische Wort ›hieros‹ heißt ›heilig‹, und ›glyphein‹ bedeutet ›einprägen‹). Jahrhundertelang rätselte man an dieser Schrift herum, bis es endlich dem französischen Gelehrten Jean François Champollion (1790–1832) gelang, die Hieroglyphen zu entziffern. Den Schlüssel zur Enträtselung lieferten im Jahre 1799 Napoleons Soldaten: In der Nähe des heutigen Dorfes Rashid (= Rosetta) fand Leutnant Bouchard einen großen schwarzen Basaltstein, der mit hieroglyphischen, demotischen und griechischen Schriftzeichen versehen war. Als ›Stein von Rosetta‹ ging er in die

Wissenschaft ein; heute wird er im Ägyptischen Museum zu London aufbewahrt. Der Text freilich war von verhältnismäßig geringer Bedeutung; es handelt sich um ein Loblied auf den König Ptolemaios I. Epiphanes (196 v. Chr.). Unschätzbar hingegen ist die Tatsache, daß der Text in eben drei Schriften und zwei Sprachen (Ägyptisch und Griechisch) gehalten ist. Vierzehn Jahre lang arbeitete Champollion anhand einer Kopie der Inschrift an der Entzifferung, bis ihm endlich die großartige Entschlüsselung gelang.

Wie ein Hieroglyphentext heute gelesen wird, soll der nachstehende Text zeigen, den der Gaufürst Herchuf in seinem Grabe in Aswan gegenüber der Insel Elephantine in dem Berghang der Kubbet el-Hawa anbringen ließ. Dort veröffentlichte er einen Brief von Pharao Pepi II. (6. Dynastie, gest. um 2157 v. Chr.), der ihn bittet, den mitgebrachten Tanzzwerg sorgsam zu behüten (s. S. 122f.).

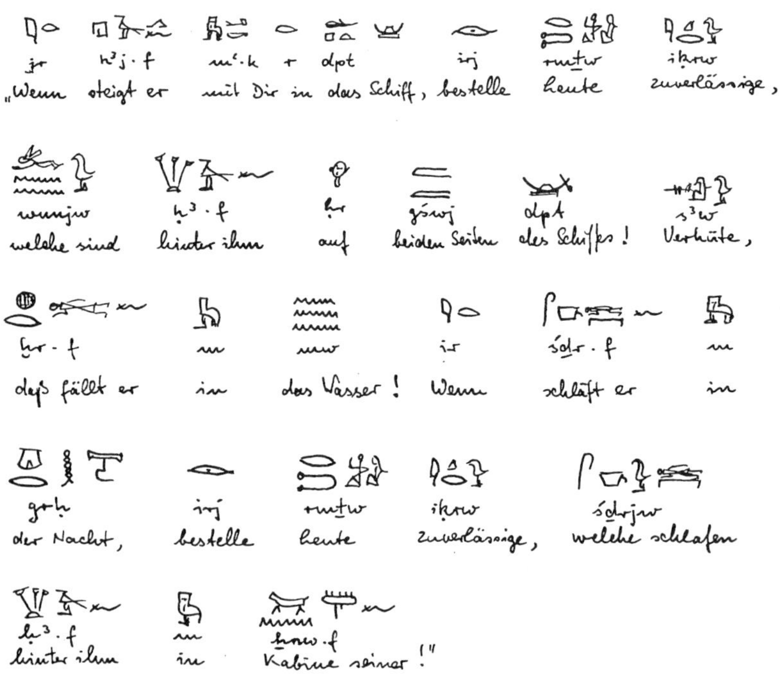

# III.2. Die ägyptischen Dynastien

siehe auch die Zeittafel S. 314ff.

Mit der Erfindung der Hieroglyphenschrift kurz vor Beginn der 1. Dynastie wird die Grundlage geschaffen für die eigentliche ägyptische Geschichte. Ihren Ablauf unterteilen wir heute in dreißig Dynastien oder gar in einunddreißig, wenn wir die Zeit der zweiten persischen Herrschaft (342–332 v. Chr.) als eigenständige Dynastie mitrechnen wollen. Diese Einteilung geht bereits auf Manetho zurück, der um 275 v. Chr. Hoherpriester von Heliopolis war. Er hatte im Auftrage von Ptolemaios II. die ägyptische Geschichte in griechischer Sprache dargestellt und dabei die Ereignisse in dreißig Dynastien unterteilt. Dabei stand zu Beginn einer neuen Dynastie jeweils ein neues Herrschergeschlecht. Von der Geschichte des Manetho sind uns allerdings nur verderbte Auszüge aus späterer Zeit erhalten, und ihnen entnehmen wir, daß der Priester Manetho offensichtlich aus älteren Vorlagen abgeschrieben hat. Wahrscheinlich lag ihm die ägyptische Königsliste vor, die genaue Aufstellungen enthält über den Namen und die jeweilige Regierungsdauer eines jeden Herrschers. Auszüge aus derartigen Listen sind uns im sogenannten Königspapyrus überliefert, der im Turiner Museum aufbewahrt ist. Auch die Königstafeln von Abydos und Memphis stellen derartige Exzerpte dar.

Bereits die alten Ägypter haben die dreißig bzw. einunddreißig Dynastien in drei Reiche unterteilt, und zwar in das Alte Reich, das Mittlere und das Neue Reich. Vor das Alte Reich stellen wir die Früh- und Vorgeschichte; auf das Neue Reich folgt die Spätzeit. Zwischen den drei Glanzzeiten liegen sogenannte Wirrezeiten, die wir als Zwischenzeiten bezeichnen.

Das Alte Reich wurde von der Hauptstadt Memphis aus regiert, und alle königlichen Bauten errichtete man durchweg in dieser Residenz und auf ihrem zugehörigen Friedhof. Zur Zeit des Mittleren Reiches verlegte man die Hauptstadt nach Herakleopolis in die Nähe des heutigen Beni Suef, etwa 100 km südlich von Memphis gelegen. Aber auch im oberägyptischen Gau von Theben entwikkelte sich gleichzeitig ein anderer Höhepunkt. Während es hier einem Fürsten aus dem Hause der 11. Dynastie gelang, sich zum

König zu erheben, gelang es den Herrschern der 12. Dynastie, sich im Norden des Landes als Könige niederzulassen. Dort gründeten sie nördlich von Herakleopolis eine neue Residenz namens Ititowi bei dem modernen Ort Lischt; und ganz in der Nähe errichteten sie ihre Pyramiden-Anlagen. Die Pharaonen des Neuen Reiches hingegen residierten in Theben – rund 650 km südlich von Memphis. Dort festigten sie ihre Residenz und schufen gewaltige Bauwerke, unter anderem in dem Friedhofsbezirk auf dem Westufer des Nil. So ist die regionale Gliederung der Bauten zugleich ein Hinweis auf ihre geschichtliche Zuordnung.

Die uns bekannten Königsnamen stehen in der Regel in dem Königsring, der sogenannten Kartusche; in sie schreibt der Ägypter den Vornamen und den Geburtsnamen der insgesamt bis zu fünf Namen umfassenden Titulatur. Dabei wird der Vorname mit dem ›Titel‹ *nśwt-bjtj* (= König von Ober- und Unterägypten) und der Geburtsname mit dem ›Titel‹ *$s^3$-$R^c$* (=Sohn des Re) eingeleitet:

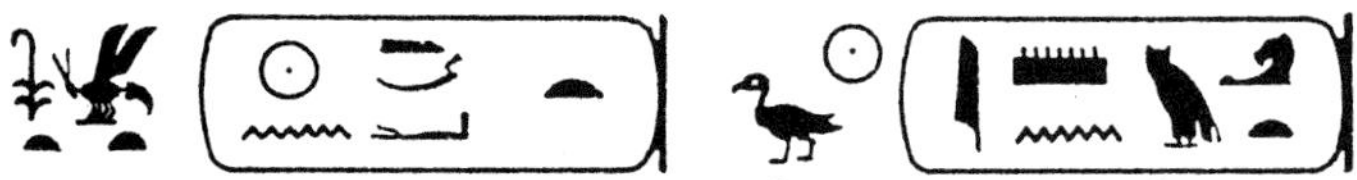

*nśwt-bjtj* *n-$M^{36}t$-$R^c$* *$s^3$-$R^c$* *Imn-m-ḥ$^3$t*

*»König von Ober- und Unterägypten, der zugehörig ist zur Ordnung des Re; Sohn des Re, Amun ist am Anfang« – Bezeichnung für Pharao Amenemhet III., 12. Dyn., 1844–1797 v. Chr.*

## III.3. Der Kalender

Hier soll noch von einer anderen ›Erfindung‹ die Rede sein, die die Ägypter mit dem einsetzenden Geschichtsbewußtsein gemacht haben: der Einführung des Kalenders.

Der ägyptische Kalender basiert auf den Beobachtungen, die mit den regelmäßig wiederkehrenden Nilüberschwemmungen zusammenhingen. Die alten Ägypter ließen ihr Jahr mit dem Einsetzen der jährlichen Nilschwelle beginnen. Diese traf zwar stets sehr pünktlich ein, nicht jedoch immer an demselben Tage. Deshalb wählten sie als Neujahrstag den Frühaufgang der Sothis, des Sirus-Sternes also, der erstmals wieder am 19. Juli nach unserer Zeitrechnung in der Morgendämmerung am ägyptischen Horizont erschien, nachdem er längere Zeit lang nicht sichtbar gewesen war. Mit diesem Tage des Frühaufganges fiel gewöhnlich der Beginn der Nilschwelle zusammen. Die Zeit von seinem Frühaufgang bis zu dem nächsten betrug 365 ¼ Tage. Das Jahr hingegen teilte man in die drei Jahreszeiten Überschwemmung, Winter und Sommer mit je vier Monaten zu jeweils dreißig Tagen ein und fügte noch fünf Schalttage hinzu. Dieses ägyptische Kalenderjahr mit 365 Tagen war nun freilich um einen Vierteltag gegenüber dem Sothis-Jahr zu kurz. So blieb der bürgerliche Neujahrstag alle vier Jahre um einen ganzen Tag hinter dem astronomischen zurück. Erst nach 1460 astronomischen oder 1461 bürgerlichen Jahren fiel der Frühaufgang der Sothis wieder mit dem bürgerlichen Neujahrstag zusammen. Ein solcher Zusammenfall wird uns von dem römischen Schriftsteller Censorinus für das Jahr 139 n. Chr. bezeugt. Wenn man von diesem Jahr aus um jeweils 1460 Jahre zurückrechnet, gelangt man zu weiteren derartigen Zusammenfällen. Auf diese Weise können wir die ägyptische Geschichte recht genau zeitlich fixieren; allerdings nur vom Mittleren Reich an, denn das älteste erhaltene Sothis-Datum stammt aus der 12. Dynastie. Für das Alte Reich fehlt uns immer noch ein Sothis-Datum, so daß wir für die Festlegung der Chronologie mit Schwankungen von bis zu ± einhundert Jahren rechnen müssen. Es gilt heute jedenfalls als sicher, daß der Kalender zur Zeit der 1. Dynastie oder gleich zu Beginn der 2. Dynastie eingeführt wurde.

Unser heutiger Kalender ist ein verbesserter ägyptischer; denn der sogenannte julianische ist nichts anderes als der altägyptische, den Julius Caesar (100–44 v. Chr.) durch die Einführung eines Schalttages in den durch vier teilbaren Jahren verbessert hatte. Dieser Kalender wurde von den Christen übernommen, erfuhr im Jahre 1582 durch Papst Gregor XIII. eine nochmalige geringfügige Korrektur und erlangte damit seine heutige Form.

## III.4. Die Architektur

Auf dem Wege zur Geschichtlichwerdung gingen die Edlen und Könige Ägyptens dazu über, ihre Grabanlagen zu stabilisieren und zu monumentalisieren. Aus den anfänglich ovalen oder runden Erdgräbern wurden jetzt große rechteckige Anlagen, die unter den Königen der 1. Dynastie die Dimensionen von Großbauten annahmen. Übrigens zählen wir diese Herrscher zu den Thiniten, da sie – wie auch die Könige der 2. Dynastie – nach der Überlieferung des Priesters Manetho aus This stammten, der Hauptstadt des achten oberägyptischen Gaus, zu dem auch Abydos gehörte.

Die Ziegel, aus dem Schlamm des Nil gewonnen und an der Sonne getrocknet, bildeten von Anbeginn das Grundbaumaterial der ägyptischen Architektur. Schon der erste Pharao der Frühzeit, König Aha, bildete den Oberbau über dem Schacht seines Grabes mit derartigen Ziegeln zu einem Rechteck aus, das die beachtlichen Maße von 40 m Länge und 15 m Breite aufweisen konnte. Dieses Bauwerk wirkt aus der Ferne wie eine flache Bank, und eine derartige Bank nennen die Ägypter heute Mastaba. Mit diesem Begriff kennzeichnen die Archäologen die derartige Form der Grabanlage. Wie uns

Grundriß und Längsschnitt einer Mastaba aus der 1. Dynastie, um 2900 v. Chr.

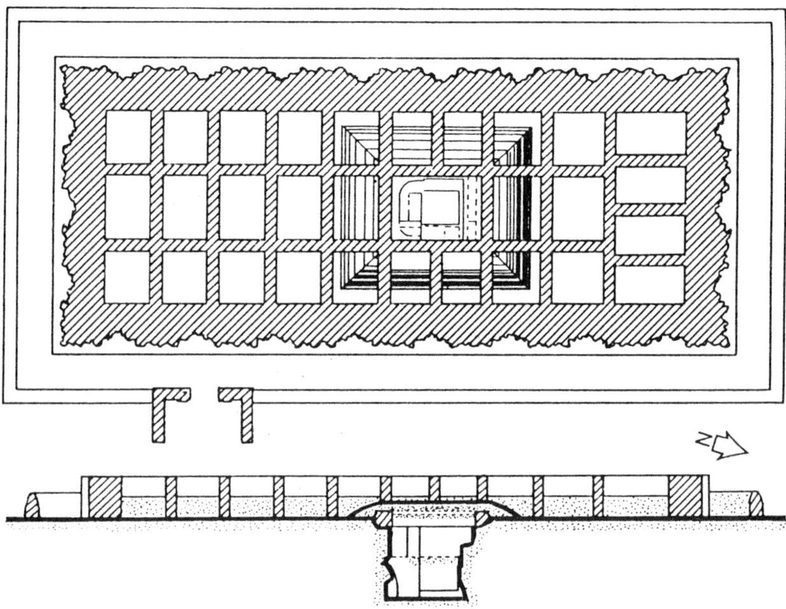

eine der ältesten Mastabas aus der 1. Dynastie lehrt, lag der Verstorbene in einer rechteckigen, mit Nilschlammziegeln ausgemauerten Sargkammer, die sich im Zentrum der Anlage in deren unterirdischem Bereich befindet und von sechs symmetrisch angeordneten Vorratskammern umgeben ist, während im oberirdischen Teil innerhalb der Mastaba-Umfassungsmauer eine Fülle von Kammern Gegenstände für das tägliche Leben beherbergte. Bei der Ausgrabung kamen dort Weinkrüge zutage, Nahrungsmittel, etwa Getreidekörner und Brot, und Jagdgeräte. Weitere leere Räume standen dem Verstorbenen als Aufenthaltsräume zur Verfügung. Natürlich waren Türen, Durchgänge oder Korridore nicht erforderlich, konnte doch der Verstorbene jederzeit ungehindert materielle Hindernisse überwinden. Selbst eine eingebaute Toilette und eine Badewanne enthielt solch ein ›Haus der Ewigkeit‹.

Derartige Mastabas errichteten die Könige der 1. Dynastie sowohl im Norden des Landes auf dem Nordfriedhof von Sakkara als auch auf dem frühesten ägyptischen Friedhof von Abydos. Merkwürdig ist, daß ein und derselbe König aus dieser frühen Zeit jeweils ein Grab im Norden und im Süden errichten ließ. Bis heute ist ungeklärt, in welchem Grab der König bestattet wurde, da man seinen Leichnam in keiner der beiden Anlagen gefunden hat.

Sicherlich hängt die Existenz zweier Königsgräber mit dem dualistischen Denken der Ägypter zusammen. Grundsätzlich sind es zwei Dinge, die für den Ägypter eine Einheit bilden: Da ist Oberägypten im Süden und Unterägypten im Norden, da gibt es den Herrscher als ›Herr der beiden Länder‹ mit der Krone von Oberägypten und Unterägypten, und zweimal bestieg er den Thron.

Die frühen Mastabas im Friedhofsbezirk von Sakkara weisen in ihren Außenmauern eine möglicherweise von Mesopotamien her beeinflußte ausgeprägte Nischengliederung auf. An die Sockel der Außenwände legte man anfangs sorgsam aneinandergereihte stilisierte Stierköpfe, die aus Schlamm geformt und mit echten Hörnern bestückt waren. Anders hingegen verhält es sich mit den Außenmauern der Grabanlagen in Abydos: Hier hat der Oberbau lediglich glattgeputzte und geböschte Außenwände.

Von Anbeginn umzog man die Mastabas mit einer Mauer aus Nilschlammziegeln. Das gilt sowohl für die Mastabas im Norden des Landes als auch für jene im Süden. Die Mauer verputzte man ebenfalls mit dem Schlamm des Nil und tünchte sie anschließend mit weißer Farbe. Diese Umfassungsmauern sind stets glattflächig; sie weisen nicht die eigentümliche Nischengliederung auf, wie wir sie in der Außenmauer der Grabanlagen von Sakkara kennengelernt haben.

Den Raum zwischen Umfassungsmauer und Mastaba bezeichnen wir als Opferhof; in ihm findet sich vor der Ostseite der Mastaba die sogenannte Opferstätte. Hier kann der Verstorbene aus seinem Grab durch eine Scheintür hervortreten und das Opfer in Empfang nehmen, das ihm die Lebenden vom Niltal her zu seinem auf einer Anhöhe gelegenen Grab hinaufbringen. Somit besteht zu Beginn der 1. Dynastie eine Grabanlage nicht allein aus dem Grabmal, jener Mastaba, sondern aus nunmehr insgesamt vier Raumelementen, die jetzt die Totenopferkult-Anlage bilden: Grabmal, Opferstätte, Hof und Aufweg. Für alle königlichen Grabanlagen war diese räumliche Gliederung von nun an verbindlich; allerdings erfuhren sie im Laufe der Zeit räumliche Änderungen oder Erweiterungen.

In Abydos tritt zu dieser vierteiligen Grabanlage ein weiteres Bauelement in Form der Sedfest-Anlage hinzu. Wir bezeichnen diese gewöhnlich als Zweit- oder Nebengrab. Es handelt sich hierbei um eine Grabanlage, in der niemals ein wirkliches Begräbnis stattgefunden hat. Vielmehr wurde hier anläßlich des Sedfestes der alternde, gebrechlich und kraftlos gewordene König nach dreißigjähriger Regierungszeit rituell bestattet. Nach der Beisetzung aber erfuhr er, wie einst der Fruchtbarkeitsgott Osiris, die Wiederauferstehung. Mit frischer Kraft bestieg er als Neugeborener von Osten her, das heißt vom Sonnenaufgang her, den Thron von Ober- und Unterägypten. Noch in der 3. Dynastie finden sich am Thron des Pharaos Djoser die Treppenstufen lediglich auf der Ostseite.

Da der König in der Regel das Dreißig-Jahres-Fest nicht erlebte, nahm er den Wunsch nach Teilnahme an diesem Fest mit in das Jenseits hinüber. In späterer Zeit beging man das Fest im Abstand von drei Jahren und noch weniger.

Diese Sedfest-Anlage baute man gewöhnlich am Rande des Fruchtlandes, räumlich getrennt von der Totenopferkult-Anlage.

In Sakkara tritt neben die viergliedrige Totenopferkult-Anlage gegen Ende der 1. Dynastie ein weiteres Bauelement in Form der Verehrungskult-Anlage hinzu, die uns erstmals bei der Grabanlage des Königs Kaa, des letzten Pharaos der 1. Dynastie, begegnet.

Inzwischen zeigt sich gegen Ende der 1. Dynastie, daß sich anstelle des Realismus der imaginären Vorratshaltung nunmehr der Symbolismus der Königs- beziehungsweise Sonnentheologie breitmacht. Die Opferstätte erwächst zu einem kleinen Totentempel, und im Hof findet sich erstmals eine Sonnenbarke, die es dem Toten ermöglichen sollte, sich auch außerhalb seines Grabes zu bewegen.

Über die Weiterentwicklung der Königsgräber im Verlaufe der 2. Dynastie können wir heute noch nichts Verbindliches sagen, denn die bisher bekannt gewordenen Grabanlagen aus dieser Epoche lassen aufgrund ihrer weitgehenden Zerstörung keine näheren Einzelheiten erkennen. Deutlich ist nur, daß die Mastabas ihre plastisch gegliederte Außenform bis zum Ende der 2. Dynastie beibehalten haben.

## III.5. Die Rundplastik

Männer-, Frauen- und Tierfigürchen, in der Regel aus Ton geformt oder auch aus Elfenbein geschnitzt, wurden ja in vorgeschichtlicher Zeit in Fülle dem Verstorbenen mit in das Grab gelegt. Jene Figuren konnten noch nicht stehen, hatten sie doch keine Standplatte. Sie mußten zwangsläufig umfallen, liegen. Doch zusammen mit der aufstrebenden Baukunst zu Beginn der Frühzeit, da ein neues Raumgefühl sich verbreitet, erfahren auch diese rundplastischen Werke eine Änderung. Die Details sind jetzt sorgfältiger ausgeführt, und zudem bemüht man sich offenbar, zumindest bei den Tieren eine möglichst natürliche Hautfarbe durch grünliche Glasur zu erreichen. Besonderes Charakteristikum der Figürchen der Frühzeit ist aber die Tatsache, daß sie nunmehr stehen können; denn mit Beginn der Frühzeit erhalten die Figuren eine Basisplatte beziehungsweise einen Standfuß. Von nun an begegnen uns Sitzende oder Kniende in geradezu formvollendeten Erscheinungen, deren Strenge zugleich durch die Basis hervorgehoben wird.

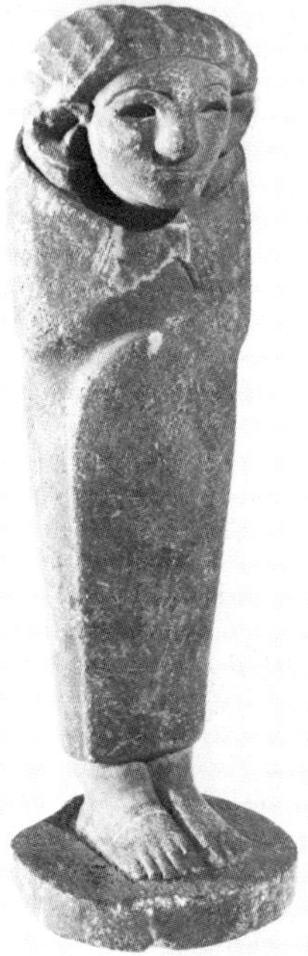

Stadtgott. Luzern, Sammlung Kofler-Truniger. 1. Dynastie, um 2950 v. Chr. Aus Abydos. Höhe 29,8 cm. Kalkstein

Auffallend ist das Bemühen des Künstlers, diese Bilder einem Würfel einzubeschreiben; den Höhepunkt der rundplastischen Kunst jener Zeit bildet wohl die Mantelfigur eines Stadtgottes aus der 1. Dynastie, die bei den Ausgrabungen im ältesten Tempelbezirk von Abydos zutage kam. Da ist es dem Künstler in einzigartiger Weise gelungen, die fast 30 cm hohe Standfigur lotrecht auf eine kreisrunde Basisplatte zu plazieren, die um diese Zeit (um 2950 v. Chr.) erstmals nachweisbar wird. Der große Kopf mit den riesigen Ohren fällt angesichts der schlichten Ummantelung der Figur als besonders streng auf. Die Plumpheit wird unterstrichen durch das Fehlen des Halses: Der Kopf bildet mit dem Rumpf eine Einheit.

Halslos sind auch die Darstellungen der Sitzenden, der auf dem Boden Hockenden oder Knienden zu dieser Zeit. Gerade durch den tiefsitzenden und etwas überproportional großen Kopf erwecken sie

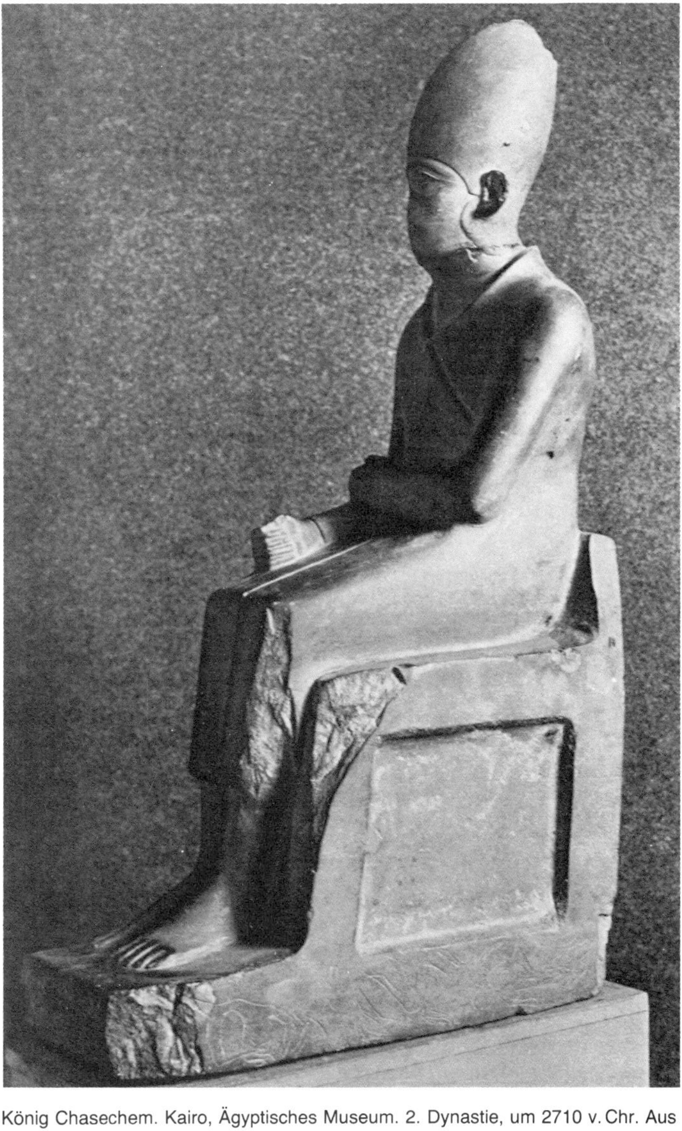

König Chasechem. Kairo, Ägyptisches Museum. 2. Dynastie, um 2710 v. Chr. Aus Hierakonpolis. Höhe 56 cm. Schist

den Anschein von Ungelöstheit und Schwere, wenngleich die Gesichtszüge dieser Figuren eine auffallende Lebendigkeit offenbaren. Die Augen wurden allerdings noch nicht aus anderem Material eingelegt, denn diese Sitte kommt erst rund zweihundert Jahre später in Gebrauch. Die Lebendigkeit wird insbesondere durch die plastische Ausformung und Durcharbeitung des Gesichtes erreicht. Während der hockende Priester Heteb Dief (aus dem alten Memphis) seine Hände flach auf die Oberschenkel gelegt hat, zeigen die Sitzfiguren dieser Zeit eine gänzlich andere Haltung: Da haben die Männer ihre linke Hand geballt auf die Brust gelegt, während die rechte flach auf dem Oberschenkel aufliegt. Gerade diese Haltung wird uns bei den späteren Sitzfiguren aus dem Alten Reich noch beschäftigen.

Alle zuvor genannten Rundbilder waren nicht größer als etwa einen halben Meter.

Ganz anders schaut es mit den Götterbildern aus. Immerhin erreichen die drei Kalksteinfiguren aus Koptos, die den Fruchtbarkeitsgott Min darstellen, eine Höhe von rund 2 m. Sie bilden den Übergang zur Großplastik und erinnern zugleich an die Pfeilerform, in die das Menschenbild durch Vermenschlichung der numinösen Kräfte eingedrungen ist.

Als Mittler zwischen Gott und Mensch steht der König, der zwar gegenüber den Menschen eine übergeordnete Größe erreicht (die Sitzfigur von König Chasechem im Museum zu Kairo), aber bei weitem nicht an die Größe eines Gottes heranreicht. Im Gegensatz zu den Darstellungen der sitzenden oder hockenden Männer jener Zeit ist das Königsbild künstlerisch ausgereift. Bereits gegen Ende der 2. Dynastie erreicht es eine Höhe, die wir als klassisch ägyptischen Stil bezeichnen können. Die Privatplastik gelangt erst ein halbes Jahrhundert später zu dieser Reife. Die etwas über einen halben Meter große Königsfigur des Chasechem zeugt von großartiger Würde und zugleich Strenge (Abb. S. 45). Alle Details dieser Sitzfigur sind hervorragend ausgearbeitet, angefangen von dem Thronsessel mit seiner niedrigen Lehne bis hin zu den präzise ausgearbeiteten Fingern. Während die linke Hand geballt auf dem rechten Unterarm aufliegt, ruht die rechte ebenfalls geballt auf dem Oberschenkel. »In diesem Werk ist die erste Aufgabe, die der Rundbildnerei gestellt war, gelöst: Die Grundform der menschlichen Gestalt ist gefunden worden, ein allgemein gültiges Schema, das hinfort in immer erneuter Auseinandersetzung mit den einmaligen Erscheinungen deren Züge in sich aufnehmen kann, ohne darum seinen wesenhaften Charakter aufgeben zu müssen« (Wolf).

## III.6. Das Flachbild

Am Ende der frühgeschichtlichen Zeit waren uns ja schon zahlreiche Reliefs auf den diversesten Prunkstücken begegnet; doch an der Schwelle zur Frühzeit stellt man derartige Denkmälergruppen nicht mehr her. Andere Zeugen sind es jetzt, die den Reliefstil fortführen – Zeugen freilich, die von nun an größer ausfallen. Da finden wir z. B. im Louvre zu Paris die ursprünglich 2,50 m hohe Grabstele des Königs Wadji (auch Djet genannt), den wir einfach ›Schlange‹ nen-

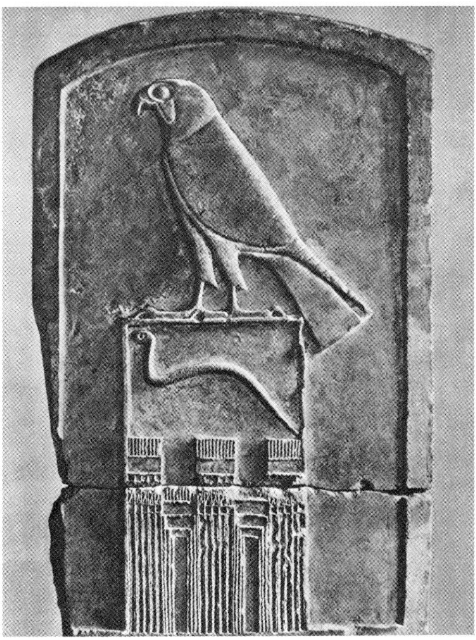

Stele des Königs Schlange. Paris, Louvre. 1. Dynastie. Aus Abydos. Höhe ursprünglich 2,50 m. Kalkstein

nen. Zusammen mit einer weiteren Stele schloß sie den Opfertisch neben dem abydenischen Königsgrab ein. Die Stele ist aus Kalkstein gearbeitet und 65 cm breit. Sie stammt aus der 1. Dynastie. Dieser Grabstein überrascht durch sein schlichtes und zugleich künstlerisch ausgefeiltes Relief. Mit diesem Stück erreicht die ägyptische Kunst einen ihrer frühesten Höhepunkte überhaupt. Wenngleich die Formbehandlung zum Teil noch etwas altertümlich wirkt, besticht doch das Relief durch die künstlerische Reife. Zuoberst thront der falkengestaltige Himmelsgott Horus in majestätischer Strenge. Seine Erscheinung ist geprägt durch das große Auge, den prallen Leib und die ausladenden Krallen. Er ist der allmächtige Gott, der in dem irdischen König über Ägypten herrscht. Und so hält er den König ›Schlange‹ fest in seinen Krallen, er beherrscht ihn und zwingt ihm sein Handeln auf. Da sehen wir die Viper mit erhobenem Kopf; ihr Leib ist fein ziseliert. Sie thront über dem Palast mit seinen drei Türmen und dem Doppeltor. Die gerillten Türme deuten auf die Nischengliederung hin, wie sie uns ja auch von den Außenwänden der Mastabas aus dieser Zeit bekannt ist. Die Blicke des Gottes Horus und des Königs ›Schlange‹ sind auf den Opfernden gerichtet, der auf dem nebenstehenden Opferstein einst seine Gaben darbrachte. Der Mensch als Handelnder muß in dieses Objekt mit einbezogen werden; mit ihm zusammen erst bildet es eine Einheit. So wird verständlich, daß der Palast bewußt aus seiner Achse zum Menschen hin verschoben ist und die Verbindung Gott, König und Palast sich dem Menschen nähert.

Mit der 2. Dynastie nehmen die Reliefs an Häufigkeit zu. Insbesondere gilt das für die Funde aus der Gegend der Reichshauptstadt Memphis. So fand man auf dem Ostufer des Nil gegenüber von Memphis in der Nekropole von Helwan Kalksteinplatten mit dem Abbild des Grabinhabers, der auf seinem Stuhle vor den Opferbroten Platz genommen hat. Derartige Opferplatten errichtete man gewöhnlich auf der Ostseite der Grabanlage; denn in der Regel näherte man sich ja dem Grabe von Osten her, vom Reiche der Lebenden, vom Niltal aus. Die Reliefs auf diesen Kalksteinplatten zeigen eine Entwicklung, die ihren Höhepunkt alsbald in der Flachbildkunst des Alten Reiches findet, insbesondere bei der Dekoration von Scheintüren. Derartige Grabplatten fand man nicht nur bei Helwan, sondern auch auf dem alten Friedhof von Memphis, nämlich vor den Ziegelmastabas der Nekropole von Sakkara. Alle diese Stelen jener Zeit sind noch roh behauen und im Gegensatz zu der fein gearbeiteten Stele des Wadji aus der 1. Dynastie recht ungeschickt gefertigt. Da sehen wir etwa auf einer Grabplatte aus Sakkara eine Prinzessin in recht gedrungener Form mit nur kurzem Hals und ungeschickt ausgearbeitetem linken Arm auf einem niedrigen Stuhl ohne Rückenlehne, während die Opferbrote vor ihr in ungleichmäßiger Form aus dem Stein herausgearbeitet sind. Die Plazierung der Hieroglyphen entspricht noch nicht jener ästhetischen Regel, die uns vom Alten Reich an begegnet.

# IV. Das Alte Reich
## (3. bis 8. Dynastie, um 2640 bis 2134 v. Chr.)

## IV.1. Die Architektur

Bei der Architektur des Alten Reiches müssen wir aufgrund der auf uns gekommenen Baudenkmäler unterscheiden zwischen der Königsarchitektur und der Privatarchitektur. Bei den königlichen Bauten des Alten Reiches wiederum können wir die Grabbauten von den Tempelbauten unterscheiden. Die Privatarchitektur hingegen teilen wir ein nach Sakral- und Profanbau.

### IV.1.1 Die Königsarchitektur

#### *IV.1.1.1 Die Grabbauten*

Die große Epoche des zentral gelenkten Staatswesens setzte unter Pharao Nebka (um 2628–2609 v. Chr.) ein. Er war wohl der erste König der 3. Dynastie, der nun die Residenz endgültig nach Memphis verlegte und sie als ›Waage der beiden Länder‹ zum Mittelpunkt des Reiches erhob. Doch erst sein Nachfolger namens Djoser – wahrscheinlich Nebkas Sohn – wird als der eigentliche Begründer des Alten Reiches gefeiert. In der königlichen Grabarchitektur verdanken wir ihm einige gravierende Neuerungen. Zugleich ist er es, der die monumentale Steinarchitektur begründet, die von nun an die Baukunst der nächsten Jahrhunderte prägen sollte.

Über Djoser und seine Zeit wissen wir nicht allzuviel. Sein Geburtsort ist unbekannt; und seine Mutter ist vermutlich eine Tochter von Pharao Chasechemui (gest. um 2640 v. Chr.) namens Nimaathep aus dem Königshaus der 2. Dynastie. Etwa um 2609 v. Chr. trat Djoser die Nachfolge von Pharao Nebka (um 2628–2609

v. Chr.) an, der gerade erst die Residenz aus dem oberägyptischen Gau nach Memphis verlegt hatte und damit ein zentral gelenktes Staatswesen begründete. In dieser neuen Ordnungswelt bildete die Institution des Königtums den zentralen Mittelpunkt: Von nun an erschien der König als falkengestaltiger Himmelsgott Horus in menschlicher Gestalt und regierte die Welt von der ›Waage der beiden Länder‹ aus, wie die alten Ägypter ihre neue Reichshauptstadt nannten, die auf der Nahtstelle von Unterägypten im Norden sowie Oberägypten im Süden geschaffen war.

In den achtzehn Jahren seiner Regierungszeit ließ Djoser auf dem nahe der Residenz gelegenen Friedhof oberhalb des kleinen Dorfes Sakkara am Rande der westlichen Wüste jene berühmte Stufenmastaba errichten, die wir noch heute zu Recht als eine der großartigsten künstlerischen und technischen Leistungen der Weltgeschichte bezeichnen. Für die Bauplanung und Ausführung dieses Monumentalarchitekturwerkes wurde der königliche Baumeister Imhotep verpflichtet, den man aufgrund seiner Fähigkeiten bald im ganzen Lande verehrte. Sogar die Griechen priesen ihn in der Spätzeit und ließen ihm göttliche Ehren zuteil werden. In ihm sahen sie schließ-

Stufenmastaba des Pharaos Djoser in Sakkara. 3. Dynastie, um 2609–2590 v. Chr. Ansicht von Süden

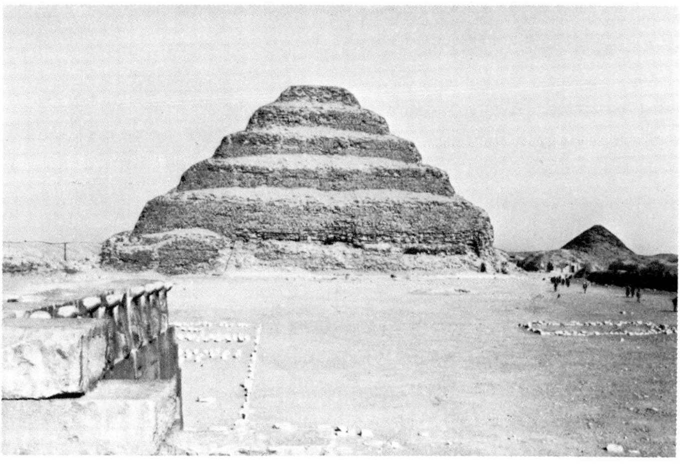

lich den weisen Imouthes und setzten ihn mit Asklepios gleich, jenem uns als Äskulap bekannten Arzt.

Imhotep hatte es sich zur Aufgabe gesetzt, die in der Residenz Memphis aus vergänglichem Material errichteten Bauten in den unvergänglichen Stein zu ›übersetzen‹ und diese entsprechenden Gegenstücke in der Nekropole von Sakkara zu errichten. Mittelpunkt jener Anlage sollte die berühmte Stufenmastaba werden, die häufig fälschlich als Pyramide bezeichnet wird. Freilich war die Verwendung von Stein anstelle der bisher üblichen sonnengetrockneten Nilschlammziegel nicht neu. Schon König Den hatte in der 1. Dynastie Steine bei dem Grabbau verwendet und mit ihnen den Fußboden in seiner Sargkammer auslegen lassen. Neu also ist jetzt nicht etwa die vermehrte Verwendung des Hausteins, sondern allein die Übertragung von Vorbildern aus dem Ziegel- oder Holzmattenbau in eine verdichtete, komprimierte und unvergängliche Form aus Stein.

Seit rund fünfzig Jahren wissen wir, daß die Grabanlage des Djoser nicht von vornherein in ihrer endgültigen Größe konzipiert worden war, sondern durch zweimalige Änderung und Erweiterung des ursprünglichen Bauplans entstanden ist (s. Abb. S. 54/55). Anfangs maß die von einer wuchtigen Umfassungsmauer eingegrenzte Grabanlage 300 × 145 m und war von Nord nach Süd ausgerichtet. Dabei ist bemerkenswert, daß sich die Umfassungsmauern noch nicht genau an den vier Himmelsrichtungen orientierten, sondern um vier Grad nach Westen von den späteren Ummauerungen der zweiten und dritten Baustufe abweichen. Inmitten dieses Komplexes bedeckte das Königsgrab des Djoser mit seinen 120 Ellen Seitenlänge eine Fläche von 3969 $m^2$ (eine Königselle mißt 52,3 cm). Im Gegensatz zu den Grabmälern der früheren Zeit hatte dieses einen quadratischen Grundriß und bot erstmals die Voraussetzung für die Idealform eines Königsgrabes, nämlich die Pyramide.

Unter dem quadratischen Oberbau liegt in 28 m Tiefe die königliche Grabkammer rechteckigen Grundrisses; sie ist von Nord nach Süd ausgerichtet und mißt 2,96 × 1,65 m. Zum Ausbau dieser Kammer verwendete man den Rosengranit, der in Ägypten nur im Kataraktengebiet von Aswan vorkommt und eigens von dort auf dem rund 1000 km langen Flußweg gen Sakkara transportiert worden ist.

Die Grabkammer liegt nicht im Zentrum der Anlage, sondern sie ist nach Nordwest hin versetzt. Erreichen konnte man sie über einen von Norden her hinabführenden Schacht.

Vor der Ostseite des Oberbaus trieb man elf Grabschächte bis in eine Tiefe von 33 m hinab, an deren Ende Gräber für die Mitglieder der Königsfamilie angelegt wurden. Zusammen mit einer Fülle von Gängen, Durchbrüchen und Korridoren bilden sie ein wahres Labyrinth im unterirdischen Bereich des Königsgrabes. Als Wandverkleidung finden wir dort blauglasierte Fayencen, die uns an Binsenmatten erinnern, wie wir sie uns im einstigen Palast des Djoser zu Memphis vorstellen müssen. Da entdecken wir auch die berühmten Relief-Darstellungen des Pharaos in seinem rituellen Kultlauf anläßlich des Jubiläumsfestes, worüber unten noch zu reden ist (S. 127).

In diesem Gewirr von Gängen fanden die Ausgräber unter anderem unzählige Scherben von Steingefäßen, von denen zahlreiche in mühevoller Kleinarbeit zu Gefäßen, Schüsseln, Vasen, Tellern und Näpfen zusammengefügt werden konnten. Berechnungen haben ergeben, daß über vierzigtausend derartiger Gefäße in dem unterirdischen Gangsystem deponiert worden sind. Sie bestehen aus Bleikristall, Diorit, rotem und schwarzem Granit, Quarz, Serpentin und Schiefer und zeugen von dem handwerklichen Können ihrer Hersteller. In roter oder schwarzer Tinte tragen sie den Namen fast aller Könige der 1. und 2. Dynastie; der Name Djoser kommt nirgends vor.

Mit einem Steinhügel deckte man den senkrechten Schacht zur Königskammer ab. Dieses Verfahren geht zurück bis in die vorgeschichtliche Zeit, wo bereits ein Steinhügel das Grab bedeckte. In diesem Hügel müssen wir wohl eine Anspielung auf den Urhügel sehen, wie er uns aus dem Mythos der Weltschöpfung bekannt ist. Der gesamte Oberbau des Königsgrabes, der jenen steinernen Hügel einschließt, ist mit einer weißen Mauer aus Kalkstein umgeben, deren Außenwände nach innen geneigt und fein geglättet sind.

Noch im Verlaufe des ersten Bauabschnittes ließ König Djoser den Grabtumulus mit einer 8 Ellen starken Mauer umziehen, die allerdings um 1 Elle niedriger war als jenes Grabmal in der Mitte. Hierdurch entstand erstmals in der ägyptischen Baugeschichte eine sogenannte Stufenmastaba.

Zu derselben Zeit errichtete man in der Süd-West-Ecke des Grabbezirks in etwa 200 m Entfernung von der Stufenmastaba das Sedfest-Grabmal. Diese Sedfest-Anlage gab es schon von den frühesten Anfängen bis hin zum Ende des Alten Reiches stets gleichzeitig neben der Totenopferkult-Anlage. Anfangs errichtete man sie räumlich getrennt von der Totenopferkult-Anlage, und zwar in der Regel am Rande des Fruchtlandes. Jetzt aber bezieht man sie erstmals mit in die Gesamtanlage ein und läßt sie nicht mehr – wie bisher in Abydos üblich – außerhalb der Totenopferkult-Anlage erbauen. Während die Pharaonen bis zur Einigung des Reiches ein Zweitgrab in Abydos errichten ließen, gab Djoser nunmehr diese Tradition

Grabanlage des Pharaos Djoser in Sakkara: Grundrisse nach den jeweiligen Bauabschnitten. Zeichnungen nach Jean-Philippe Lauer. 3. Dynastie, um 2609–2590 v. Chr.

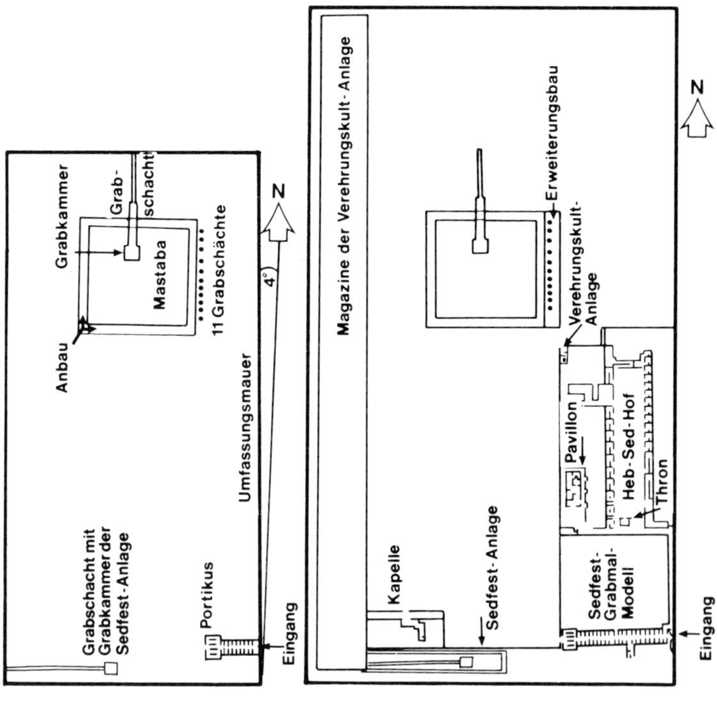

auf. Allerdings übernahm er das inzwischen zum Dogma gewordene Element der Sedfest-Anlage. Eingedenk des südlichen Abydos ließ er das Sedfest-Grabmal unmittelbar vor der Südseite seines Königsgrabes errichten. Auch diese Anlage zeigt in ihrem Oberbau die Mastaba-Form.

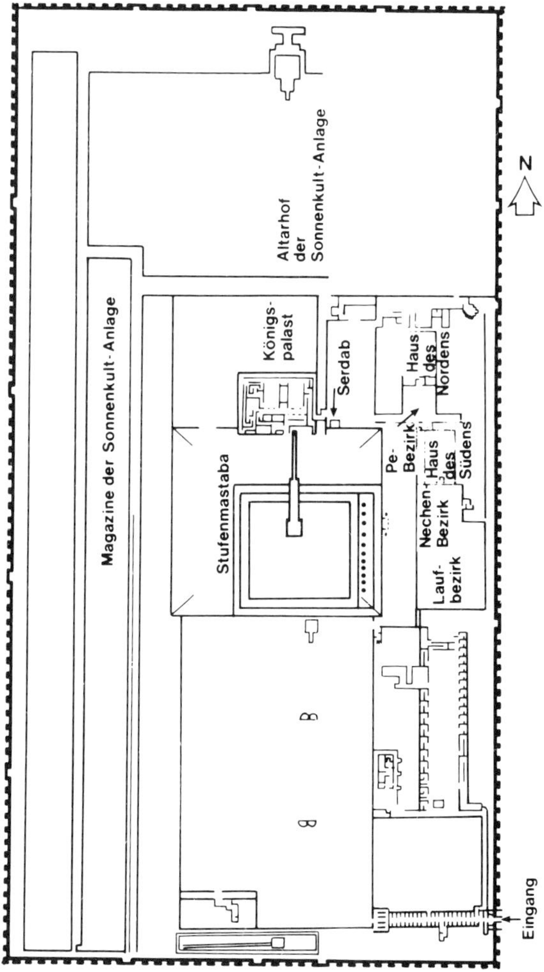

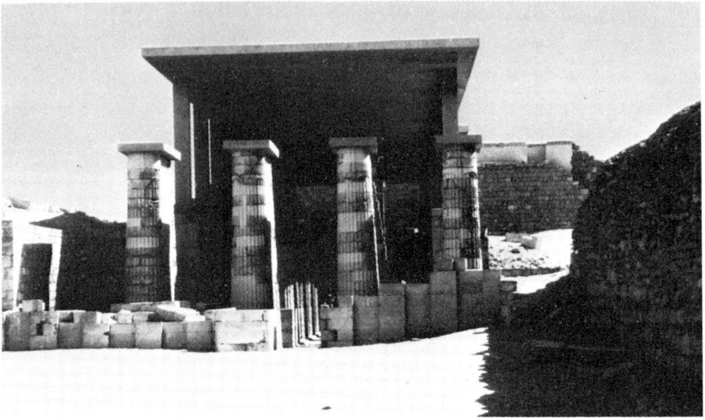

Blick auf die Eingangspassage. Acht Dreiviertelsäulen sind paarweise durch Mauern miteinander verbunden und bilden den abschließenden Portikus

Während des zweiten Bauabschnittes wurde der Grabbezirk des Djoser erheblich erweitert und maß nun 300 × 205 m, wobei sich die Gesamtfläche fast verdoppelte. Jetzt erhielt die Eingangspassage ihre heutige Form. Auf jeder Seite des 54 m langen Ganges bilden jeweils zwanzig gerippte Dreiviertel-Schilfrohrbündel-Säulen das Ende kurzer Quermauern. Durch diese Konstruktion erhalten wir zu beiden Seiten dieser Säulenhalle insgesamt zweiundvierzig Nischen, die uns an die Anzahl der ägyptischen Gaue jener Zeit erinnern. Die Säulen begegnen uns hier erstmals in der ägyptischen Kunst; sie sind allerdings noch nicht freistehend, sondern lehnen sich an eine Stützmauer an. Sie verjüngen sich nach oben hin und sind im Gegensatz zu den griechischen und römischen Säulen leicht nach innen konkav gewölbt.

Das zweistufige Königsgrabmal wurde jetzt um 8 m nach Osten hin erweitert, wobei man bewußt die elf vor der Ostwand liegenden Grabschächte überbaute. Der nach Osten hin 8 m breite Anbau war wiederum niedriger gehalten als die zuvor durchgeführte Ummantelung. Den Bereich zwischen der Eingangspassage und dem Königsgrabmal bebaute man mit dem Modell einer Sedfest-Anlage. Sie besteht aus dem fast quadratischen Sedfest-Grabmal-Modell und dem Festhof mit dem Residenz- und Huldigungsbezirk. Hier beging der Pharao jenes prächtige Heb-Sed, also jenes Jubiläumsfest, das er auch nach seinem Tode im Jenseits zur Innovation seiner göttlichen Kraft feierte. Dafür wurden unter anderem jene bis zu 7 m hohen Kalksteinhäuser errichtet, die ihr Vorbild in den Schilfmattenhütten, hölzernen Kapellen und Lehmziegelbauten der Residenz Memphis hatten. Die jetzt in Kalkstein ›übersetzten‹ Bauten haben ihren Ursprung in jener Lehmziegelarchitektur, verwenden aber auch pflanzliche Elemente, wie wulstige Pflanzenstengel, Schilfrohr oder Palmblätterwerk. Jene Bauten sind durchweg massive Scheinbauten, die in ihrem Innern mit örtlichem Gestein angefüllt sind.

Während des dritten Bauabschnittes erhielt der Grabbezirk des Djoser seine heutige Gestalt. Wiederum wurde das Grabmal des Königs erweitert; dieses Mal um jeweils 2,88 m an allen vier Seiten. Zugleich stockte man es auf und gelangte so zu einer vierstufigen ›Pyramide‹, die alsbald zu einer sechsstufigen Anlage vergrößert

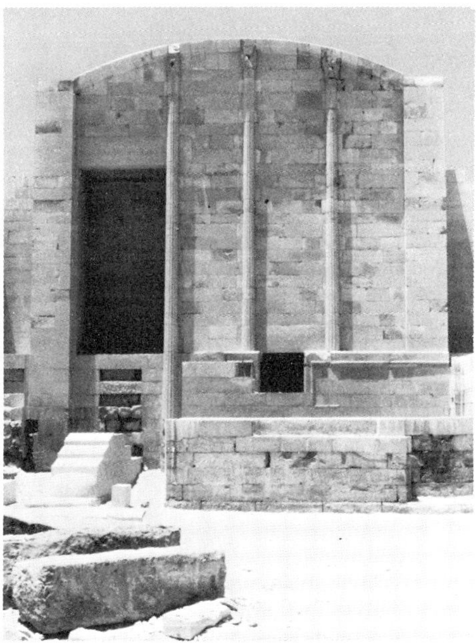

Scheingebäude, im Innern nicht begehbar, sondern mit örtlichem Kalkstein angefüllt

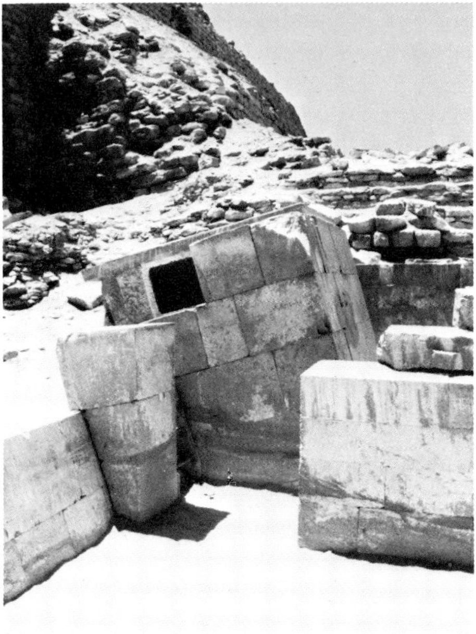

Serdab an der Nordseite der Stufenmastaba. In ihm fand man die Sitzfigur des Königs Djoser, siehe Abb. S. 96

wurde. Ihr Grundriß war allerdings längst nicht mehr quadratisch, so daß wir es hier noch nicht mit einer echten Stufenpyramide, sondern lediglich mit einer Stufenmastaba zu tun haben. Der Grundriß beträgt jetzt 121 × 109 m. Die Höhe der einzelnen Stufen nimmt von unten nach oben hin um jeweils 1 Elle ab, ein Phänomen, das wir auch bei den späteren Pyramidenbauten beobachten können. Die Aufschichtungen der einzelnen Steinlagen innerhalb der ursprünglichen Mastaba erfolgte waagrecht, während man bei dem Bau der Stufenmastaba Strebemauern aus durchschnittlich 2 bis 3 m dicken Steinlagen errichtete und sie etwa 16 Grad nach innen neigte. Der Neigungswinkel dieser wuchtigen Mauern ergab somit 74°. Derselbe Winkel begegnet uns auch bei der Pyramide von Medum, die am Ende der 3. Dynastie nach demselben Verfahren errichtet wurde.

Innerhalb des Gesamtkomplexes wurde nach Norden hin der Hof für den Kultlauf hinzugefügt, dem sich weiter nördlich der sogenannte Nechen-Bezirk mit dem Haus des Südens anschloß, an dessen Eingangswänden sich Besucher im Neuen Reich in hieratischer Schrift verewigt haben. Auf der Nordseite der Stufenmastaba baute man direkt an deren unterste Stufe den Königspalast an, der wohl weitgehend dem Wohnpalast von Memphis entsprach. An seinem Zugang in der Südostecke entdecken wir eine kleine Kammer aus Kalkstein, die dort schräg an die unterste Stufe der Stufenmastaba angebaut wurde. Da sie völlig abgeschlossen ist und kein Licht in sie hineinfällt, nennen die Ägypter dieses finstere Häuschen Serdab, was wir mit ›Keller‹ übersetzen können.

In ihrem Innern fand sich jene berühmte Sitzfigur des Königs Djoser, die jetzt im Ägyptischen Museum zu Kairo aufbewahrt wird (Abb. S. 96). Diese Statue ist die älteste erhaltene Figur aus feinem Kalkstein in Lebensgröße, die überhaupt auf ägyptischem Boden gefunden wurde. Kleinere Statuen fertigten die Ägypter schon zu Beginn der Frühzeit von den Verstorbenen an und bezweckten damit, daß wenigstens dieser steinerne Ersatzleib für alle Ewigkeit bestünde, falls irgendwann dem Leichnam Schaden zustoßen sollte. Diese Statue gab man dem Toten mit in das Grab, und zu Beginn der Blütezeit des Alten Reiches brachte man sie in einer besonderen Kammer des Oberbaus möglichst in der Nähe der Sargkammer unter. Derartige Statuenkammern waren von Anfang an ringsum völlig verschlossen, zeigen jedoch gewöhnlich einen kleinen Spalt oder – wie bei Djoser – zwei Gucklöcher, wodurch die Statue in den Kultraum blicken konnte, um von dort her gegebenenfalls rechtzeitig Opferspeisen empfangen zu können.

Mit dem Bau der sechsstufigen Mastaba des Djoser in Sakkara wird der Wunsch deutlich, den Bauten jener Zeit in Gestalt und Anlage geometrische Formen zu verleihen. In der Grundfläche wird die Reduktion auf die geometrische Grundform des Quadrats deutlich, das wir in der ersten Baustufe der Djoser-Mastaba vorfinden. In der Vielzahl des Quadrats drückt sich die kosmische Ordnung aus mit ihren vier Winden, vier Himmelsrichtungen, vier Himmelsstützen und Ecken der Welt. Schon in der Mythenbildung der Frühzeit treffen wir auf die Göttervierheit Osiris, Seth, Isis und Nephthys, die in der Zweiheit, dem Götterpaar, ihren Ursprung hat.

In der Architektur dauert es nach dem Tode des Djoser keine fünfzehn Jahre mehr, daß zu dem Quadrat das gleichschenklige Dreieck als absolute geometrische Form hinzukommt. Die Dreizahl spielte ja schon mit Erfindung der Schrift eine bedeutende Rolle für den Ausdruck der Vielzahl, denn den Plural drückt man in der Hieroglyphenschrift entweder durch Dreifachsetzung der Hieroglyphen oder durch Hinzufügung von drei Strichen an. Die Dreiheit wird uns insbesondere noch beschäftigen bei der Behandlung der Grundrißgestaltung von Tempeln, Wohnhäusern und Palästen. Neben die konsequente Anwendung der Geometrie in der ägyptischen Architektur zu Beginn des Alten Reiches tritt die Überdimensionierung der Bauten aus religiösen Gründen. Dem Sonnengott Re möchte man sich nähern und ihm auf einer Treppe entgegentreten. So erhalten die Königsgräber der 3. Dynastie die Form einer Treppe, damit der verstorbene Pharao auf ihr in den Himmel gelangen kann, um dort in den Kreis der himmlischen Götter Eingang zu finden.

Alle Königsgräber der 3. Dynastie sind stufenförmig errichtet; nach Djosers Tod haben sie allesamt einen quadratischen Grundriß. Diese Anlagen bezeichnen wir daher als Stufenpyramiden, wenngleich der Schritt zur echten Pyramide erst am Übergang zur 4. Dynastie vollzogen wird. Seit Pharao Sechemchet, dem direkten Nachfolger des Djoser und vermutlich dessen Sohn, sind die Stufenpyramiden stets nach den vier Himmelsrichtungen orientiert, wenngleich man zu einer verbindlichen Lage erst gegen Ende der 3. Dynastie gefunden hat; denn die kleine dreistufige Pyramide von El-Kula läßt doch eine gewisse Unsicherheit bei der Ausrichtung erkennen, zumal sie in ihren vier Kanten und nicht in ihren vier Seiten ausgerichtet ist.

Bis zum Ende der 3. Dynastie errichteten die Djoser-Nachfolger ihre Grabanlagen stets ohne Totentempel, Sedfest-Grabmal und Umfassungsmauer. Dem letzten Pharao der 3. Dynastie namens Huni (um 2583–2575 v. Chr.) aber gelang es, für sein Grabmal nach mehrmaligem Umbau die endgültige Idealform zu finden. Während seiner achtjährigen Regierungszeit ließ er in Medum jene erste echte Pyramide mit quadratischem Grundriß errichten, konnte allerdings nicht mehr deren Ausbau mit glatten und bis zur Spitze hin schräg

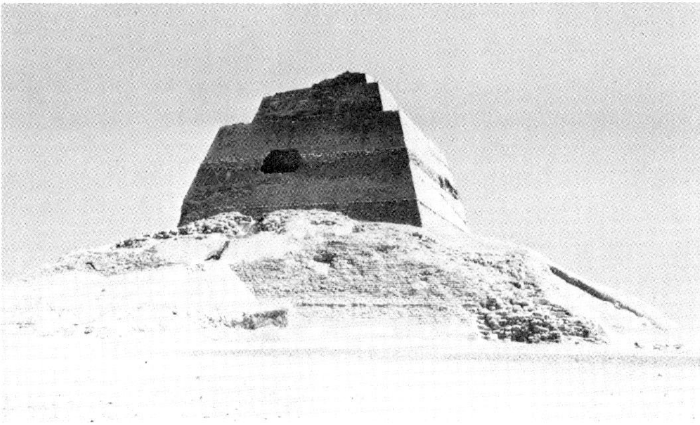

Pyramide bei Medum (Ansicht von Süd-West). 3. Dynastie, um 2583–2575 v. Chr.

zusammenlaufenden Außenflächen selbst verwirklichen. Nach achtjähriger Regierungszeit hinterließ er eine achtstufige Anlage, deren Vollendung offenbar Pharao Snofru (um 2575–2551 v. Chr.), dem Nachfolger des Huni, zu verdanken ist.

Ähnlich wie die Grabanlage von Pharao Djoser wurde auch dieses Grabmal nicht von vornherein in seiner endgültigen Form geplant. Anfangs dachte Huni nur an die Errichtung eines siebenstufigen Bauwerks. Erst in einer zweiten Bauphase ließ er seine Stufenanlage durch Überstülpen eines Steinmantels vergrößern. Dabei wurde zunächst die Pyramidenspitze um 15 m aufgestockt, und von oben her setzte man dann auf jede vorhandene Stufe eine jeweils 3,60 m hohe Steinlage; die oberste Stufe aber erreichte eine Höhe von 5 m. Alle aufgeschichteten Steine waren lose auf die geglättete Ummantelung der siebenstufigen Anlage aufgeschichtet und hatten keinerlei Verankerung mit jener Anlage. Die Außenschicht der aufgelegten Steine wurde ebenso wie die Außenhaut der siebenstufigen Anlage geglättet. Dieses Bauwerk mit seinen jetzt acht Stufen erreichte eine Höhe von 82 m und übertraf damit die Stufenmastaba des Djoser um immerhin 20 m.

Huni selbst hat die Vollendung seines Grabmals zur ersten echten Pyramide nicht mehr erlebt; er starb um das Jahr 2575 v. Chr., und ihm folgte Snofru, der wohl sein Schwiegersohn war. Snofru (um 2575–2551 v. Chr.) ließ auf die einzelnen Stufen des Huni-Bauwerkes örtliches Gestein aufschichten, das erstmals in horizontalen Lagen geordnet war, während es bei allen Bauten zuvor zum Kernmauerwerk hin geneigt war. Die gesamte Anlage ließ er mit einem Deckmantel aus Tura-Kalkstein überziehen, abschleifen und polieren, so daß dieses Bauwerk schließlich zu einer geometrisch echten Pyramide mit einer Gesamthöhe von 93 m bei einer Seitenlänge von 146,70 m heranwuchs. Ihr Neigungswinkel betrug 51° 52′, wie wir ihn später auch bei der berühmten Cheops-Pyramide antreffen.

Während der 3. Dynastie lag die Grabkammer innerhalb des Königsgrabmals immer im unterirdischen Bereich. Der Zugang erfolgte über ein Gangsystem, das außerhalb der Pyramide stets an deren Nordseite in den Boden getrieben war. Mit dem Ende der 3. Dynastie verlegte Huni die Grabkammer in den oberirdischen Bereich, und der Zugang erfolgte durch einen Einstieg, der 33 m über dem Erdboden genau in der Mitte der Nordwand gelegen ist.

Das Nebengrab, das bislang die Form der Mastaba hatte, nimmt jetzt ebenfalls die Form einer echten Pyramide an. Von nun an bleibt diese Form für alle Nebengrabanlagen verbindlich. Auch bei dieser kleinen Pyramide liegt der Eingang zu der unterirdischen Grabkammer im Norden, und auch hier hat es früher aufgrund der geringen Ausmaße der Grabkammer eine Bestattung wohl nie gegeben.

Gänzlich neuartig ist auch die Herauslösung der Verehrungskult-Anlage aus dem Grabkomplex von Medum. Jetzt errichtet man erstmals den Taltempel als Bestandteil der Verehrungskult-Anlage am Rande des Niltales. Von dort aus gelangte man über einen Aufweg zum Totenopferhof mit der Totenopferstätte. Beide Bauteile liegen zum ersten Male in der ägyptischen Architektur an der Ostseite des Königsgrabmals. Dabei wurde der kleine Totentempel direkt an die Mitte der untersten Stufe der Pyramiden-Ostwand angebaut. Er ist fast unversehrt auf uns gekommen.

Eine Temenos-Mauer umschließt nicht nur die Pyramide, sondern auch das Süd- beziehungsweise Nebengrab sowie den kleinen Totentempel. Den gesamten Pyramidenkomplex kann man von der Ostseite her auf dem sogenannten Aufweg durch eine schmale Maueröffnung betreten. Der Aufweg stellt grundsätzlich die Ver-

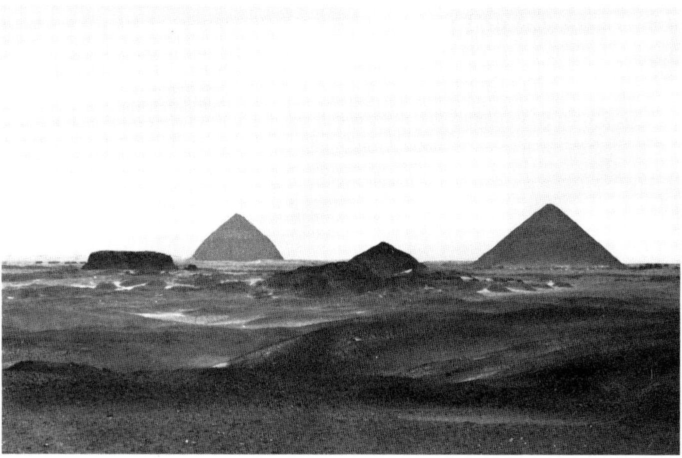

Pyramidenfeld von Dahschur mit den beiden großen Snofru-Pyramiden (Ansicht von Nord)

bindung von Taltempel zum Totentempel dar. Der 200 m lange Weg war zu beiden Seiten von einer jeweils 2,10 m hohen Mauer eingefaßt. Ihre Oberseiten waren abgerundet und trugen kein Dach.

Snofru, Begründer der 4. Dynastie, gilt als größter Bauherr des Alten Reiches. Eine Fülle von Tempeln und Palästen entstand unter seiner fünfundzwanzigjährigen Regierungszeit; darüber hinaus baute er große Boote und Königsbarken, die eine Länge von über 52 m erreichten. Aus seiner Regierungszeit stammen auch jene starken Befestigungsanlagen im Norden und Süden des Landes, uns als ›Haus des Snofru‹ bekannt. Mit der Errichtung von zwei jeweils rund 100 m hohen Pyramiden erbrachte er die größte Bauleistung des Alten Reiches. Die eine ist uns als sogenannte Knickpyramide bekannt, die andere als Rote Pyramide; beide sind nur etwa 6 km von der Reichshauptstadt Memphis entfernt und liegen auf dem westlichen Plateau der Libyschen Wüste bei Dahschur. Die Knickpyramide liegt etwa 1,7 km südlich der Roten. Außer diesen beiden Anlagen hatte Snofru ja auch die Pyramide von Medum fertiggestellt.

Die Knickpyramide hat als einzige des Alten Reiches zwei Eingänge an verschiedenen Seiten, den einen in der Nordwand, den anderen in der Westwand. Die Knickpyramide von Pharao Snofru ist von allen Pyramiden Ägyptens am besten erhalten. Noch weitgehend zeigt sie ihre ursprüngliche Ummantelung aus dem hellen Kalkstein von Tura. Ihren berühmten Knick übrigens erhielt diese Pyramide wohl nach einem Erdbeben, bei dem die Pyramide von Medum in sich zusammensackte. Aus Furcht, daß auch diese Pyramide, die in ihrem unteren Teil mit dem Neigungswinkel von jener in Medum übereinstimmte, bei einem neuerlichen Erdstoß einstürzen könnte, knickte man sie in ihrem oberen Bereich auf einen Winkel von 43° 20′ ab. In eben diesem Winkel ist auch die dritte Pyramide des Snofru, jene Rote Pyramide von Dahschur, errichtet worden. Warum Snofru drei Pyramiden erbauen ließ – die Pyramide von Medum, die Knickpyramide und die Rote Pyramide –, entzieht sich unserer Kenntnis. Bis heute auch ist völlig ungeklärt, in welcher der drei Anlagen er wirklich beigesetzt wurde, zumal sich sein Leichnam bislang in keiner der drei Pyramiden finden ließ.

Unter Snofru wird das Bestreben deutlich, das Sedfest-Grabmal mitsamt Opferhof und Opferstätte aus dem Verbund der Grabanlage herauszulösen. Denn das Sedfest-Grabmal, das heißt die Nebenpyramide, erhielt jetzt einen getrennten Opferhof; dennoch wurden beide Grabmäler, und zwar Pyramide mitsamt Nebenpyramide, von einer einzigen Umfassungsmauer umgeben. Zu der Gesamtanlage des Knickpyramiden-Bezirkes gehören ein kleiner Opfertisch an der Nordseite der Pyramide, ein kleiner Opfertempel vor der Mitte der Pyramiden-Ostwand, ein Lagerhaus vor der Süd-Ost-Ecke der Pyramide zur Unterbringung von Getreide und Opfergaben, die Nebenpyramide, die in ihrem Neigungswinkel mit dem oberen Teil der Knickpyramide übereinstimmt, eine Temenosmauer, die Knickpyramide mitsamt Opferstelle an der Ostseite und Opfertisch im Norden sowie Nebenpyramide im Süden und das Lagerhaus einschließt, ferner Aufweg und Taltempel. Seltsamerweise liegt der Taltempel nicht am Rande des Niltales, sondern etwa auf halbem Wege zwischen Knickpyramide und Fruchtlandstreifen inmitten der Wüste. Der Aufweg ist auch hier zu beiden Seiten von dicken Wänden gesäumt; er ist ebenso wie in Medum nach oben hin

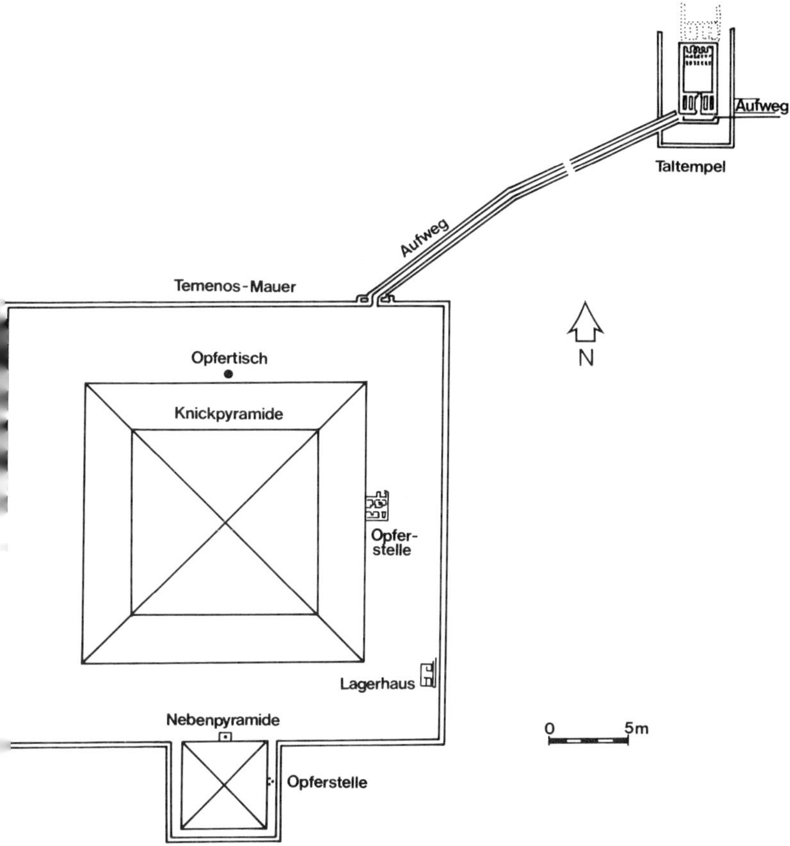


Knickpyramiden-Anlage des Snofru bei Dahschur. 4. Dynastie, um 2575–2551 v. Chr.

offen. Er mündet allerdings nicht, wie in der ägyptischen Architektur üblich, in die Ostseite der Temenosmauer, sondern hier ausnahmsweise in die Nordseite. Ungewöhnlich ist auch, daß der Taltempel, der diesen Namen aufgrund seiner Lage wahrlich nicht verdient, nicht von Ost nach West ausgerichtet ist, wie wir das von allen übrigen bekannten Taltempeln her kennen, sondern von Nord nach Süd.

Snofrus Sohn Cheops (um 2551–2528 v. Chr.) hat endlich die Trennung von Pyramide und Sedfest-Grabmal vollzogen, indem er rund 15 km nördlich des gewaltigen Friedhofsbezirkes von Sakkara seinen Grabkomplex bei Gizeh errichtete und dabei das Sedfest-Grabmal an die Außenseite der südlichen Umfassungsmauer seines wuchtigen Königsgrabes setzte. Dabei fällt auf, daß der Sedfest-Hof vom Talbezirk an die Ostseite der Umfassungsmauer des Königsgrabmals verlagert und in eine dort neu hinzugekommene Verehrungskult-Anlage einbezogen wurde, während die weiterhin bestehende Kultanlage in dem (bis jetzt noch nicht ausgegrabenen) Talbezirk offensichtlich ohne Festhof blieb. Zugleich ging der eigentliche Charakter des Sedfest-Grabmals dadurch verloren, daß in zunehmendem Maße weitere Nebenpyramiden zu den Königsgräbern hinzutraten, die als Gräber für Mitglieder des königlichen Hofes, in der Regel für Königsgemahlinnen und Prinzessinnen, bestimmt waren.

Über Cheops wissen wir nicht gerade viel (vgl. Abb. S. 104). Nach den Ausführungen des Reiseschriftstellers Herodot, der in den Jahren 447–445 v. Chr. das Land am Nil ausführlich erforschte, sei Cheops der größte Tyrann aller Zeiten gewesen, und unter ihm habe Sklaverei geherrscht. Eines ist heute sicher: Sklaverei hat es im Alten Reich nie gegeben, und die Bauleistung des Cheops ist wohl allein Ausdruck der Frömmigkeit jener Zeit. Sein wuchtiger Pyramidenbau (Farbt. 1), in der Antike als größtes der Sieben Weltwunder gepriesen, entstand in einer Bauzeit von rund dreißig Jahren, wobei jährlich nur etwa vier Monate lang gearbeitet wurde. Denn für etwa vier Monate des Jahres stand das Niltal unter Wasser, und für diese Zeit wäre die Bevölkerung zum Nichtstun verurteilt gewesen, hätte man sie nicht zum Bau der Gottes-Anlage herangezogen. Schließlich war Cheops gleich Gott, und ihm zu Ehren galt dieser herrliche Bau mit seinen vier Baukomplexen, der Pyramide, dem Totentempel, dem Aufweg und dem Taltempel.

Die Pyramide erreichte unter Cheops mit ihren 146,60 m ihre vollendete Form. Heute hat sie freilich nur noch eine Höhe von 137,18 m, wobei die Topfläche 10 × 10 m beträgt. An der Basis mißt sie 230,38 m im Quadrat, und ihr Volumen wird auf 2592968 $m^3$ errechnet. Das Gewicht der Steinmassen schätzt man auf 6000000 t.

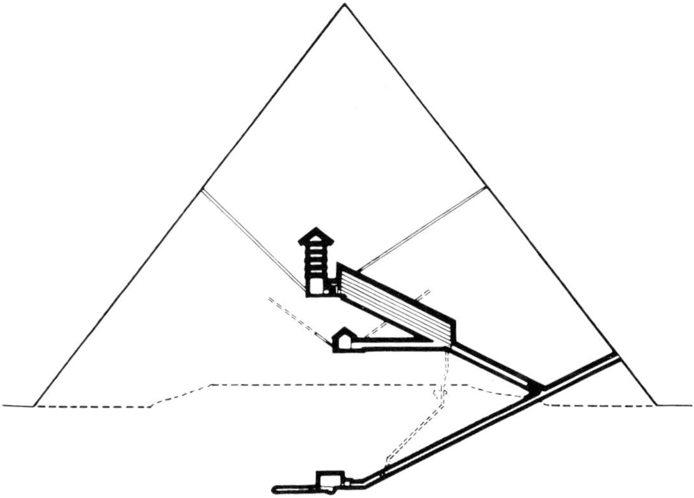

Cheops-Pyramide, Schnitt von Osten. 4. Dynastie, um 2551–2528 v. Chr.

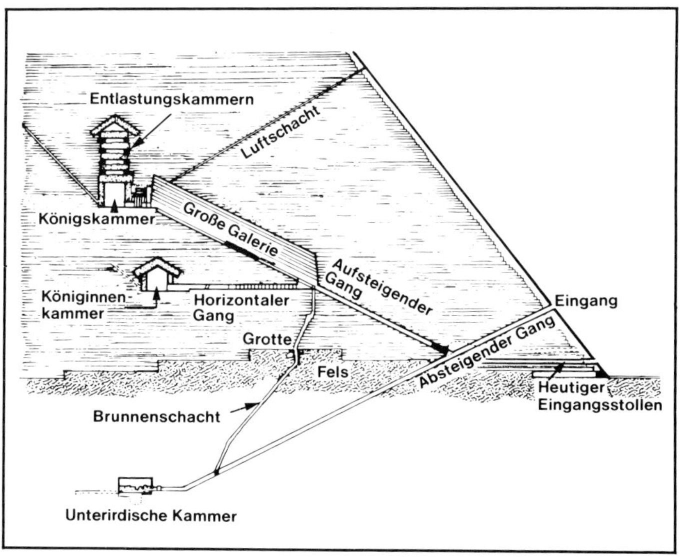

Von den Verkleidungssteinen sind nur noch einige wenige in der untersten Lage der Ummantelung erhalten.

Bei der Anlage unterscheiden wir heute drei Bauabschnitte: Zum ersten zählen wir die Anlage der unterirdischen Grabkammer, zum zweiten Bauabschnitt rechnen wir die Errichtung der Königinnenkammer, zum dritten den Bau der Großen Galerie mitsamt Königskammer.

Die unterirdische Grabkammer blieb unvollendet. Wahrscheinlich gab man sie auf, als man befürchtete, daß ihre Lage sich längst unter dem Volk herumgesprochen hatte und zur Grabräuberei geradezu herausfordern könnte. Aus eben diesem Grunde gab man wahrscheinlich auch den Bau der sogenannten Königinnenkammer auf, um schließlich die mit Rosengranitblöcken verkleidete Königskammer etwa im Zentrum der Anlage erbauen zu können.

Nachdem unter Cheops die Pyramide selbst ihre vollkommene Form erreicht hatte und Verbesserungen kaum noch möglich waren, wandte man sich verstärkt den Bauelementen der Totenopferkult-Anlage sowie der Verehrungskult-Anlage zu. Ergebnis dieser Bemühungen war der Bau einer zweiten Verehrungskult-Anlage: Während die erste wohl im Talbezirk der Cheops-Anlage bestehen blieb und gegenüber den bisherigen Anlagen räumliche Erweiterungen erfuhr, entstand die zweite direkt vor Totenopferhof und -stätte an der Ostseite der Großen Pyramide. Mit diesen beiden Raumelementen verschmolz sie zum sogenannten Totentempel; er war durch einen erstmals überdachten Aufweg mit dem Taltempel verbunden. Taltempel, Aufweg, Totentempel und Pyramide bildeten von nun an eine Einheit, die untrennbar und für alle Folgebauten stets verbindlich blieb.

Erwähnen müssen wir noch die Schiffsgruben im Cheops-Bezirk, derer inzwischen sechs gefunden wurden. Eine von ihnen enthielt das wunderbare Königsschiff, das mittlerweile aus 1224 Einzelteilen zusammengesetzt werden konnte und nunmehr in jenem schiffsähnlichen Museum vor der Südseite der Cheops-Pyramide zu einem nicht geringen Eintrittspreis bewundert werden kann.

Als Pharao Cheops um das Jahr 2528 v. Chr. nach rund dreiundzwanzigjähriger Regierungszeit starb, hinterließ er etliche Gemahlinnen, zahlreiche Töchter und Söhne. Sein ältester Sohn namens

Djedefre (Abb. S. 110) konnte sich offenbar bei den Erbauseinandersetzungen behaupten und die Thronfolge sichern. Unter seiner Regierung kommt der Kult des Sonnengottes voll zum Durchbruch, wie er sich schon unter Cheops zusehends hervorgetan hatte. Schließlich ist Djedefre der erste Pharao, der den später obligatorischen Titel ›Sohn des Re‹ trägt. Dieser Titel tritt jetzt regelmäßig vor die Kartusche, die den Geburtsnamen des Pharao beinhaltet. Übrigens ist es Pharao Huni, der als erster König rund fünfzig Jahre vor Djedefre seinen Namen in eine Kartusche einschrieb. Die Distanzierung vom höchsten Gott, die jetzt in dem Vater-Sohn-Verhältnis deutlich wird, zeugt zugleich von der Unterordnung unter eine mythologisch ältere göttliche Macht. Diese Distanzierung vom bisherigen Glauben findet ihren Ausdruck auch in der Architektur, denn Djedefre errichtet seine Pyramide jetzt in angemessener Entfernung von der seines Vorgängers. Ohnedies ist sie kleiner als jene, wenngleich er sie auf einem Felsplateau am Rande des heutigen Dorfes Abu Roasch errichten ließ. Als Außenverkleidung für seine Pyramide wählte er erstmals den Rosengranit aus Aswan anstelle des bisher verwendeten hellen Kalksteins. Aus Granit ließ er auch den Totentempel an der Ostseite seiner Pyramide errichten. Allerdings scheint man den Granit nur im unteren Bereich von Pyramide und Totentempel verwendet zu haben. Die Verbindung vom Totentempel zum Taltempel hin erfolgt auch hier durch einen langen Aufweg, der allerdings entgegen den Gepflogenheiten dieser Zeit im Norden an die Umfassungsmauer der Pyramide anschließt – was hier aber aus topographischen Gründen anders nicht möglich ist. Wahrscheinlich trug der Aufweg ein Dach, wie es uns erstmals schon bei dem Aufweg des Cheops begegnet, wovon bereits Herodot berichtet hatte.

Die Nachfolger des Djedefre ließen ihre pyramidalen Grabanlagen wieder in Gizeh errichten. Die ›verminderte Göttlichkeit‹ des Chephren (Abb. S. 112), des zweiten Sohnes des Cheops, kommt in der geringeren Höhe seines Pyramiden-Grabmales zum Ausdruck; es fällt mit ursprünglich 143,50 m Höhe um 3,10 m niedriger aus als das seines Vaters Cheops. Allerdings erscheint es uns höher, da es auf einem um 10,11 m höheren Plateau erbaut wurde. Die Akribie, mit

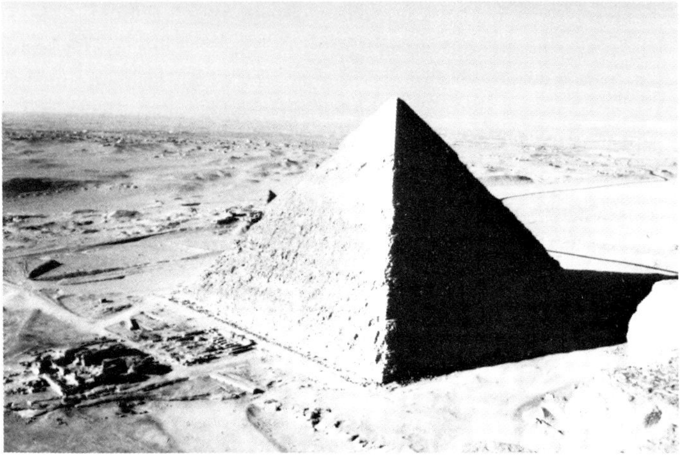

Die Pyramide von Pharao Chephren. Blick von der Spitze der Cheops-Pyramide nach Süd-West. Vor der Ostseite liegt der klar gegliederte Totentempel

der man die Chephren-Pyramide errichtete, drückt sich schon aus in der Tatsache, daß sie sich in direkter Verlängerung der von Nordost nach Südwest verlaufenden Diagonalen der Cheops-Pyramide erhebt. Der Bau steht dem des Cheops an Wucht kaum nach. Rund 2,2 Millionen $m^3$ Steine vermauerte man hier, und die Gesamtanlage erreicht eine Seitenlänge von 215,25 m bei einem Neigungswinkel, der jener des Cheops so gut wie identisch ist. Auffallend ist hier, daß die ersten zwei oder drei untersten Lagen nunmehr wie schon bei Djedefre mit dem Rosengranit aus Aswan verkleidet wurden; die oberen Lagen bestehen traditionsgemäß aus dem hellen Kalkstein. Als Spitze müssen wir uns einen schwarzen Abschlußstein vorstellen, wie wir ihn von späteren Pyramidenanlagen her kennen.

Unverkennbar ist zu dieser Zeit das Bestreben, die Lage der Grabkammern zu verheimlichen. So werden Variationen der Bauausführung gerade bei der Lage der Grabkammern und Eingänge verständlich. Die Zugänge versperrte man ja schon seit Beginn der 3. Dynastie mit tonnenschweren Granitblöcken; die Lage der Grabkammern in den Pyramiden änderte sich mit dem Übergang zur 4. Dynastie. Während die Kammern bei allen Königsgräbern der

3. Dynastie unterhalb des Bodens angelegt waren, ging Huni erstmals dazu über, sie auf das Fundament zu plazieren. Ähnlich verfuhr Snofru bei dem Bau seiner Roten Pyramide, allerdings mit dem grundlegenden Unterschied, daß sich nun nicht mehr nur eine Grabkammer inmitten der Anlage befindet, sondern derer gleich drei. Zwei von gleicher Größe liegen direkt nebeneinander und stehen auf der Pyramidenbasis, die dritte hingegen liegt oberhalb des Fundamentes. Von nun an werden zugleich Variationen in der Lage der einzelnen Kammern deutlich: In der Knickpyramide steht eine Kammer auf dem Fundament, die andere hingegen ist in das Erdreich hineingelassen und ragt mit ihrem Dach gerade an das Fundament heran. Räumlich weit auseinandergezogen sind die drei Grabkammern in der Anlage des Cheops, die ihre unterschiedliche Position den verschiedenen Baustufen verdanken. Mit Chephren kehrt die Besinnung auf nur eine Grabkammer zurück, wenngleich seine Pyramide ebenso wie die seines Nachfolgers Mykerinos noch jeweils einc zweite Kammer enthält, deren Ursprung wir aber in einem geänderten Bauplan zu suchen haben. Chephren verlegt die Kammer dergestalt in den Boden, daß nur ihr Dach in den oberirdischen Bereich hineinragt; dieser Tradition folgen alle Pyramiden der 5. und 6. Dynastie.

Die Zugänge liegen bei allen Pyramiden des Alten Reiches stets im Norden. Bei den Pyramiden der 3. und 4. Dynastie liegt der Einstieg oberhalb in der Nordwand, wenn wir von dem zweiten Eingang zur Chephren-Pyramide im Boden vor der Nordwand absehen sowie von dem Westeinstieg bei der Knickpyramide des Snofru. Bei den Pyramiden der 5. Dynastie und jenen der 6. findet sich der Eingang nur noch im Boden direkt vor der Mitte der Nordwand.

Die kleinste der drei Pyramiden auf dem Plateau von Gizeh, die Pyramide des Mykerinos, zeigt in ihrer Ausführung gegenüber dem Grabmal des Cheops und Chephren keine Weiterentwicklung mehr. Allenfalls in ihrem Außenmantel verwendete man weit mehr Rosengranitblöcke, zumal noch heute bis zu neun Lagen dieses Verkleidungsmaterials vorhanden sind.

Die Mykerinos-Pyramide entstand zu einer Zeit, da die königliche Zentralgewalt offensichtlich an Macht verloren hatte. Denn die

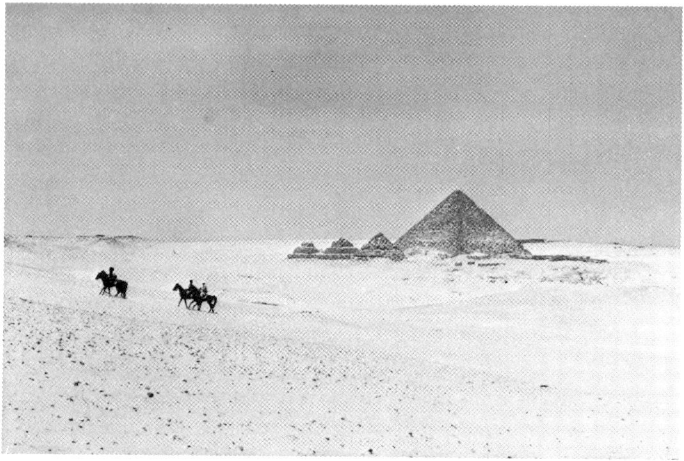

Die Pyramide des Pharaos Mykerinos mit ihren drei Nebenpyramiden vor der Südseite (Ansicht von Süd-Ost)

bisher überragende Stellung des Königsgrabes dürfte unter dem Einfluß politischer, wirtschaftlicher und vor allem religiöser Änderungen deutlich an Macht verloren haben. Diese Minderung findet ihren Ausdruck allein schon in der merklich geringeren Höhe der Pyramide des Mykerinos. Mit ihren ›nur‹ 66,50 m Höhe ist sie nicht einmal halb so groß wie jene ihrer Vorgänger Cheops und Chephren. Die auf uns gekommene Anlage ist nach zweimaliger Umwandlung aus einer kleinen Pyramide entstanden, die kaum höher als die Nebenpyramiden an der Südseite des Grabmales sind. Durch ›Überstülpen‹ eines Steinmantels, der im unteren Drittel aus dem Rosengranit von Aswan bestand, erhielt die Pyramide ihre endgültige Form. In einer weiteren Bauphase wurden Veränderungen im Bereich der Sargkammer durchgeführt.

Als Mykerinos (Abb. S. 115) um den 3. Januar des Jahres 2471 v. Chr. starb, war seine Pyramidenanlage noch nicht vollendet. In großer Eile besorgte sein Sohn Schepseskaf (um 2471 bis 2467 v. Chr.) in nachlässiger Weise die Vollendung und erbaute derweil für sich selbst eine pyramidenähnliche Anlage. Sein Königsgrab aber war keine Pyramide mehr, vielmehr hatte es die Gestalt eines kolossalen Sarkophages mit 100 m Länge, 72 m Breite und 18 m Höhe. Dieses Grabmal wirkt aus der Ferne wie eine riesige Bank und wird deswegen heute von den Ägyptern ›Mastabat Faraun‹ (= Pharaonen-Bank) genannt.

Am Übergang zur 5. Dynastie erhielt Chentkaus, eine Tochter von Pharao Mykerinos, in unmittelbarer Nachbarschaft ihres Vaters ein mastabaähnliches Grabmal, während sie zugleich einen erst in jüngster Zeit ausgegrabenen Pyramidenkomplex in Abusir erbauen ließ.

Mit dem Aufkommen der 5. Dynastie vollzog sich ein bedeutender religiöser Wandel. Die Sonnenreligion von Heliopolis mit der besonderen Verehrung des Sonnengottes Re wurde zur Staatsreligion erhoben. Von nun regierte nicht mehr der König als höchster Gott auf Erden, wie das besonders von Cheops in der vorhergehenden Dynastie demonstriert wurde, sondern fortan war das Königtum vollends der Herrschaft des Sonnengottes unterstellt. Der Begründer dieser Dynastie, Pharao Userkaf, wandte sich jetzt wieder dem heiligen Bezirk in Sakkara-Nord zu. Direkt vor die Nord-Ost-Seite des Djoser-Komplexes stellte er seine einst 48 m hohe Pyramide. Den Totentempel ließ er aber nicht an der Ostseite des Königsgrabmals errichten – wie das bis dahin alle Pyramidenbauer zu tun pflegten –, sondern erstmals an dessen Südseite; allerdings muß erwähnt werden, daß aus topographischen Gründen eine andere Lösung nur schwer möglich war.

Auffallend ist, daß seine Pyramide nunmehr merklich kleiner ausfällt als die seiner Vorgänger. Bemerkenswert ist aber auch, daß von nun an die Sitte aufkam, außer der Pyramidenanlage noch ein Sonnenheiligtum zu errichten. Das Heiligtum von Pharao Userkaf finden wir ein wenig nördlich des Dorfes Abusir am Rande der westlichen Wüste. Mit dem Torbau im Tal, dem Aufweg und der Kultanlage entspricht es etwa den traditionellen pyramidalen Totenanlagen der 4. Dynastie, doch verzichtet es gänzlich auf ein Grabmal. Vielmehr zeugt jetzt ein Obelisk in der Mitte des Hofes der ausgedehnten Kultanlage von der religiösen Bewegung dieser Zeit. Das Sonnenheiligtum des Königs Niuserre in Abu Gurob zeigt uns noch heute anschaulich die Konzeption eines derartigen Sonnenheiligtums. Im weiten Kulthof erhebt sich ein aus Kalksteinen hochgemauerter Obelisk als das geistige Zentrum dieses Komplexes. Obelisken stellt man jetzt aber nicht nur in den Sonnenheiligtümern auf, sondern auch in den Pyramidenanlagen dieser Zeit. Hier hatte der Obelisk seinen Platz im Totentempel inmitten des offenen Hofes.

Obelisken sind symbolische Monumente. Mit ihrer Spitze, die vergoldet, glatt geschliffen und poliert war, verkörperten sie eine auf dem Urhügel errichtete Pyramide, die der aufgehenden Sonne entgegenstrebt. Die Spitze, das Pyramidion, wurde als ›Sitz der Sonne‹ aufgefaßt. Obelisken sind Monolithsteine, d. h. sie sind aus einem einzigen Stück gefertigt, in der Regel aus dem Rosengranit von Aswan. Eine Inschrift auf dem Obelisk der Hatschepsut besagt, daß man zu seiner Herstellung sieben Monate benötigt habe. Sein Gewicht beträgt 322 t. Mit 29,5 m ist er der zweithöchste Obelisk,

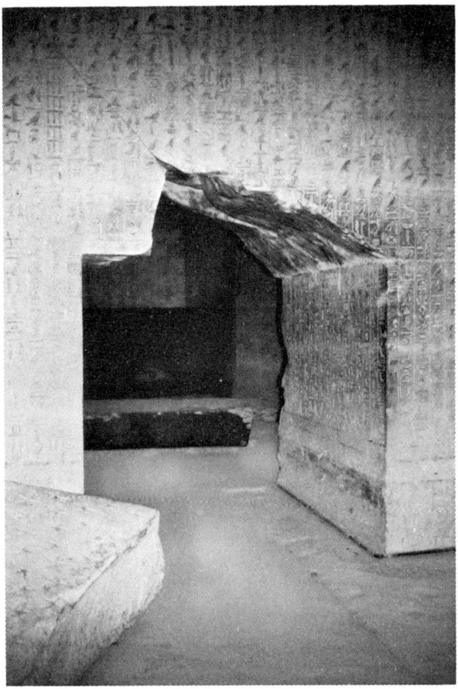

Blick von der Mittelkammer der Unas-Pyramide in die Sargkammer. 5. Dynastie, um 2355–2325 v. Chr.

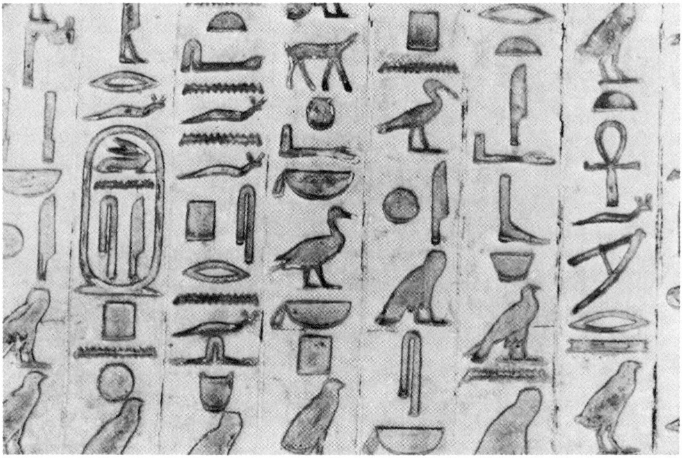

Hieroglyphentext an der Südwand der Sargkammer des Königs Unas

den wir kennen. Sein Dekor berichtet von der Krönungszeremonie und schildert eine Reihe von Kulthandlungen. Im Alten Reich finden wir Obelisken als Kultobjekte in den Sonnenheiligtümern der 5. Dynastie. Im Neuen Reich stehen sie paarweise vor den Tempelbauten, nicht aber vor Totentempeln.

Erst die letzten Könige der 5. Dynastie distanzierten sich wieder von ihren Vorgängern und errichteten ihre Anlagen ausschließlich an dem ehrwürdigen Ort von Sakkara. Die Pyramide des Königs Unas schließlich, des letzten Herrschers der 5. Dynastie, zeigt erstmals an ihren Innenwänden das älteste Text-Korpus religiöser Sprüche, die wir als Pyramiden-Texte bezeichnen. Sie zeugen nicht nur von der hochentwickelten Poesie der damaligen Zeit, sondern geben uns zugleich einen Einblick in das religiöse Denken. Die Höhe der Pyramiden beträgt jetzt einheitlich 52 m, wobei Basismaße und Winkel ebenfalls identisch sind. Auch die Pharaonen der 6. Dynastie halten sich an die Maße ihrer Vorgänger.

Mit dem Verfall des altägyptischen Imperiums geht auch der Pyramidenbau seinem Ende entgegen. Mit der 6. Dynastie war der Höhepunkt der Pyramiden-Baukunst längst überschritten, und die allgemeinen Dekadenzerscheinungen führten schließlich dazu, daß die Pyramiden-Texte nicht mehr nur an den Innenwänden der Königs-Grabmäler angebracht wurden, sondern auch an den Innenwänden der Königinnen-Pyramiden. Von nun an erstürmten laut Aussage der Texte nicht mehr nur die Pharaonen den Himmel, bestiegen dort den Thron und regierten bis in alle Ewigkeit, sondern nunmehr auch die königlichen Gemahlinnen. Offenbar errichtete schließlich nur noch ein Herrscher der 8. Dynastie namens Ibi eine Pyramide südlich von Sakkara, doch sie blieb unvollendet und hatte weder einen Aufweg noch einen Taltempel.

### *IV.1.1.2 Die Tempelbauten*

Schon die Mastabas der 1. Dynastie zeigen an der Ostseite ihrer Umfassungsmauer eine Nischengliederung. An dieser Stelle hat üblicherweise die Scheintür ihren Platz, durch die der Verstorbene aus seinem Grab hervortreten kann, um das Opfer in Empfang zu nehmen. Diese Scheintür ist in aller Regel zum Niltal hin gelegen, denn von dort her bringt man ja dem Toten die Speiseopfer dar. An der nischengegliederten Opferstätte sprach dann beim Totenkult etwa der Sohn am Grabe seines Vaters: »Erhebe dich von deiner linken Seite und setze dich auf deine rechte Seite.« Hier ging es also darum, den Toten in seinem Schlafe zu wecken und ihm Gefäße mit den verschiedensten Speisen darzureichen, so daß er sich jetzt selbst ernähren konnte. Jenen Ort also, an dem der Verstorbene das Totenopfer in Empfang nahm, bezeichnen wir als Opferstätte. Der davor gelegene Hof ist der sogenannte Opferhof, den man vom Aufweg her betritt. Somit besteht die Grabanlage zu Beginn der 1. Dynastie nicht mehr allein aus dem Grabmal, sondern aus nunmehr insgesamt vier Raumelementen: dem Grabmal, der Opferstätte, dem Hof und dem Aufweg. Diese viergliedrige Einheit nennen wir von nun an Totenopferkult-Anlage. Ab jetzt gilt diese räumliche Gliederung für alle königlichen Grabanlagen, wenngleich im Laufe der Zeit natürlich gewisse Variationen bezüglich der Raumaufteilung oder -erweiterung sichtbar werden.

Im Alten Reich, also seit der 3. Dynastie, erfuhren die Raumelemente der Totenopferkult-Anlage eine gewaltige Veränderung. Das anfangs als Mastaba errichtete Grabmal wurde jetzt zu einer Stufenmastaba ausgebaut; die im Osten des Grabmals gelegene Opferstelle wurde nach Süden hin erheblich erweitert; der Hof wuchs beträchtlich an Breite und Länge; der Aufweg wurde auf die Gesamtanlage hin konzipiert.

In der 4. Dynastie begann man unter Cheops, die Totenopferkult-Anlage sowie die Verehrungskult-Anlage räumlich zu verschmelzen. Ergebnis dieser Bemühung war nämlich der Bau einer zweiten Verehrungskult-Anlage: Während die erste wohl im Talbezirk der Cheops-Anlage bestehen blieb und gegenüber den bisherigen Anlagen räumliche Erweiterungen erfuhr, entstand die zweite direkt vor Totenopferhof und -stätte an der Ostseite der Großen Pyramide. Zusammen mit diesen beiden Raumelementen verschmolzen sie zum sogenannten Totentempel, der mit dem Taltempel durch einen überdachten Aufweg verbunden war. Taltempel, Aufweg, Totentempel und Pyramide bildeten von nun an eine verbindliche und untrennbare Einheit der Pyramidenanlage.

Wir unterscheiden nunmehr den Totentempel, der an der Ostseite des Königsgrabmals gelegen ist, von dem Taltempel direkt am Rande des Niltales.

Der Totentempel war in der Folgezeit immer wieder für die Architekten ein reges Betätigungsfeld. Pharao Chephren fügte diesem Tempel einen zweiten Magazintrakt hinzu, der nach Osten hin dem Verehrungshof vorgelagert war, während der erste auf der Westseite des Hofes zu finden ist. Solange es in den Totentempeln nur einen Magazintrakt gab, lag dieser zunächst – so bei Cheops – an der Süd-West-Ecke des Verehrungshofes. Dann verlegte ihn Djedefre bei seiner Pyramidenanlage in Abu Roasch an die Nord-West-Ecke dieses Hofes, wo er von nun an bei allen Pyramidenanlagen verblieb.

Der zweite Magazintrakt, von Chephren eingeführt, wurde unter Pharao Mykerinos in den Westteil des Totentempels, südlich der ersten Magazinreihe, verlagert. Dabei nahm er gewöhnlich die Stelle ein, an der das Magazin im Totentempel des Cheops gelegen war. Bis zur Mitte der 5. Dynastie war diese Anordnung die Regel. Erst

Pharao Niuserre knüpfte wieder an das Grundrißschema des Chephren an: Von jetzt an lagen die beiden Magazintrakte einander stets diagonal gegenüber, und zwar südöstlich und nordwestlich des Verehrungshofes.

Der früheste Totentempel stammt von Pharao Djoser, der ihn an der Nordseite seiner sechsstufigen Mastaba erbauen ließ. Dort steht er vor der Mittelachse der Pyramide und läßt noch heute in seiner räumlichen Gliederung zwei große rechteckige Höfe erkennen. Im Anschluß an diese Höfe liegen für den Totenopferkult bestimmte Räume, die ein Reinigungsbecken enthalten haben. Vom westlichen Hof aus führt der Eingang in die Pyramide hinab. Leider läßt sich aufgrund des schlechten Erhaltungszustandes dieser Anlage Näheres heute nicht mehr aussagen.

Im Zusammenhang mit der Errichtung der Kultanlagen innerhalb des Djoser-Bezirks müssen wir auch jene Scheingebäude erwähnen, die uns in Gestalt von Häusern, Pavillons und Kapellen begegnen. Hier bilden sie jene Gebäude nach, die in der Residenz Memphis aus leicht vergänglichen Materialien, aus Holz, sonstigem Pflanzwerk und aus Leder errichtet waren. Diese Gebäude (Farbt. 2) fanden ihre Bestimmung im Königsritual, denn eigens für die Feier des Sed-Festes hatte man sie zu Ehren der Gottheit errichtet.

Sieben Jahre nach dem Tode von Pharao Djoser bestieg König Huni den Pharaonenthron. Als letzter Pharao der 3. Dynastie errichtete er die erste echte Pyramide oberhalb des Wüstenstreifens von Medum (Abb. S. 61). Dort auch ließ er einen Totentempel errichten, der jetzt aber zum ersten Male in der Geschichte des Pyramidenbaus direkt an die Mitte der glatten Ostwand der Pyramide angebaut wurde. Der kleine Totentempel von Medum ist fast unversehrt auf uns gekommen. Tempeldach, Umfassungsmauer, zwei unbeschriftete Opferstelen inmitten eines kleinen Hofes sowie ein Opfertisch sind vollständig freigelegt worden. Auch dieser Totentempel hat zwei Räume, in die man durch einen kleinen Eingang gelangen kann. Jeweils eine Tür am Eingang und am Ausgang zum Hofe versperrt die Innenräume. Bei geschlossenen Türen fällt nicht das geringste Licht in das Innere des kleinen Totentempels. Übrigens haben sich

Besucher bereits im Alten Reich an den Innenwänden des Tempels verewigt und dabei den Namen von König Snofru aufgekritzelt. Im Opferhof, der zwischen dem Tempel und der Pyramide gelegen ist, erheben sich zwei jeweils 2 m hohe unbeschriftete Stelen, zwischen denen ein kleiner Opfertisch für die Darbringung der täglichen Speise- und Trinkopfer eingelassen ist.

Die ganze Tempelanlage mitsamt Opferhof mißt rund 11 × 11 m, und der kleine Tempelbau ist lediglich 2,70 m hoch. Der Hof wird von einer dicken Umfassungsmauer aus dem Kalkstein des Turagebirges nach Süden und Norden hin abgeschlossen.

Vom Totentempel aus führt ein sogenannter Aufweg zum Talrand hinab und mündet dort in einen Taltempel ein, der bis heute aufgrund des hohen Grundwasserspiegels noch nicht vollständig ausgegraben werden konnte. Der 210 m lange Aufweg war auf einer Breite von 3 m aus dem Fels herausgeschlagen worden. Seinen nicht immer ebenen Grund hatte man mit Nilschlamm ausgeglichen und geglättet. Die Seitenmauern mit einer Stärke von jeweils 2,10 m sollten dem Neugierigen den Blick in den inneren Gang versperren. Diese nach oben hin abgerundeten Mauern trugen kein Dach.

Der vor der Ostseite der Knickpyramide von Dahschur unter Snofru errichtete Totentempel verdient diese Bezeichnung freilich gar nicht. Denn hier ließ Snofru zunächst nur einen kleinen Altar aus drei Kalksteinblöcken erbauen, zu dessen beiden Seiten sich gewaltige Stelen erheben, die jeweils die Königstitulatur und den Namen des Snofru in großen Hieroglyphen zeigen und beide eine Höhe von je 9 m erreichen. Hier handelt es sich eher um einen Opferplatz, wie wir ihn bereits bei den Grabanlagen der Könige der 1. Dynastie in Abydos haben vorfinden können. Allerdings ist diese Opferstelle im Laufe der Zeit erheblich erweitert worden. Doch erst im Mittleren Reich wurde diese kleine Anlage zu einer Art Tempel ausgebaut. Deutlich ist jedenfalls, daß man an der Wende von der 3. zur 4. Dynastie sich über die Grundrißgestaltung des Totentempels noch völlig im unklaren war.

Allerdings hatte man jetzt schon genauere Vorstellungen von der Anlage eines Taltempels. Ob allerdings der Taltempel an der Knickpyramide von Dahschur (Abb. S. 81) diesen Namen verdient, ist zur

Zeit noch umstritten. Denn befremdlich ist, daß dieser Tempel nicht im Tale liegt, sondern inmitten der Wüste. Auch seine Ausrichtung von Nord nach Süd ist ungewöhnlich, denn alle übrigen Taltempel sind von West nach Ost orientiert. Dennoch ist dieser Tempel aufgrund seiner Raumaufteilung, seiner Größe und seiner Anbindung mittels des Aufweges an den Pyramidenkomplex am ehesten mit einem Taltempel gleichzusetzen. Seine Maße, 26,20 × 47,16 m, sind nicht unbeachtlich. Er hatte bereits einen dreiteiligen Grundriß, der bei den ägyptischen Tempeln der späteren Zeit als verbindlich galt. Der erste Teil war überdacht, ebenso der dritte, hintere Teil des Tempels; der Mittelteil hingegen war offen. Mit dieser Raumgliederung stand der Tempel allerdings im Gegensatz zu den späteren Anlagen; denn in ihnen lag der offene Hof stets im ersten Gebäudeteil, gleich hinter dem Eingang.

Durch ein Tor in der Südwand gelangte man in das Tempelinnere. Mit einer einflügeligen Holztür ließ sich der Eingang einst verschließen. Man kam zunächst in eine Durchgangshalle, deren Wände mit flach-erhabenen Reliefs überzogen waren. Von je einem Eingang in den Seitenwänden der Halle erreichte man die benachbarten Räume. Die Eingänge lagen diagonal gegenüber, der eine gleich rechts hinter dem Tempeleingang, der andere am linken Ende der Durchgangshalle. Jeweils zwei Räume lagen zu beiden Seiten der Halle, waren parallel zu ihr ausgerichtet, hatten alle die gleiche Größe und waren nur von der Halle aus erreichbar. Einst konnte man alle Zugänge mit schweren Holztüren verschließen. Allein der Zugang von der Durchgangshalle zum offenen Hof blieb unverschließbar; eine Tür hat es hier nie gegeben.

In dem dritten Bauteil, dem Allerheiligsten, waren sechs kleine Kapellen angeordnet, die jeweils hinter einer doppelten Pfeilerreihe lagen. Das Tempeldach wurde von zehn wuchtigen, je 5 m hohen monolithischen Pfeilern getragen, die dort in zwei Reihen standen. Diese Pfeiler waren mit Flachreliefs überzogen; allerdings fehlen die Flachreliefs an den zu den Kapellen hin zeigenden Seiten.

Der Tempel war von einer großen Ziegelmauer umgeben, in deren Ostwand der Haupteingang zum Tempelbezirk lag.

Dieser Taltempel dürfte zu den schönsten Tempeln des Alten Reiches zu zählen sein. Denn an seiner Kalksteinmauer fanden sich

Reliefs von Opferträgerinnen, die von den Ländereien des Snofru Opfergaben – insbesondere Brot und Lebenswasser – darbringen. Auch Szenen des Sedfestes werden dargestellt, und ferner sehen wir den Pharao mit verschiedenen Gottheiten. Besonders fällt uns der Löwe auf, den wir auch am unteren Ende des nördlichen Eingangsschachtes der Knickpyramide erblickt haben, in dessen Gestalt sich einige Gottheiten zugleich verkörperten.

Als Cheops um das Jahr 2551 v. Chr. die Nachfolge seines Vaters Snofru antrat, begann auch er sogleich mit dem Bau einer Pyramidenanlage. Dabei war es sein Ehrgeiz, die größte Pyramide auf ägyptischem Boden, die höchste der Welt überhaupt, zu errichten. Wenngleich der Taltempel dieser Pyramidenanlage heute nicht zu sehen ist, muß er doch im Erdreich unter dem heutigen Dorf Nazlet el-Samman

Taltempel der Knickpyramiden-Anlage des Snofru. Rekonstruktion nach Ricke. 4. Dynastie, um 2575–2551 v. Chr.

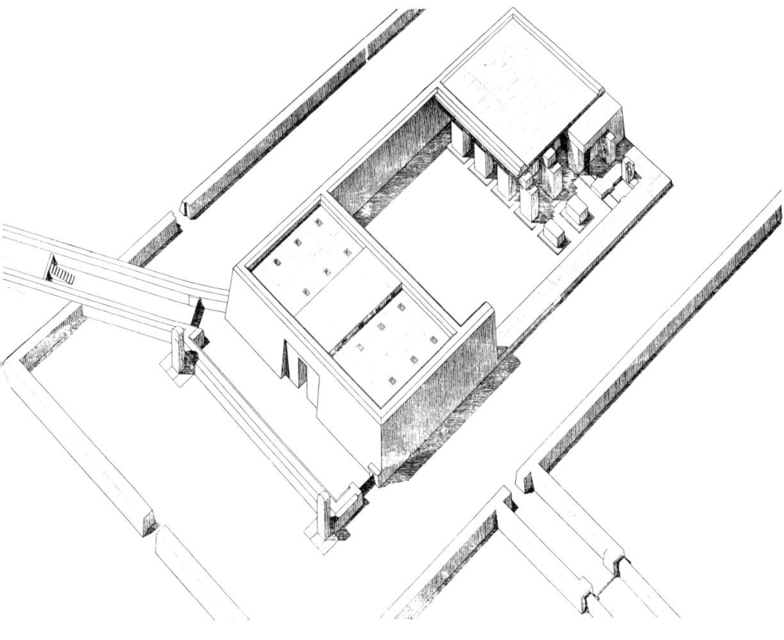

(›Dorf der Pyramiden‹) zu finden sein. Angeblich hat Professor Gojon Überreste dieses Tempels bereits entdecken können. Fest steht jedenfalls, daß ein Steinblock dieses Tempels in der Pyramide des Pharaos Amenemhet I. in Lischt verbaut war. Aus dieser Tatsache können wir schließen, daß jener Pharao des Mittleren Reiches den Taltempel des Cheops offenbar schleifen ließ und dessen Steinblöcke entsprechend weiter verbaute. Über die Gliederung des Taltempels können wir daher heute leider keine Aussagen treffen.

Fest steht nur, daß der Taltempel mit dem Totentempel durch einen langen Aufweg verbunden war. Den Verlauf dieses Weges können wir noch heute sehr wohl verfolgen. An beiden Seiten war er von über 2 m hohen Seitenwänden eingeschlossen. Erstmals trug dieser Aufweg ein Dach, wie es uns auch der Reiseschriftsteller Herodot in seinen Historien berichtet. Die Innenseiten des Aufweges waren von flach-erhabenen Reliefs überzogen, wie wir das später auch an der Anlage des Unas noch vorfinden.

Über den Totentempel liegen uns nach der Neuaufnahme durch Professor Lauer genauere Daten vor. Er hatte die Maße von 52,30 × 40,27 m und war von Nord nach Süd orientiert. Durch ein zweiflügeliges hohes Eingangstor genau in der Mitte der Ostseite dieser Mauer gelangte man vom Aufweg her direkt in das Tempelinnere. Der Hof ist mit schwarzem Basalt gepflastert und ringsum von achtunddreißig Pfeilern aus Rosengranit umgeben. Sie trugen das Dach des Hofumgangs. Diese Pfeilerhalle schmückten farbig bemalte, großflächige erhabene Reliefdarstellungen, wie es zwei bei der Ausgrabung gefundene Blöcke mit dem Namen des Cheops zeigen. An der Westseite des 40 × 20 m großen Hofes schloß sich das Sanktuar an. Nach der Rekonstruktion von Herbert Ricke und Jean-Phillipe Lauer verjüngte sich der Pfeilervorraum zur Pyramide hin und mündete in einen Serdab, in dem einst die Statue von Pharao Cheops ihren Platz gehabt hat. Auch der Pfeilervorraum war überdacht, seine Innenausstattung aber ist noch Gegenstand wissenschaftlicher Auseinandersetzung. Geht man von der nördlichen Pfeilerhalle aus gen Westen, kommt man zunächst an einem Eingang vorbei, der in das Innere des Sanktuars führt. Über die Bedeutung des Innenraumes haben wir bisher keine Kenntnis. Sodann gelangen wir auf dem Wege weiter gen Westen durch eine Tür in den kalksteingepflasterten Pyramidenbezirk. In der südwestlichen Ecke des Hofes kommen wir durch einen Eingang in einen Magazinraum. Hinter diesem Eingang, d. h. weiter gen Westen, führt eine Treppe in nördlicher Richtung auf das flache Tempeldach.

Der Nachfolger des Cheops namens Djedefre knüpft zumindest nicht an die Bautradition seines Vorgängers an; vielmehr können wir aus dem Grundriß seines Totentempels vor der Ostseite der Pyramide von Abu Roasch ablesen, daß diese Anlage mindestens drei Räume enthielt. Ein Aufweg führte hinab in das Wadi el-Karen zu jenem Taltempel, der bis heute nicht ausgegraben ist.

Der von Pharao Chephren (um 2520–2494 v. Chr.) errichtete Taltempel zählt zu den besterhaltenen Bauwerken aus den Anfängen des Alten Reiches. Zugleich gibt er Kunde von dem großartigen Stilwandel, der sich zu Beginn der 4. Dynastie vollzogen hat. Die Idee

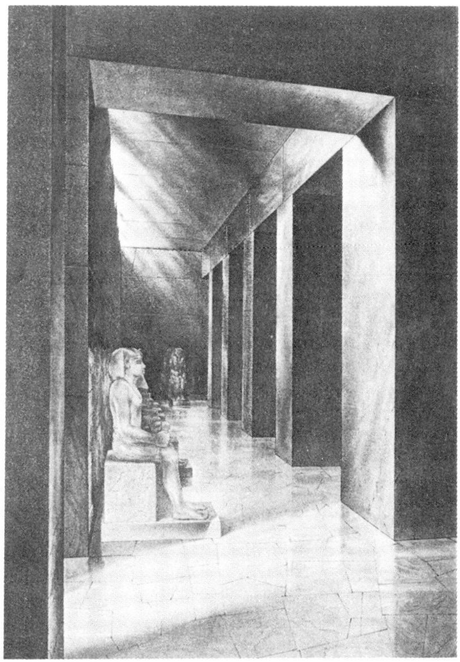

Taltempel von Pharao Chephren, Pfeilersaal. Zeichnerische Wiederherstellung. 4. Dynastie, um 2520–2494 v. Chr.

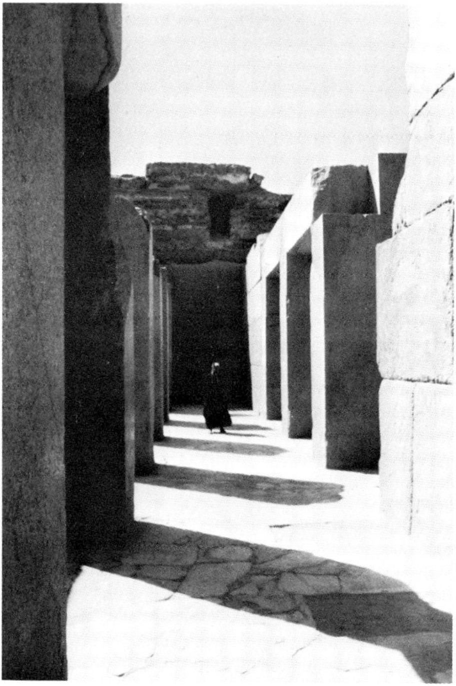

Im Taltempel des Pharaos Chephren, heutiger Zustand

der Djoserzeit, die aus vergänglichen Materialien errichtete Residenz des unvergänglichen Pharaos in Stein zu übersetzen und sie dem Verstorbenen damit ewig werden zu lassen, wird gänzlich aufgegeben. Jetzt, da man zugleich das Grabmal als Pyramide mit ihren reinen ungebrochenen Flächen in höchster Vereinfachung entdeckt hat, findet man auch in den Tempelanlagen die bewußte Reduzierung auf wenige Grundelemente. So besticht der Taltempel durch seine schlichte Stereometrie, seine Glattflächigkeit und Formenstrenge zugleich. Gerade durch diese Schlichtheit und Proportionalität erhält dieser Bau den Ausdruck der Ewigkeit.

Den Taltempel des Chephren errichtete man in Gestalt eines quadratischen Blockes aus dem örtlichen minderwertigen Kalkstein, dessen Wände man in- und auswendig mit dem Rosengranit aus Aswan verkleidete. Von allen Werkstoffen aus den ägyptischen

Steinbrüchen ist er der härteste, und man verwendet ihn im Grabbau zum Ausdruck der ewigen Dauer. Gewaltig sind die Blöcke, die man hier bewegt hat, und beeindruckend gar das handwerkliche Können, mit dem der Stein bearbeitet wurde. Die sechzehn monolithischen Granitpfeiler bestechen durch ihre Schlichtheit, und die einst dreiundzwanzig überlebensgroßen Königsfiguren im Pfeiler-Saal hoben sich von dem leuchtendweißen Alabasterboden ab. Nur wenige gebündelte Lichtstrahlen trafen durch die in die Decke eingelassenen Fensteröffnungen in das Innere.

In seiner Gliederung ist dieser Taltempel neuartig; er hat kein Vorbild. Durch einen fast 500 m langen überdachten Aufweg war der Taltempel mit dem Totentempel vor der Ostwand der Chephren-Pyramide verbunden.

Jener Totentempel, heute weitgehend zerstört, ist von dem deutschen Archäologen Udo Hölscher (1878–1963) jedoch so weit wieder in seinem Grundriß rekonstruiert worden, daß wir uns eine genaue Vorstellung von seinem Aufbau machen können. Demnach entspricht er in seinem ersten Drittel dem Aufbau des Taltempels, während sich in der Mitte der Anlage ein großer rechteckiger Hof anschließt, der kein Dach trug. Er zog sich über die ganze Breite des Tempels hin und war mit weißem Alabaster gepflastert. Zwischen den wuchtigen Pfeilern aus Rosengranit am Umgang des Hofes hatten überlebensgroße Figuren des Chephren ihren Platz. Im letzten Drittel der Anlage – nach Westen hin gelegen – finden sich Statuenkammern, Magazinräume und die gewaltige Scheintür, vor der man dem Verstorbenen Totenopfer niederlegte. In seiner Anlage erinnert dieser Bau an den Taltempel der Knickpyramide des Snofru (Abb. S. 81), wenngleich dort noch nichts von der großartigen Schlichtheit zu spüren ist, die erst jetzt unter Chephren in höchster Vollendung zum Ausdruck kommt.

Als Fortentwicklung gegenüber dem Tempelbau unter Cheops können wir jetzt verzeichnen, daß Chephren seinem Totentempel einen zweiten Magazintrakt hinzufügte, und nach diesem Schema verfuhren schließlich auch noch die Pharaonen der 5. Dynastie.

Seit der Chephren-Zeit bestimmen nicht allein Ritus und Kultus die Gliederung und Größe der Tempelanlagen; jetzt geht es dem Baukünstler um die Verwirklichung der Idee, durch gegensätzliche

Tiefen- und Breitenwirkung ein bis dahin gänzlich unbekanntes Raumgefühl mit einer entsprechenden Raumfolge zu schaffen.

Während die Tempel der Chephren-Anlage durch ihre Schlichtheit zugleich das Zeitlose betonen, übertreffen die Totentempel der Pharaonen der 5. Dynastie alles bisher Dagewesene an Feinheit und Pracht ihrer Ausführung. Der für diese Zeit bemerkenswerte Stilwandel drückt sich aus in der Umkehr vom Abstrakten hin zum Konkreten; anstelle blankpolierter Wände treffen wir jetzt auf üppige Wanddekorationen, etwa in dem Tempel des Sahure bei Abusir. Hier werden die flachen Granitsteindecken nicht mehr von den wuchtigen monolithischen Rosengranit-Pfeilern abgestützt, sondern wir sehen elegant wirkende zweigliedrige Baumstamm-Säulen als Nachbildung von Dattelpalmen-Säulen. An anderen Stellen können wir Lotosbündel- oder Papyrusbündelsäulen entdecken. Die Darstellung von Papyrus und Lotos geschieht nicht von ungefähr, gelten beide Pflanzen doch seit alters als die Wappenpflanzen von Unter- und Oberägypten.

Drei Arten von Säulen begegnen uns von nun an besonders: die Lotosbündelsäule, die Palmstammsäule und die Papyrusbündelsäule, die ihr Vorbild in der Natur haben und nur symbolisch-dekorative Funktionen übernehmen. Die ersten Säulen in der ägyptischen Baukunst begegnen uns im Grabbezirk des Djoser; doch dort kommen sie nur als Dreiviertel-Säule vor, niemals hingegen als Vollsäule. Dort also sind sie stets mit einem Viertel ihres Körpers an eine Wand angelehnt, sie dienen zur Dekoration. Eine tragende Funktion haben sie in keinem Falle. Die Lotosbündelsäule stellt ein Bündel von Lotosstengeln dar, das nach oben hin in ein geschlossenes oder offenes Kapitell übergeht (s. Abb. S. 160, Hallengrab des Cheti). Die Palmstammsäule zeigt in der Regel einen runden, glatten Stamm, dessen Kapitell aus aufrecht stehenden Palmwedeln besteht. Die Papyrusbündelsäule zeigt ein Papyrusbündel von dreikantigen Stengeln. Der Schaft ist unten eingezogen und mit bodenständigen Blättern verhüllt. Alle diese zu Stein gewordenen Pflanzen stehen auf einer Basis und tragen einen Abakus (Deckplatte des Säulenkapitells).

Den ägyptischen Säulen liegt im Gegensatz zu den griechischen nirgends die Idee des Tragens zugrunde. Allein schon eine in Stein

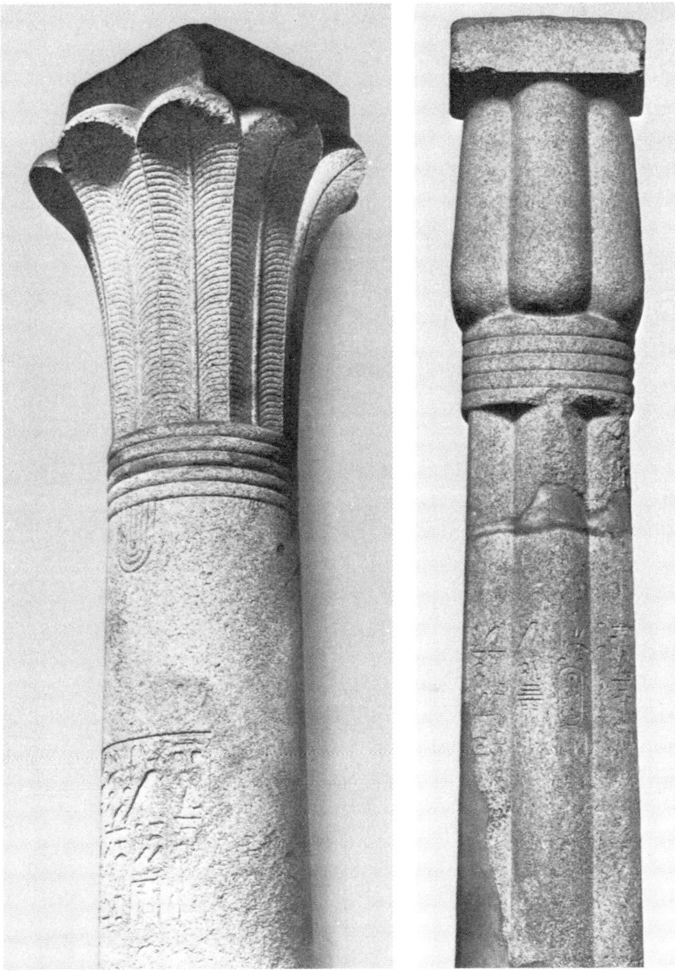

Links: Palmstammsäule aus Granit aus dem Totentempel von König Sahure bei Abusir, 5. Dynastie. Rechts: Papyrusbündelsäule aus Granit aus dem Totentempel von König Niuserre bei Abusir, 5. Dynastie. Beide Kairo, Ägyptisches Museum

umgesetzte Palmwedelkrone, die sich im Winde neigt und unter der eigenen Last beugt, kann nicht noch zugleich Lasten tragen. Vielmehr ›bedeuten‹ die verschiedensten Säulenformen dem ägyptischen Betrachter etwas, was uns nachzuempfinden abgeht. Der Stilwandel »veranschaulicht jenen Polwechsel vom Abstrakten zum Konkreten, vom Denken zur Anschauung, der von der memphitischen zur heliopolitanischen Theologie mit ihrer naturalistischen Sonnenreligion geführt und den Akzent vom wesenhaften Seinsgrunde auf seine Kundgebungen in der sinnlichen Erscheinungswelt verlegt hatte. Weil dem so ist, weil in den künstlerischen Erscheinungen die Lust am naturhaften Element als Hauptantrieb der Formgestaltung greifbar und darin ein Wandel des Weltbegriffs veranschaulicht wird, handelt es sich bei dem betrachteten Vorgang um einen echten Stilwandel und nicht etwa nur um Formveränderungen, die durch veränderte Funktionen der Bauteile innerhalb des Bauganzen bedingt sind« (Wolf).

Die neue Denkrichtung hing freilich zusammen mit einem Wandel in der religiösen Auffassung. Jetzt war der Sonnengott Re an die Macht gekommen, und ihm zu Ehren errichtete man gar einen Obelisken in der Mitte des Hofes des Totentempels. Gerade dieser Obelisk in der Anlage des Sahure zeugt – wie auch in den beiden anderen Sonnentempeln dieser Zeit von Pharao Userkaf und Niuserre – von der religiösen Bewegung dieser Zeit. Der Übergang zur naturalistischen Sonnenreligion drückte sich zugleich aus in der Verlegung der Sonnenkult-Anlage in den östlichen Teil des Totentempels, also dorthin, wo die Sonne aufgeht.

Die 6. Dynastie schließlich knüpft an den älteren Kult an, errichtet keine Sonnenheiligtümer mehr für den Sonnengott Re in Abusir, wendet sich von der Säulenform ab und kehrt zu den traditionellen Pfeilern der dritten Dynastie zurück.

### IV.1.2 Die Privatarchitektur

Was auch immer uns die Privatleute im alten Ägypten an Architekturwerken hinterlassen haben, so dienten sie überwiegend dem Totenkult und sind daher dem Sakralbau zuzurechnen. Dabei dürfen wir nicht übersehen, daß gerade für den Sakralbau mit Beginn des Alten Reiches festes Baumaterial Verwendung fand – anfangs der Nilschlammziegel, dann aber der unvergängliche Stein – und daß durchweg nur dieses auf uns gekommen ist, während andere Bauten aus vergänglichem Material – in Holz- oder Mattenbauweise errichtet – längst verfallen sind. Wir dürfen daher annehmen, daß der geringere Teil der Architekturwerke erhalten ist, während der größere – für die Lebenden bestimmt – inzwischen vergangen ist oder auch mutwillig zerstört wurde. Nicht nur Feuersbrünste und Kriege haben die Zerstörung verursacht, auch jene berüchtigten Sabbahgräber (*sabbah* – arab. – heißt Dünger) haben in der Neuzeit bei ihrer Suche nach Dünger mutwillig die Vernichtung alter in Lehmziegelbauweise errichteter Gebäude herbeigeführt. Zudem ist denkbar, daß ein Teil alter Siedlungen im Fruchtlandstreifen des Nil unter dem heutigen Boden verschüttet liegt, während ja die Grabbauten am Rande der westlichen Wüste errichtet wurden und eben da erhalten sind.

Wer sich als Privatmann ein Grab erbauen lassen konnte, mußte über entsprechendes Vermögen verfügen; und wenn er nicht gerade zu den Reichen zählte, so gehörte er doch zumindest zur gehobenen Schicht, die entsprechende Mittel besaß. Dazu rechneten damals die Beamten des Königsstaates und die Höflinge. Sie standen in der Gunst des Pharaos und durften sich in der Nähe des Königsgrabmals ein eigenes Grab errichten. Freilich konnte es an Größe und Ausstattung nicht mit den Königsgräbern mithalten.

In ihrem Aussehen lehnen sich jetzt zu Beginn des Alten Reiches die Grabbauten der Privatleute an jene Gräber der Edlen aus der Frühzeit an. Demnach gab es einen unterirdischen und einen oberirdischen Bereich.

Im unterirdischen Teil lag der Verstorbene in einer rechteckigen Sargkammer, die in der Regel in der Mitte des Grabes angelegt ist. Hier hatte der steinerne Sarkophag seinen Platz; er barg gewöhnlich einen Holzsarg mit der Mumie des Verstorbenen. Anfangs stellte man in dem Sargraum um den Toten herum diverse Grabbeigaben auf, um ihm das Leben im Jenseits so angenehm wie möglich zu gestalten.

Darüber hinaus war die Sitte aufgekommen, von dem Verstorbenen noch zu dessen Lebzeiten eine Statue anzufertigen und sie ihm ebenfalls mit in das Grab zu geben. Dieser Ersatzleib sollte für alle Ewigkeit halten und war deshalb gewöhnlich aus Stein als rundplastische Standfigur gearbeitet. Geboren war diese Idee durch die allzu oft gemachte Beobachtung, daß der Leib des Verstorbenen sehr leicht vergehen konnte, sei es durch Grabraub, sei es durch in das Grab eindringende Ratten oder Schakale. Da man sich ein Weiterleben im Jenseits aber nur in unversehrtem Zustande vorstellen konnte, grübelte man über die Möglichkeiten zum Erhalten der Unversehrtheit nach. Die Mumifizierung der gesamten Leiche war ja zu dieser Zeit noch unbekannt; lediglich einzelne Teile des Körpers umwickelte man mit harzgetränkten Leinenstreifen oder Binden. Die früheste vollkommen mumifizierte Leiche hat der berühmte Archäologe Sir William Matthew Flinders Petrie (1853–1942) im Gräberfeld von Medum entdeckt, als er dort in den Jahren 1891–1892 mit Ausgrabungen beschäftigt war. Diese Mumie dürfte aus der 5. Dynastie stammen. Indes wissen wir, daß die Mumifizierung wohl schon in den Anfängen der 4. Dynastie praktiziert wurde, denn schließlich hat man die Eingeweide der Hetepheres, der Mutter des Cheops, gefunden, die eigens in Kanopen aufbewahrt wurden.

Mit der ›Erfindung‹ des Ersatzleibes ›lebte‹ dieser freilich noch nicht; er mußte erst durch das Ritual der Mundöffnung ›auferweckt‹ werden, wie ja auch der Verstorbene durch dasselbe Ritual dank priesterlicher Hilfe weiterleben durfte (Farbt. 4). Denn die Totenpriester öffneten mit einem dechselähnlichen Gerät den Mund des Ersatzleibes, brachten ihn zum ›Sprechen‹ und versetzten den Verstorbenen zugleich in die Lage, nunmehr alle seine Glieder wieder gebrauchen zu können. In diesen voll funktionsfähigen Körper konnte nun die Seele des Verstorbenen, der Ka, einziehen, sich in ihm niederlassen, ihn aber auch jederzeit wieder verlassen. Da man sich nicht immer ganz darüber im klaren war, ob der Ka die Statue in jedem Fall wiedererkennen würde, schrieb man vorsichtshalber den Namen und Titel des Verstorbenen auf den Ersatzleib.

Die Ka-Statue stellte man in der 3. Dynastie in den unterirdischen Bereich, und zwar in der Regel möglichst in die Nähe des Verstorbenen. In der 4. Dynastie bildete sich die Sitte heraus, die Statue in einer besonderen Kammer des Oberbaues unterzubringen, jedoch nach Möglichkeit nahe an der Sargkammer gelegen; jene Statuenkammer nennen wir Serdab (s. S. 59).

In diese Zeit – die 4. Dynastie – fällt auch ein geänderter Zugang zu der unterirdischen Sargkammer. Während man früher auf einer Treppe hinabstieg, führt jetzt ein senkrechter Schacht in die Tiefe. Von der Sohle aus gelangt man durch eine Öffnung in die mit weißen Kalksteinplatten ausgekleidete Sargkammer. Auffallend ist die Bemalung der Wandverkleidung, der man das Aussehen von Rosengranitplatten verleihen wollte. Während man bisher zumindest vereinzelt in den Grabanlagen den unvergänglichen Rosengranit als Stein der Ewigkeit gerne verwendete, begnügte man sich von nun an mit dessen Imitation. Nach der Beisetzung verschloß man den Zugang zur Sargkammer mit einer Steinmauer an der Sohle des Schachtes und ließ in sie einen steinernen ›Reserve-Kopf‹ mit einbauen (s. S. 106ff.).

Der Oberbau der privaten Grabanlagen entspricht in seinem Aufbau dem der Mastaba-Typen der Frühzeit. Er ist aus den an der Sonne getrockneten Schlammziegeln des Nil errichtet, und in seinem Innern finden sich diverse Kammern oder Nischen. Die Außenwände sind nischengegliedert und erinnern an die Palastfassade, wie sie uns in der 3. Dynastie in Gestalt der gewaltigen Umfassungsmauer des Djoser-Bezirkes begegnet. Der Grabtyp mit dem nischengegliederten Oberbau scheint sich jetzt in den Anfängen des Alten Reiches im gesamten Niltal vom Norden bis hin zum ersten Katarakt im Süden durchzusetzen, während ja bislang sich diese Grabform nur in Unterägypten nachweisen ließ, nicht hingegen in Oberägypten, wo der Mastaba-Oberbau glattgeputzte, geböschte Außenwände zeigte. Allerdings scheint sich die Herausbildung zu einem Einheitstyp in der 3. Dynastie erst auf Umwegen entwickelt zu haben. Neu ist jetzt jedenfalls eine Kultnische an der Ostseite der Mastaba-Außenwand. An der Nischenrückwand brachte man eine Kalksteinplatte an, auf der der Verstorbene vor einem Speisetisch sitzend dargestellt wurde. An dieser Stätte – der sogenannten Opfer-

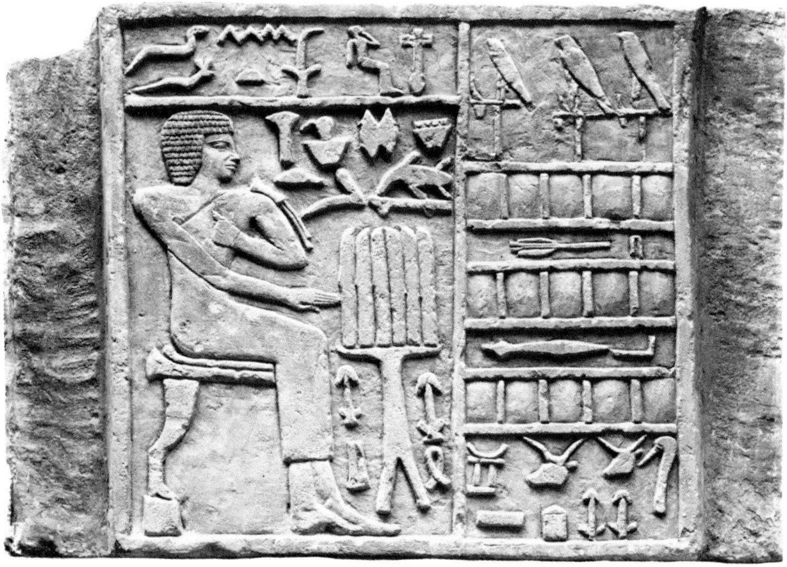

Grabstele des Djefai-nisut. Hannover, Kestner-Museum. 3. Dynastie, um 2650 v. Chr. Aus Sakkara (?). Höhe 33,8 cm. Kalkstein

stätte – sollte dem Verstorbenen Speise und Trank dargebracht werden, und diese Aufgabe fiel in aller Regel dem Sohne zu. Er mußte sich täglich mit Opfergaben beladen auf den Weg vom Niltal aus bergan gen Westen zu dem Grabe seines Vaters machen und ihm an der Opferstätte die Gaben in Form von Naturalien darbringen.

An der Wende von der 3. zur 4. Dynastie verfeinerte man die Opferstätte, faßte die Nische mit Stein ein und schmückte ihn mit Hieroglypheninschriften und Reliefs. Allmählich aber ging man dazu über, die bislang im Freien gelegene Opferstätte in das Innere des Oberbaus zu verlegen. Diese bauliche Umgestaltung hing sicherlich damit zusammen, daß man nunmehr gegen Ende der 3. Dynastie den Stein als das Baumaterial für den privaten Grabbau entdeckt hatte. Dank seiner stabilen Eigenschaften verhalf er der Architektur zu bisher nicht gewagten Formen. Der Oberbau des Mastabagrabes weist von nun an nicht mehr die Nischengliederung auf, sondern glatte, leicht geböschte Außenwände. Im Innern des

Mastababerbaus läßt man eine kreuzförmige Kultkammer ein, deren Wände mit Opfertexten überzogen sind. Alsbald findet man in der Westwand dieser Kultkammer eine Kultnische, die uns als sogenannte Scheintür bekannt wird. Diese Nische hat ein türähnliches Aussehen, und ihre Aufgabe ist es, dem verstorbenen Grabherrn den Zugang vom Jenseits in das Diesseits zu ermöglichen. Durch diese Tür sollte er in den Kultraum gelangen, um die dort für ihn niedergelegten Opfergaben zu empfangen. An der Stätte, da der Verstorbene aus der Tür hervortritt, haben ja die Angehörigen oder in deren Auftrag die Priester die Opfer niedergelegt und entsprechende Gebete gesprochen.

Die Scheintür ist in der Regel als doppelflügelige Tür dargestellt. An ihrem oberen Rahmen erkennt man deutlich einen in Stein nachgebildeten aufgerollten Wandvorhang. Darüber erkennen wir in der Regel die sogenannte Speisetischszene, die seit der 4. Dynastie regelmäßig das Bild des Verstorbenen bietet, der vor einem üppig gedeckten Opfertisch Platz genommen hat. Zur Rechten und zur Linken der Tür erkennen wir auf den Pfosten den Verstorbenen, der dort – mit Opferformeln begleitet – in Erscheinung tritt. Ab der 5. Dynastie kommt es gelegentlich vor, daß der Verstorbene selbst in Gestalt eines Standbildes aus der Tür hervorzutreten scheint, wie etwa im Grabe des Beamten Mereruka in Sakkara (Farbt. 5).

In der 5. und 6. Dynastie entwickeln sich die bis dahin schlichten, bildlosen Mastabas der Privatleute zur wuchtigen, vielräumigen Gliederung des Oberbaus. Eine Fülle von Räumen betritt jetzt der Besucher, während er in den Grabanlagen der 4. Dynastie lediglich eine kleine Opferstelle vorfand. In diesen Innenräumen findet auch der Serdab wieder seinen Platz; denn nach der statuenlosen Zeit der vorangegangenen Dynastie besinnt man sich jetzt – mehr als je zuvor – des Standbildes des Verstorbenen. Mit dem Wiederaufleben der Ka-Statue geht auch die üppige Verwendung der Reliefs einher, wie sie uns besonders im Grabe des Oberaufsehers Ti begegnet (vgl. Abb. S. 132). Die Vielzahl der Räume findet ihren Höhepunkt in der Grabmastaba des Mereruka. Hier mag die Raumaufteilung zugleich Aufschluß geben über die Gleichberechtigung der Frau im Alten Reich: Von den insgesamt zweiunddreißig Kammern und Gängen

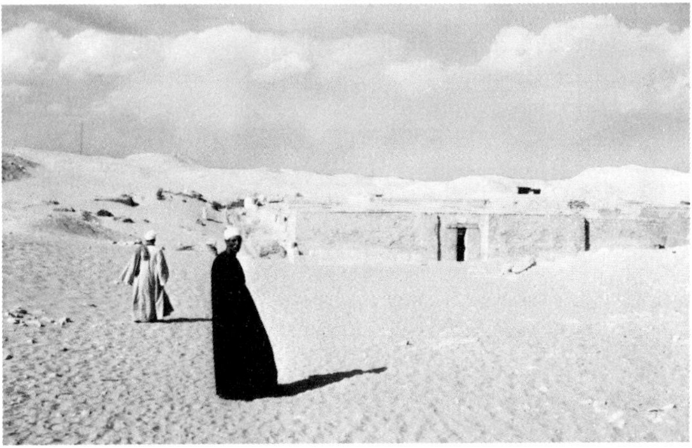

Blick auf die Mastaba des Mereruka in der Nekropole von Sakkara

sind fünf seinem Sohn zugedacht und drei seiner Frau. Typisch für die Privatgräber am Ende des Alten Reiches ist die reiche Gliederung und die üppige Ausstattung mit Scheintüren, aus denen die Verstorbenen als rundplastische Figuren hervortreten.

Bemerkenswert ist zugleich, daß in zunehmendem Maße die Grabkammer, also der unterirdische Bereich der Grabanlage, an Ausstattung gewinnt. Hier fällt der üppige Bilderschmuck im Sargraum auf, der bislang weitgehend undekoriert war. Dieses Phänomen liegt in dem Aufkommen des Osiris-Glaubens begründet: Gegen Ende der 5. Dynastie hatte man den toten König mit dem Gotte Osiris, dem Herrscher der Unterwelt, identifiziert. Er ist der Totengott in Gestalt des mumifizierten Königs, in Tücher und Mumienbinden eingehüllt und mit der Weißen Krone dargestellt (Farbt. 6). Er ist es, der sich in der Sargkammer aufhält, inmitten des Hauses des Verstorbenen. Gegen Ende des Alten Reiches wurde aber nun nicht nur jeder König zu einem Osiris, sondern auch jedermann aus dem Volke gleich welcher sozialen Schicht aufgrund der zunehmenden Demokratisierung der Osiris-Idee.

Der sich stark ausbreitende Osiris-Glaube führte in der Architektur schließlich auch zur ›Erfindung‹ der Felsgräber sowie zur

Verlagerung oberirdischer Grabkammern der Pyramiden in den unterirdischen Bereich. Mit der verstärkten Ausschmückung der Sargkammer im Verlaufe der 6. Dynastie verliert zugleich der Oberbau der Grabanlage an Bedeutung. Die Kulträume werden kleiner; luftgetrocknete Ziegel ersetzen den Stein im Oberbau.

An Profanbauten ist aus dem Alten Reich so gut wie nichts erhalten. Das liegt daran, daß diese Bauten durchweg aus vergänglichem Material errichtet wurden, zum anderen aber auch daran, daß gerade diese Bauten im Überschwemmungsland standen, wo sie sehr leicht von den alljährlichen Nilfluten in Mitleidenschaft gezogen werden konnten. Hinzu kommt die ohnehin große Instabilität der leichten Hütten und Wohngebäude gegenüber jenen für die Ewigkeit errichteten Grabanlagen. So wird es nur allzu leicht verständlich, daß uns an Privatbauten aus dem Alten Reich so gut wie nichts erhalten blieb.

## IV.2. Die Rundplastik

Kaum hatte der Archäologe Cecil Mallaby Firth, der damalige Inspektor und Chef der Altertümerverwaltung von Sakkara, Anfang des Jahres 1924 in offiziellem Auftrag mit der Ausgrabung des Mastabakomplexes von Pharao Djoser begonnen, förderte er die älteste lebensgroße Sitzstatue von König Djoser an das Tageslicht. Firth fand diese Kalksteinstatue in dem dunklen Serdab, der auf der Nordseite der Anlage schräg vor die unterste Stufe der Mastaba gelehnt ist. Dort stand die Sitzfigur in ihrer ursprünglichen Aufstellung. »Stark nach hinten geneigt, richtete sie ihren Blick durch zwei kreisrunde Löcher in der Vorderwand des Serdab auf den Polarstern. Diese Grabstatue konkretisiert in ihrer Aufstellung den Wunsch des Königs, zum Himmel aufzusteigen« (Seidel-Wildung). Man wird gelegentlich überprüfen müssen, ob des Königs Wunsch wirklich aus der Aufstellung des Sitzbildes hervorgeht, denn seltsamerweise saß er nicht genau hinter den Gucklöchern, sondern links daneben. Dort thronte er auf einem Sessel mit niedriger Rückenlehne, die fast bis in Brusthöhe hinaufreicht. Der würfelförmige

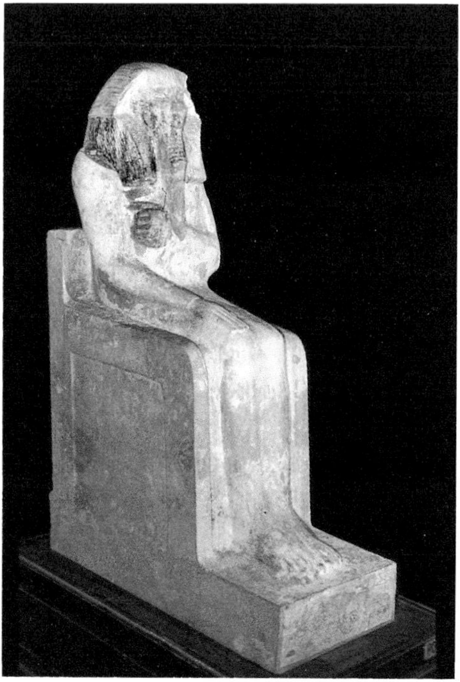

Sitzstatue von König Djoser. Kairo, Ägyptisches Museum. 3. Dynastie, um 2609–2590 v. Chr. Aus Sakkara. Höhe 1,35 m. Kalkstein

Stuhl erinnert sehr an jenen des Königs Chasechem, wobei man auf die steinerne Wiedergabe des hölzernen Vorbildes viel Wert legte. König Djoser ist in ein enges, weißes Gewand eingehüllt, das lediglich Füße, Hände und Kopf mit Haarschmuck und Bart freigibt. Er trägt eine lang herabfallende Perücke, über die sich zum Zeichen der Königswürde ein buntgestreiftes Kopftuch wölbt. Zum Zeichen der Königswürde trägt Djoser einen langen künstlichen Bart, der ursprünglich wohl bis über die Brust hinabhing; leider ist der untere Teil heute abgebrochen. Ausgebrochen sind auch die Augen, die einst vermutlich mit Bergkristall eingelegt waren. Die jetzt augenlose Figur wirkt düster, und dieser Eindruck wird noch verstärkt durch den wulstigen Mund und die hervortretenden Augenbrauen. Auch die vorspringenden Backenknochen verstärken den strengen, vielleicht sogar herrischen Ausdruck dieser Figur. Die Strenge des

Gesamteindruckes wird verstärkt durch die starre Haltung. Da ruht der linke Arm mit der flachen Hand auf dem linken Schenkel, während die geballte Faust des rechten Armes fast drohend, vielleicht auch triumphierend vor die linke Brust geschoben ist. Der ganzen Figur haftet etwas Dämonisches an, das wohl auch durch die auffallend abstehenden Ohren und die heute fehlende Bemalung hervorgerufen wird.

Der Unterschied zur Königsfigur des Chasechem aus der 2. Dynastie (Abb. S. 45) liegt jetzt in der geänderten Armhaltung und überdies in der strafferen Gliederung der Proportionalität.

Die 1,40 m hohe Sitzfigur des Djoser, vollständig aus Kalkstein gearbeitet, trägt an der Stirnseite der Standplatte den Namen des Königs und zeigt damit zugleich, daß sie für alle Ewigkeit geschaffen wurde. Die Tatsache, daß diese Figur im Serdab am Rande des Totentempels ihren Platz gefunden hatte, zeugt davon, daß sie als Ka-Statue über den Tod hinaus für die Erhaltung der Lebenskräfte gedacht war. Die geistige Existenz erhielt man für den Toten mit dem Fortleben der körperlichen Erscheinung, wobei die Identität des Abgebildeten durch das Einmeißeln seines Namens in die Statue erreicht wurde. Daraus können wir ableiten, daß eine derart deklarierte Plastik nicht unbedingt eine Ähnlichkeit mit ihrem Besitzer aufweisen mußte. Das gilt insbesondere wohl für die königlichen Porträts des Alten Reiches, die durchweg idealisiert dargestellt sind, frei von jeglichem Makel in ihrem Gesichtsausdruck. Keine Falte läßt das Gesicht erkennen, und auch nirgends sonst erblickt man am Körper irgendeine unästhetische Unebenheit. Die Sitzfigur des Djoser zeigt den König als kräftigen, gesunden, willensstarken Herrscher auf dem Höhepunkt seiner Schaffenskraft. In der Königsplastik aus den Anfängen des Alten Reiches begegnet uns dieser altersgeprägte Typ sicherlich als Ausdruck einer religiösen Haltung, die den Pharao als erhabenen Gott auf der Schwelle zwischen Diesseits und Jenseits erscheinen läßt. Der Idealisierung des Königsbildes steht die Individualität der Gesichtsbildung freilich nicht entgegen. Gerade der Djoser-Kopf mit seinen hervorspringenden Backenknochen, den abstehenden Ohren, den herabgezogenen Mundwinkeln und den tiefliegenden Augen zeigt eine Porträthaftigkeit, die in der 2. Dynastie etwa bei der Sitzfigur des Königs Chasechem noch unbekannt ist.

Die Privatplastik aus den Anfängen des Alten Reiches scheint weitgehend auf eine Individualisierung im Gesichtsausdruck verzichtet zu haben. Die Bildhauer in ihren Schulen und Werkstätten zu Memphis bestimmten und prägten den Stil jener Zeit. Die von ihnen geformten Königsbilder waren zugleich Vorbild für die Privatplastik, die überwiegend von der Oberschicht des Beamtenstandes in Auftrag gegeben wurde. Die Beamten am königlichen Hofe strebten danach, auch im Jenseits in der Nähe ihres Herrschers bestattet zu werden. Bei ihm wollten sie wohnen, mit ihm weiterleben und ihm möglichst gleichkommen. Eine Anpassung des Gesichtsausdruckes in den Rundbildern der Privatpersonen an jene der Königsbilder ergibt sich daher zwangsläufig. Hinzu kommt, daß die Bildhauer unter Auftragsdruck gestanden und eine Massenproduktion hervorgebracht haben müssen, die nur durch Normierung erzielt werden konnte. Beispielhaft läßt sich das etwa an der 66 cm hohen Granitstatue des Bedjmes im British Museum zu London ablesen. Bedjmes stand als Handwerker in königlichen Diensten, und er ging dem Beruf des Schiffbauers nach. Als äußeres Zeichen seines Berufsstandes legt er ein Breitbeil über seine linke Schulter. Dieses hält er so geschickt in seiner linken Hand, daß der Betrachter leicht geneigt ist, in ihm den Herrscher mit dem Königszepter zu erblicken.

Ausdruck und Haltung dieser Sitzfigur entsprechen dem Stil der Zeit, wie wir das auch von den anderen Sitzbildern aus der Beamtenschaft ablesen können. Variationen gibt es allenfalls bei der Haltung der rechten Hand, die entweder geschlossen oder geöffnet auf den rechten Oberschenkel aufgelegt ist. Mit ihrem Mittelscheitel, der langen Perücke, die die Ohren verdeckt, dem kurzen Hals und dem regelmäßig herausgearbeiteten Rücken sind die dargestellten Würdenträger jeweils streng axial ausgerichtet und ragen mit keinem Körperteil über die Sockelplatte hinaus.

Neben den beiden obengenannten ikonographischen Gruppen der Königs- und Privatplastik gewinnt eine weitere zusehends an Bedeutung: die Götterplastik. Die Plastiken dieser drei Gruppen

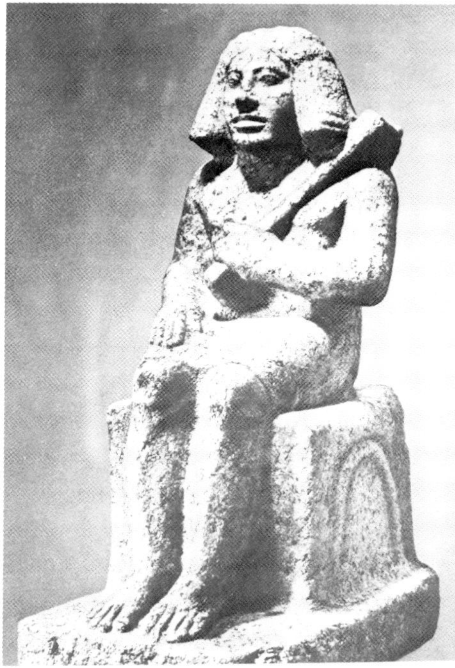

Statue des Schiffbauers Bedjmes. London, Britisches Museum. 3. Dynastie, um 2640 v. Chr. Aus Gizeh. Höhe 66 cm. Granit

dienen unterschiedlichen Funktionen, was wir schon aus ihrem Standort erkennen können. Die Königs- und Privatplastik stammt durchweg aus den Grabanlagen. Als Grabplastik plazierte man sie in den oberirdischen Bereich, wo sie im Rahmen des Totenkultes ›wiederbelebt‹ und von der Priesterschaft oder von den Anverwandten versorgt werden konnte; hier nahm die Seele des Verstorbenen, der im unterirdischen Bereich bestattet lag, in seiner Statue am Totenkult teil. Eine ganz andere Aufgabe kam der Götterplastik zu. Sie hatte ihren Platz im Tempelbezirk. In ihm erschien täglich der allmächtige Gott und zeigte sich der Priesterschaft in dem ihm gefertigten Kultbild.

Zu den ganz wenigen Exemplaren menschengestaltiger Götterbilder aus den Anfängen des Alten Reiches zählt jene kleine 21,5 cm hohe Standfigur im Brooklyn-Museum zu New York. Sie ist zeitlich

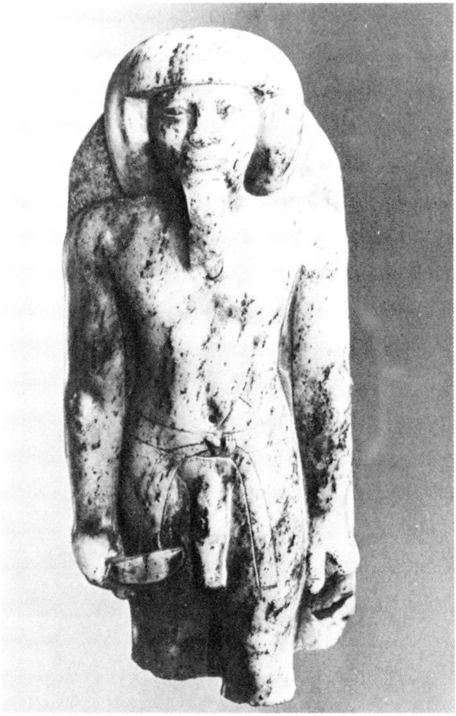

Gott mit Messer.
New York, Brooklyn Museum. 3. Dynastie, um 2600 v. Chr.
Aus Sakkara.
Höhe 21,5 cm. Gneis

nach Djoser anzusetzen, zeugt sie doch von spürbar höherem künstlerischem Können. Die aus Gneis gearbeitete Figur zeigt als Haartracht eine wulstige Perücke, die die Ohren völlig verhängt. Dem kurzen Hals kommt keinerlei tragende Bedeutung zu, denn erstmals begegnet uns in dieser Rundplastik eine nach oben hin abgerundete Rückenplatte, die den architektonischen Rahmen dieser Statue untermalt und die Proportionalität betont. An die Stelle der Rükkenplatte tritt bei den Figuren der Folgezeit der Rückenpfeiler. Von nun an bilden Rückenpfeiler und Basisplatte einer Statue »das tektonische Gerüst, den kubischen, plastischen Raum, in dem sich die Figur entwickelt. Sie sind also weniger technischer Behelf, der einer Statue Festigkeit verleihen soll und während des Herstellungsprozesses als Meßlatte dient, auf der die Maßeinheiten des Kanons aufgetragen werden, sondern vielmehr die auch nach Fertigstellung der Statue beibehaltene und ganz bewußt gezeigte Garantie für die Richtigkeit der Figur« (Seidel-Wildung).

Die Brooklyn-Plastik besticht durch ihre Proportionalität, die durch die kräftige Nase, den langen Bart und die von einem kunstvoll verknoteten Gürtel gehaltene Phallustasche untermalt wird. Die Muskeln sind deutlich herausgearbeitet; beide Arme hängen kraftvoll von den Schultern herab. Die linke Hand ist zur Faust geballt, die rechte umgreift ein aus dem Steinblock herausgearbeitetes Messer. Die Insignien Königsbart, Phallustasche und Messer lassen darauf schließen, daß es sich bei dieser Figur um den Gott Onuris oder Ha handelt, der möglicherweise anläßlich des Heb-Sed-Festes im Bezirk der Stufenmastaba des Djoser aufgestellt war.

Die Beine dieser Figur sind vom Knie an abwärts nicht mehr erhalten; doch zeigt der vorgeschobene Oberschenkel des linken Beines, daß der linke Fuß vorgestellt war. In dieser Plastik begegnet uns der Typus der Standfigur, der allerdings zu dieser Zeit längst nicht mehr unbekannt war. Er war uns ja schon in Gestalt des kleinen Stadtgottes aus der 1. Dynastie entgegengetreten (Abb. S. 44). Damals aber wagte der Bildhauer offenbar noch nicht, aus dem schwer zu bearbeitenden Stein eine größere Figur in Schrittstellung herauszuarbeiten, wie man das bei zeitgleichen Holzfiguren längst praktizierte. Offensichtlich war es für den ägyptischen Bildhauer anfangs nur eine Frage des Materials, das ihn in seiner Gestaltungsmöglichkeit eingeschränkt hat. Jetzt hingegen, etwa um die Mitte der 3. Dynastie, kommt der Bildhauer mit jeder Art von Material zurecht, auch mit dem härtesten Gestein.

In der 3. Dynastie findet der Typus der Standfigur auch Eingang in die Privatplastik. Besonders eindrucksvoll zeigt sich das an den lebensgroßen Rundbildern des Sepa und der Nesames. Beide Figuren waren einst bemalt, wie das aus Farbresten noch zu erkennen ist. Namen und Titel der beiden sind in die jetzt rechteckige Basisplatte eingeschrieben. Beide Figuren zeigen als Haartracht eine Perücke. Die Haltung des Beamten Sepa und die seiner Frau wirkt archaisch und streng. Beiden eigentümlich ist der rechte herabhängende Arm, dessen geöffnete Hand auf dem Oberschenkel aufliegt; der linke

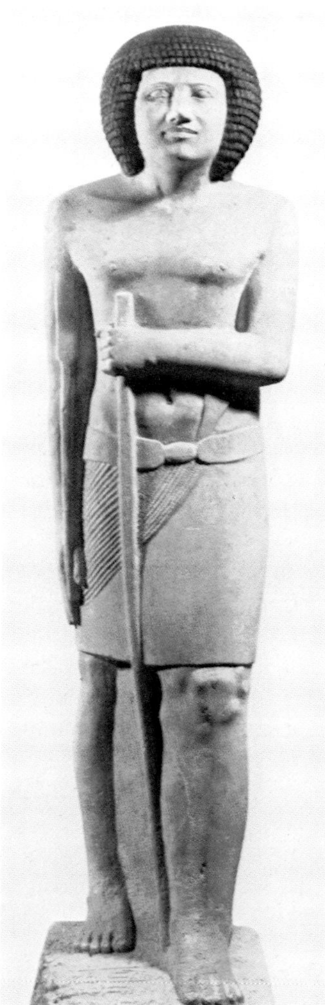

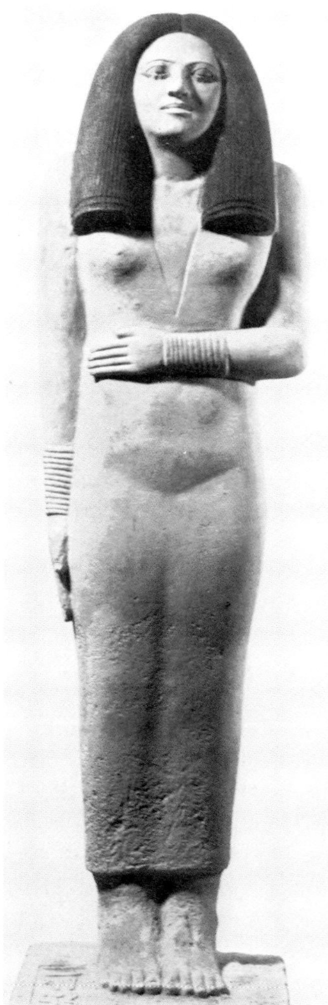

Der Beamte Sepa mit seiner Frau Nesames. Paris, Louvre. 3. Dynastie, um 2600 v. Chr. Aus Sakkara. Höhe 1,59 m (Sepa) und 1,52 m (Nesames). Kalkstein

Unterarm ist bei beiden Figuren waagerecht vor den Bauch gelegt. Zum Zeichen der Würde trägt Nesames breite Armreifen, während er Zepter und Stab in den Händen hält. Bei der Standfigur des Sepa fällt die Schrittstellung auf, während seine Frau mit geschlossenen Beinen und parallel nebeneinandergestellten Füßen dasteht.

An Höhe erreichen die uns bekannten Plastiken aus den Anfängen des Alten Reiches Lebensgröße. Einige Funde aber machen deutlich, daß es schon zu Beginn der 3. Dynastie auch überlebensgroße Rundplastiken gegeben hat.

Während der Grabungskampagne im Winter 1925/1926 machte Cecil Mallaby Firth eine weitere bedeutende Entdeckung: Im großen Hof der Djoser-Anlage fand er nicht weit von der Eingangspassage entfernt das Piedestal einer Statue, die der königliche Baumeister Imhotep für seinen Pharao Djoser angefertigt hatte. Dieses Bruchstück verdankt seine Berühmtheit der hieroglyphischen Aufschrift am Sockelrand, die Imhotep als den königlichen Baumeister rühmt mit den Worten: »Der Kanzler des Königs von Unterägypten, der Erste nach dem König von Oberägypten, der Verwalter des Großen Palastes, der Erbprinz, Hoherpriester von Heliopolis, Imhotep, der Baumeister, Bildhauer und Steingefäßhersteller«.

Für unsere Betrachtung des Rundbildes ist diese Statuenbasis mit ihren übergroßen Füßen wichtig, belegt sie doch anschaulich die Existenz überlebensgroßer Plastiken zu jener frühen Zeit. Ein anderer Statuensockel, den die Ausgräber im Heb-Sed-Hof der Djoser-Anlage fanden, zeigt die Reste von insgesamt acht übergroßen Füßen. Hier stand Djoser offenbar in Begleitung von drei Gottheiten, und alle vier Gestalten waren gestaffelt nebeneinander aufgereiht.

Aus der Zeit der beiden größten Pyramidenbauer des Alten Reiches, der Pharaonen Snofru und Cheops, sind nur drei vollständig erhaltene Statuen auf uns gekommen, von denen keine der Königsplastik zuzurechnen ist. Vielmehr gehören die Statuengruppe des Rahotep und der Nofret sowie die Figur des Hemon zum Typus der Privatplastik. Aus der Zeit des Übergangs von der 3. zur 4. Dynastie stammen die beiden Sitzbilder des Prinzen Rahotep und seiner Frau

Nofret (Farbt. 7). Die Bilder waren im Grabe des Prinzen auf dem Friedhof von Medum aufgestellt. Hier fand man sie bei Grabungsarbeiten im Jahre 1871. Aus den Inschriften erfahren wir, daß Rahotep – wohl ein Sohn von Pharao Snofru – Hoherpriester von Heliopolis war und eine Reihe höchster Ämter innehatte; seine Gemahlin genoß die Gunst des Königshauses. Durch ihre frische und farbenfrohe Bemalung wird dieses Paar im Alten Reich von anderen Plastiken nicht mehr übertroffen. Der Prinz trägt eine schlichte glattgekämmte Frisur. Die Lebendigkeit seines Gesichtsausdruckes wird durch die eingelegten Augen aus Quarz untermalt. Als eine der ganz wenigen Figuren trägt er einen kurz rasierten Schnäuzer. Die wohlproportionierten Ohren runden das Gesicht harmonisch ab. Der Hals ist lebensecht herausgearbeitet; ein dünnes Kettchen mit schlichtem Anhänger ziert ihn würdevoll. Kräftig, ja mächtig wirkt sein Schulterbau, und die von ihm ausstrahlende Kraft wird durch die Haltung des rechten Armes unterstrichen, dessen geballte Faust bis an die linke Brust heranreicht. Die Faust des linken Armes hingegen liegt auf dem linken Oberschenkel auf. Mit derartiger Armhaltung entspricht dieses Sitzbild noch nicht der alsbald vom Kanon geforderten Norm. Rahotep ist lediglich mit einem schlichten Leinenschurz bekleidet, der bis an die Knie heranreicht. Seine kräftigen Beine harmonieren mit dem muskulösen Oberbau des Körpers. Die Figur ist noch etwas dem Archaischen verhaftet, wie es uns in der 3. Dynastie begegnet.

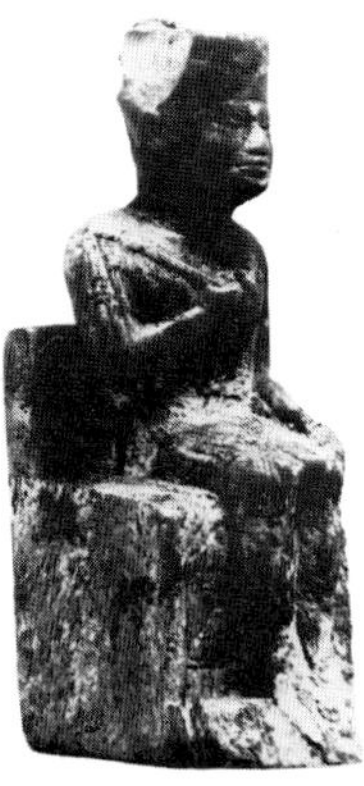

Sitzfigur von König Cheops, einzige bisher bekannte Darstellung des Cheops überhaupt. Kairo, Ägyptisches Museum. 4. Dynastie, um 2551 v. Chr. aus Abydos. Höhe 5 cm. Elfenbein

Einen gelockerten Eindruck hingegen vermittelt uns die Nofret. Anmutig sitzt sie in ihrem weißen Gewande, das zwar den ganzen Körper umhüllt, dennoch aber die wohlproportionierten Formen erkennbar macht. Die üppige Frisur – eine dunkle Perücke – rahmt ihren wohlgeformten Kopf ein. Sie trägt ein dezentes Stirnband mit bunten Blumen. Auch die Augen dieser Figur sind mit Bergkristall eingelegt. Sorgfalt richtete man auf die Bemalung der Augenbrauen und Wimpern. Sehr naturgetreu wirkt die Ausarbeitung der leicht gewölbten Nase. Ein breites Halsband zeigt bunte Reihen von Türkis, Karneol und Lapislazuli.

Von Pharao Cheops besitzen wir lediglich eine kleine, nur 5 cm hohe Elfenbein-Sitzstatue, die der Archäologe Flinders Petrie im Jahre 1902 im Tempelbezirk von Abydos fand (Abb. S. 104). Das präzise geschnitzte Figürchen zeigt den Pharao in jener Armhaltung, die wir schon bei dem fünfzig Jahre älteren Sitzbild des Königs Djoser (Abb. S. 96) kennengelernt haben. Darüber hinaus aber hält Cheops in der geballten Faust seines rechten Armes eine Geißel, die über die rechte Schulter bis an den Ellenbogen herabhängt. Als König trägt er die Krone von Unterägypten, jene flache und üblicherweise rot bemalte, weshalb sie unter dem Namen Rote Krone bekannt geworden ist. Die nach hinten steil aufragende Spitze ist leider abgebrochen. Entgegen aller Regel trägt Cheops keinen Königsbart. Wie Reste der Bemalung zeigen, ist Cheops mit einem kurzen weißen Schurz bekleidet, der bis an die Knie reicht. Auf der rechten Frontseite des Sessels ist sein Name eingraviert. Die Figur ist noch stark der Tradition verhaftet; Cheops wirkt ernst und würdevoll, und er ist vom Alter geprägt.

Aus der Zeit des Cheops sind uns so gut wie keine Grabstatuen erhalten. Erst unter Chephren nimmt die Zahl der Standfiguren allmählich wieder zu. Die Aufstellung derartiger Statuen war ja in der 3. Dynastie aufgekommen, fand aber jetzt in der 4. bereits wieder ein Ende. Die Ursachen hierfür liegen eindeutig im Religiösen, zumal gleichzeitig mit diesem Phänomen auch Änderungen in der Grabarchitektur zu beobachten sind. Denn die Kultkammer im oberirdischen Bereich der Grabanlage wurde aufgegeben, der Treppenabstieg zur unterirdischen Sargkammer durch einen senkrechten

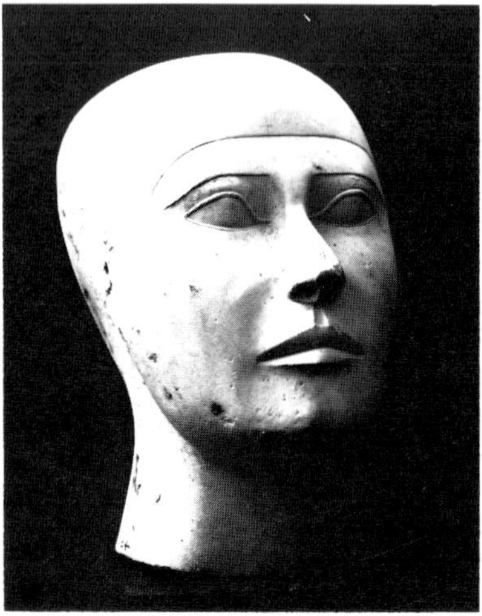

Reserve-Kopf. Kairo, Ägyptisches Museum. 4. Dynastie, um 2575–2465 v. Chr. Aus Gizeh. Lebensgröße. Gips

Schacht ersetzt und die Sargkammer mit weißen Kalksteinplatten ausgekleidet. Wie wir allerdings die religiöse Vorstellung dieser Zeit aufzufassen haben, entzieht sich heute noch unserem Wissen. Wir können lediglich festhalten, daß zugleich mit der Änderung des Grabbaues auch in der Plastik eine merkwürdige Veränderung vorgegangen ist: An die Stelle der Grabstatuen tritt der sogenannte ›Reserve-Kopf‹. Ihn plazierte man am Fuße des Grabschachtes dergestalt, daß er dort durch einen Sehschlitz in den Schacht hineinblikken konnte. Die Köpfe waren derart aufgestellt, daß sie regelmäßig gen Norden blickten und ihre Augen auf den Polarstern richteten. Bis heute sind rund dreißig derartige Köpfe – wir nennen sie auch Ersatzköpfe – bekanntgeworden. Sie alle stammen aus der Zeit des Cheops und zum Teil auch noch aus der Zeit des Chephren. Danach ist die Sitte des Aufstellens eines derartigen Kopfes wieder verschwunden und taucht nie wieder auf.

Offenbar fürchteten die Ägypter damals nichts mehr als den Verlust ihres Kopfes. Er ist der Sitz des Lebens und ohne ihn ein Weiterleben undenkbar. Wie sehr die Ägypter zu jener Zeit um ihren Kopf bangten, geht aus den Pyramiden-Texten hervor, die – allerdings erst von der 5. Dynastie an – auf uns gekommen sind. Durch das

Aufstellen eines Reserve-Kopfes war nun gewährleistet, daß im Zweifelsfall wenigstens dieser an den Opferspeisen teilhaben konnte und die Seele damit die Möglichkeit des Weiterlebens erfuhr. Diese Reserve-Köpfe sind mit einer Gipsschicht überzogen und stellen ein Porträt des Verstorbenen dar. Die bislang gefundenen Köpfe stammen durchweg aus dem Reichsfriedhof von Gizeh; dort fand man sie auf dem sogenannten Westfriedhof.

Die Köpfe entsprechen der natürlichen Größe; sie sind allesamt unbemalt. In ihrer weißen Gipsfarbe wirken sie modellartig. Auch eine Beschriftung, wir wir sie von den Grabstatuen her gewohnt sind, fehlt hier gänzlich, so daß wir über den Namen und Titel des Verstorbenen nichts erfahren können. Alle Köpfe sind an ihrem Hals waagerecht abgeschnitten, und die geglättete Fläche diente als Standfuß. Allein schon aufgrund dieser Tatsache können wir ausschließen, daß diese Köpfe etwa zu irgendwelchen vielleicht verlorengegangenen Grabstatuen gehört haben könnten. Durch ihre fehlende Bemalung wirken die Köpfe nackt. Dieser Eindruck wird noch durch das Fehlen einer Perücke verstärkt. Einige Ersatzköpfe wirken glatzenhaft, denn nicht einmal das natürliche Haar ist in irgendeiner Form angedeutet. Bei anderen hingegen ist das flachgekämmte, dicht aufliegende Haar an der Stirn bis hin zu den Ohren durch eine flache Hervorhebung herausgearbeitet. Der Hinterkopf zeigt regelmäßig keinen Haaransatz mehr. Als einziger der bekanntgewordenen Ersatzköpfe zeigt jener aus dem Grab der Prinzessin Iabtet, heute im Pelizaeus-Museum in Hildesheim ausgestellt, einen Mittelscheitel und läßt vermuten, daß hier ein Frauenkopf nachgebildet wurde, wenngleich uns Mittelscheitel auch von Männerplastiken her bekannt sind. Wir müssen hier noch eine Besonderheit erwähnen, die wir uns bis heute bei diesen Köpfen nicht erklären können: Bei fast allen sind die Ohren beschädigt oder gänzlich verschwunden. Dieser Zustand ist nicht etwa von Grabräubern herbeigeführt worden, die den bei der Plünderung des Grabes im Wege stehenden Kopf achtlos beiseite warfen. Vielmehr haben schon die Bildhauer die Ohren absichtlich verstümmelt. Möglicherweise wollte man damit verhindern, daß sich der Dargestellte zum Schlafen aufs Ohr legt; das Hieroglyphenwort für Ohr heißt ja wörtlich übersetzt ›der Ort, an dem man schläft‹.

So unterschiedlich die einzelnen Köpfe auch gearbeitet sind, so sehr man in ihnen vielleicht auch die Nachbildung eindrucksvoller Charaktere erblicken mag, so kann in ihnen doch nicht ein naturalistisch geprägtes Modellporträt gesehen werden. Alle Köpfe gehören einer bestimmten Altersklasse an und scheinen idealisiert dargestellt zu sein. Auch das Fehlen von Namensangaben trägt dazu bei, daß diese Köpfe aus ihrer Anonymität nicht hervortreten.

Einem Manne ist es gelungen, die religiösen Forderungen dieser Zeit zu umgehen und sich eine lebensgroße Sitzstatue anfertigen zu lassen. Sie stammt von keinem Geringeren als dem Neffen des Cheops, dem Prinzen Hemon. Er war Wesir und wohl Baumeister der Cheops-Anlage. Zwar deutet alles in dieser Zeit darauf hin, daß private Totenopfer verboten waren und die Versorgung der Verstorbenen allein durch den Totenkult des Königs wahrgenommen wurde; aber die Aufstellung in dem für diesen Zeitabschnitt gänzlich ungewöhnlichen oberirdischen Serdab läßt eine Ausnahme von dem streng organisierten Totendienst vermuten. Die Statue ist ganz aus Kalkstein gearbeitet und – wie die Ersatzköpfe – mit einer Gipsschicht überzogen. Der Prinz thront auf einem lehnenlosen Hocker und setzt seine Füße auf eine mit Hieroglyphen beschriftete Fußplatte. Der Text weist ihn ausdrücklich als ›Minister der öffentlichen Arbeiten‹ aus. Die Figur ist vollkommen bemalt. Die dunklen, kurzgeschorenen Haare heben sich kräftig von dem dunklen Braun des Körpers ab. Die einst eingelegten Augen sind irgendwann von Grabräubern entrissen worden; die heutige Wiederherstellung wird den einstigen Ausdruck in seiner Würde und Vollkommenheit kaum treffen. Dennoch wirkt das Gesicht mit seiner schmalen gebogenen Nase und dem spitzen Kinn selbstbeherrscht und gebieterisch. Wenn man auch aus den Gesichtszügen nicht auf das Alter dieses Mannes schließen kann, so scheint er doch dem Idealalter der Ägypter, das sie bei einhundertzehn Jahren ansetzen, nahezustehen. Für die Idealisierung dieser Figur spricht auch, daß das Gesicht des Hemon nicht die geringste Ähnlichkeit aufweist mit jenem Reliefbild desselben Mannes, das vor seiner Mastaba entdeckt wurde und heute im Museum of Fine Arts in Boston aufbewahrt wird.

Dennoch scheint der Künstler auf eine realistische Ausformung des Körpers bedacht gewesen zu sein. Dafür sprechen die Fettleibig-

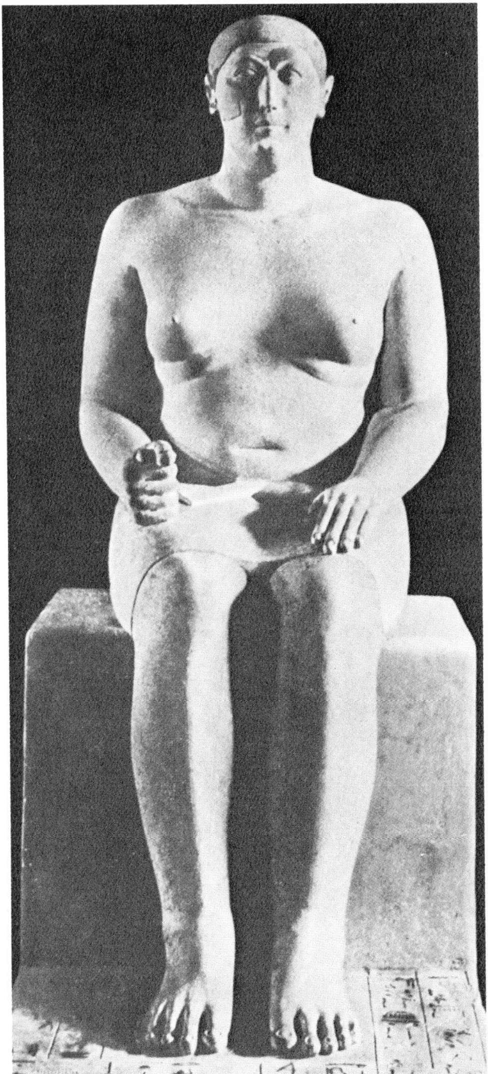

Prinz Hemon. Hildesheim, Roemer-Pelizaeus-Museum. 4. Dynastie, um 2525 v. Chr. Aus Gizeh. Höhe 1,56 m. Kalkstein

keit des Mannes, die Herausarbeitung von Fettfalten und die kräftig heraustretende Brust. In ihrer Arm- und Handhaltung entspricht die Figur dem von nun an verbindlichen Stil: Die linke Hand liegt flach auf dem Oberschenkel auf, während die Hand des rechten Armes zur Faust geballt und aufgestellt auf dem Oberschenkel ruht. Mit der Faust umschließt Prinz Hemon die Schlaufe der Wiedergeburt. Die Arme sind erstmals vom Oberkörper gelöst und nehmen der Figur dadurch die Strenge.

Unter dem König Djedefre, dem ältesten Sohne des Cheops, kam es zu tiefgehenden religiösen Veränderungen, die nicht nur in der Architektur (s. S. 69), sondern auch in der Königsplastik deutlich werden. Ein großartiges Beispiel liefert uns der im Louvre zu Paris aufbewahrte Kopf des Djedefre. Als Material verwendet man

Statuenkopf des Königs Djedefre. Paris, Louvre. 4. Dynastie, um 2528–2520 v. Chr. Aus Abu Roasch. Höhe 28 cm. Quarzit

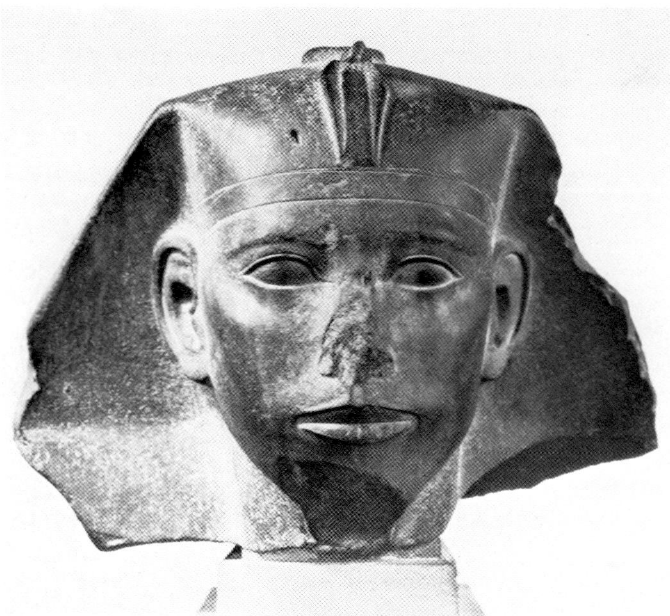

anstelle des bisher bevorzugten Kalksteines den roten Quarzit. Als Kopfschmuck trägt der König ein Tuch, das im Unterschied zu jenem des Königs Djoser nun in der klassischen Form dargestellt ist und hinfort sein Aussehen nicht mehr ändern soll. Gänzlich neu ist auch die Uraeusschlange an der Stirn, die den Pharao behüten soll. Die Ohren sind fein herausgearbeitet und stehen gegenüber früheren Bildnisköpfen längst nicht mehr so weit ab. Der im Pyramidenkomplex des Djedefre in Abu Roasch gefundene Kopf stammt von einer Sphinxfigur, einem Mischwesen aus Löwenleib mit Menschenkopf. Unser Kopf ist der älteste Beleg für das Vorhandensein von Sphingen ab der 4. Dynastie. Die Idee zur Schaffung derartiger Figuren ist wohl schon unter Cheops geboren worden; denn die mit dem Herausbrechen von Steinen zum Bau der Cheops-Pyramide beauftragten Arbeiter ließen in dem Steinbruch einen gewaltigen Felskern stehen, der später unter Chephren zum berühmten Sphinx von Gizeh vollendet wurde.

Das wohl prächtigste Königsbild des Alten Reiches ist zweifelsfrei das des Pharaos Chephren. Die mit 1,68 m Höhe lebensgroße Sitzstatue aus Diorit fand der berühmte Archäologie François Auguste Ferdinand Mariette, der Begründer des Ägyptischen Museums zu Kairo, im Jahre 1860 im sogenannten ›Brunnen‹ innerhalb von Chephrens Taltempel, den er zufällig sieben Jahre zuvor entdeckt hatte. Von den einst dreiundzwanzig Königsstatuen, die für das Bestattungsritual des Königs im Taltempel aufgestellt waren, ist diese die von allen am besten erhaltene. In ihr hat »die plastische Gestaltungskraft der Pyramidenzeit ihren gültigsten Ausdruck gefunden« (Wolf). Zugleich läßt sie ein verändertes Herrscherbild sichtbar werden. Etwas von diesem Wandel scheint sich im Antlitz des Königs widerzuspiegeln. Der düstere Ausdruck des Djoser-Kopfes ist überwunden zugunsten einer strahlenden Idealität, die offensichtlich von einem neuen Glauben getragen wird. Die Gesamterscheinung ist freier, die Ausführung um vieles präziser.

Die Statue ist aus jenem harten Gestein gehauen, das schon seit Pharao Snofru in der Nubischen Wüste nordwestlich von Abu Simbel abgebaut wurde. Die blankpolierte Oberfläche läßt alle Feinheiten des Körpers genau erkennen, etwa die präzise herausgearbeitete

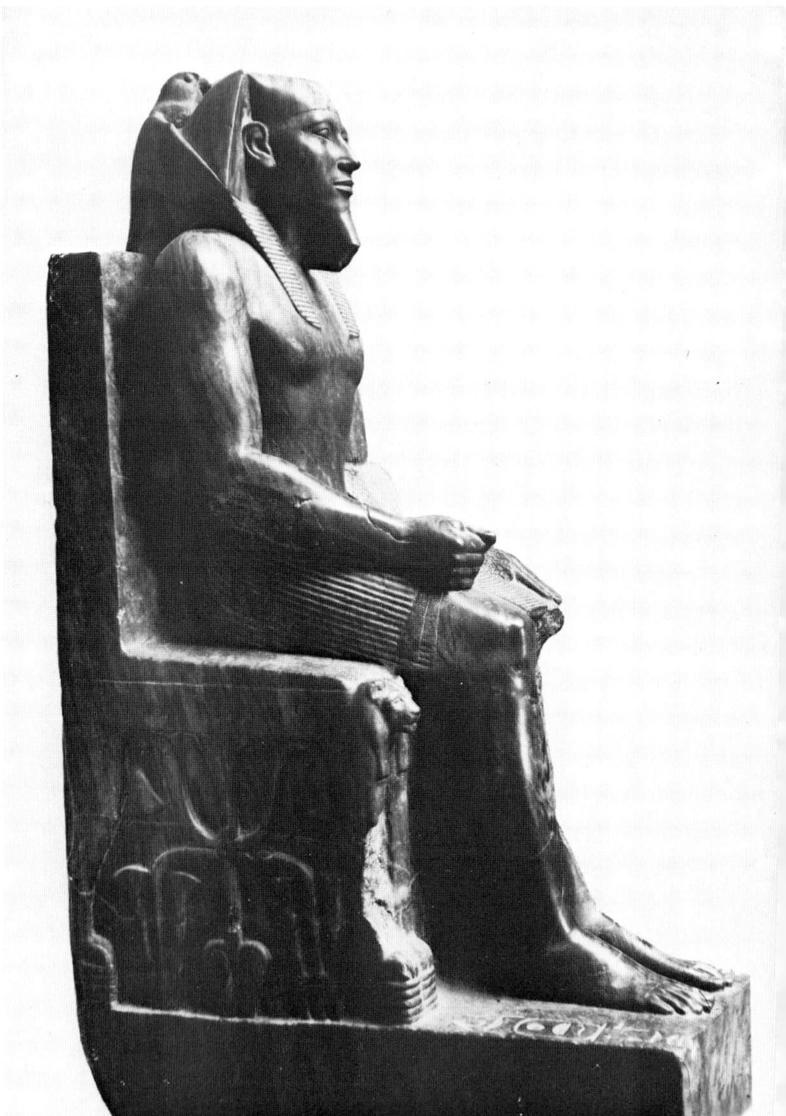

Muskulatur an den Beinen oder jenen Horus-Falken hinter dem Haupte des Cheops. Die gesamte Erscheinung hat an Strenge verloren, wie sie noch für Chephrens Vorgänger Djedefre typisch war. Der Gottkönig ist jetzt freier geworden und durch die Erniedrigung zum ›Sohn des Re‹ zugleich menschlicher. Neuartig an dieser Sitzfigur ist der Horus-Falke, dessen Schwingen des Königs Haupt von hinten sorgevoll umfassen. Für den Betrachter, der frontal vor dem Sitzbild steht, bleibt dieser Falke unsichtbar; nur ein Blick von der Seite oder von hinten gibt ihn unserem Auge frei. Horus ist uns ja schon seit der 1. Dynastie als Schutzgott bekannt. Er gilt als ›der Ferne‹, der als Himmelsgott oft mit der Sonne gleichgesetzt ist. Die Vorstellung des Schutzgottes findet jetzt in der 4. Dynastie erstmals ihren sichtbaren Ausdruck in diesem steinernen Bild. Hier nimmt der Gott den Menschen sprichwörtlich unter seine Fittiche und lenkt ihn nach seinem Plan. Von nun an steht der König unter der Macht eines Höheren, der ihn lenkt und leitet.

Ein weiteres Novum begegnet uns in der Gestalt des Thronstuhles. Das Gestell zeigt auf beiden Seiten Löwen, die den Pharao mit ihren dünnen langen Beinen tragen. Die von den Löwen umrahmte Fläche wird beherrscht von den beiden Wappenpflanzen Ägyptens, der Lilie von Oberägypten und dem Papyrus von Unterägypten. Sie sind ineinander verschlungen und mit dem Hieroglyphenzeichen für ›Vereinigung‹, das eine Lunge mit Luftröhre darstellt, verknotet. Das Symbol der Vereinigung der beiden Länder drückt zugleich den Herrschaftsanspruch des Chephren aus und stellt die Wiederholung der Reichseinigung als Postulat auf.

In ihrer Haltung entspricht die Sitzstatue dem Kanon, wie ihn bereits Hemon erfüllte. Das Kopftuch des Königs hat jetzt mit den breiten Streifen auf den Schulterlappen seine endgültige Form erhalten.

Aus dem Typus der Privatplastik, die auch unter Chephren äußerst spärlich bleibt, soll hier die Büste des Prinzen Anchhaf genannt werden. Anchhaf war der dritte Mann der Cheopstochter Hetephe-

◁ Sitzstatue des Pharaos Chephren. Kairo, Ägyptisches Museum. 4. Dynastie, um 2520–2494 v. Chr. Aus Gizeh. Höhe 1,68 m. Diorit

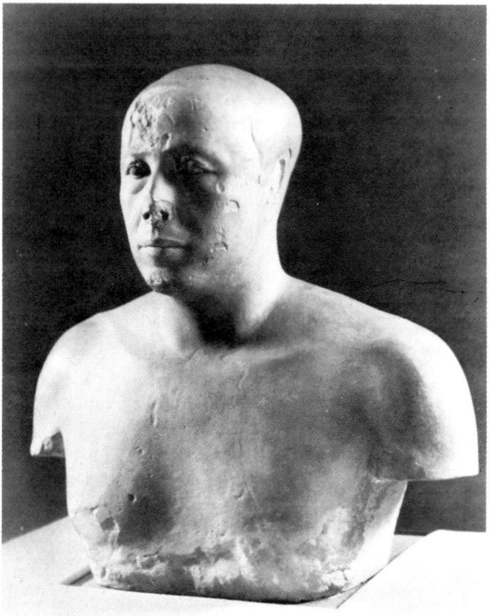

Büste des Prinzen Anchhaf. Boston, Museum of Fine Arts. 4. Dynastie, um 2500 v. Chr. Aus Gizeh. Höhe 58 cm. Kalkstein

res und gehört zur Generation des Chephren. Als königlicher Bauleiter hatte auch er sich nicht auf einen schlichten Reserve-Kopf beschränkt, sondern – ein Unikum in der ägyptischen Plastik – eine Büste anfertigen lassen, deren Standfläche unterhalb der Brust gerade abgeschnitten ist. Natürlich stammt diese Büste aus dem Friedhofsbezirk von Gizeh; auch sie ist aus Kalkstein gearbeitet und mit einer Gipsschicht überzogen. Entgegen allen Gepflogenheiten aber zeigt diese Plastik eine rotbraune Bemalung, also die Körperfarbe eines ägyptischen Mannes. Ihre kultische Bestimmung entsprach sicherlich jener des Hemon, denn auch diese Büste wurde im oberirdischen Grabbereich plaziert. Wie auch bei den Ersatzköpfen sind die Ohren dieser Figur abgehauen. Die großartige Lebendigkeit erhält das Gesicht durch die deutlich herausgearbeiteten Tränensäcke und die Falten, die von den Nasenflügeln zu den Mundwinkeln herablaufen. Wie schon bei der Königsplastik des Chephren hat jetzt auch in die Privatplastik eine größere Lebendigkeit Eingang gefunden, die die Porträtähnlichkeit deutlicher werden läßt.

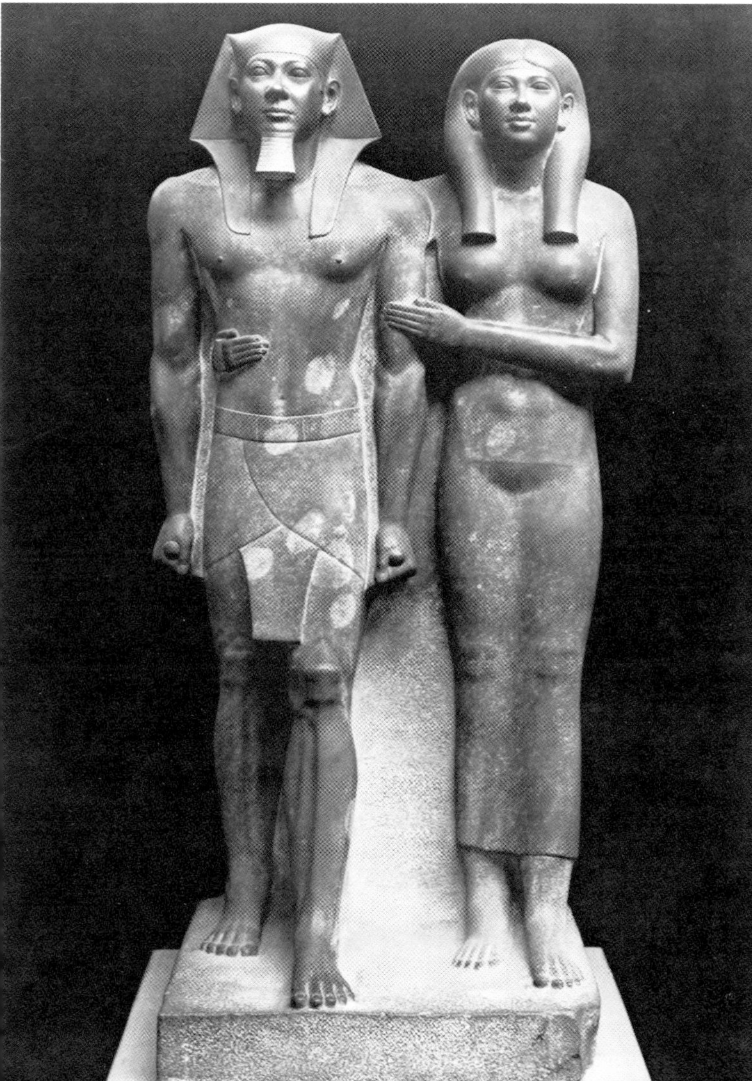

Mykerinos mit seiner Frau. Boston, Museum of Fine Arts. 4. Dynastie, um 2490 v. Chr.
Aus Gizeh. Höhe 1,42 m. Schist

Im Ausklang der 4. Dynastie lassen sich Weiterentwicklungen in der Plastik nicht erkennen. Von Pharao Mykerinos überwiegen Darstellungen im Verbund mit anderen Personen oder Gottheiten. Derartige Gruppenbilder zeigen den Pharao mit seiner Gemahlin oder im Umgang mit der Göttin Hathor und einer anderen Gottheit. Die Statuengruppen erreichen in der Regel nicht natürliche Größe, und die vier auf uns gekommenen Triaden sind jeweils knapp 1 m hoch. Alle Figuren waren einst bemalt.

Nun sind Statuengruppen für diese Zeit nichts Neues. Wir haben sie bereits unter Djedefre kennengelernt sowie unter seinem Nachfolger Chephren. In beiden Fällen war neben dem Herrscher eine weibliche Figur dargestellt. Neben dem Sitzbild des Djedefre saß, wesentlich verkleinert, seine Gemahlin, und neben Chephren hatte die Göttin Bastet Platz genommen. Bedauerlicherweise sind beide Sitzgruppen nur bruchstückhaft erhalten. Die Zweiergruppe des Mykerinos, die ihn zusammen mit seiner Frau Chamerernebti zeigt, wirkt losgelöst von Raum und Zeit (Abb. S. 115). Beide Figuren stehen völlig selbständig nebeneinander. Die Verbindung zueinander drückt der Künstler durch die gemeinsame Standplatte aus und durch die verbindende Armhaltung der Frau. Mit ihrer Rechten umarmt sie die Taille des Königs, während die Linke auf seinem Oberarm aufliegt. Der Gesichtsausdruck beider Figuren wirkt menschlich, verbindend, wenngleich ihre Gesichter bewußt nicht einander zugewandt sind. Auffallend ist die offenkundige Gleichrangigkeit der Frau, die in gleicher Weise wie der König ihr linkes Bein vorstellt und damit ebenfalls zur Lebendigkeit dieser Statuengruppe beiträgt.

Ehe wir uns dem Rundbild der 5. Dynastie zuwenden, müssen wir noch einen Typus erwähnen, der aus der 4. Dynastie hervorgegangen ist: die Schreiberstatue. Von Anbeginn der ägyptischen Geschichte stand der Schreiber in hohem Ansehen. Wer lesen und schreiben konnte, zählte zur geistigen Elite. Er war der engste Vertraute des Pharaos, galt als Weiser, der gar über Seherfähigkeiten verfügte. Seit der 3. Dynastie ist das Motiv des am Boden hockenden Schreibers bekannt. In der 4. Dynastie nehmen die im Schneidersitz dargestellten Figuren an Beliebtheit zu. Regelmäßig hält der Schreiber in seiner Rechten die Binse, während in der offenen Linken der aufgerollte Papyrus liegt. Der Aufbau aller Schreiberfiguren ist streng geometrisch. Zugleich ist ihre Haltung unwirklich. Die Beine sind derart tief auf den Boden aufgelegt, daß diese Haltung in natura kaum zu erreichen ist. Auch die nach oben gelegten Füße entsprechen nicht ihrer natürlichen Haltung. Das gilt auch für die linke Hand, die den zusammengerollten Papyrus nur selten wirklich festhält. Sitzhaltung und Tätigkeit sind hier soziale Statussymbole. Es handelt sich um einen Typus, denn ein Schreiber zu sein bedeutet, zur Führungsschicht zu gehören. Selbst Königssöhne ließen sich so

Schreiber Kai. Paris, Louvre. 5. Dynastie, um 2460 v. Chr. Aus Sakkara. Höhe 54 cm. Kalkstein

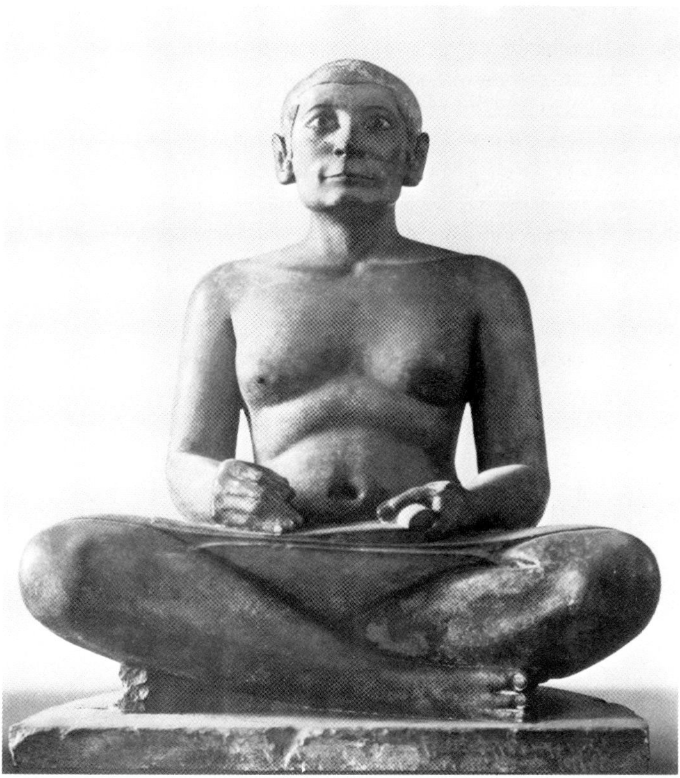

wiedergeben. Der aufgerollte Papyrus gehört dabei ebenso zum Typus wie die mit der Rechten gehaltene Schreibbinse. Als Typus schaut der Schreiber geradeaus und richtet nicht etwa seinen Blick auf den gerade zu beschreibenden Papyrus. Mit dieser Haltung wird die Darstellung des Weisen, des Allwissenden betont, wie sie gerne auch von den Königssöhnen des Cheops und Mykerinos bevorzugt wird.

Die Schreiberfiguren erfahren in der 5. Dynastie ihre endgültige Form, wie sie bis in die Spätzeit hinein fortlebt. Bemerkenswert ist, daß sich der ›Schreiber‹ nunmehr in einen ›Leser‹ verwandelt hat. Gerade in dieser Dynastie mit ihrer feudalen Gesellschaftsordnung zählte der Schreiber wie nirgends sonst in der ägyptischen Geschichte zur geistigen Elite, und nicht von ungefähr ließen sich gerade jetzt Prinzen und höchste Beamte als erlesene Schreiber abbilden. Das wohl schönste Bildnis aus dieser Zeit ist der berühmte Schreiber Kai (Abb. S. 117), den Auguste Mariette im Jahre 1850 auf dem Friedhof von Sakkara in dessen Grabmastaba freigelegt hatte. Die 54 cm hohe Figur des ›Richters und Gauleiters‹ wird heute im Pariser Louvre aufbewahrt. Sie ist gänzlich aus Kalkstein gearbeitet und völlig mit Farbe überzogen. Die mit weißem Quarz eingelegten Augen mit ihrem geradeaus gerichteten Blick verleihen dem Gesicht eine wahrhaft lebendige Ausstrahlung. Ähnlich vollkommen, wenn auch nicht ganz so naturalistisch, wirkt der namenlose Schreiber, den der damalige Direktor der Antikenverwaltung Jacques des Morgan im Sommer 1893 ebenfalls in Sakkara an das Tageslicht befördert hatte. Diese Sitzfigur ist heute im Kairiner Museum zu bewundern.

Aus der 5. Dynastie ist eine Fülle von Privatplastik auf uns gekommen. Es scheint, als habe man all das nachholen wollen, was in der 4. Dynastie auf dem Friedhof von Gizeh so stark eingeschränkt war. Insbesondere auf dem Friedhof von Sakkara entfaltet man jetzt besondere Aktivitäten. Bereits aus den Anfängen der 5. Dynastie stammen die schönsten Arbeiten, die man hier an das Tageslicht beförderte. Sie stammen durchweg aus dem Serdab, durch dessen Sehschlitze das Abbild des Verstorbenen hinausschauen konnte, um dem Opferkultus beizuwohnen. Bis heut ist unerklärlich, warum in diesen Statuenkammern gleich mehrere derartige Statuen aufgestellt waren, oftmals sogar Dutzende als Stand- oder auch Sitzbilder.

Zu den wohl vollkommensten Plastiken dieser Zeit müssen wir die beiden Standbilder des Ranofer zählen. Mariette fand sie im März des Jahres 1860 in der Kultkammer des Grabes des Ranofer in Sakkara. Um die beiden Figuren vor Grabräubern zu bewahren, empfahl er damals Emanuel de Rougé, der seinerzeit Konservator im Louvre zu Paris war, er möge doch die Figuren an sich nehmen. In der kurzen Beschreibung der beiden Standbilder führte Mariette aus: »Der Hals, die Brustmuskeln, die Arme, die Beine – alles ist sehr kraftvoll und verrät den Künstler, der sich, ohne die von Plato angeführten heiligen Gesetze zu verletzen, doch ungebunden genug fühlte, eine freie, lebensnahe Kopie der Natur zu schaffen. Auch der Kopf ist ein Portrait, und wenn man in diese Augen blickt, in deren Ausdruck wirklich Leben ist, und diesen Mund sieht, der sich ausnimmt, als könnte er jeden Augenblick zu sprechen beginnen, könnte man meinen, die Statue sei lebendig« (nach Lauer). In der Tat strahlen beide Figuren, die heute im Ägyptischen Museum zu Kairo zu bewundern sind, eine ungeheure Lebendigkeit aus. In ihrer äußeren Erscheinung allerdings wirken sie sehr unterschiedlich, und auf den ersten Blick mag man nicht meinen, daß sie beide denselben Grabherrn repräsentieren (Abb. S. 120).

Die eine Figur wirkt dick, fast fett. Sie zeigt Ranofer mit kurzem, natürlichem Haar und mit wadenlangem Schurz. Übrigens zeigen alle dicken Typen als Haartracht ein kurzes Haar, während schlanke Typen die Perücke tragen. Dieses Phänomen ist uns ja schon bei dem dicken Hemon aufgefallen. Die andere Figur des Ranofer hingegen mit der Perücke auf dem Haupt ist schlank gearbeitet, eine Erscheinung also, die insbesondere die körperliche Erscheinung betont und möglicherweise die individuellere von beiden ist. Während der dicke Typ vielleicht »den Idealtypus der avancierten, wohlhabenden Beamten« (Seidel-Wildung) darstellt, entspricht die andere eher der Realität. So unterschiedlich auch die beiden Figuren ausschauen, um so überraschender ist, daß ihre beiden Köpfe völlig identisch gearbeitet sind. Neuerdings hat man mittels Fotomontage das Bild des einen Kopfes auf das des anderen gelegt und herausgefunden, daß nicht die geringste Abweichung in ihrem Gesichtsausdruck vorliegt.

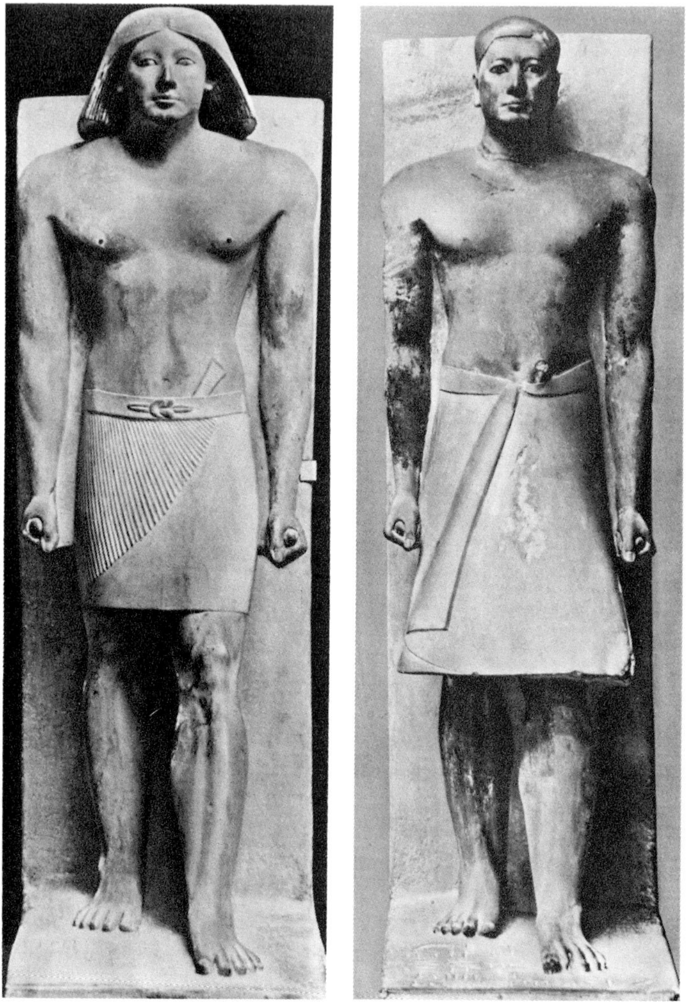

Standbilder des Hohepriesters Ranofer. Kairo, Ägyptisches Museum. 5. Dynastie, um 2410 v. Chr. Aus Sakkara. Höhe 1,80 m. Kalkstein

Mit welchen technischen Hilfsmitteln der ägyptische Künstler diese völlige Identität bei Ranofer, Oberpriester am Tempel des Ptah zu Memphis und zugleich verantwortlich für die Steinbrüche und Steinwerkstätten des Residenz, erreicht hat, ist bis heute unklar.

Während der 5. Dynastie tritt eine andere Gruppe der Rundplastik besonders auffällig hervor: die Dienerfiguren. Bereits gegen Ende der 4. Dynastie war die Sitte aufgetaucht, Statuetten in einer Größe von etwa 20 bis 45 cm als Dienerin beziehungsweise Diener darzustellen und sie in der Sargkammer des Verstorbenen aufzustellen. Da entdecken wir eine kornmahlende Frau oder einen Töpfer sowie Bierbrauer oder gar Musikanten. Sie alle mühen und plagen sich ab, sie sind voll in Aktion, sie bücken sich oder knien am Boden, und ihre Darstellungen ergänzen auf das lebendigste etwa jene Handwerkerszenen, die wir auf den Reliefs an den Grabwänden wiederfinden (s. Farbt. 20). Von nun an kommt Dynamik in die Plastik,

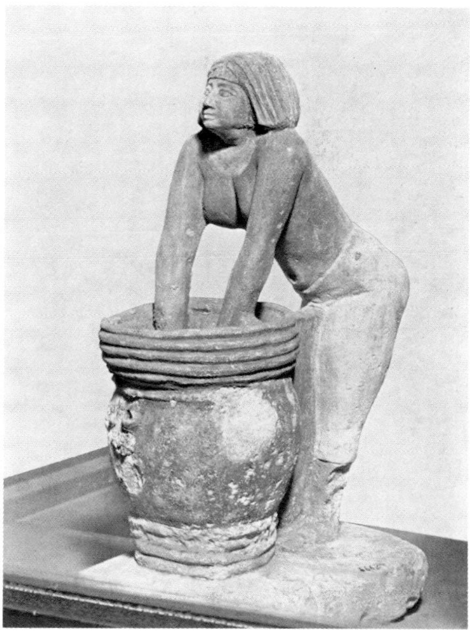

Bierbrauerin. Kairo, Ägyptisches Museum. 5. Dynastie, um 2325 v. Chr. Aus Gizeh. Höhe 28 cm. Kalkstein

während bislang doch alles im Statischen zu verharren schien. Alle diese Figuren hatten ihren Platz durchweg in der Sargkammer, die ja inzwischen die Kultkammer in ihrer Bedeutung verdrängt hatte. Hier im Sargraum kam den Figuren jetzt die gleiche Aufgabe zu, wie sie bislang den Wandbildern zuteil geworden war. Bei all den Dienerfiguren fällt der stets nach vorn gerichtete Blick auf, während man doch erwarten könnte, daß gerade die Arbeit Verrichtenden auf das Ergebnis ihrer Arbeit hinabschauen. Dieses Phänomen begegnete uns ja bereits bei dem Schreibertypus mit seinem stets in die Unendlichkeit gerichteten Blick.

Zur Kategorie der Diener müssen wir sicherlich auch die Tanzzwerge rechnen, von denen wir erstmals aus der Zeit des Pharaos Djedkare (um 2388–2355 v. Chr.) hören. Diese Zwerge, offenkundig Angehörige der Pygmäen, brachten die Ägypter von ihren Handelsunternehmungen, die sie in das Weihrauchland Punt unternahmen, mit heim. Sie waren sehr begehrt am königlichen Hofe, wie wir das äußerst anschaulich einem Briefe entnehmen können, den der damals achtjährige König Pepi II. aus der Residenz Memphis an seinen Gouverneur von Elephantine mit Namen Herchuf schrieb

Felsgrab des Gouverneurs Herchuf in Aswan. 6. Dynastie, um 2252 v. Chr.

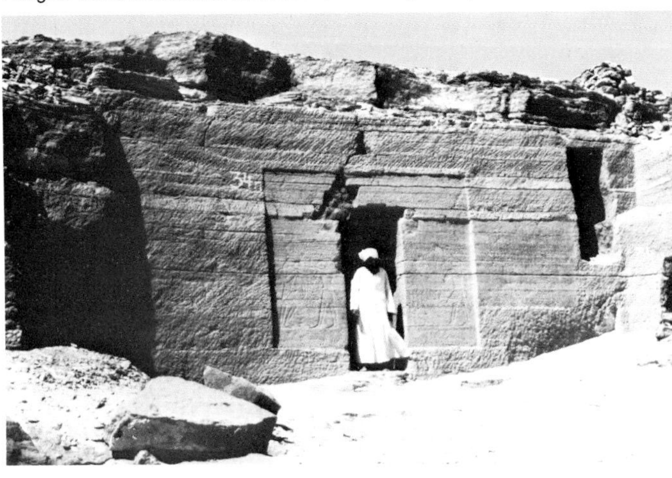

(vgl. S. 36). Herchuf wiederum, der den Zwerg von seiner Handelsreise nach Punt mitgebracht hatte, war dermaßen stolz auf Pepis Brief, daß er ihn sogleich an die Eingangstür seines Felsgrabes in der Kubbet el-Hawa von Aswan einmeißeln ließ. Da lesen wir: »Komme sogleich stromab zur Residenz, laß (alles stehen und liegen), bringe diesen Zwerg mit dir, den du aus dem Lande der Horizontbewohner geholt hast, lebendig, heil und gesund, für die Gottestänze, zur Erheiterung und zur Herzensfreude des König Pepi II. Wenn er mit dir ins Schiff steigt, stelle zuverlässige Leute bereit, die hinter ihm sind neben dem Schiff. Paß auf, daß er nicht ins Wasser fällt. Wenn er nachts schläft, nimm zuverlässige Leute, die hinter ihm in seiner Kabine schlafen. Kontrolliere zehnmal die Nacht. Meine Majestät wünscht diesen Zwerg zu sehen mehr als die Erzeugnisse des Sinai und von Punt. Wenn du zur Residenz gelangst und dieser Zwerg ist lebend, heil und gesund bei dir, dann wird meine Majestät dich sehr belohnen« (Wolf). Einige Zwerge haben es zu hohem Ansehen bringen können.

Zwerge begegnen uns in der 6. Dynastie nicht mehr als jene Idealbilder, die wir bislang kennengelernt hatten, sondern mit ihren Mißbildungen und bisher nie abgebildeten Gebrechen ungewöhnlich realitätsbezogen. Waren bisher verkrüppelte Männer in den Kunstwerken kräftig gebaut und kerngesund dargestellt, so zeigt sich nun erstmals im Rundbild ihre körperliche Schwäche und Unvollkommenheit. Die Abkehr vom Idealtypus findet in einem Augenblick statt, da das aufkommende Bürgertum die Aristokratie verdrängt und damit die bis dahin vorherrschende adlige Gesinnung und Haltung von dem neuen Realitätssinn überlagert wird.

Die bisher zu beobachtende axiale Strenge etwa bei einem Gruppenbild ist jetzt bei dem des Zwerges Seneb mit seiner Familie (Ägyptisches Museum Kairo) aufgegeben, und die leichten Drehungen der Figuren deuten den Zusammenhalt und die seelische Beziehung zueinander an. Die beiden Kinder als ›Beinersatz‹ machen die Unvollkommenheit des Gruppenbildes und insbesondere die der Person des Zwerges Seneb mehr als deutlich (Abb. S. 124).

Mit dem Niedergang der 6. Dynastie findet zugleich das Kunstschaffen ein Ende. Darstellungen aus dem Bereich der Rundplastik

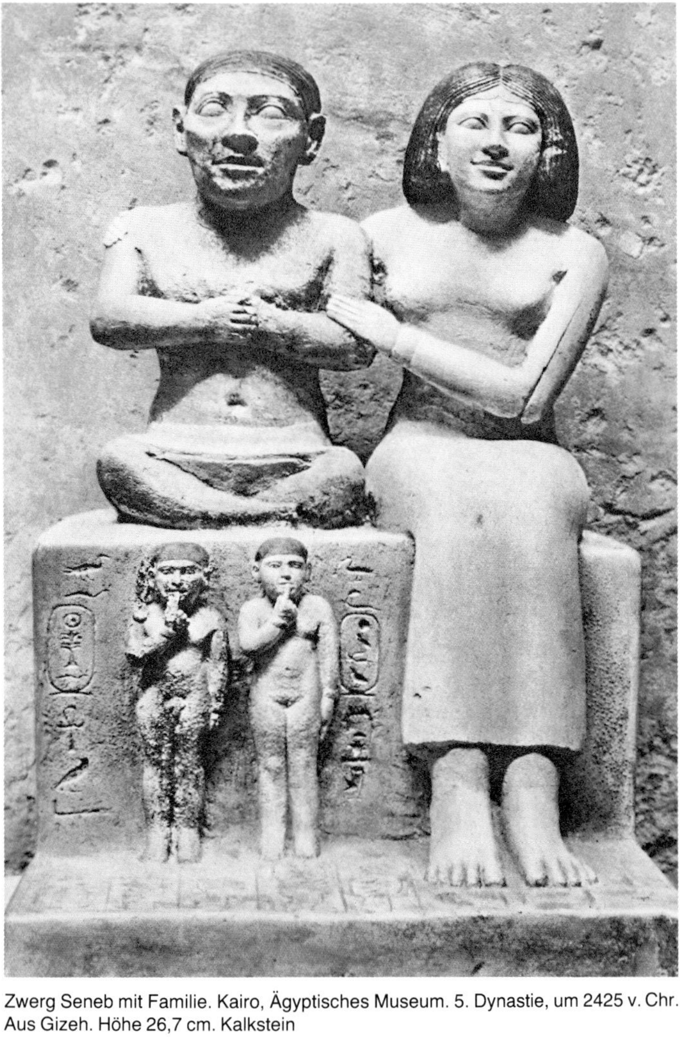

Zwerg Seneb mit Familie. Kairo, Ägyptisches Museum. 5. Dynastie, um 2425 v. Chr. Aus Gizeh. Höhe 26,7 cm. Kalkstein

finden sich nun erst wieder aus dem Mittleren Reich, wenn wir von den wenigen Holzexemplaren aus der Ersten Zwischenzeit einmal absehen.

# IV.3. Das Flachbild

In einzigartiger Weise gibt uns das Flachbild Auskunft über die Entwicklung in Religion und damit aufs engste verknüpfte Politik, und zwar über mehrere Jahrhunderte hinweg. Gewaltig ist die Anzahl der Rundbilder in den Privatgräbern, das heißt in den Gräbern der Beamten, Gaufürsten und Diener am königlichen Hofe, die allesamt ein überwältigendes und einmaliges Gedankengut aus dem ägyptischen Leben bieten. Dabei beziehen sich die Darstellungen sowohl auf das diesseitige als auch auf das jenseitige Leben, auf jenes Leben also, das sich der Ägypter nach seinem Tode herbeisehnt. Aber auch die Bilder aus den königlichen Grabanlagen geben uns

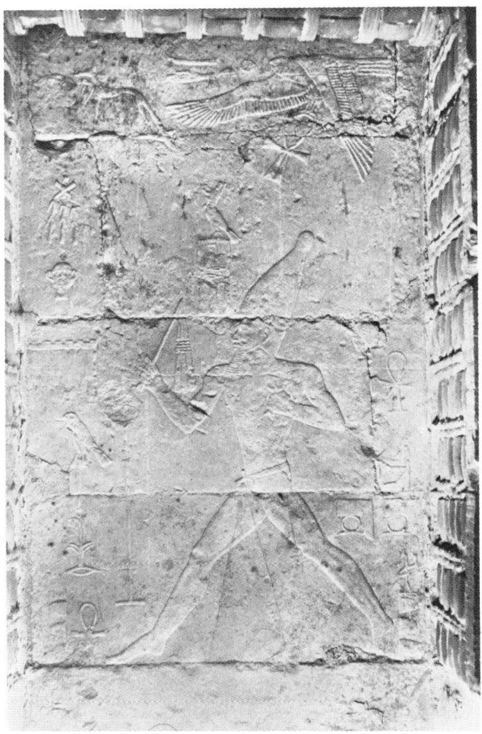

Pharao Djoser beim Opfertanz. Relief in dem Sedfest-Grab südlich der Stufenmastaba

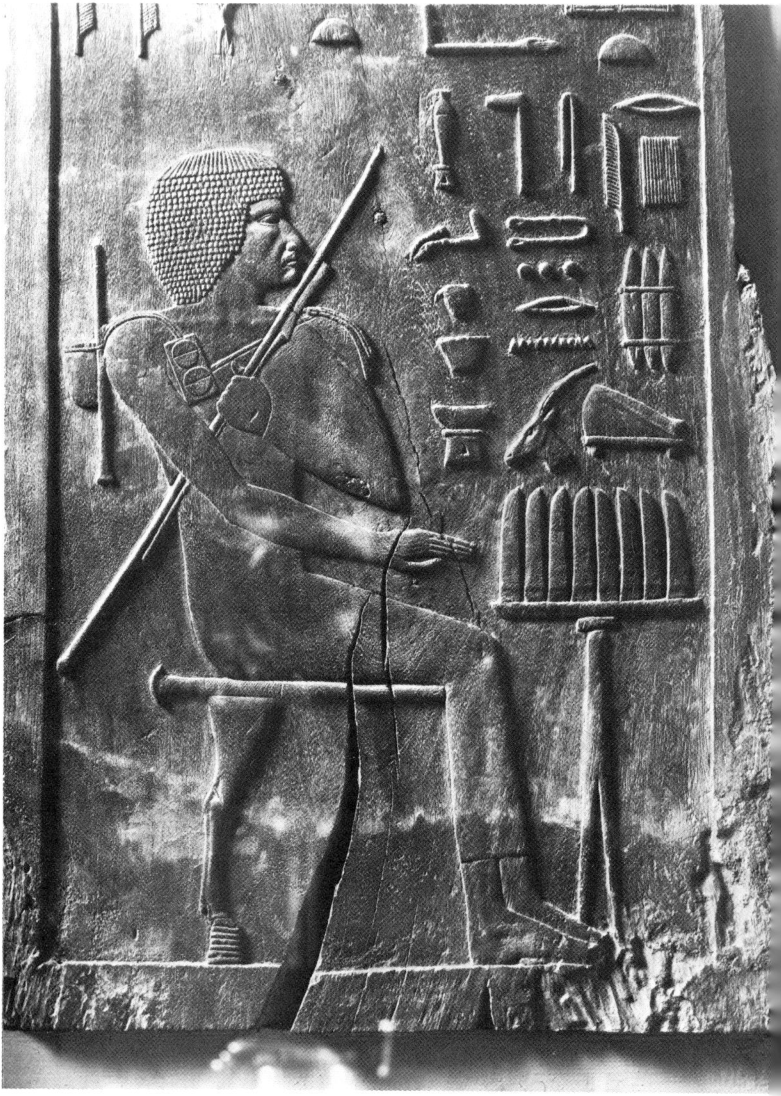

Der Beamte Hesire vor dem Opfertisch. Kairo, Ägyptisches Museum. 3. Dynastie, um 2600 v. C
Aus Sakkara. Höhe des Ausschnittes 48 cm. Holz

Einblick insbesondere in die religiöse Auffassung am Königshof und predigen die Staatsreligion.

Die aus der steinernen Wand herausgearbeiteten Reliefs nehmen als erhabene Reliefs in der 3. Dynastie ihren Anfang. Im Königsgrab von Pharao Djoser (um 2609–2590 v. Chr.) erblicken wir in der 28 m tiefen Grabanlage unter anderem diesen Pharao bei der Ausführung des Opfertanzes (Abb. S. 125). Dieses Reliefbild, leicht erhaben aus dem hellen Kalkstein herausgemeißelt, zeigt Pharao Djoser beim Kultlauf, den er behende anläßlich der Erneuerung seiner Regierungsherrschaft antritt. Lediglich die Fußspitzen berühren den Boden, während Fußsohlen und Hacken elegant über den Erdboden dahingleiten. Als Königsornat zieren ihn die oberägyptische Krone sowie der angehängte Königsbart und die Phallustasche. Die gleichen Reliefbilder finden sich auch in dem Sedfest-Grab südlich des Königgrabmals von Pharao Djoser.

Aus den Privatgräbern dieser Zeit ist herzlich wenig auf uns gekommen. Erwähnenswert ist allerdings die Mastaba des Beamten Hesire in Sakkara aus der Zeit des Djoser. Hesire war nicht nur Schreiber am königlichen Hof zu Memphis, sondern er versah zugleich den Priesterdienst. Im Kultraum der oberirdischen Grabanlage fanden die Ausgräber hölzerne Paneele mit stark erhabenem Relief (s. a. Abb. S. 2); sechs dieser Holztafeln gelangten in das Ägyptische Museum zu Kairo. Das wohl schönste Stück zeigt den Grabherrn auf einem lehnenlosen stierbeinigen Stuhl vor einem üppig gedeckten Opfertisch. Weihrauch, Wein und Brote sichern dem Verstorbenen das Weiterleben im Jenseits. Zum Zeichen seiner Würde trägt Hesire das Zepter in seiner Linken, während die Rechte flach ausgestreckt über dem rechten Knie schwebt, ganz im Unterschied zu den rundplastischen Figuren, bei denen sie stets auf dem rechten Knie aufliegt. Hier aber ist die Hand zum Opfertisch hingestreckt, und die Finger berühren vorsichtig das Opferbrot. Die Hieroglyphenschrift im oberen Teil des Flachbildes ist wohlgeordnet und zeugt von der allgemeinen Ordnung, die jetzt das ganze Land beherrscht.

Während man bis hin zur dynastischen Zeit durchweg Naturalopfer darbrachte, sieht man seit der Erfindung der Hieroglyphenschrift hiervon ab. Schließlich ist es sicherer für das jenseitige Fortleben, Nahrungsmittel allgegenwärtig an den Grabwänden zu sehen als von der Wohltat einiger weniger abhängig zu sein. So tauchen in zunehmendem Maße seit Einführung der Schrift, d. h. mit Beginn der 1. Dynastie, Darstellungen von Opfertischen an den Wänden der Gräber der Verstorbenen auf. Während die Opfertische zu Beginn der 3. Dynastie noch nicht gerade üppig gedeckt sind, nimmt die Üppigkeit der Opfergaben mit der 4. Dynastie in augenfälliger Weise zu. Diese Zunahme ergibt sich wohl u. a. auch als Folge des wirtschaftlichen Niederganges, den wir unter den Nachfolgern des Cheops verzeichnen können. In dem Maße, wie jetzt die Naturalopfer zurückgehen, häufen sich als Ersatz die Opferbilder in den Privatgräbern.

Bei der Behandlung der Rundbilder aus der Zeit der 4. Dynastie erfuhren wir, daß die Mastabas in Gizeh auf Kultkammer und Statue verzichteten und lediglich einen Ersatzkopf vor die Sargkammer legten. Reliefs im Innern der Gräber auf dem Friedhof von Gizeh fehlen durchweg. Lediglich in der Grabfront sind an dessen Ostseite

Opferplatte des Iunu. Hildesheim, Roemer-Pelizaeus-Museum. 4. Dynastie, um 2530 v. Chr. Aus Gizeh. Höhe 38 cm. Kalkstein

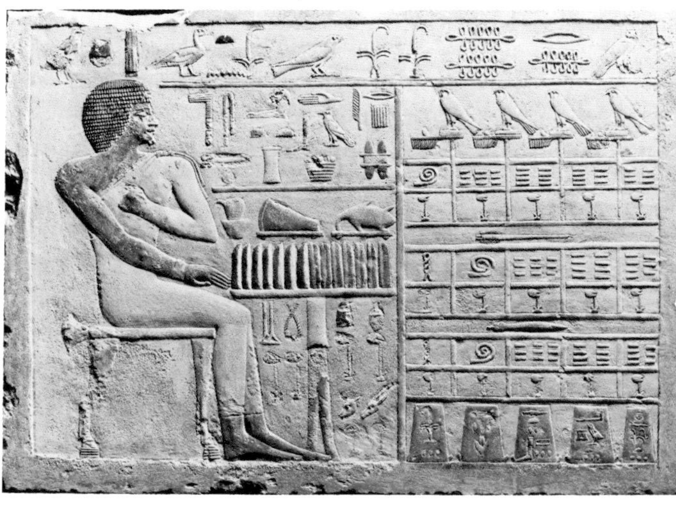

Opfertafeln eingefügt. Die wenigen erhaltenen Exemplare zeigen uns einen klaren, straffen Aufbau, wobei die Darstellungen durch vertikale und horizontale Begrenzungslinien besonders akkurat auf den Betrachter wirken. Als Beispiel mag hier die Opfertafel vom Grabe des Prinzen Iunu aus der Regierungszeit des Königs Cheops genannt werden (Hildesheim). Von der einstigen Bemalung ist noch viel erhalten. Da sehen wir den Grabherrn in einem hellen Mantel aus Pantherfell vor dem Opfertisch sitzen. Über seinem Kopf lesen wir seinen Namen, davor reihen sich Rang und Titel. In ihrem Aufbau entspricht diese Tafel durchaus denen, die wir schon in der 3. Dynastie kennengelernt haben, sie unterscheidet sich aber doch in einigen bemerkenswerten Details von den Vorläufern: Die Beine des Grabherrn verdecken nicht mehr die vorderen Stuhlbeine, sondern sind jetzt davor plaziert; die rechte Hand liegt fast auf dem Oberschenkel auf, und die Fingerspitzen berühren die Platte des Opfertisches. Das leicht erhabene Relief ist derart sorgfältig gearbeitet und bemalt worden, daß wir jede Einzelheit genau erkennen können. Von der Sorgfalt zeugt auch die dreiteilige Stoffliste in der rechten Bildhälfte mit Angabe der Menge beziehungsweise Qualität des Gewebes.

In den Gräbern außerhalb des Friedhofsbezirks von Gizeh kommen die reliefgeschmückten Wände im Innern der Grabanlagen häufiger vor, und die Thematik beschränkt sich hier nicht mehr allein auf das Opferritual. Das Bilderrepertoire ist merklich erweitert und greift Szenen aus dem Alltagsleben heraus. Da erblicken wir tanzende Frauen und Männer, beobachten das Wild in der Wüste, sehen Handwerker bei der Herstellung von Grabmobiliar und den Ägypter beim Fischfang auf einem Papyrusnachen. Um diese Zeit kommt auch eine gänzlich neue Art der Darstellungstechnik auf: das Pastenrelief. Erstmals begegnet es uns im Grabe des Nefermaat; er war ein Sohn des Pharaos Snofru. Im Grabe dieses Prinzen erblicken wir großflächige Reliefs, deren Figuren zunächst in den Stein hineingemeißelt wurden und deren Aushebung dann mit farbigen Pasten ausgefüllt wurde. Dieses sogenannte Pastenmosaik finden wir übrigens nur in dem Grabe des Nefermaat, der sich seiner ›Erfindung‹ offenbar bewußt war, als er stolz an die Wand schrieb: »Ich war es,

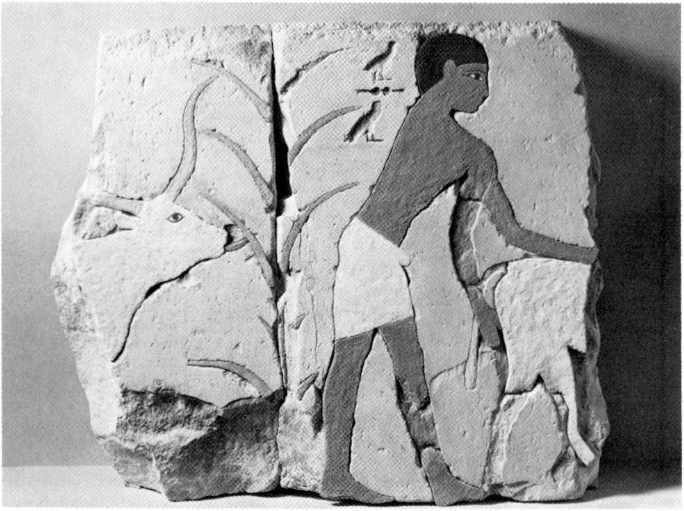


Hirtenszene im Grab des Nefermaat. München, Staatliche Sammlung Ägyptischer Kunst. 4. Dynastie, um 2550 v. Chr. Aus Medum. Höhe 45 cm. Kalkstein (mit ergänzter Einlage)

der die Bilder in einer Schriftart machte, die man nicht löschen kann« (nach Seipel). Wenn sich diese Technik nicht hat durchsetzen können, so sicherlich deswegen, weil die Paste – war sie erst einmal trocken geworden – aus ihrer Höhlung herausfiel.

Nur wenige Jahre später geht man zu einer anderen Art der Reliefkunst über, nämlich auf das versenkte Relief. Diese Technik kommt unter Chephren auf und begegnet uns zum ersten Male in dem Grabe des Prinzen Minchaf in Gizeh. Die Technik besteht jetzt darin, daß der Ägypter in einen Steinblock das Bild beziehungsweise die Hieroglyphe in scharfen Umrissen einmeißelte und vom Grund heraus die Darstellung abhob, so daß deren höchste Erhebung die Höhe der Blockfläche erreichen konnte. Diese Art des Reliefs bot sich insbesondere an den Außenflächen von Grabanlagen und Tempeln an, denn die darauffallenden Sonnenstrahlen ließen das Bild durch den kräftigen Schattenwurf merklich deutlicher hervortreten als bei einem erhabenen Relief mit seinen oft nur sehr flach hervortretenden Erhebungen.

Mit dem Ende der Chephren-Zeit geht der ägyptische Steinmetz dazu über, Steine von minderer Qualität zu verarbeiten; jener von nun an mehr und mehr verwendete Muschelkalkstein war brüchiger als der bisher verwendete, und so überzog man die Oberfläche zunächst mit einer Gipsschicht und glättete diese danach. Im Verlauf der 5. Dynastie ging man dazu über, die Gipsschicht sehr dick aufzutragen und insbesondere den leicht und vor allem schnell zu bearbeitenden Gips mit erhabenem oder versenktem Relief zu versehen.

»Mit dem Zweck der Bilder und dem ihnen zugrundeliegenden Weltbegriff hängt der von der ägyptischen Kunst entwickelte Reliefstil aufs engste zusammen. Es geht darum, den Gegenstand als solchen wiederzugeben ohne Rücksicht auf das Erlebnis, das er im Betrachter hervorruft. Die dargestellten Dinge haben lediglich den begrifflichen Anforderungen an Vollständigkeit zu genügen, die an sie gestellt werden müssen, wenn sie ihren magischen Zweck erfüllen sollen. Die menschliche Gestalt zum Beispiel breitet man in der Fläche aus, um jeden Teil des Körpers in seiner größten Ausdehnung zu erfassen. Verkürzungen, Überschneidungen und Schatten vermeidet man tunlichst, weil sie den Gegenstand um einen Teil seines Bestandes betrügen. Man verwendet ferner symbolkräftige Farben, die man für den Gegenstand als kennzeichnend empfindet, und sieht gänzlich von den Farbtönen ab, die eine zufällige Beleuchtung hervorzurufen vermögen. Man malt das Wasser blau, den Baum grün. Mit einem Wort gesagt: der Ägypter stellt dar, was er von den Dingen weiß, nicht, was er sieht. Er schafft Denk- und nicht Sehbilder. Er verhält sich damit umgekehrt wie der Abendländer, der nicht den Gegenstand als solchen, sondern das subjektive Erlebnis des Betrachters als das Wesentliche ansieht und deshalb das gegenständliche Sein der Dinge den Sehbedingungen des Auges unterwirft, d. h. die Perspektive entwickelt und die Dinge so wiedergibt, wie sie ihm erscheinen« (Wolf).

Gegen Ende der 4. Dynastie unterscheiden sich die Darstellungen in den Privatgräbern deutlich von denen der Königsgräber. In den Privatgräbern mit ihren jetzt nach dem Ende der Cheops- und Chephren-Zeit wieder gebauten Kultkammern innerhalb des Mastaba-

Oberbaus finden Opferdarstellungen Eingang, wo wir den Verstorbenen vor dem Opfertisch erblicken oder Diener ihm Opfergaben darbringen. Noch fehlen durchweg die Darstellungen des Alltagslebens. Doch allmählich zieht das alltägliche Leben mit Tanz, Spiel und musikalischer Untermalung in die Darstellungsvielfalt ein. Schon bald erblicken wir den Grabherrn auf einem Nachen beim Fisch- und Vogelfang, wir sehen ihn beim Pflügen und beim Bootsbau, und wir erblicken, wie er das Grabmobiliar für die Grabausstattung anfertigt. Die zunehmende Grabdekoration wurde natürlich erst möglich, nachdem die Kultkapellen in den Grabanlagen weitläufig ausgebaut wurden. »Die baulichen Erweiterungen schaffen die Voraussetzungen für die Aufnahme neuer Bildthemen. In den Reliefs im Grab des Nianchnum und Chnumhotep werden dabei fast alle Bereiche des Lebens angesprochen ... Dem Relief bei Nianchnum und Chnumhotep, das nicht mehr vor einem voll abgearbeiteten Bildgrund steht, entspricht das feine Relief im nur wenig späteren und noch größeren Grab des Ti. Dieses Grab, das zu den kunstvollsten Anlagen des Alten Ägypten zählt und dessen Bilder trotz einiger Zerstörung noch immer exemplarisch fast sämtliche Bereiche des Alltags erfassen, besitzt neben den traditionellen Szenen aus dem Totenritual und dem Statuenkult zahlreiche Darstellungen vom Leben in der städtischen Siedlung und auf dem Lande.

Die Geburt eines Kalbes im Grab des Ti. Sakkara. 5. Dynastie, um 2340 v. Chr. Höhe des Ausschnittes 30 cm. Kalkstein

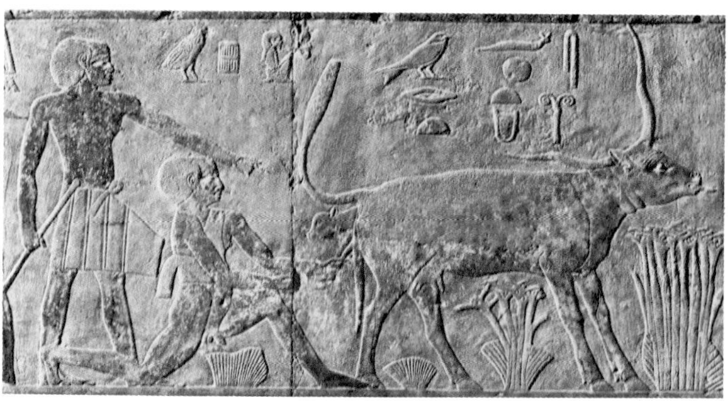

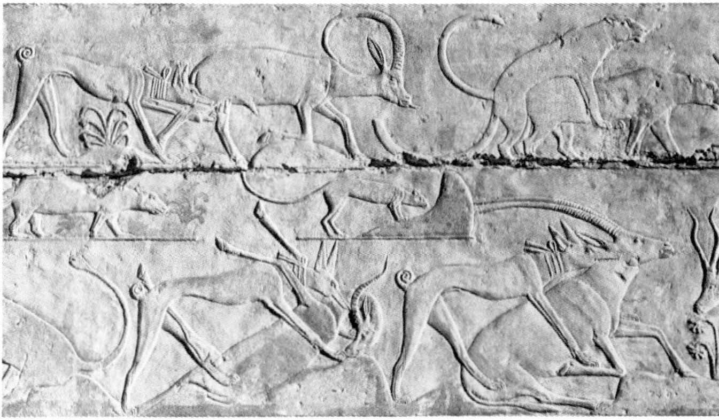

Die Jagd in der Wüste im Grab des Ptahhotep. Sakkara. 5. Dynastie, um 2310 v. Chr. Höhe des Ausschnittes 42 cm. Kalkstein

Es enthält Szenen von der Arbeit auf den Gutshöfen – erstmals wird ein Geflügelhof dargestellt –, vom Leben in der freien Landschaft des Fruchtlandes, wo Viehzucht und Ackerbau betrieben wird, und von der Mühe der Fischer und Vogelfänger, die ihrer Arbeit im Papyrusdickicht nachgehen.

Auch das Leben im Dorf wird geschildert, wo Handwerker Produkte herstellen, wo Werftarbeiter an den Schiffen zimmern und Händler auf dem Markt verhandeln. Die Intensität des dargestellten Lebens spricht von dem Bild der Nilpferdjagd im Papyrusdickicht, die uns erstmals unter Pharao Niuserre in Reliefs aus der Mastaba des Achtihotep begegnen. Eine zusätzliche Dimension erhalten die Bilder durch die den Szenen beigeschriebenen Reden und Rufe, die nicht nur die Handlung benennen, sondern häufig auch durch ihre Derbheit die ungeschminkte Natürlichkeit der Landbevölkerung erkennen lassen« (Altenmüller). Gegen Ende der 5. Dynastie macht sich ein Stilwandel deutlich: »Erste Anzeichen sind in den Reliefs des Ptahotep zu erkennen, der zusammen mit seinem Vater Achtihotep eine gemeinsame Grabanlage teilt, jedoch innerhalb des Gesamtkomplexes eine eigene Kultkammer besitzt. In dieser Kammer werden die in mehreren Registern übereinander angeordneten Bildfolgen, die mehrfach vom großformatigen Bild des Grabherrn

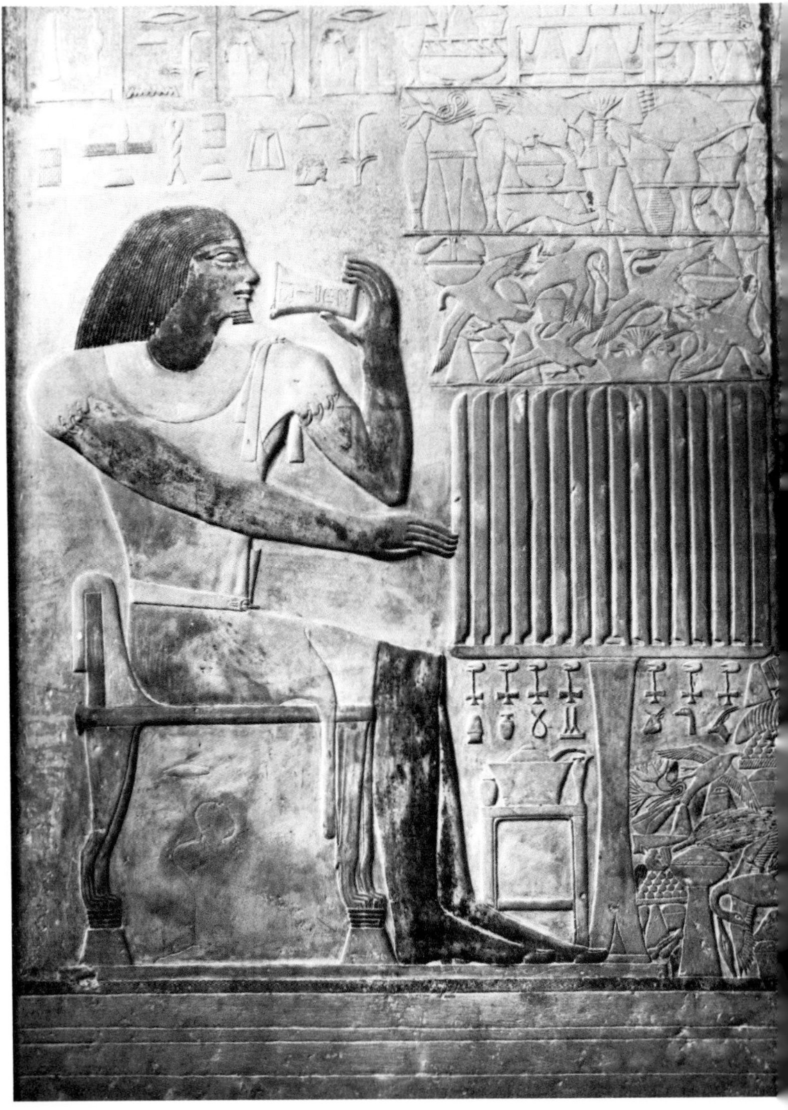

Der Beamte Ptahhotep vor dem Opfertisch in seiner Mastaba. Sakkara. 5. Dynastie, um 231
v. Chr. Lebensgröße. Kalkstein

unterbrochen werden, in ein höheres Format gesetzt und stärker aus dem Grund herausgearbeitet. Die Figuren der Nebenregister erhalten mehr Raum und können plastisch durchmodelliert werden« (Altenmüller).

Mit der 6. Dynastie errangen die Gräber hoher Beamter einen Reichtum ungeahnten Ausmaßes. »Die Mastaba des Wesirs Mereruka gehört zu den weitläufigsten Gräbern von Sakkara. In diesem Grab mit seinen zahlreichen Räumen und den riesigen Wandflächen kommt der Dekoration das größere Format der Wandbilder zugute. Die Bilder werden raumgreifend auf große Flächen projiziert, so daß der Künstler sich nicht in der Erfindung neuer Themen zu erschöpfen droht. Dennoch begegnen uns neue Details und auch neuartige Themen: Mereruka läßt sich an der Staffelei abbilden; er musiziert mit seiner Frau auf einem Ruhebett. Das Begräbnisritual wird in eine neue Form gekleidet; die Kinder werden, wie ähnlich bereits in den Reliefs des Ptahotep, bei allerlei Bewegungsspielen gezeigt.

Zahlreiche Bildhauer haben bei der Ausschmückung der Mastaba des Mereruka mitgewirkt, so daß die Qualität des Reliefs sehr unterschiedlich ausgefallen ist. Neben Bildern in hohem Relief, die vor allem die Wände längs des Weges zur Hauptkultkammer schmükken, finden sich in den Nebenkammern Darstellungen, deren Umrisse nur roh in den Bildgrund eingeritzt sind« (Altenmüller).

»Das Ende des Alten Reiches kündigt sich in Sakkara mit der Errichtung kleiner Mastabas an, deren Dekoration hauptsächlich aus Szenen des Totenrituals besteht. Eine der letzten großen Grabanlagen der 6. Dynastie ist für den Wesir Mehu unter Pepi I. entstanden. Das Grab, südlich der Umwallung des Djoser-Bezirks angelegt und nahezu unversehrt erhalten, besticht noch heute durch sein bemaltes Relief. Das sehr flache, teilweise sogar grobe Relief, mit dem die Wandflächen geschmückt sind, bringt die in den Gräbern seit der Mitte der 5. Dynastie häufig wiederholten Szenen des Lebens auf dem Land, in den Papyrussümpfen und im Haus ... Ungewöhnlich ist der Fang der Kraniche im Schlagnetz und die Speisung des Grabherrn im Boot; auch die Schilderung des Tanzes, die in ähnlicher Form in den Gräbern des Kagemni, des Mereruka und des Anchma-

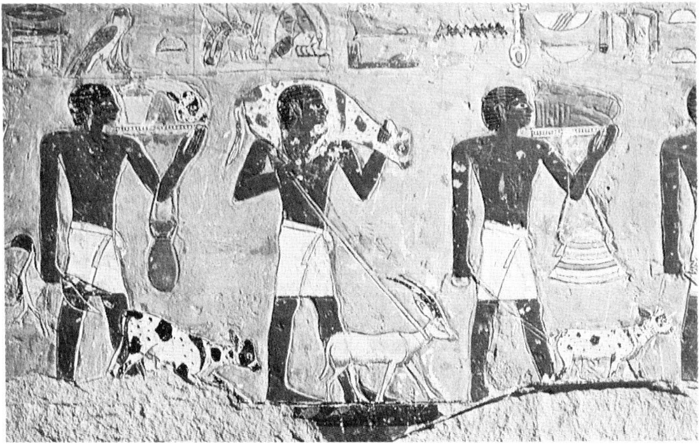

Opferträger im Grab des Mehu. Sakkara. 6. Dynastie, um 2200 v. Chr. Höhe 39 cm. Kalkstein

hor anzutreffen war, entwickelt durch ihre besondere Wildheit ein neues Eigenleben.«

Die Zunahme der rituellen Szenen gegen Ende des Alten Reiches und das Bestreben, einen Beisetzungsplatz möglichst in den Seitenkammern der bestehenden großen Mastabas oder in der Nähe von bedeutenden Grabherren zu finden, spiegeln den Niedergang des Alten Reiches.

Mit der 5. Dynastie hatten die Könige das Nekropolengelände von Gizeh aufgegeben; ihre Grabanlagen errichteten sie auf dem nahegelegenen Friedhof in Sakkara. »Erstmals in der 5. Dynastie ist eine hinreichende Anzahl an Reliefs aus den königlichen Grabanlagen erhalten, so daß sich ein vollständigerer Überblick über Art, Inhalt und Komposition der königlichen Wandbilder vermitteln und den baulichen Zusammenhang der Wanddekoration gewinnen läßt. Aus dem Totentempel des Userkaf etwa sind Fragmente vom Bild des Fisch- und Vogelfangs im Papyrusdickicht wie des Singvogelfangs im Garten, beliebte Szenen von rituellen Bootsfahrten sowie Reste einer Darstellung der Nilpferdjagd erhalten; alle diese Relieffragmente geben einen Eindruck vom weiten Spektrum der möglichen

Themen. Noch reicher ist die Themenauswahl in der Grabanlage des Königs Sahure in Abusir bei Sakkara. Dort begegnen uns neben rein rituellen Szenen, die das Verhältnis des Königs zu den Göttern und die Versorgung des Toten mit Totenopfern regeln, auch Bilder, die den König als Herrn der Geschichte, als sieghaften Feldherrn zeigen, sowie außerdem Darstellungen, die ihn als Herrn über die Tiere bei der Jagd auf das Wild in der Wüste und dem Sumpfdickicht wiedergeben.

Die große Auswahl von verschiedenartigen Bildthemen in den beiden Grabanlagen des Userkaf und des Sahure wird von der Wissenschaft allgemein mit der neuen Vormachtstellung des Sonnenglaubens während der 5. Dynastie begründet. Sichtbarer Ausdruck dieser nunmehr in den Vordergrund gerückten Religion sind die großen Sonnenheiligtümer. Unvermittelt entsteht das erste Sonnenheiligtum unter Userkaf, und bis in die Zeit kurz nach Niuserre folgte eine Reihe weiterer derartiger Anlagen. Das größte und prächtigste Sonnenheiligtum mit Reliefs, die den Ablauf der Jahreszeiten schildern, und Szenen, die der rituellen Erhaltung des Königtums dienen, ist die noch als Ruine imposante Anlage des Niuserre in Abu Gurob« (Altenmüller).

Zu den Bildinhalten in den königlichen Anlagen gehört »die großartige Konzeption des Königs als Löwe, der mit mächtigen, muskulösen Pranken seine knienden und sich im Boden windenden Feinde zertrampelt, oder das Bild des Königs, der seine zusammengebrochenen Feinde am Schopf packt und erschlägt; ein altes Symbol, wie wir wissen, das insofern eine neue Fassung erhalten hat, als es jetzt eine ganze Gruppe von Feinden ist, die der König gefaßt hat; dazu gehören ferner Bilder, die den König bei feierlichen Kulthandlungen anläßlich seines Jubiläumsfestes zeigen und die uns das Sonnenheiligtum des Niuserre am umfangreichsten bewahrt hat; schließlich alle jene, die ihn im Verkehr mit den Göttern zeigen. Alles das war in den Privatgräbern nicht verwendbar, in denen weder der König noch irgendein Gott jemals auftritt« (Wolf).

# V. Die Erste Zwischenzeit
## (9. und 10. Dynastie, 2134 bis 2040 v. Chr.)

Gegen Ende der 8. Dynastie, der letzten, die wir noch zum Alten Reich zählen, drängten zahlreiche Gaufürsten an die Macht und bewirkten die Auflösung der politischen Einheit: Sie nahmen offensichtlich Königstitel an und regierten in Herakleopolis in der Nähe des heutigen Beni Suef. Die jetzt beginnende Epoche des Niederganges, Umsturzes und Auflösung jeglicher Ordnung bezeichnen wir als die Erste Zwischenzeit; wir zählen sie zur 9. und 10. Dynastie (2134–2040 v. Chr.). In dieser Wirrezeit machen sich im Volke Ratlosigkeit, Unsicherheit und Unzufriedenheit breit. Statt Recht und Ordnung sind Willkür und Bestechung an der Tagesordnung. Der allgemeine Unmut wird alsbald gar öffentlich von Schreibern in Apellen, Mahnworten und Lehren ausgedrückt, und ihre Werke zählen wir heute zu den großartigen literarischen Zeugnissen dieser Wirrezeit. Da kennen wir die Mahnworte eines Ägypters mit Namen Ipuwer, der in einzigartig anschaulicher Art die Trostlosigkeit beschreibt, die in allen Lebensbereichen sich breitmacht. Ipuwer schreibt (nach Wildung):

»Sehet doch, es kommt dazu, daß das Land des Königtums beraubt wird, durch wenige, sinnlose Leute.
Sehet, das Geheimnis des Landes, dessen Grenzen man nicht kennt, ist entblößt; die Residenz, die ist in einer Stunde zusammengestürzt.
Sehet, das Land ist voll Banden; der Starke, dessen Habe raubt der Elende.
Sehet, wer sich keinen Sargkasten machen konnte, besitzt jetzt ein Grab.
Sehet, die Beamtenschaft des Landes ist durch das Land hin vertrieben.

Sehet, der Reiche schläft durstig; wer ihn sonst um seine Reste bat, der besitzt jetzt Starkbier.
Sehet, die, die Kleider besaßen, sind jetzt in Lumpen; wer nicht für sich webte, besitzt jetzt feines Leinen.
Sehet, wer nichts vom Harfenspiel verstand, der besitzt jetzt eine Harfe.
Sehet, die Armen des Landes sind zu Reichen geworden; wer etwas besaß, ist jetzt einer, der nichts hat.
Sehet, wer kein Brot hatte, besitzt jetzt eine Scheune; aber womit sein Speicher versehen ist, das ist die Habe eines anderen.
Sehet, kein Amt ist mehr an seiner richtigen Stelle; sie sind wie eine aufgescheuchte Herde ohne Hirten.«

Als Ausweg aus dieser schlimmen Zeit sieht so mancher Ägypter schließlich nur noch den Selbstmord, wie es uns das ›Gespräch eines Lebensmüden‹ zeigt. Auch ›Des Bauern Reden wider die Korruption‹ prangern die Rechtlosigkeit des einzelnen an, beschimpfen die eingerissene Unordnung und zeugen von einer Ohnmacht, der man vielleicht mit Selbstmorddrohung begegnet.

Was sich in Memphis während der hundert Jahre andauernden Wirrezeit wirklich abgespielt hat, vermögen wir heute nicht zu sagen. Wir wissen lediglich, daß jetzt rund 100 km südlich von Memphis in Herakleopolis eine Gaufürstenfamilie zur Macht gelangte und die Königswürde annahm. Dieser Königsfamilie gelang es offenbar, die Ordnung in Unterägypten wiederherzustellen. Wir entnehmen das der ›Lehre für König Merikare‹, die wohl König Achthoes III. (10. Dynastie) seinem Sohne Merikare mit auf den Weg gegeben hat. In dieser uns auf Papyrus überkommenen Schrift – wir zählen sie zur Gattung der Weisheitsliteratur – liegt uns eine politische Tendenzschrift vor, eine Regierungserklärung, die in Inhalt und Form gänzlich von den uns bekannten Lehren des Alten Reiches abweicht, so daß wir hier mit Recht von einer neuen Literaturgattung sprechen können. Natürlich wird der Zeitgeist kritisiert und die auf Erden vermißte Gerechtigkeit angeprangert mit der Vertröstung auf das Jenseits; wir erfahren aber auch aus dem politischen Alltagsgeschehen, daß die Herakleopoliten ›Bürger‹ in neugegründete Städte am Rande des Ostdeltas geschickt haben, um das Land

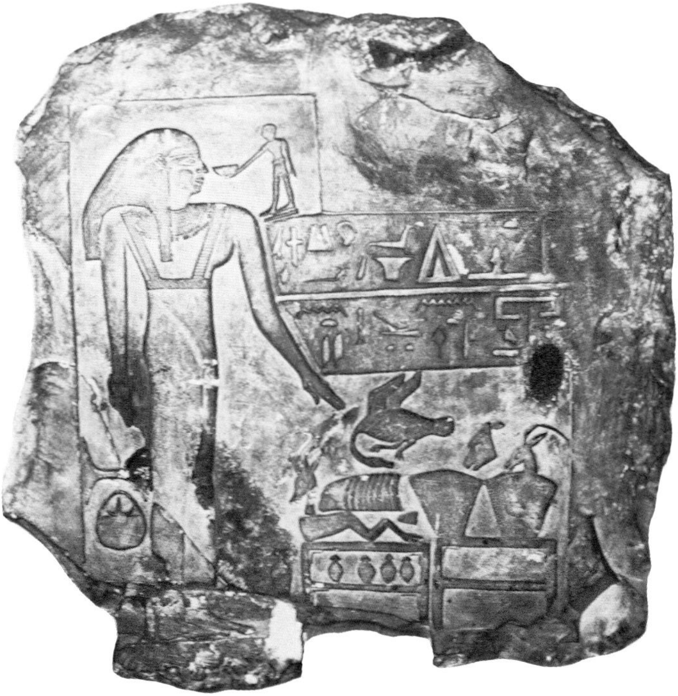

Grabstele der Henti. Philadelphia, University Museum. Erste Zwischenzeit, um 2100 v. Chr. Aus Dendera. Höhe ca. 40 cm. Kalkstein

im Nordosten vor den Angriffen der Asiaten zu schützen. Damit wird erstmals in der ägyptischen Geschichte diese soziale Schicht – der dritte Stand – eigens erwähnt, offenbar anerkannt und gefördert.

Nicht nur in der nördlichen Landeshälfte strebten Gaufürsten zur Königsmacht, sondern auch in Mittelägypten, so in Hermopolis und Assiut. Einer von ihnen namens Chui begann mit dem Bau einer Pyramide mit nur einer einzigen Innenkammer. Diese Anlage stellt ein Novum dar, finden sich doch bei den Pyramiden aus dem Alten Reich gewöhnlich drei derartige Kammern. Vom Oberbau dieser Anlage ist heute nur ein rund 4 m hoher Stumpf zu sehen, und so ist fraglich, ob die Pyramide überhaupt von Chui fertiggestellt wurde, allein schon aufgrund der so kurzen Regierungszeit dieses Königs.

Auch im fernen südlichen Theben setzten sich allmählich die Fürsten durch und nahmen den Königstitel an. Schließlich gelang es hier einem Fürsten aus dem Hause der 11. Dynastie (ab 2134 v. Chr.), seinen Herrschaftsbereich zunächst nach Süden auszudehnen und sich danach dem Norden zuzuwenden. Anfangs lebten die oben genannten Herrscherhäuser friedlich nebeneinander, doch dann führte Rivalität zu blutigen Kämpfen, aus denen schließlich der thebanische Gaufürst Mentuhotep I. als Sieger hervorging und sich mit dem Horusnamen ›Der die beiden Länder vereinigt hat‹ schmückte. Damit war Ägypten wieder in einer Hand vereinigt.

Wenn wir das Kunstschaffen der Ersten Zwischenzeit betrachten, können wir nur auf Erhaltenes aus dem Bereich des Totenkultes zurückgreifen; Tempel, Paläste, Wohnhäuser oder Befestigungsanlagen sind in jener Wirrezeit entweder erst gar nicht errichtet oder während der Auseinandersetzungen schon bald vernichtet worden. Den Grabanlagen aus dieser hundertjährigen Epoche können wir entnehmen, daß sich lokale Künstlerschulen von den zentralistischen Regeln des Alten Reiches zu befreien versuchten. Überdeutlich zeigen das die Grabbilder, Grabstelen und Plastiken. Losgelöst von den Kunstzwängen des Alten Reiches wird »eine kräftige und frische Formensprache« (Wildung) offenbar. »Der Künstler gestaltet frei und intuitiv und legt damit den Grund für die plastische Kraft, die die spätere Kunst des Mittleren Reiches kennzeichnen wird.« In Relief und Malerei finden wir Szenen, die im Alten Reich noch als gänzlich tabu galten, so etwa der Geschlechtsverkehr. Wenngleich die Kunst der Ersten Zwischenzeit ungelenk, roh, bisweilen auch kühn sein mag, »so sehr muß ihre innere Kraft, ihr strenges Gerüst, ihre drängende Lebensfülle und ihre fröhliche Frische hervorgehoben werden. Dies soll ein Kennzeichen, ein Markenzeichen der Kunst des Mittleren Reiches werden« (Wildung).

# VI. Das Mittlere Reich
## (11. bis 14. Dynastie, 2134 bis 1650 v. Chr.)

Mit Mentuhotep I. (2061–2010 v. Chr.), dem eigentlichen Begründer der 11. Dynastie, beginnt eine neue Blütezeit Ägyptens, doch erst der nachfolgenden 12. Dynastie (1991–1785 v. Chr.) gelingt es, die staatliche Ordung wieder zu festen Formen zu fügen, die Steuereintreibung durchzusetzen, schließlich auch die Macht der Gaufürsten völlig zu brechen und so die Grundlagen für eine neue erfolgreiche Entwicklung des Landes zu legen.

Unter Sesostris I. (1971–1926 v. Chr.) kommt es zu einer Eroberungspolitik, wie sie Ägypten bis dahin nicht gekannt hat. Die Grenze des Landes reicht im Süden bis zum 2. Katarakt des Nil in Nubien; gleichzeitig bedient der König sich einer geschickten Asiendiplomatie, und Handel und Verkehr erblühen mit Babylonien, Kleinasien und Kreta.

Sesostris III. (1878–1841? v. Chr.) führt die Herrschaft der 12. Dynastie auf ihren Höhepunkt. Im Süden bildet jetzt die unter Sesostris III. errichtete Doppelfestung Semna/Kumma rund 60 km südlich des 2. Kataraktes die Reichsgrenze, im Norden liegt sie bei Palästina. Gegen Ende der 12. Dynastie kommt es zu gesellschaftlichen Umschichtungen und schließlich erneut zum Niedergang. Mit der Königin Nofrusobek (1789–1785 v. Chr.), der ersten Frau auf dem Pharaonenthron, geht diese Dynastie zu Ende. Die 13. Dynastie kennt nur kurzlebige Herrscher. In der 14. Dynastie geht die Reichseinheit zeitweilig verloren.

In der Architektur beobachten wir im Vergleich zu den Bauten des Alten Reiches eine merklich geringere Höhe bei den Tempeln und Pyramiden, während das Grab in zunehmendem Maße zum Denkmal der Lebensleistung des Verstorbenen wird. In der ägyptischen

Kunst übernimmt jetzt ganz allgemein die Plastik die führende Rolle. Sie erreicht ihren Höhepunkt in den großartigen Bildnissen von Sesostris III. und seinem Nachfolger Amenemhet III. Das Flachbild schließlich in den Grabanlagen ist jetzt stärker als zuvor auf den Grabherrn bezogen.

## VI.1. Die Architektur

Gänzlich neuartig sind die Grabanlagen, die zu Beginn der 11. Dynastie entstehen. Das gilt nicht nur für das Königsgrab, sondern auch für das Grab des Privatmannes.

### VI.1.1 Die Königsarchitektur

#### *VI.1.1.1 Die Grabbauten*

Mit dem Bau seiner Anlage vor der einzigartig malerischen Felskulisse einer natürlichen Gebirgspyramide im Talkessel von Deir el-Bahari knüpft Mentuhotep I. bewußt an die Kunst des Alten Reiches an, genauer noch an die Baukunst der Pyramidenanlagen der 5. Dynastie von Abusir. Wenngleich seine Anlage offenkundig der traditionellen räumlichen Gliederung in vier Bauelemente entspricht, ist sie doch völlig andersartig und in ihrem Entwurf einmalig. Über einen rund 1 km langen Aufweg gelangt man vom Taltempel am Rande des Fruchtlandes zum Totentempel (Abb. S. 144 u. S. 150).

Die Grabkammer hatte man mit erstaunlicher Präzision genau unter der Mitte des Zentralbaus des Mentuhotep-Tempels angelegt. Wahrscheinlich war dieses Grab ursprünglich für die Bestattung des Königs vorgesehen, doch hatte man irgendwann im Verlaufe der Bauarbeiten ein anderes Grab für diesen Herrscher hergerichtet und das erstere für ein nachträgliches Statuenbegräbnis verwendet, es möglicherweise sogar in ein Osiris-Grab unter dem Urhügel umgedeutet. Hier wird erstmals das Bestreben deutlich, Grabanlage und Tempel räumlich zu trennen, wie es dann im Neuen Reich bei den Königsgräbern im Tal der Könige, dem Biban el-Moluk, üblich wurde.

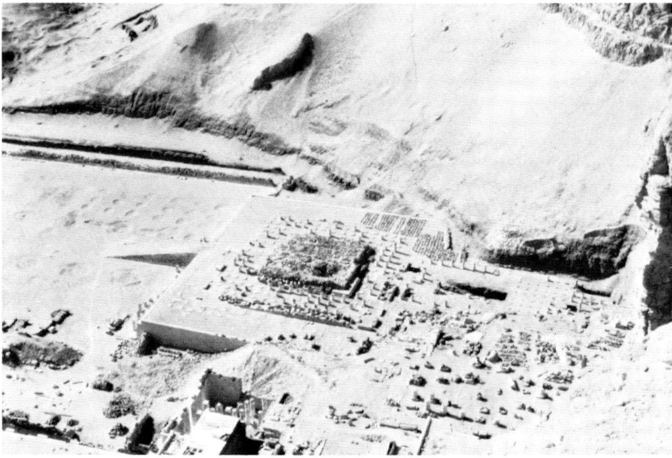

Blick auf den Totentempel von König Mentuhotep I. (2061–2010 v. Chr.) im Talkessel von Deir el-Bahari

Die Pharaonen der 12. Dynastie (1991–1785 v. Chr.) gründeten südlich von Memphis in der Nähe der modernen Ortschaft Lischt ihre neue Residenz und nannten sie Ititowi. Von hier aus versuchten sie, die Gegensätze zwischen dem Süden und dem Norden des Landes auszugleichen. Die ersten beiden Pharaonen – Amenemhet I. und Sesostris I. – errichteten ihre Grabanlagen bei Lischt in Anlehnung an die Pyramidenbezirke der 6. Dynastie. So entstanden ebenfalls viergliedrige Anlagen mit Taltempel, Aufweg, Totentempel und Pyramide, doch ohne jegliche Dekoration im Innern der Pyramide; auch die Pyramidentexte, im Alten Reich ja ausschließlich für den König gedacht, indem sie sich mit seinem Weiterleben im Jenseits beschäftigen, fehlen völlig in den königlichen Grabanlagen. Statt dessen tritt dieses Spruchgut mit dem Beginn des Mittleren Reiches an den Wänden der Särge, in aller Regel Holzsärge, auf. Wir sprechen deshalb von Sargtexten, die mit Tinte in einer kursiven Hieroglyphenschrift, die wir als Hieratisch bezeichnen, niedergeschrieben wurden. Derartige Texte begegnen uns auf Särgen aus allen Teilen Ägyptens und lassen jetzt auf eine ›Demokratisierung‹ der Religion schließen. »Tatsächlich wandelte sich jetzt, da die niedere

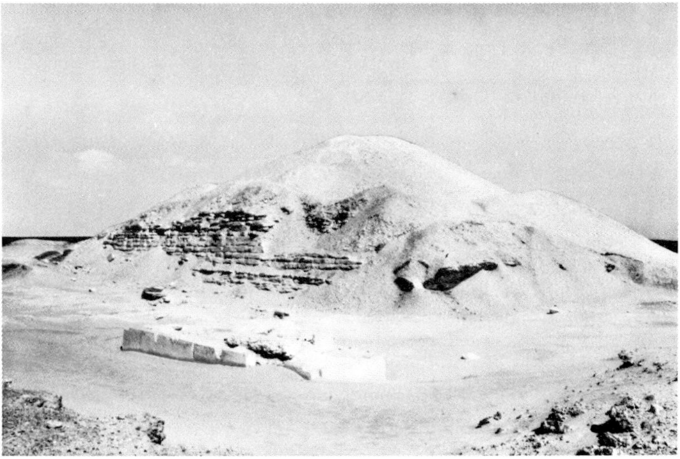

Pyramide von Pharao Sesostris I. (1971–1926 v. Chr.) in Lischt. Zu dieser Pyramide zählen neun Nebenpyramiden, drei an der Südseite und je zwei an den übrigen Seiten

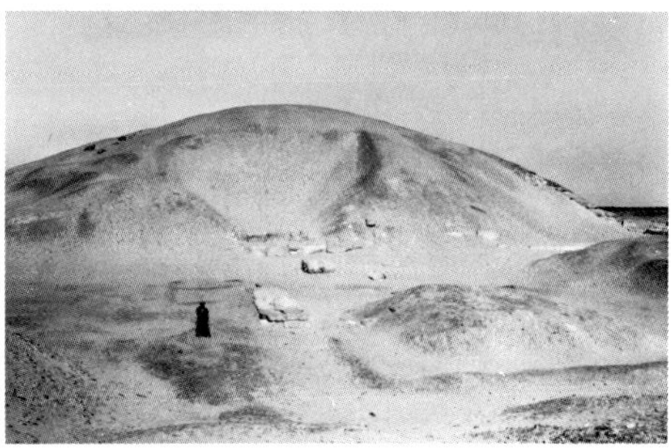

Südseite der Pyramide von Sesostris I. in Lischt

Schicht ihre religiösen Ansprüche anmeldete und Gleichheit aller auch für das Jenseits forderte, die Standesreligion des frühen Alten Reiches in eine Volksreligion« (Wolf).

Die Technik des Pyramidenbaus hat sich im Mittleren Reich grundlegend gewandelt: Zunächst errichtete man auf quadratischer Fläche ein sternförmiges Steingerippe, das von der Flächenmitte her auf die vier Ecken sowie auf die vier Seitenmitten zuläuft und den Kern der Pyramide bildet. Das diagonal ansteigende Mauerwerk stützte man zusätzlich mit weiteren Quermauern ab und füllte dann den Pyramidenkern mit Steinen auf.

Amenemhet I. (1991–1962 v. Chr.) hat sich beim Bau seiner Pyramide das Anfüllen mit Steinen dadurch erleichtert, daß er Steinblöcke aus den Bauwerken seiner Vorfahren heranschaffen ließ. So vergriff er sich am Taltempel, Aufweg und Totentempel des Cheops, verwendete Steine aus der Chephren-Anlage, und auch die zu dieser Zeit wohl nicht mehr intakten Pyramiden-Anlagen der Könige Unas und Pepi II. wurden als Steinbruch ausgebeutet. Der Totentempel, von dem heute nur noch wenige Spuren zu sehen sind, zeigte früher an seinen Wänden Reliefs, die von Grabanlagen des Alten Reiches kopiert sind.

Anders als seine Vorgänger ließ Sesostris I. (1971–1926 v. Chr.) den Kern seiner Pyramide nicht mehr nur mit Steinen anfüllen, sondern auch mit einer Unmenge von Sand. Der Totentempel seiner Pyramidenanlage war gegenüber vergleichbaren Anlagen des Alten Reiches

Pyramide des Königs Sesostris I. in Lischt. Grundriß, nach einer Skizze des Metropolitan Museum of Art, New York

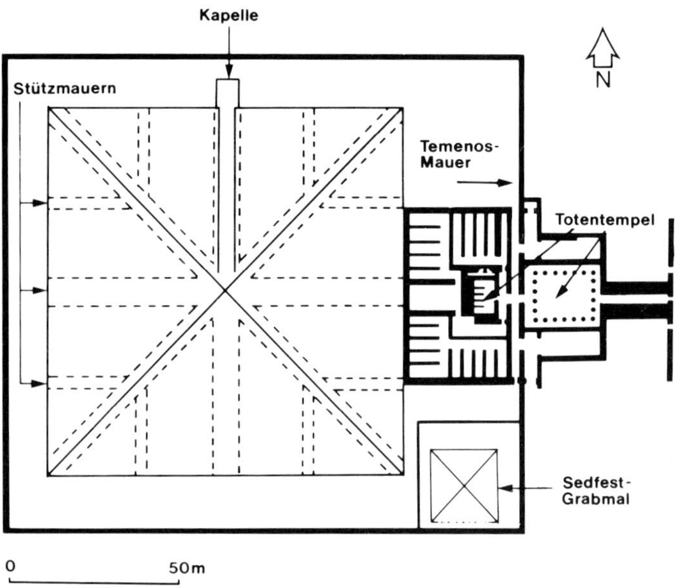

wesentlich verkleinert. Bemerkenswert ist die Abtrennung des Vortempels vom intimen Tempel. Sie wurde insbesondere dadurch erreicht, daß jetzt die Temenos-Mauer mitten durch den Tempel hindurchlief und ihn teilte. Auf den Innen- und Außenseiten dieser Mauer standen herrliche Reliefs, von denen einige noch an Ort und Stelle zu bewundern sind. Außerhalb dieser Umfassungsmauer lagen neun kleine, heute fast völlig zerstörte Nebenpyramiden mit je einem kleinen Totentempel, einer Opferkapelle und eigener Umfassungsmauer. Mit dieser Anzahl von Nebenpyramiden ist die Gesamtanlage einmalig.

Pharao Amenemhet II. (1929–1892 v. Chr.) verlegte seine Nekropole nach Dahschur, und sogleich wird deutlich, daß sich bei dem Bau von Pyramidenanlagen eine gewisse Einfallslosigkeit breitmachte. Offensichtlich auf der Suche nach neuen Wegen experimentierte man mit unterschiedlich breiten Aufwegen, verschiedenartigem Füllmaterial für den Pyramidenkern, mit der Anzahl der Nebenpyramiden und der verwirrenden Führung von abgeknickten Gängen im Pyramideninnern, mit der Ausrichtung des Sarkophags in der Grabkammer in Ost-West-Richtung statt in der üblichen Nord-Süd-Richtung, und schließlich ebenso bei der Wahl der Bauplätze. Seltsam ist auch die starke und bisher nicht geklärte Art der Überbauung der Grabkammer, die an den Urhügel erinnert und möglicherweise auch Beziehungen zu dem Osiris-Grab von Abydos herstellen sollte.

Die üppige Zahl der Gänge und deren verwirrender Verlauf hängt vielleicht auch mit der neuen Jenseitsvorstellung zusammen. Während man bisher glaubte, daß der Verstorbene in die himmlischen Gefilde einginge, setzte sich nun in der 12. Dynastie die Meinung durch, daß das Jenseits im unterirdischen Bereich liege, da nämlich, wo man bestattet wurde, also in der Unterwelt, die von dem Totengott Osiris beherrscht wurde. Ihn verehrte man in dieser Zeit besonders, ihm zu Ehren errichtete man in Abydos zahllose kleine Grabstelen.

Die auf Pharao Amenemhet II. folgenden Könige der 12. Dynastie richteten die Eingänge zu ihrem ›Totenreich‹ nun nicht mehr in der traditionellen Weise nach Norden aus, sondern – offenbar ohne ersichtlichen Grund – mal nach Westen, mal nach Süden, mal auch nach Osten. Und ab der Mitte der 12. Dynastie ging man unter Sesostris II. (1897–1878 v. Chr.) dazu über, als Füllmaterial in zunehmendem Maße sonnengebrannte Nilschlammziegel zu verwenden; seit der Zeit Sesostris' III. (1878–1841? v. Chr.) nahm man ausschließlich dieses Material. Jedoch bestand der Pyramidenmantel auch weiterhin aus dem hellen Kalkstein.

Amenemhet III. (1844–1779 v. Chr.) gilt als der letzte große Herrscher der 12. Dynastie. Er schloß die Kultivierungsarbeiten im Faijum ab, die Sesostris II. hier begonnen hatte. Durch den Bau mächtiger Schleusenanlagen konnte man den Birket el-Karun, den ›Großen See‹, wie die Ägypter diesen See damals nannten, weit zurückdrängen und auf diese Weise eine große Fläche Fruchtlandes hinzugewinnen. Der See ist heute 40 km lang und rund 8 km breit. Er liegt in einer Senke 45 m unter dem Meeresspiegel und grenzt mit seinem Nordufer an ein mäßig hohes Wüstenplateau. Im Altertum war der See sechsmal so groß, und es wimmelte hier von Krokodilen, so daß nicht von ungefähr der krokodilgestaltige Gott Sobek (Farbt. 3) als Hauptgott dieses Gebietes verehrt wurde. Die Ränder des Faijum waren zwar schon im Paläolithikum besiedelt, doch erst mit den gewaltigen Kolonisationsarbeiten der 12. Dynastie nahm die eigentliche Geschichte dieser Flußoase ihren Anfang, die ihr Wasser von dem Bahr Jusuf erhält, der den Nil bei dem mittelägyptischen Ort Dairut verläßt und dann am westlichen Wüstenrand entlangfließt, um schließlich bei dem Dorfe Illahun den schmalen Bergrücken zu durchstoßen, der die Faijum-Senke vom Niltal trennt. Da, wo der Berg zurücktritt und die weite Seelandschaft sich öffnet, ließ Amenemhet III. seine Pyramidenanlage in der Nähe des modernen Ortes Hawara erbauen. Zuvor hatte er sich eine Pyramide in der Nekropole von Dahschur errichtet, diese aber aufgrund von Bauschäden nicht für sich in Betrieb genommen.

Neuartig an der Ziegelpyramide von Hawara ist die Grabkammer. Sie ist aus einem einzigen gelben Quarzitblock in der Form eines Kastens herausgeschlagen und bei Baubeginn in ein vorbereitetes Erdloch hineingesetzt worden.

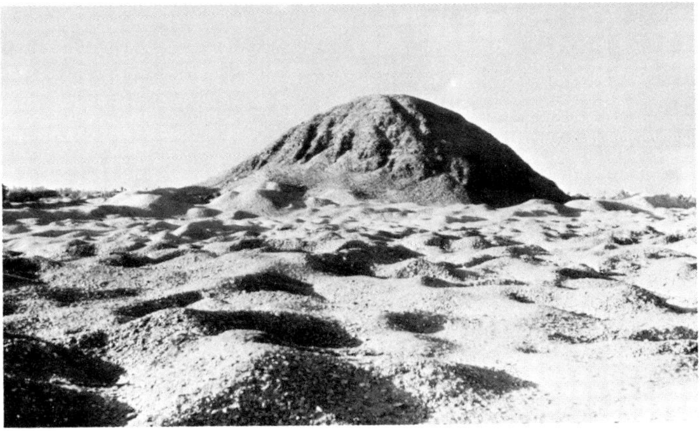

Ziegelpyramide von Amenemhet III. (1844–1779 v. Chr.) in Hawara. Vor der Südseite erstreckt sich das sagenumwobene Labyrinth

## *VI.1.1.2 Die Tempelbauten*

Die erste große Tempelanlage des Mittleren Reiches errichtete Mentuhotep I. vor der gewaltigen Felskulisse im Talkessel von Deir el-Bahari. In seinem Grundriß ähnelt dieser Komplex schon stark jenen dreigliedrigen Tempelanlagen, die im Neuen Reich nach einem einheitlichen Plan gebaut wurden, der bis zum Untergang des Pharaonenreiches verbindlich blieb. Mit Hof, Säulensaal und Sanktuarium bildet die Anlage einen in sich geschlossenen eigenen Bereich; sein ›Säulensaal‹ mit 82 oktogonalen Pfeilern von jeweils 3,30 m Höhe ist der älteste bekannte in Ägypten.

Die terrassenförmige Bauweise ist gänzlich neu, wenngleich sinnvoll aufgrund des stark ansteigenden Geländes. Dieser Terrassenbau ist zu verstehen »als ein dem Month-Re geweihter Urhügel« (Arnold). Wo in den Totentempeln von Abusir der Obelisk stand, erhob sich auch hier an entsprechender Stelle ein vergleichbares Gebilde, doch war es so kolossal, daß der Obeliskenschaft allein aus statischen Gründen nur eine ganz geringe Höhe hatte. Auf diesem Schaft, dessen oberer Rand mit einem Gesims bekrönt war, ruhte das wuchtige Pyramidion als Obeliskenspitze mit einem Grundriß

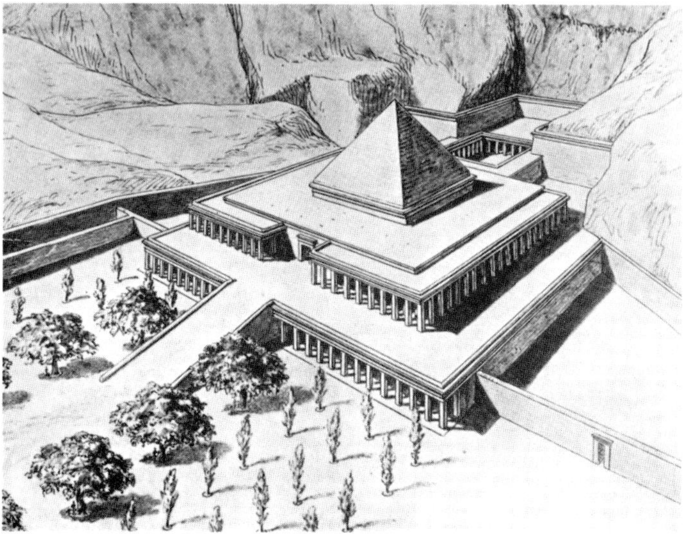

Totentempel des Königs Mentuhotep I. (2061–2010 v. Chr.) in Deir el-Bahari. Rekonstruktion nach Naville

von 21 × 21 m. Die üblicherweise nach Westen an den Totentempel angebaute Pyramide finden wir hier in Gestalt der riesigen natürlichen Gebirgspyramide des El-Qarn (›Das Horn‹), die steil hinter dem Totentempel um über 200 m ansteigt.

Weitere Tempelbauten aus den Anfängen des Mittleren Reiches sind nicht auf uns gekommen. Wohl aber hat es allen Anschein, daß in dieser Erneuerungszeit, in der Theben zur Hauptstadt des ägyptischen Imperiums erhoben wurde, auch der Grundstein für den gewaltigen Amun-Tempel zu Karnak gelegt wurde. Wer die Gründung vollzogen hat, das erfahren wir nicht aus zeitgenössischen Berichten. Wir wissen aber, daß zur Zeit der Ramessiden (19./20. Dynastie) als Gründer des Karnak-Tempels Mentuhotep I. genannt wird. Über den mächtigen Karnak-Tempel wird unten noch zu berichten sein.

In der 11. Dynastie erreichte die Kunst ihren Höhepunkt unter dem Sohne Mentuhoteps I. namens Mentuhotep Seanchkare, kurz Mentuhotep II. genannt (2010–1998 v. Chr.). In seiner nur zwölfjährigen Regierungszeit entwickelt er eine rege Bautätigkeit in dem jetzt politisch zur Ruhe gekommenen und wirtschaftlich gesicherten Staat. Allein schon die immer stärker in den Vordergrund tretenden Gottheiten verlangen nach einem entsprechenden Kult, der neue Kultbauten erforderlich macht. So errichtete dieser Pharao jenen Tempel in El-Tod, dem alten Tuphium im Süden von Theben, von dem heute nur noch spärliche Überreste zu sehen sind. Die wenigen erhaltenen Reliefs jedoch, die in das Ägyptische Museum zu Kairo sowie in den Louvre zu Paris gelangten, sind von einzigartiger Eleganz und werden »nicht mehr übertroffen in den kommenden zwei Jahrtausenden altägyptischer Kunstgeschichte. Die strenge Eleganz der Körperbildung, die gebändigte Kraft der Bewegung, die filigrane Feinheit der Gewandmuster, die gläserne Klarheit der Umrisse und des Bildaufbaus« (Wildung) sind einzigartig. Im Fundament dieses Tempels bargen die Ausgräber vier Truhen, aus Kupfer gefertigt, und mit dem Namen des Pharaos Amenemhet II. beschriftet; sie waren angefüllt mit Goldstäben und Goldbarren, Silberketten und diversen Gegenständen aus Blei, Silber und Gold. Feine Amulette aus Kreta und Rollsiegel aus der 3. Dynastie von Ur zeugen von engen Beziehungen zum kretischen und mesopotamischen Raum.

Ein weiterer Tempel entstand zu dieser Zeit in Medinet Habu. Doch von ihm sind nur Spuren gefunden worden, die uns zeigen, daß es sich hier um eine kleine Anlage mit drei nebeneinanderliegenden Sanktuarien handelt, wie wir sie dann später im Neuen Reich in den für die Göttertriade Amun/Mut/Chons errichteten Tempeln regelmäßig wiederfinden.

In der Nähe dieser kleinen Anlage ließ Mentuhotep II. auf dem Thotberg am Eingang zum Tal der Könige einen weiteren Tempel errichten, der allerdings nicht aus Stein, sondern aus Nilschlammziegeln hochgezogen wurde. Auch dieser Tempel zeigt drei nebeneinanderliegende Sanktuarien, die offensichtlich ebenfalls für die göttliche Triade von Karnak gedacht sind.

Einen ähnlichen Tempel dieses Pharaos entdeckten die Ausgräber in Esbet-Rushdi in der Nähe von Tell el-Daba im Südwesten von Kantir am Ostrand des Nildeltas; aber auch von diesem Tempel sind mehr als spärliche Reste nicht erhalten. Daß allerdings nicht mehr von diesem Bauwerk auf uns gekommen ist, liegt auf der Hand: Steine waren in dem steinlosen Deltagebiet mehr als begehrt, und so nimmt es nicht wunder, daß zu einer Zeit, da der Tempeldienst an diesem Ort nicht mehr verrichtet wurde, sich schon bald ein jeder Ägypter über dieses Baumaterial hermachte.

Die Herrscher der 12. Dynastie bekannten sich in auffallender Weise zu ihren Vorfahren der 6. Dynastie, die rund 300 Jahre zuvor in Memphis residierten und ihre pyramidalen Grabanlagen in der Nekropole von Sakkara herrichten ließen. So verlegte Amenemhet I. (1991–1962 v. Chr.), der Begründer der 12. Dynastie, die Residenz wieder in den Norden des Landes und ließ nicht weit von Memphis entfernt, nahe der heutigen Ortschaft Lischt, rund 65 km südlich von Kairo die neue Hauptstadt Ititowi erstehen. Von dieser zentralen Stelle aus konnte man sicherlich leichter als vom südlichen Theben aus das weitausgedehnte Imperium organisatorisch steuern; auch trug die strategisch günstige Lage dazu bei, daß man sich jetzt stärker der Asienpolitik zuwenden konnte.

Die Bautätigkeit gelangte mit dieser Dynastie auf ihren Höhepunkt im Mittleren Reich. Zwar sind viele Tempel durch Neubauten oder Umbauten des Neuen Reiches ersetzt worden, aber die erhaltenen Reste zeigen uns noch anschaulich die Entwicklung, die diese Bauwerke in jener Zeit erfahren haben.

Die ersten beiden Pharaonen (Amenemhet I. und dessen Sohn Sesostris I.) errichteten ihre Pyramidenanlagen bei Lischt in Anlehnung an die Pyramidenbezirke der 6. Dynastie. Besonders deutlich wird das an den Totentempeln, die jeweils im Osten den Pyramiden vorgelagert sind. Sie zeigen uns, daß sie in ihrem Grundriß auf die Anlage des Pharaos Pepi II. (2254–2160 v. Chr.) in Sakkara zurückreichen. Auch die Reliefs, die noch zu einem größeren Teil aus dem Totentempel von Sesostris I. erhalten sind, zeigen uns, daß sie nach Vorlagen des Alten Reiches gefertigt wurden.

Die Bautätigkeit von Sesostris I. erstreckte sich über das ganze Land. In Heliopolis, dem theologischen Zentrum des Reiches, wo man seit der 5. Dynastie den Sonnengott Re verehrte, zeugt heute ein Obelisk inmitten des Ackerlandes von dem einst ruhmvollen

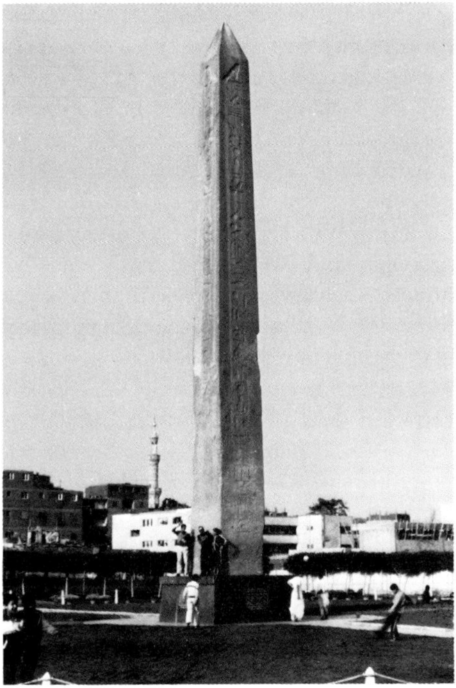

Obelisk von Heliopolis, den Sesostris I. im Jahre 1942 v. Chr. aufrichten ließ

Sonnentempel. Obelisken fanden wir ja schon im Alten Reich als Kultobjekte in den Sonnenheiligtümern der 5. Dynastie vor. Doch dieser Obelisk von Sesostris I. ist »der älteste uns bekannte von der fortab üblichen schlanken Form« (Lange/Hirmer). Hinzu kommt, daß Obelisken von nun an paarweise vor den Verehrungstempeln – vor den Totentempeln kommen sie nicht vor – stehen. Der 20,50 m hohe Obelisk in Heliopolis ist als Monolith aus dem Rosengranitsteinbruch von Aswan herausgehauen und auf allen vier Seiten beschriftet. Da erfahren wir, daß er anläßlich des Regierungsjubiläums von Sesostris I. aufgestellt wurde, und das war im Jahre 1942 v. Chr. Seine Spitze, das Pyramidion, war mit Blattgold überzogen. Wir wissen, daß vor dem Sonnentempel noch ein zweiter Obelisk stand, der erst im 12. Jh. unserer Zeitrechnung umgestürzt ist.

Einen prächtigen Tempel scheint Sesostris I. auch in Koptos errichtet zu haben, doch ist von diesem Bau heute nicht mehr als ein herrliches Kalksteinrelief erhalten.

Daß nachfolgende Herrscher die Bauten ihrer Vorgänger umfunktionierten, überbauten, teilweise abtrugen oder sogar gänzlich dem Boden gleichmachten, ist uns ja schon vom Alten Reich her bekannt. So verwundert es nicht, daß man auch mit den Bauwerken des Mittleren Reiches entsprechend verfuhr. Erstaunlich aber ist, daß ein kleiner Tempel Sesostris' I. völlig wiederhergestellt werden konnte, obgleich Amenophis III., der Vater des Echnaton, ihn vollkommen abgerissen und seine Steine zum Bau des 3. Pylons des gewaltigen Tempels von Karnak verwendet hatte. Stein um Stein konnte das Baumaterial dieses kleinen Tempels aus dem Pylon geborgen und zu jenem Bauwerk zusammengefügt werden, das jetzt nach fast 4000 Jahren in alter Pracht wieder erstrahlt (s. S. 250f.).

Heute steht dieses Bauwerk in neuem Glanz in der Nordwestecke des Karnak-Bezirkes vor der westlichen Umwallung. Nach seinem hellen Baumaterial erhielt es die Bezeichnung ›Weiße Kapelle‹ (Abb. S. 251). Sie ist das einzige durch Rekonstruktion wiedergewonnene Monument, das wir überhaupt aus Karnaks frühester Zeit besitzen; und zugleich stellt sie eines der schönsten Werke der ägyptischen Baukunst dar. 16 Pfeiler tragen ein hohlkehlengeschmücktes Dach, das noch Anklänge an ein Zeltdach spüren läßt. Von zwei Seiten her führen Stufenrampen in die offene Halle, in deren Mitte ein steinerner Sockel für die Aufstellung der göttlichen Barke des Amun gedient haben mag. Die Perfektion der mit herrlichen Reliefs überzogenen Ausführung setzt ältere Vorbilder voraus, wie etwa baldachinartige Mattenkonstruktionen, die man über Prozessionsstraßen errichtete, um das Kultbild abstellen und die Riten vollziehen zu können. Als Anlaß zur Errichtung der Weißen Kapelle diente das erste Sedfest des Königs. Weitere Funde, die erst jüngst im Tempelbezirk von Karnak zutage gefördert wurden, bezeugen uns aufgrund ihrer Inschriften, daß an dieser heiligen Stätte noch andere Bauten dieses Herrschers gestanden haben müssen.

Die Tempelbauten der Pyramidenanlagen, die die nachfolgenden Pharaonen des Mittleren Reiches errichten ließen, sind uns heute

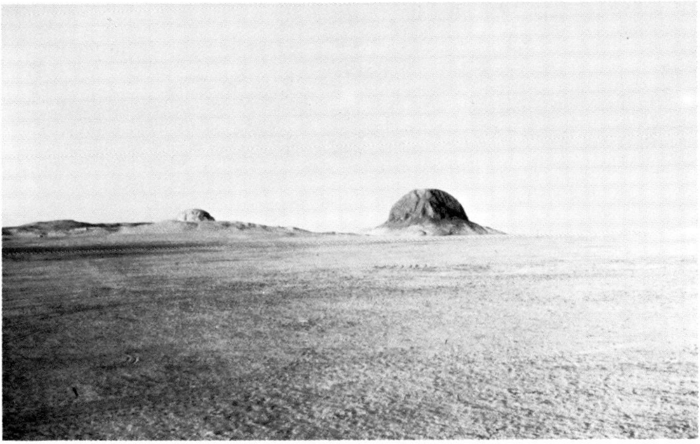

Ziegelpyramide von Sesostris II. (1897–1878 v. Chr.) bei Illahun (Ansicht von Süd-West)

noch teilweise unbekannt. Aus der Pyramidenanlage von Sesostris II. (1897–1878 v. Chr.) kennen wir zwar den Toten- und den Taltempel, doch sind beide nur in mehr als schlechtem Zustand erhalten. Der Totentempel dieser Anlage wurde einst aus dem herrlichen Rosengranit von Aswan errichtet, und seine Wände waren mit grüngemalten Hieroglyphen beschriftet. Der Taltempel liegt von hier aus etwa 1,6 km entfernt am Rande des Fruchtlandes inmitten der von dem englischen Ägyptologen William Matthew Flinders Petrie freigelegten Pyramidenstadt. Sie stellt den ersten Wohnkomplex dar, den wir hier auf ägyptischem Boden antreffen – wenn wir von den Arbeiterunterkünften an der Chephren-Pyramide einmal absehen.

Sesostris II. hatte diese Stadt für bis zu 2000 Menschen angelegt; sie bildete ein Rechteck von etwa 350 × 400 m, war von einer Ziegelmauer umschlossen und in zwei Quartiere geteilt: eins für Arbeiter und Handwerker, deren Häuser bis zu drei Räume aufweisen, und ein anderes für Beamte und Hofleute, dessen großzügigerer Zuschnitt auf eine hohe Wohnkultur schließen läßt. Umfangreiche Funde wertvoller Papyrushandschriften mit Texten aus Medizin, Rechtskunde und Verwaltung sowie von Briefen haben unsere heutige Kenntnis von den damaligen Verhältnissen erheblich verbessert.

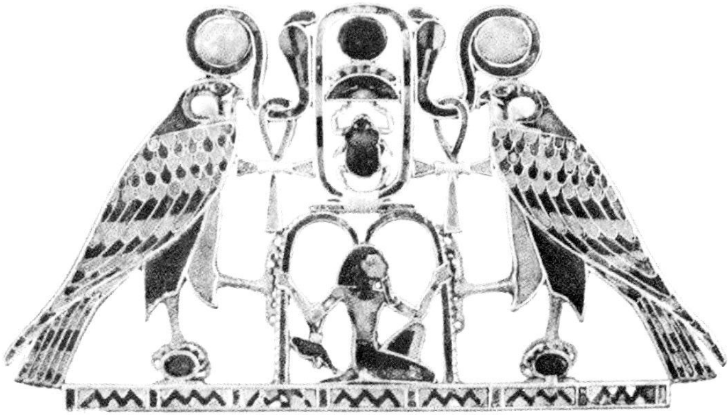

Brustschmuck der Prinzessin Sit-Hathor-Iunet, getriebenes und ziseliertes Gold mit Intarsien aus Karneol, Türkis und Lapislazuli. Aus Illahun. 12. Dynastie, um 1885 v. Chr. Höhe 4,5 cm. New York, Metropolitan Museum

Den dort entdeckten Papyri verdanken wir unter anderem die genaue Datierung des Mittleren Reiches.

Auf dem südlichen Hof der Pyramidenanlage von Sesostris II. stießen die Ausgräber auf einen Schacht, der in die Grabkammer der Prinzessin Sit-Hathor-Iunet (›Tochter der Hathor von Dendera‹) hinabführte. Hier entdeckte man einen großartigen Juwelenschatz, der einst in fünf hölzernen Truhen mit silbernen und goldenen Beschlägen untergebracht war (heute im Metropolitan Museum zu New York).

Während Sesostris III. (1878–1841? v. Chr.) in seiner Bautätigkeit hinter seinen Vorgängern zurückblieb – wohl, weil er sich den Kultivierungsarbeiten im Faijum widmete und im übrigen besonders mit der Ausdehnung der ägyptischen Landesgrenzen im Norden und Süden, unter anderem durch den Bau wuchtiger Befestigungsanlagen und Beobachtungsposten, beschäftigt war –, wandte sich sein Nachfolger Amenemhet III. (1844–1797 v. Chr.) wieder stärker größeren Bauvorhaben im Lande zu. Bemerkenswert sind nicht nur seine beiden Pyramidenanlagen in Hawara und Dahschur, sondern speziell auch jener berühmte Verehrungstempel neben seiner Hawara-Pyramide.

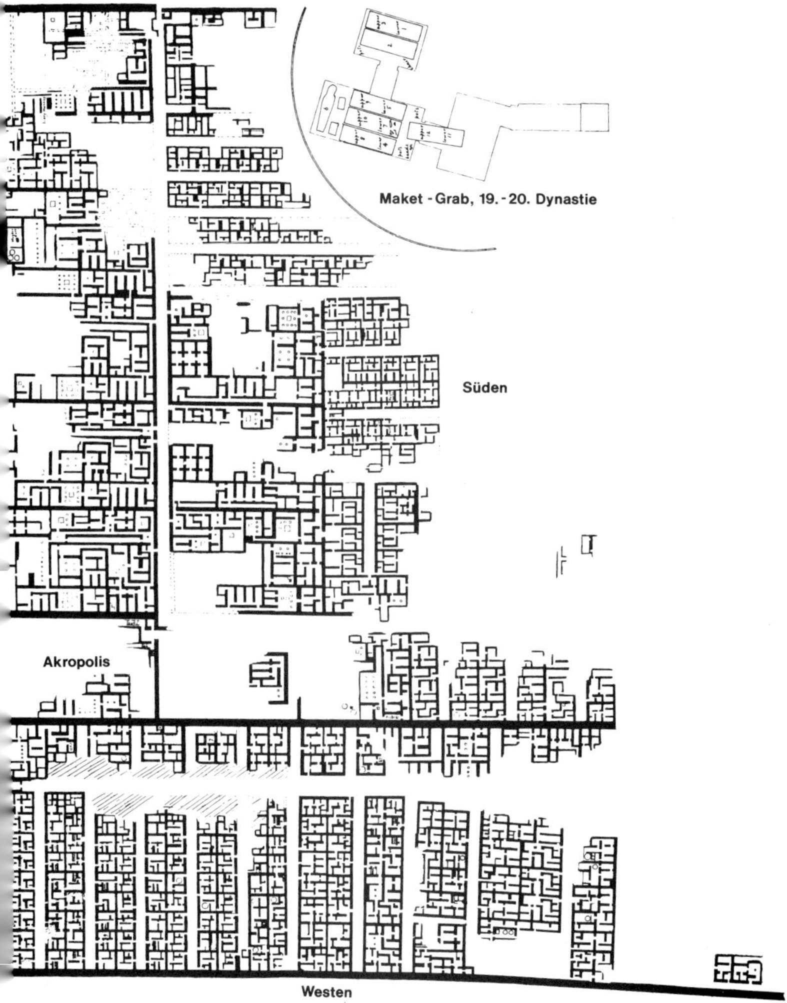


rundriß der Pyramidenstadt von Sesostris II. bei Illahun. Im westlichen Teil liegen die Arbeiter-
ıterkünfte, im östlichen die Beamten-Häuser. Nach: Sir W. M. Flinders Petrie, Illahun, Kahun
ıd Gurob, Taf. XIV

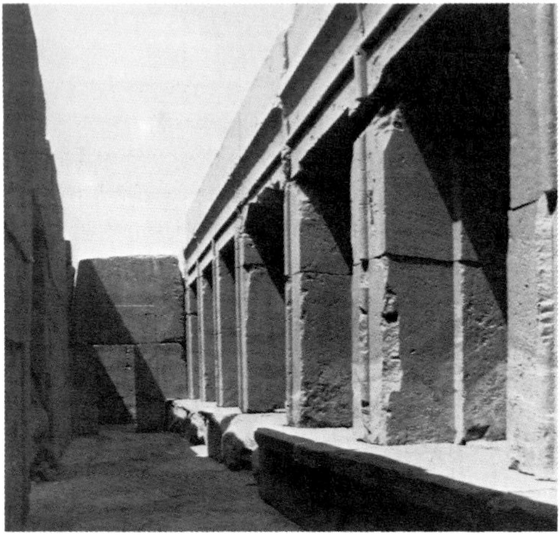

Der unbeschriftete Tempel von Kasr es-Sagha im Faijum stammt wohl aus dem Ende der 12. Dynastie

Amenemhet III. hatte diesen Tempel entgegen allen Regeln an der Südseite seiner Pyramide erbauen lassen. Heute ist er so gut wie verschwunden; nur ein paar Mauerreste, Säulenbruchstücke und eine Unmenge von Steinschutt zeugen noch von ihm. Dieser Bau war jenes berühmte Labyrinth, von dem die antiken Schriftsteller Herodot, Diodor, Strabo und Plinius erzählen. Den umfangreichsten Bericht liefert uns Strabo, der um 25 v. Chr. Ägypten besuchte. Er berichtet unter anderem, kein Fremder habe ohne die Hilfe eines Führers den Weg durch die Höfe und Gänge des Labyrinths finden können. Mit Sicherheit können wir heute sagen, daß der Tempel, der einst eine Grundfläche von 304,80 × 243,80 m gehabt hat, von allen uns bekannten Totentempeln abwich und sich durch die Schönheit und technische Vollendung sowohl der Gesamtanlage als auch der einzelnen Bauelemente ausgezeichnet hat. Sicher ist auch, daß das Dach aus gewaltigen Steinplatten bestand und noch kurz vor unserer Zeitrechnung intakt war, möglicherweise auch noch, als Kaiser Severus (193–211 n. Chr.) der Anlage einen Besuch abstattete (s. Abb. S. 149).

In das Ende der 12. Dynastie dürfte wohl der gänzlich unbeschriftete Tempel von Kasr es-Sagha am nördlichen Rande des Karun-Sees datiert werden. Er ist »in Grundriß und Bautechnik ein atypischer Vertreter der Tempelarchitektur des Mittleren Reiches. Seine kultische Funktion bleibt ebenso unbekannt wie seine genaue Datierung. ... Einmalig wie die äußere Gestalt des Tempels von Kasr es-Sagha ist auch die Gliederung seines Sanktuarraumes, der sieben nebeneinanderliegende Schreine besitzt. Da Inschriften völlig fehlen, ist ihre Funktion nicht mehr zu rekonstruieren« (Wildung). Über 400 Jahre später treffen wir eine derartige Siebenteilung allerdings noch einmal an, und zwar in Abydos in dem Tempel von Sethos I. (1304–1290 v. Chr., 19. Dynastie). In diesem Tempel war die mittlere Kapelle dem Gotte Amun geweiht, die drei nördlichen (rechts) gehörten den Göttern des Osiris-Kreises (Osiris, Isis, Horus) und die drei südlichen (links) den Landesgöttern (Re-Harachte, Ptah sowie dem vergöttlichten König Sethos I.).

## VI.1.2 Die Privatarchitektur

Als mit dem Niedergang des Alten Reiches die zentrale Staatsgewalt völlig zusammengebrochen war und sich die Anarchie breitmachte, als im Volke aufgrund mangelnder Organisation Plünderungen und Hungersnöte einbrachen, übernahmen die Gauherren in den 22 oberägyptischen und den 20 unterägyptischen Gauen die Funktion eines Zentralverwalters. Besonders die Fürsten von Mittel- und Oberägypten scheinen sich sehr um die Bewohner ihres Gaues gesorgt zu haben. Bei der Bereitstellung von Nahrungsmitteln blieben freilich Überfälle auf den Nachbargau nicht immer aus, und gelegentlich rühmten sich diese Gaufürsten gar in ihrer Überheblichkeit solcher Heldentaten.

Vor dem Hintergrunde dieser politischen Ungebundenheit, in der man herabsah auf alles Althergebrachte und jegliches Vorbild verwarf, kam es zu Anfang des Mittleren Reiches auch in der Grabarchitektur zu einem gänzlich neuen Typus, und zwar dem von den Gaufürsten entwickelten Hallengrab, das uns in der mittelägyptischen Nekropole von Beni Hassan begegnet (Farbt. 8).

Wenn wir bei der Ortschaft Abu Kurkas, 20 km südlich von El-Minija, mit dem tuckernden Fährboot auf das Ostufer des Nil über-

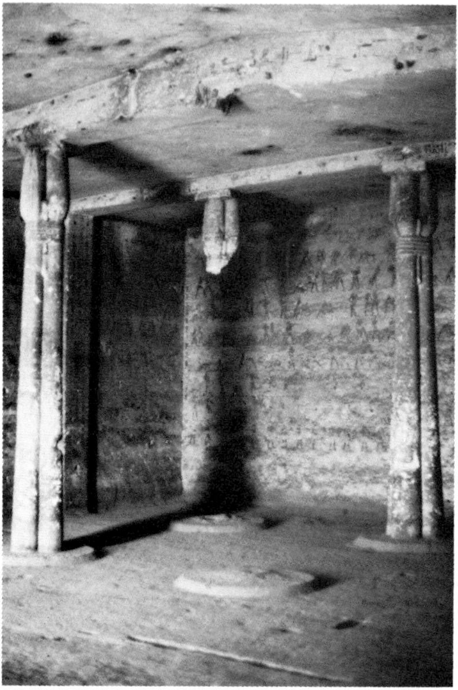

Das Hallengrab des Cheti in Beni Hassan aus der Zeit um 2030 v. Chr.

setzen und dort auf schmalem Pfade durch das grüne Fruchtland gehen, stehen wir schon bald am Fuß des Abhanges, in dem auf etwa halber Höhe 39 Gräber in einer Reihe im Kalkfelsen angelegt sind. Dort oben ruhen die Fürsten und Beamten der 11. und auch 12. Dynastie. Diese Hallengräber bestehen aus einem großen, etwa quadratischen Raum, dessen Decke von zierlichen Säulen oder auch massigen Pfeilern, die aus dem Fels herausgeschlagen wurden, gestützt wird. Die Hallengräber von Beni Hassan »zeugen in ihrer großzügigen Raumwirkung vom Selbstbewußtsein ihrer Bauherrn und lassen die großzügige Art ihrer Hofhaltung erahnen« (Wildung). Hier ist besonders das Grab des Cheti (Grab Nr. 17), eines Monarchen des Antilopengaues, der in der 11. Dynastie lebte, erwähnenswert. Einst stützten sechs zierliche Lotosbündelsäulen, von denen vier mittlerweile gestohlen wurden, das Giebeldach. Derartige Säulen haben ja ihr Vorbild in der Holzarchitektur. »Ein Grundgedanke ägyptischer Sakralarchitektur ist also auch hier dominierend: Die Umsetzung vergänglichen Alltags in bleibendes Jenseits, die Verwandlung leicht zerstörbarer Materie wie Nilschlamm, Holz, Matten und Teppiche in dauerhaften Stein« (Wildung). Die gut erhaltenen Wandbilder dieses Grabes zeigen uns hervorragende Jagd-, Musik- und Tanzszenen anstelle der bislang üblichen Darstellungen, die sich mit dem Verstorbenen im Jenseits beschäftigen.

Nach Norden hin schließt sich das Grab des Baket (Grab Nr. 15) an. Er war der Vater des Cheti und gleichfalls Monarch des Antilopengaues. Dieses Grab beeindruckt durch die Darstellungen der weben-

Ringerszene im Grab des Cheti. Beni Hassan. 11. Dynastie, um 2030 v. Chr. Malerei auf Kalkstein

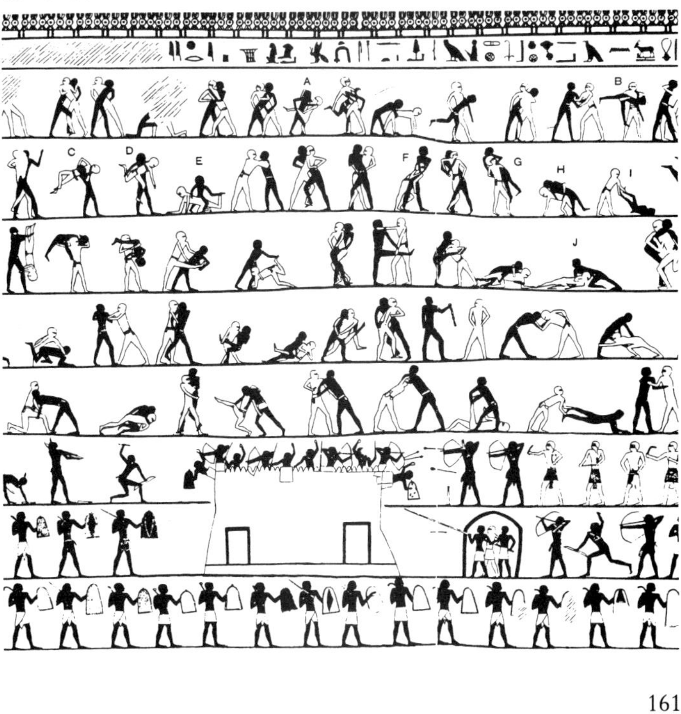

den Frauen und ballspielenden Mädchen; bemerkenswert aber sind die Ringerspiele, die man hier erstmals in der ägyptischen Geschichte in kinematographischen Phasen darstellt. Mit diesen Szenen »artikulieren die Gaufürsten von Beni Hassan ihre Unabhängigkeit durch die Darstellung der Ausbildung ihrer Rekruten – Abschreckung innenpolitischer Gegner ebenso wie außenpolitischer Widersacher, war doch die Sicherung der Karawanenwege durch die Ostwüste zum Golf von Suez Sache der Gaufürsten von Beni Hassan« (Wildung).

In der 12. Dynastie erfahren die Hallengräber eine mehrfache Umgliederung. An die Stelle der bisher quergegliederten Halle tritt jetzt eine längsgegliederte, wie wir das von den entsprechend angeordneten Architraven ablesen können. Die Längsarchitrave teilen nun die Halle in ein Mittelschiff mit zwei Seitenschiffen. Massige ›protodorische‹ Säulen stützen jetzt ein leicht tonnenartig gewölbtes Dach, das in den Gräbern der 11. Dynastie durchweg giebelförmig gestaltet war. Die Decken sind bunt bemalt und stellen offenbar eine Mattenkonstruktion dar. Neu ist auch die Statuennische in der Rückwand der Grabkammer. Hier hatte eine Sitzfigur des Verstorbenen ihren Platz. Die für die 11. Dynastie so bemerkenswerten Ringerszenen werden jetzt von den traditionelleren Motiven wie Fisch- und Vogelfang sowie Feldarbeit und Handwerk abgelöst. So traditionell manches Wandbild auch erscheinen mag, »viele Motive treten hier erstmals auf, und altvertraute Bildinhalte werden in neue Formen verpackt. Die Menschendarstellungen bleiben etwas plump und flächig – ein Gegensatz zur duftigen Leichtigkeit der Naturschilderungen, die sich jedoch leicht erklärt aus der Grundeinstellung der Gaufürsten: ihr Interesse galt nicht der Überfeinerung der Lebensformen, sondern der Bewältigung der politischen und wirtschaftlichen Notwendigkeiten. Ihr Engagement war primär zivilisatorischer, nicht kultureller Art, und die Kunst ihrer Zeit sah ihre Aufgabe nicht in stilistischer Vollendung, sondern in eindrucksvoller Repräsentation der vielfältigen Aktivitäten und Verantwortlichkeiten des Grabherrn« (Wildung).

Der Einfallsreichtum und die Originalität des Grabherrn zeigen sich besonders in dem Grab des Chnumhotep (Grab Nr. 3), Gaufürst zur Zeit Sesostris' II. Berühmtheit erlangte die Darstellung einer semitischen Karawane, die Augenschminke nach Ägypten brachte. Das tägliche Schminken hatte ja für die an ästhetischen Idealen orientierte Ägypterin einen beträchtlichen Stellenwert. Damals verließ eine Frau nie das Haus, ohne nicht zumindest ihre Augen mit dem typischen schwarzen Lidstrich umrandet und die Brauen mit leichtem Schwung bis zur Schläfe nachgezogen zu haben. Das war ein optisches Signal, das sie den Göttern näherbringen und gleichzeitig den gefürchteten ›bösen Blick‹ abwenden sollte. Die aus pulverisiertem grünen Malachit, grauschwarzem Bleiglanz und Bindemittel hergestellte Schminkpaste hatte darüber hinaus auch eine medizinische Funktion, denn sie schützte vor den im Niltal grassierenden Augenkrankheiten.

Auch während der 12. Dynastie blieben die Hallengräber von Beni Hassan – abgesehen von ihrer Umgestaltung im Innern – in der Gesamtkonzeption weitgehend unverändert. Hingegen erfuhren die

Asiatische Nomaden im Grab des Chnumhotep. Beni Hassan. 12. Dynastie, um 1885 v. Chr. Malerei auf Kalkstein

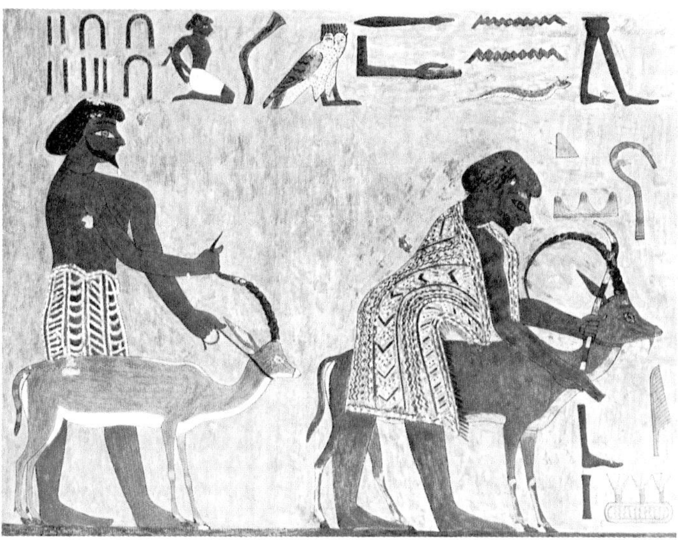

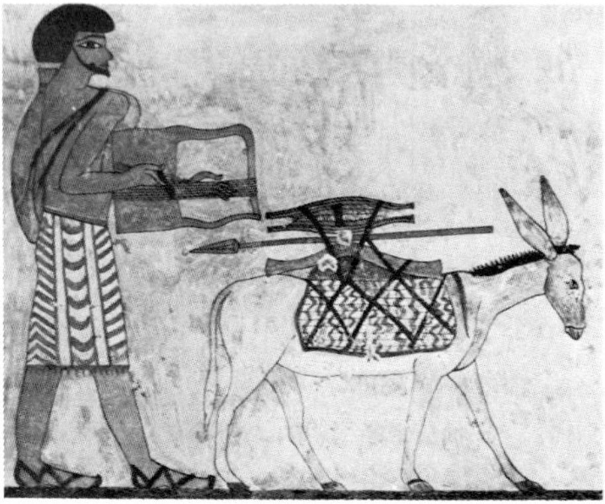

Palästinensischer Händler im Grab des Chnumhotep. Beni Hassan. 12. Dynastie, um 1885 v. Chr. Malerei auf Kalkstein

Grabanlagen der Gaufürsten im Süden von Beni Hassan, und zwar in Assiut und Qaw el-Kebir, eine spürbare Erweiterung. Hier besann man sich der königlichen Grabanlagen, und so erweiterte man die Hallengräber nach dem Vorbild pyramidaler Anlagen um einen Taltempel, Aufweg und einen dem Hallengrab vorgelagerten Totentempel. Diese Verwandtschaft mit den Pyramidenanlagen zeigt nur allzu deutlich, wie sehr sich diese Gaufürsten als Könige fühlten. Ihre Anlagen erreichen eine derartige Größe, daß sie »geradezu als eine erste Phase ägyptischer Felstempel-Architektur anzusehen sind. Sie stehen unter dem Einfluß des Mentuhotep-Tempels von Deir el-Bahari« (Arnold).

Ganz im Gegensatz zu den einräumigen Anlagen aus der 11. Dynastie und den in klassische Proportionen gesetzten Gräbern der 12. Dynastie von Beni Hassan sowie den königlichen Grabanlagen vergleichbaren Grabtempeln von Qaw el-Kebir und Assiut treffen wir in der Nekropole von Theben auf zwei weitere Grabtypen. Der erste Typ in Schech Abd-el-Kurna zählt zu dem sogenannten Saff-Grab. Das sind Reihen-Gräber, die ihren Ursprung bereits im Alten Reich erkennen lassen. Große längliche Höfe werden vor den Felswänden aus dem Boden herausgearbeitet, von einer Ziegelmauer umgeben und die Bergwand selbst mit großen Innenräumen ausgemeißelt. Der andere Typ, ebenfalls in Schech Abd-el-Kurna, zeigt eine glatte Fassade, »in deren Mitte sich ein oft beträchtlich tiefer Korridor öffnet, der in die Kultkammer führt und weiter zur tief im Berg verborgenen Grabkammer, die gelegentlich mit Sargtexten, Gerätefriesen usw. ausgemalt ist. Diese Grabform erhält sich in Theben bis in die 12. Dynastie und bevorzugt die Lage in nächster Nähe des königlichen Tempels. Sicher spiegelt der Wechsel vom Pfeiler- zum Fassadengrab eine Veränderung in der Vorstellung vom Grab wider, und zwar vom Grab als irdischem Wohnhaus des Toten zum Grab als Darstellung des Osiris-Grabes und der Unterwelt überhaupt – eine Vorstellung, die dann vor allem bei den Königsgräbern des Neuen Reiches und bei den Privatgräbern der Ramessidenzeit die Überhand gewinnt« (Arnold).

An der Südgrenze des Landes errichteten die Gaufürsten von Aswan ihre Anlagen in der Kubbet el-Hawa, dem großen Gräberberg auf dem Westufer des Nil gegenüber dem Nordzipfel der Insel Elephantine. Auch diese Gräber erinnern in ihrer Konzeption an königliche Grabtempel; sie verfügen über einen Talbau, Treppenaufgang und Vorhof, dem sich das eigentliche Grab anschließt. Ihren Höhepunkt

Blick auf die Kubbet el-Hawa in Aswan mit den Felsgräbern aus dem späten Alten Reich und aus dem Mittleren Reich

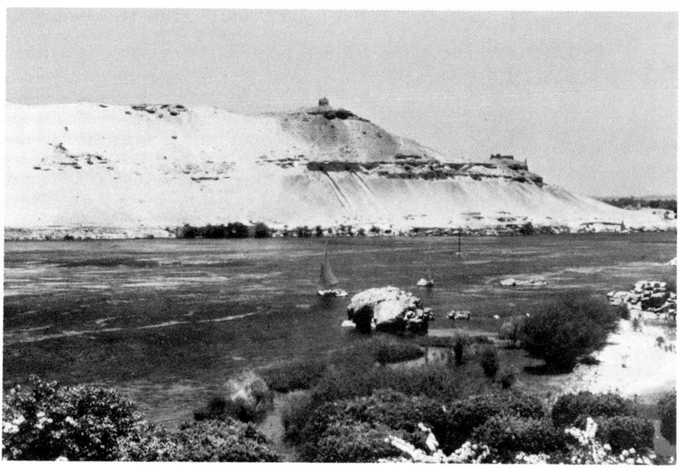

erreicht die Grabarchitektur von Aswan in der 12. Dynastie unter dem Fürsten Sarenput II. (um 1920 v. Chr.; Farbt. 13), der unter Amenemhet II. Gouverneur von Elephantine war. Von dem noch nicht untersuchten Talbau führt eine Treppe hinauf in den unvollendet gebliebenen Vorhof des Grabes. Man kommt zunächst in einen Saal mit sechs sich verjüngenden Pfeilern, dann in einen tonnenüberwölbten Korridor, in dessen seitlichen Nischen der Tote in Mumiengestalt, aus dem Felsen herausgearbeitet, erscheint. Den Abschluß bildet ein kleiner Vier-Pfeiler-Saal. An dessen Rückwand sieht man in einer Nische in leuchtenden Farben den Verstorbenen mit seinem Sohn am Speisetisch; links seine Frau, die beide versorgt, rechts die Mutter.

Während alle diese mittel- und oberägyptischen Gräber aus dem Mittleren Reich sich nicht nur durch ihre architektonische Verschiedenartigkeit auszeichnen, sondern auch in ihren Wandmalereien und Reliefs, von denen noch zu reden sein wird, von einer großartigen Originalität der Bauherren zeugen, bleibt die Kunst in den Grabbauten von Unterägypten weit zurück. »Zwar kehren die Beamten des königlichen Hofes zur traditionellen Grabform des Alten Reiches, der Mastaba, zurück; aber wo einstmals prachtvolle ›Häuser der Ewigkeit‹ errichtet wurden, mit Höfen und Hallen, Zimmern und Gängen, da begnügt man sich jetzt mit Grabhügeln aus Ziegeln, die nur noch selten begehbare Raumfolgen ausweisen. Die Ausschmückung der Gräber konzentriert sich auf die unterirdische, unzugängliche und nun mit raffinierten Sicherheitsmechanismen geschützte Sargkammer, die nicht selten mit Kopien der Pyramidentexte aus den Königsgräbern der 5. und 6. Dynastie ausgeschmückt wird« (Wildung). Die auffallende Bilderarmut besonders in den Gräbern der 12. Dynastie läßt sich vielleicht damit erklären, daß die Beamten- und Priestergräber in unmittelbarer Nähe königlicher Grabanlagen zu finden sind. Die Gnade des Königs, in seiner Nähe für alle Ewigkeit fortleben zu dürfen, mußte der Grabherr möglicherweise mit dem Verzicht auf jegliche Ausschmückung seines Grabes honorieren. Ein ähnliches Phänomen ist uns ja aus den Gräbern des Neuen Reiches von Theben-West her bekannt. Wenngleich die Wandmalereien so spärlich ausgefallen sind, so ist doch die

Vielfalt der Grabbeigaben um so beeindruckender und zeigt, daß die höfischen Beamten und Priester an Luxus keinen Mangel hatten.

## VI.2. Die Rundplastik

Das monumentale Bildnis des Königs Mentuhotep I. ist die erste große Rundplastik des Mittleren Reiches, dic wir kennen. Als Reichseiniger hatte Mentuhotep I. Ober- und Unterägypten wieder unter die Botmäßigkeit des Königtums gebracht und damit Verhältnisse geschaffen, die denen der Pyramidenzeit verwandt zu sein schienen. Auch in der Kunst knüpft man bewußt an die Pyramidenzeit an und versucht, die Formtraditionen des Alten Reiches neu zu beleben. Doch ist der Pharao des Mittleren Reiches nicht mehr der unangefochtene ›Gottkönig‹, sondern ein Herrscher, der sein Können unter Beweis stellen muß. Bei Mentuhotep I. spürt man daher nichts mehr von der »strahlenden Idealität« eines Cheops, wohl aber eine wache Skepsis bei der Beobachtung der irdischen Vorgänge.

Die überlebensgroße bemalte Sitzstatue aus Sandstein, 1,83 m hoch, stammt aus dem Totentempelbezirk von Mentuhotep I. in Deir el-Bahari (Abb. S. 168). Der religiöse Aspekt der Plastik wird im ›Osiris-Gestus‹ der überkreuzten Arme deutlich. Die Hände trugen einst »Krummstab und Wedel, die Insignien des Totengottes«. Mentuhotep I. ist somit »als der zu Osiris gewordene König dargestellt«. Im übrigen darf die schwarze Hautfarbe nicht als etwas Düsteres oder gar als Zeichen der Trauer verstanden werden. Schwarz symbolisiert für den Ägypter »Fruchtbarkeit und Auferstehung« (Zitate nach Seidel-Wildung). Die »ungeschlachte Kolossalität der Beine« wird als Andeutung für die »ungehinderte Bewegungsfreiheit des toten Königs im Jenseits« gedeutet.

Die Statuen von Sesostris I., rund hundert Jahre nach derjenigen von Mentuhotep I. entstanden, zeigen eine sehr viel feinere Modellierung der Oberfläche, verbunden mit einer »Harmonisierung des Menschenbildes«, aus der die Zuversicht »einer neuen Hochblüte der Kultur« (Otto) spricht. Der König zeigt sich in zeitlos jugendlicher Gestalt als Garant irdischer und kosmischer Ordnung.

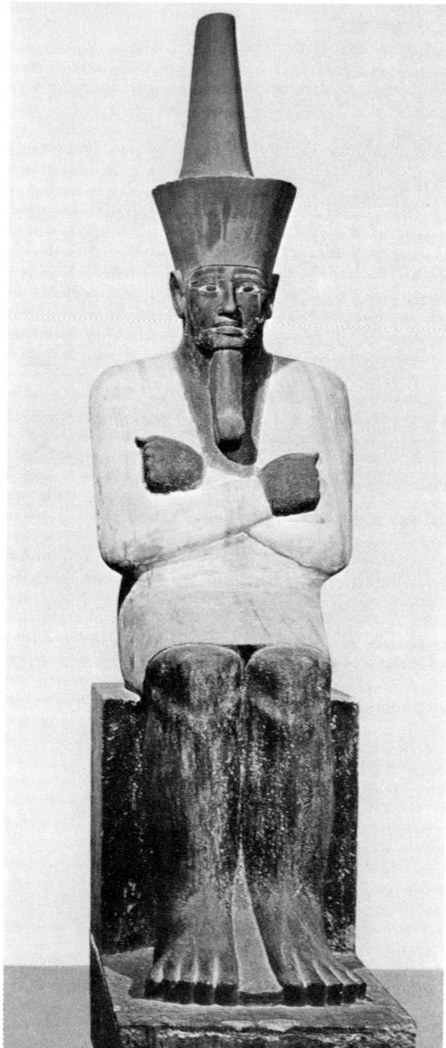

Mentuhotep I. Kairo, Ägyptisches Museum. 11. Dynastie, um 2050 v. Chr. Aus Deir el-Bahari. Höhe 1,38 m. Sandstein

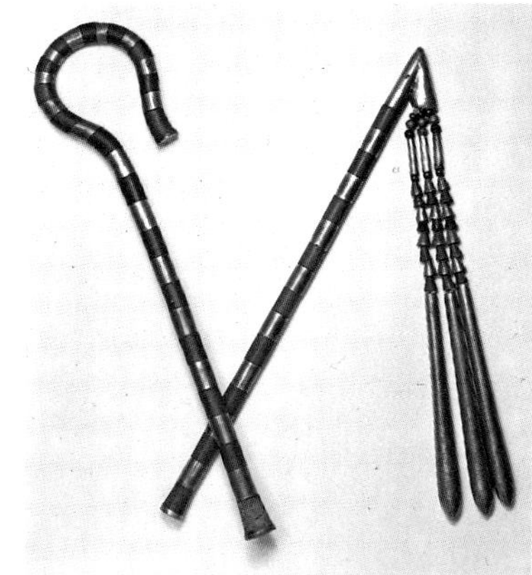

Geißel (Fliegenwedel) und Krummstab als Herrschaftsinsignien. Material: Bronze, Glas, Gold. Aus dem Grab des Tutanchamun. Kairo, Ägyptisches Museum

»Stilistisch hat sich seit der 11. Dynastie ein deutlicher Wandel vollzogen. An die Stelle der Urwüchsigkeit und Energiefülle der Mentuhotep-Zeit ist ein glatter schöner Stil getreten. Die kantigen, von einer durch die Haut sichtbar bleibenden Schädelstruktur gezeichneten Gesichter sind abgelöst von weichen, rundlichen, fülligen Köpfen. Die individuelle Komponente tritt gegenüber einer unverbindlichen Allgemeingültigkeit in den Hintergrund« (Wildung). Unter den Königen der 12. Dynastie kommt es zu großartigen Herrscherbildnissen voll innerer Kraft und physiognomischer Prägung. In ihnen spiegelt sich der neue Aufstieg des Landes wider, dessen staatliche Ordnung sich gefestigt hat. Eine der großen Gestalten dieser Zeit ist Sesostris III., in dessen Porträts (Abb. S. 170) sich die Schwere des Herrscheramtes abzeichnet, Alterszüge hervortreten und »das innerste Wesen des Dargestellten aufleuchtet« (Otto). Zum ersten Mal sehen wir den König in einer Gebetshaltung ehrfurchtsvoll der Gottheit gegenübertreten. »König und Staat sind demnach nicht mehr eins. Das Königtum ist eine weltliche Einrichtung geworden« (Wolf).

Das lebensgroße Bildnis des Königs gehört zu den eindrucksvollsten Pharaonenbildern Ägyptens. In der ernsten Feierlichkeit, dem stillen, innerlich abgeklärten Äußeren lebt etwas fort von den »idealisierenden Grundtendenzen des frühen Mittleren Reiches« (Seidel-Wildung). Daneben aber gibt es ein Element der »Skepsis« und der

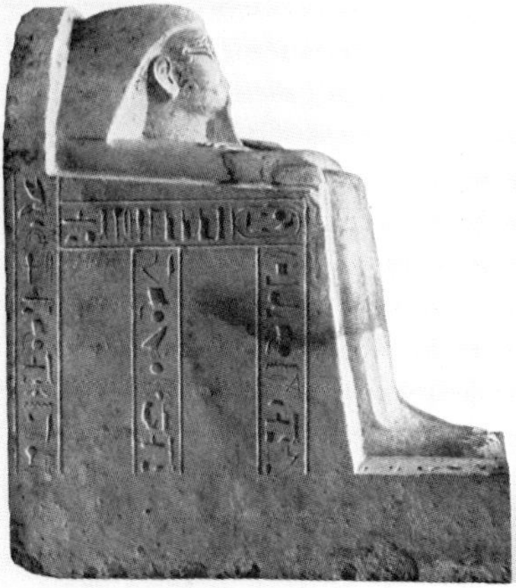

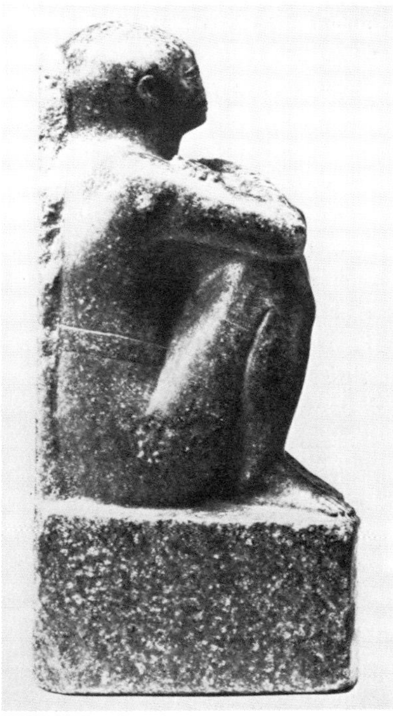

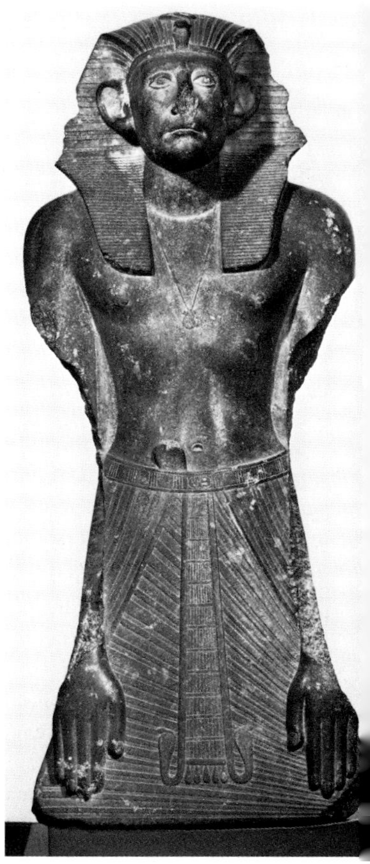

Pharao Sesostris III. Kairo, Ägyptisch Museum. 12. Dynastie, um 1850 v. Chr. A Deir el-Bahari. Höhe 1,50 m. Granit

◁ Der General Nesmonthu. Süddeutscher Privatbesitz. 12. Dynastie, um 1970 v. Chr. Aus Theben (?). Höhe 41 cm. Anorthositgneis

Oben links: Würfelhocker des Beamten Het Kairo, Ägyptisches Museum. 12. Dynastie, 1975 v. Chr. Aus Sakkara. Höhe 85 cm. Ka stein

»inneren Tragik« (Woldering) als Ausdruck der Einsamkeit des Herrschers in seiner Verantwortung für das Land.

Der sogenannte ›Würfelhocker‹ begegnet uns zum ersten Male in der 12. Dynastie. Es handelt sich hier um einen Typus, der nun immer häufiger in der privaten ägyptischen Grabplastik auftritt, obschon die individuellen Züge hier zwangsläufig stark zurücktreten. Bestimmend ist indessen eine religiöse Idee (Eggebrecht): Der Steinblock als solcher meint den »Urhügel«, aus dem heraus die Auferstehung des Toten erfolgt. Der eingeschriebene Körper aber, nach Osten, zur aufgehenden Sonne hin gerichtet, ist frei von Mumienbinden und bereit, nach dem Vorbild der Sonne »zur Tages- und Nachtfahrt« aufzubrechen. Die überkreuzten Arme schließlich zeigen an, daß der Tote »zum Osiris geworden ist«: Er hat Anteil am wiederauferstehenden Gott dieses Namens.

Wie die Würfelstatue des Hetep aus Sakkara (12. Dynastie, um 1970 v. Chr.) zeigt, ist ihre Form streng geometrisch, und der Körper tritt gänzlich in den Hintergrund. Er ist geradezu dem Blick verborgen, hockt er doch in einem kubischen Kasten.

Im Gegensatz zu diesem memphitischen Stil steht offenbar jene Stilrichtung in Theben; denn die Würfelstatue des Generals Nesmonthu weicht gänzlich von diesem Schema ab. »Dem so strengen Liniensystem der Hetep-Würfelstatue steht bei Nesmonthu pralle Rundung, sich frei entfaltendes Volumen und strotzende Vitalität gegenüber. Ein mächtiger Basisblock und eine schmächtige Rückenplatte bilden zwar auch hier das geometrische Gerüst; ihre Festigkeit bezieht die Statue aber aus sich selbst. Sie hat sich gelöst oder gar nicht erst einfangen lassen vom starren Kubus« (Wildung).

Gern greift man in der Privatplastik auf die älteren Typen zurück und erneuert die klassischen Formgesetze, die sich schon einmal bewährt hatten. Ein anschauliches Beispiel bietet uns die Holzstatue aus dem Grab des Meket-Re aus Deir el-Bahari (Farbt. 10). Die der 11. Dynastie angehörende Statue könnte ebensogut auch aus der 5. Dynastie stammen, so gering erscheinen die Unterschiede im Typus. Tatsächlich hat man ja nach der fast hundertjährigen Zwischenzeit bewußt an die Traditionen des Alten Reiches angeknüpft, mit dem Ziel, die alte Königsidee aus der Zeit von Cheops und Chephren zurückzugewinnen.

So folgt die Opferträgerin dem alten axialen Prinzip, wonach sich die Figur im wesentlichen aus der Frontal- und aus der Seitenansicht zusammensetzt. Neu dagegen sind der »schlanke, fein modellierte Körper« sowie die »Straffung und Sensibilisierung der Formen« (Woldering). Die Gestalt erscheint trotz ihrer Last frei, ebenmäßig und schön und bewahrt ihre Grazie. Nicht die geringste Falte im rautenförmig gemusterten Trägerkleid deutet auf eine Bewegung hin; und auch der Schritt erfolgt gleichsam lautlos. Weder der schwere Korb mit den Tongefäßen noch die mit der Rechten erfaßte Ente beeinträchtigen die gleichgewichtige, in sich ruhende Gesamterscheinung.

Erwähnen müssen wir noch die ›Votivstatuen‹, die ab der 12. Dynastie neu aufkommen. Sie sind zumeist in kleinerem Format gefertigt und hatten die Aufgabe, »den Stifter fern seines Wohnortes an heiliger Stätte in unmittelbarer Nähe des dort verehrten Gottes anwesend sein zu lassen« (Seidel-Wildung).

## VI.3. Das Flachbild

Die Flachbildkunst in der Ersten Zwischenzeit, gänzlich losgelöst von den Kunstzwängen des Alten Reiches, wirkt geradezu unbeholfen, insbesondere durch die deproportionierten Figuren, die unbeholfenen Schriftzeichen bei zugleich strengem Bildaufbau; so werden wir dieser Kunstrichtung am ehesten mit dem Worte ungelenk gerecht. Besonders deutlich läßt sich der Stand der Flachbildkunst der Ersten Zwischenzeit an der Grabstele des Rehu ablesen: Unproportioniert sind die Figuren des Grabherrn und seiner Frau vor den beiden Opferplatten dargestellt; die überlangen Figuren wirken fast karikaturhaft.

Die Selbstherrlichkeit der Gaufürsten in der Ersten Zwischenzeit führte zugleich zu einer bis dahin nicht dagewesenen Originalität

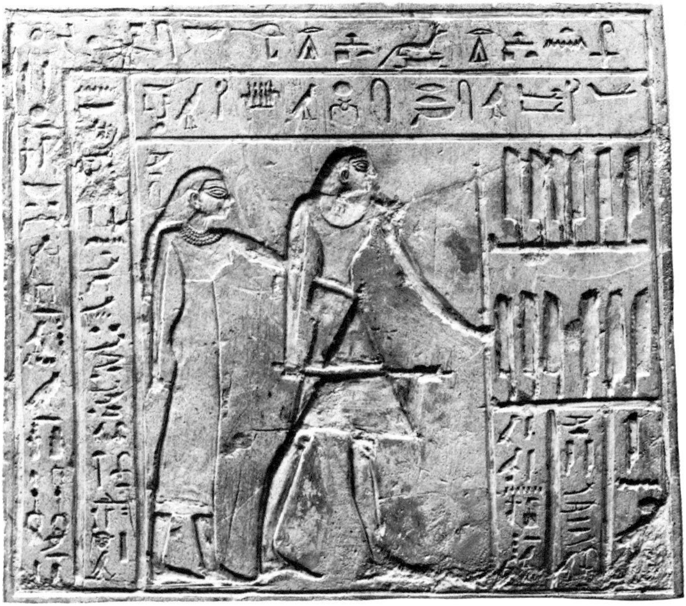

Der Beamte Rehu mit seiner Frau. München, Staatliche Sammlung Ägyptischer Kunst (Leihgabe). Erste Zwischenzeit, um 2130 v. Chr. Herkunft unbekannt. Höhe 28,5 cm. Kalkstein

der Motive. »Die einzelnen Gaue Mittel- und Oberägyptens entwickeln ihre eigenen künstlerischen Ausdrucksformen. Für Hierakonpolis sind zarte Pastellfarben und eine ruhige Flächigkeit der Farben charakteristisch.

Der ungelenke Zwischenzeitstil bleibt bis in die Zeit der Reichseinigung Mentuhoteps erhalten. Die lebhafte Bewegung und die motivliche Originalität bedürfen noch der Kultivierung durch den nun entstehenden thebanischen Hofstil« (Wildung).

Um 2040 v. Chr. hatte Mentuhotep I. ganz Ägypten wieder unter seine Kontrolle gebracht. »Authentische Berichte über Kampfhandlungen sind spärlich; die Selbstdarstellungen des Königs beim Erschlagen der Feinde sind ... als historische Quellen nur unter großen Vorbehalten zu benützen. Es scheint vor allem die generelle

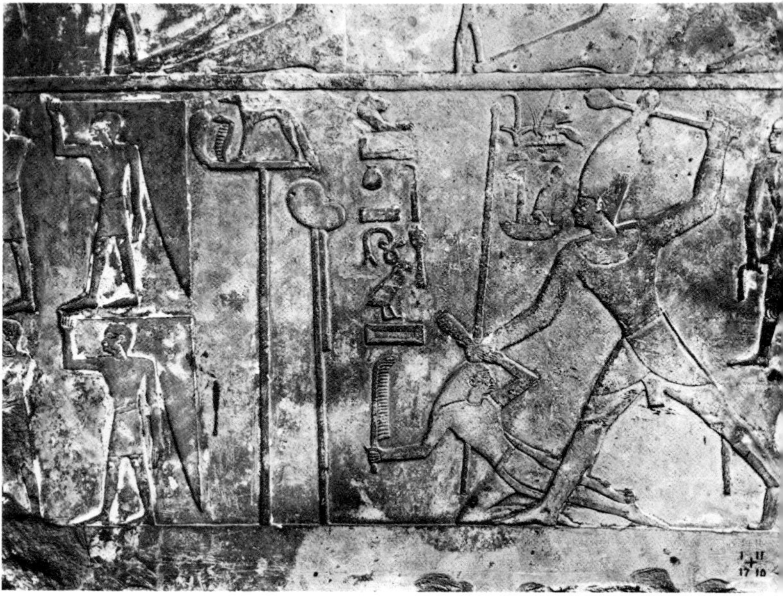


Das Erschlagen der Feinde. Kairo, Ägyptisches Museum. 11. Dynastie, um 2040 v. Chr. Aus Gebelen. Höhe des Ausschnittes 23 cm. Kalkstein

Überlegenheit der Thebaner über die Gaufürsten im Norden und Süden gewesen zu sein, die sie zu Königen ganz Ägyptens machte, ihre im Alten Reich nicht geforderte und in der Zwischenzeit nicht geschädigte unverbrauchte Aktivität und Kreativität.

Kunstwerke aus der Frühphase der Regierung Mentuhoteps zeigen eine urwüchsige Frische und aggressive Lebendigkeit, die es leicht machen, sich vorzustellen, wie energiegeladen Mentuhotep an sein politisches Einigungswerk gehen konnte« (Wildung).

»Das politische Selbstverständnis Mentuhoteps äußert sich im programmatischen Motiv des Erschlagens der Feinde, das ihn als Weltherrscher zeigt. Erstmals seit dem Alten Reich greift er diesen traditionsschweren Bildtypus wieder auf und drückt in ihm seinen Herrschaftsanspruch aus. In einem erstaunlich schnellen Aufschwung konsolidiert sich die unkultivierte Kunst der Ersten Zwi-

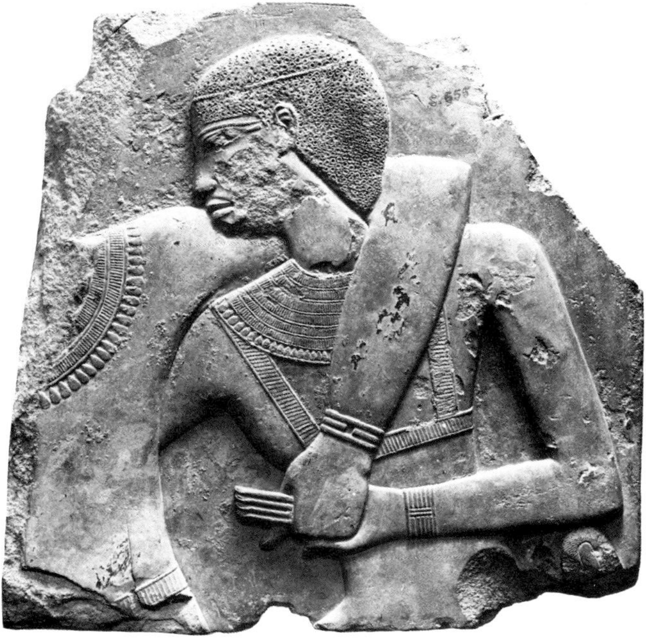

König Mentuhotep I. mit Haremsfrau. München, Staatliche Sammlung Ägyptischer Kunst. 11. Dynastie, um 2030 v. Chr. Aus Deir el-Bahari. Höhe 37 cm. Kalkstein

schenzeit unter Mentuhotep zu höchster technischer und stilistischer Qualität. Der kraftvolle, energische Stil der 11. Dynastie findet seinen angemessenen Ausdruck in höchster technischer Perfektion der Bildhauer« (Wildung).

Ein noch mit Resten der Bemalung versehenes Relieffragment von einer Grabkapelle einer Haremsdame des Mentuhotep aus dessen Totentempel von Deir el-Bahari gehört »zu den ältesten Zeugnissen der Reliefkunst des Mittleren Reiches. Innerhalb seines im Talkessel von Deir el-Bahari gelegenen Grabmonuments ließ der Reichseiniger Mentuhotep auch die Grabanlagen von vier Nebenfrauen anlegen, deren Statuenkapellen und Sarkophage den Stil der 11. Dynastie zeigen. Das scharf geschnittene Relief ist kräftig erhaben und erweckt einen fast plastischen Eindruck. König und Dame sind nebeneinander sitzend dargestellt (das obere Ende der Stuhllehne ist rechts sichtbar). Der König hat seinen linken Arm um die Frau gelegt und umfaßt ihre ebenfalls mit einem Armreifen geschmückte linke Hand. Ihr rechter Arm umfängt den König, der wie sie einen breiten Halskragen aus Fayenceperlen trägt. Die Löckchenfrisur der mit einem engen Trägerkleid bekleideten Frau ist besonders sorgfältig gearbeitet.

Die gegenseitige Umarmung der beiden Personen meint jedoch mehr als die bloße Darstellung einer liebevollen Geste: Die hier zum Ausdruck gebrachte Intimität ist eine bewußte Anspielung auf die in Liebe und Nachkommenschaft sich zeigende Regenerationsfähigkeit des Königs« (Seipel).

»Rings um das Königsgrab Mentuhoteps I. mit seinem Terrassentempel liegen in den Felshängen des Talkessels von Deir el-Bahari die Gräber der Hofbeamten, deren bemalte Reliefs den gleichen frischen, kräftigen, unbekümmerten Stil der königlichen Darstellungen aufweisen. Memphis hat diesem künstlerischen Aufbruch Thebens nichts außer traditioneller Strenge und Steifheit entgegenzusetzen, so daß mit der Verlegung des Königshofes von Theben nach Memphis unter Amenemhet I. der thebanische Stil alsbald zum bestimmenden Element der Kunst ganz Ägyptens wird« (Schoske/Wildung).

Unter dem Nachfolger Mentuhoteps I. entwickelt sich eine rege Bautätigkeit in den Tempeln des thebanischen Gaus. Aus den kräftigen, massiven Reliefs Mentuhoteps I. sind »zarte, hauchdünne, aber doch differenziert modellierte Wandbilder geworden. Ihr formaler Aufbau verwirklicht die strengen Regeln des Axensystems und des Proportionskanons; in ihrem ikonographischen Reichtum werden sie von der nicht mehr überbietbaren technischen Präzision der Steinbearbeitung unterstützt; ihre stilistische Qualität darf als der Höhepunkt der Reliefkunst des Mittleren Reiches, ja vielleicht der altägyptischen Reliefkunst überhaupt angesehen werden« (Wildung).

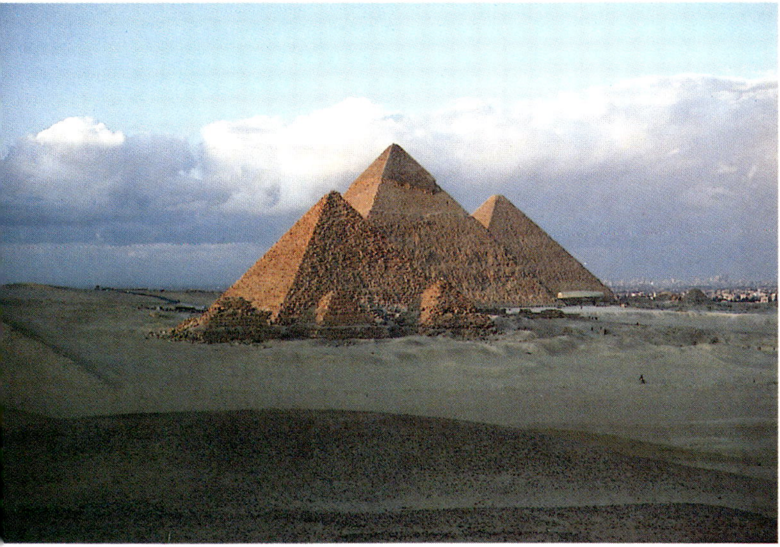

Die Pyramiden des Mykerinos, Chephren, Cheops (von links)

Scheingebäude im Djoser-Bezirk

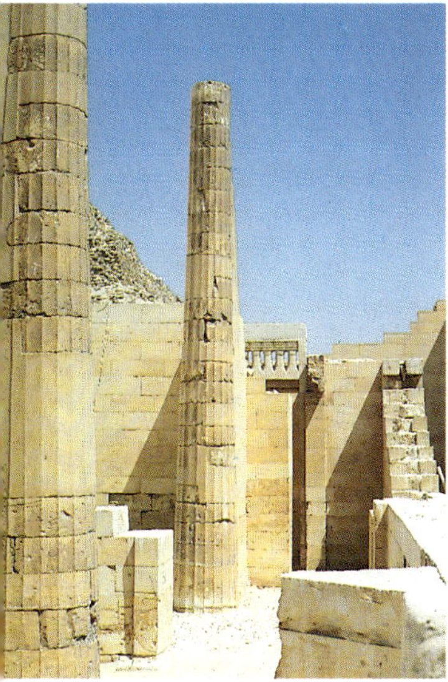

3 Der Gott Sobek (rechts) mit dem Gott Haroeris (in Kom Ombo)

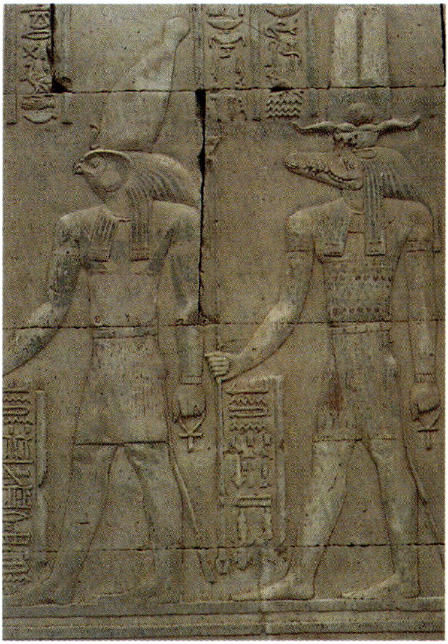

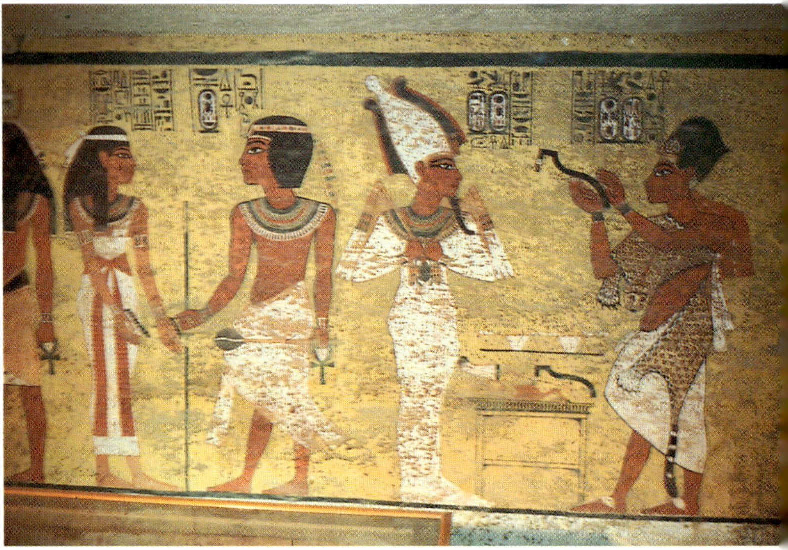

4 Ritual der Mundöffnung im Grab des Tutanchamun

5 Scheintür im Grab des Beamten Mereruka

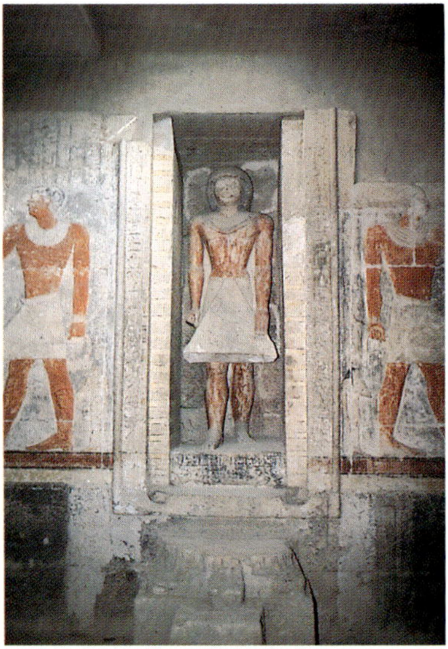

6 Der Totengott Osiris (im Grab de Menena)

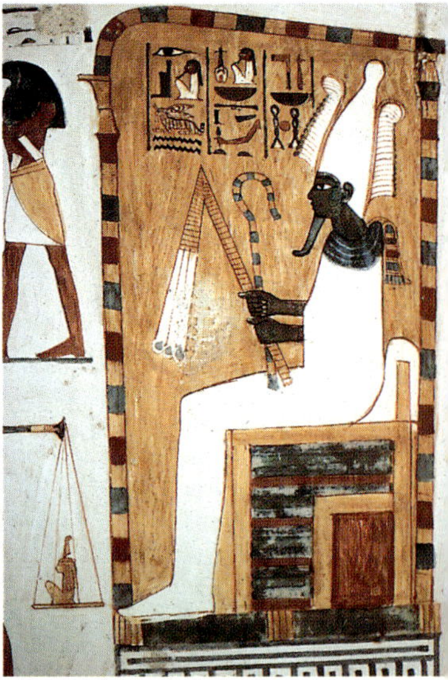

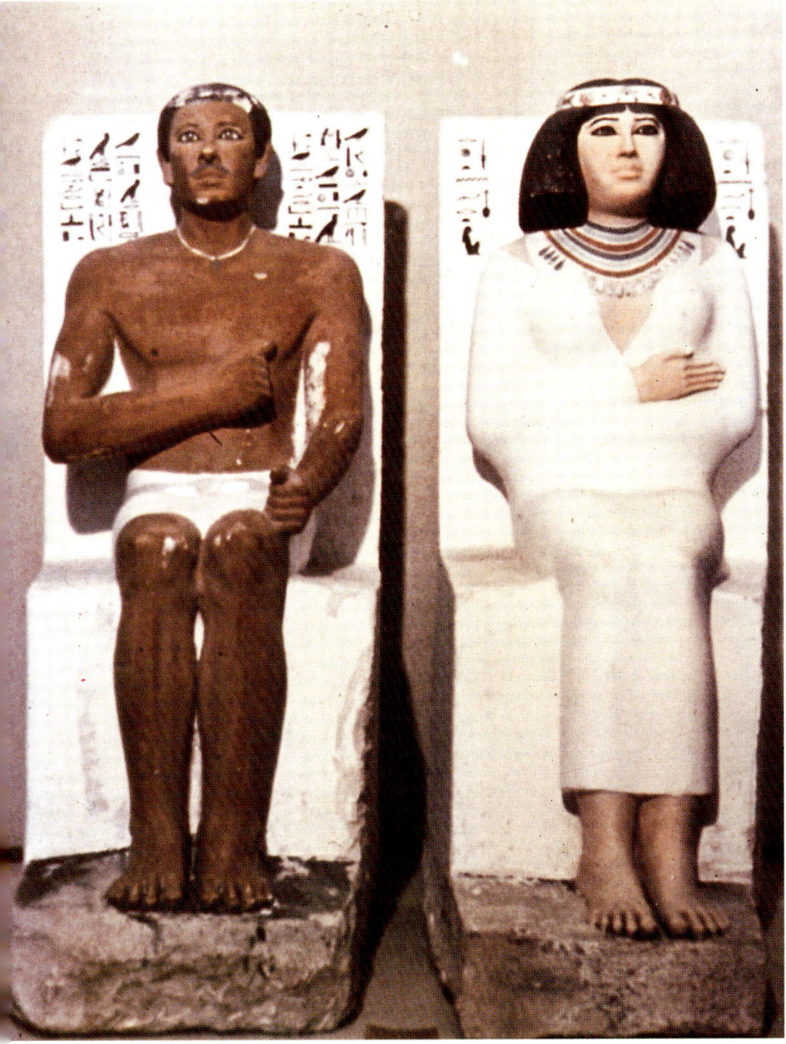

Prinz Rahotep mit seiner Frau Nofret

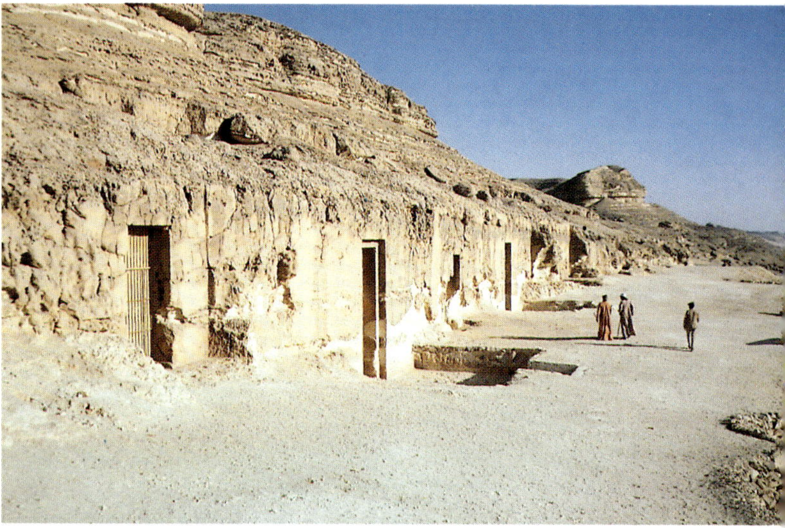

8 Die Hallengräber von Beni Hassan. Hier ruhen die Fürsten und Beamten der 11. und 12. Dynastie

10 Opferträgerin aus dem Grab des Mekat-Re. Kairo, Ägyptisches Museum. 11. Dynastie, um 2000 v. Chr. Aus Deir el-Bahari. Höhe 1,23 m. Holz

9 Blick auf den Luxor-Tempel

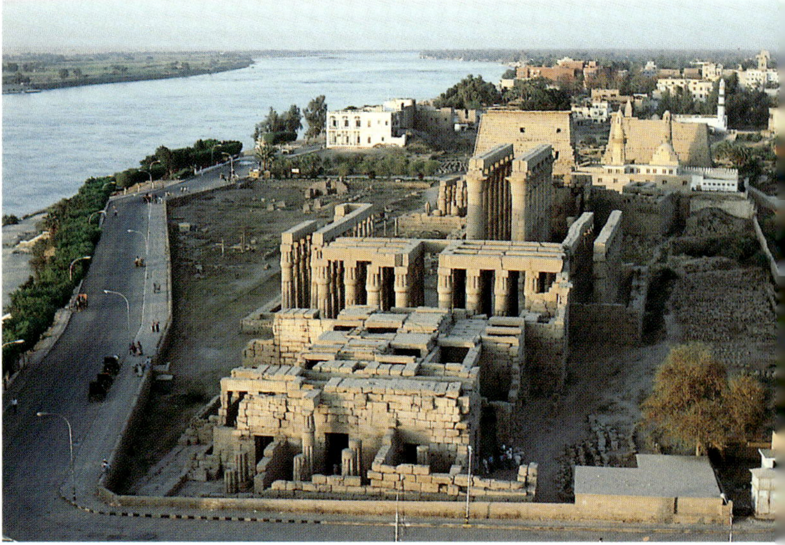

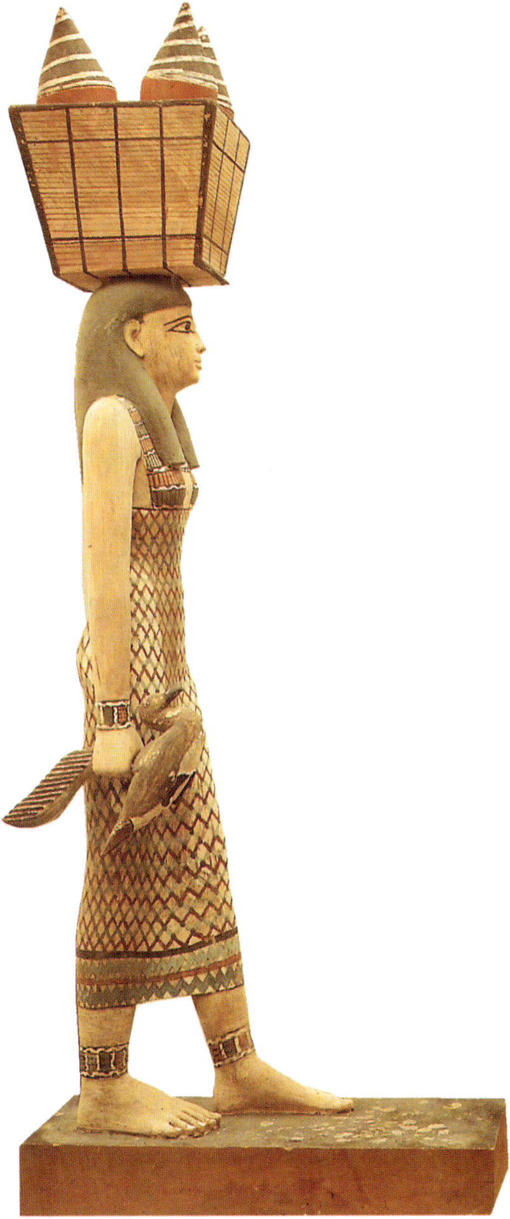

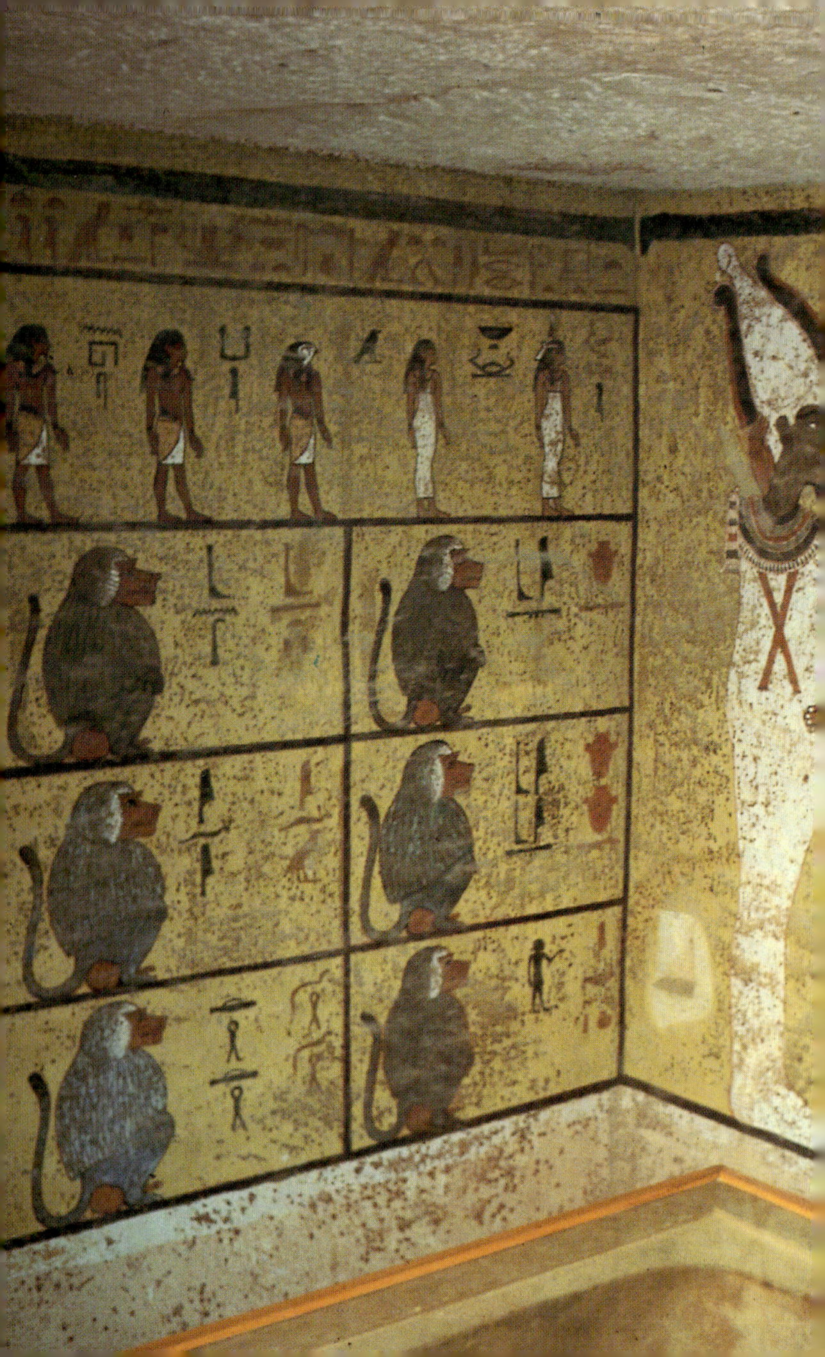

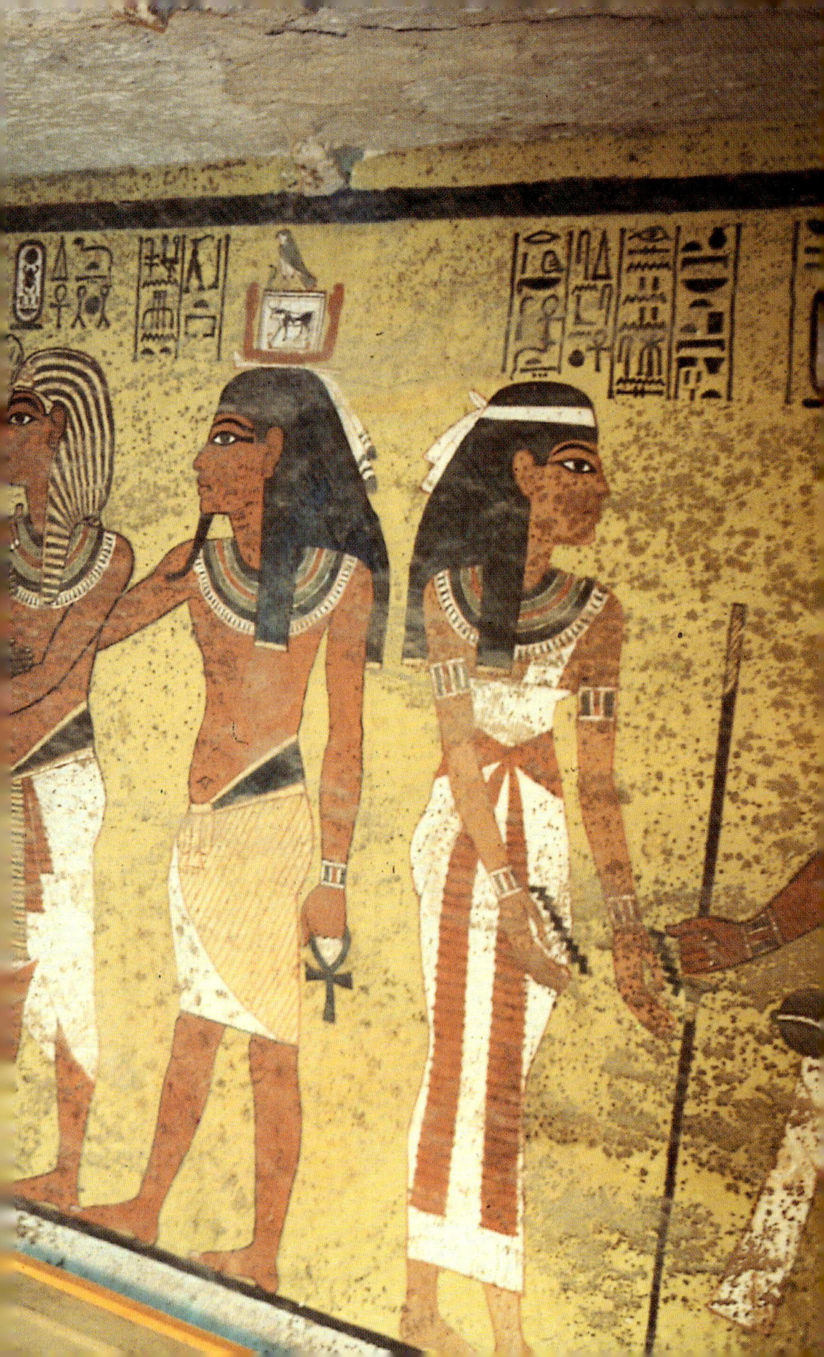

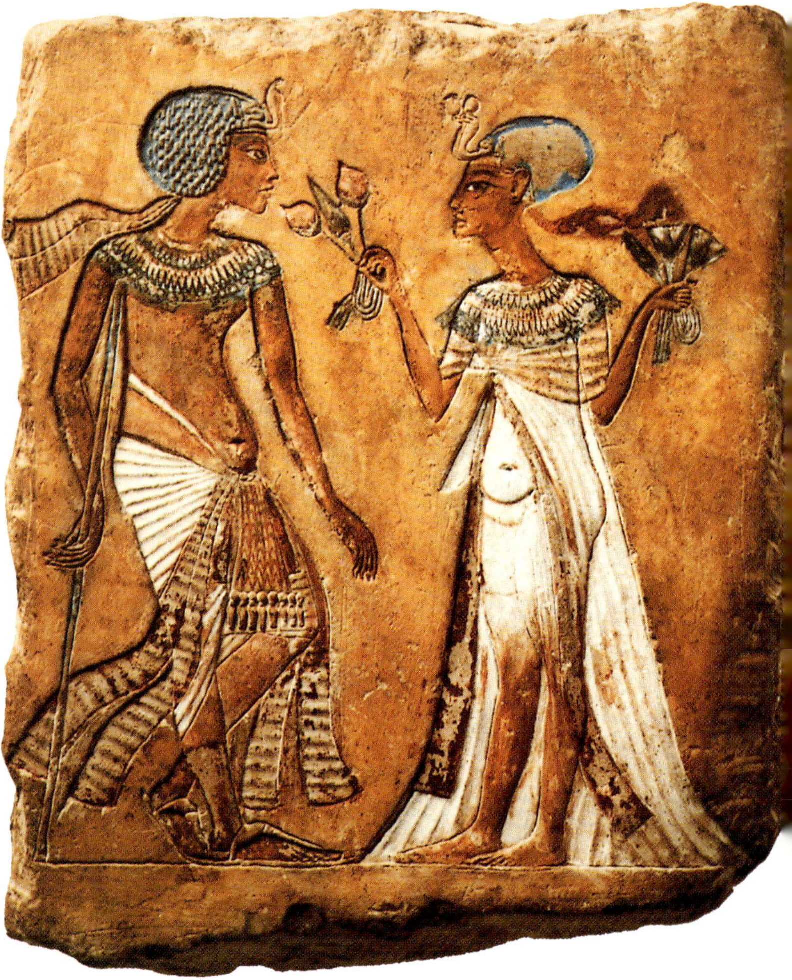

12 Reliefstudie ›Spaziergang im Garten‹ mit Semenchkare und Meritaton als Königs-paar. Berlin, Ägyptisches Museum. Kalkstein. Höhe 24 cm

◁ 11 Wandmalerei im Grab des Tutanchamun

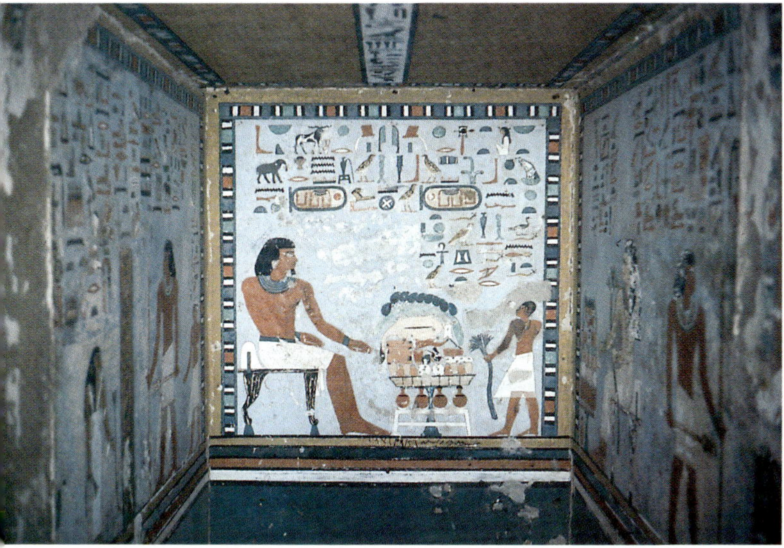

3 Fürst Sarenput II. vor dem Opfertisch

Wandmalerei im Grab des Pharaos Sethos I.

15 ›Die Vergöttlichung durch Ertrinken‹ im Pfortenbuch

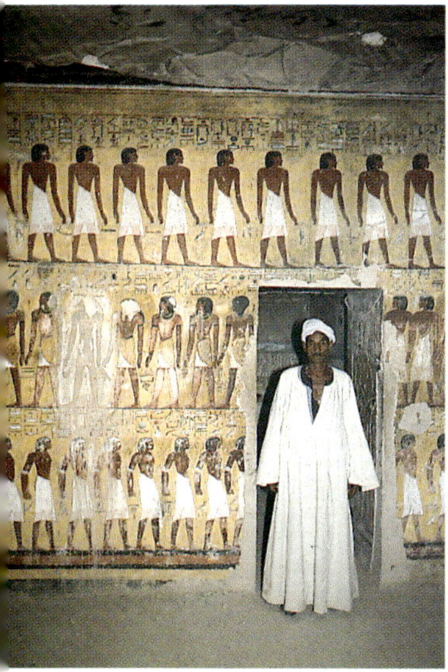

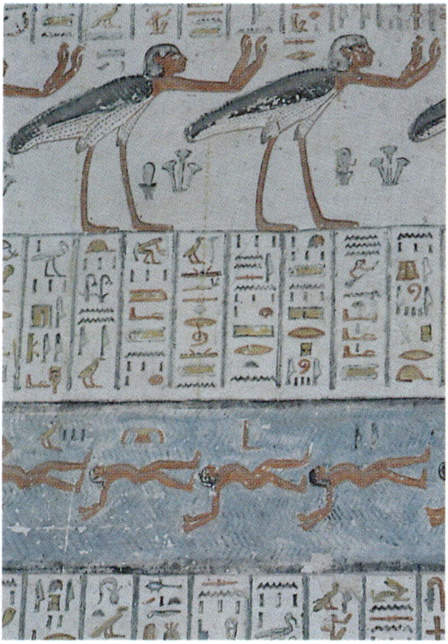

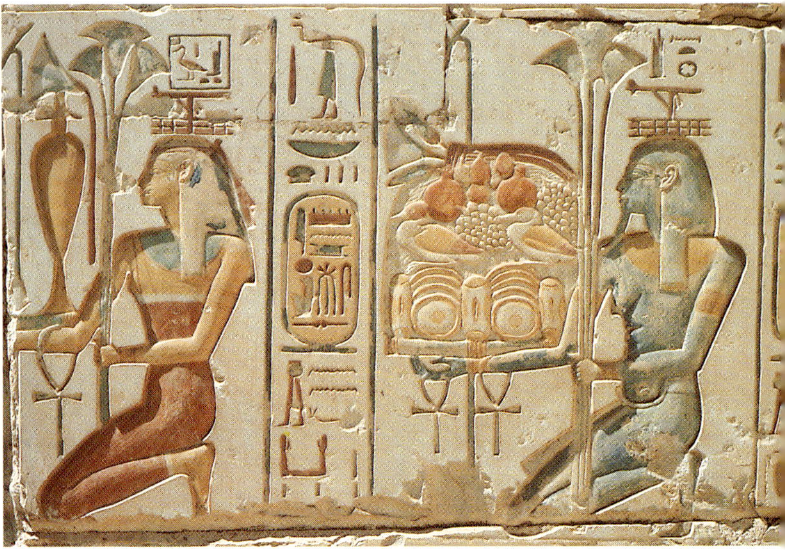

16 Gabenträger. Farbige Reliefs auf weißem Kalkstein im Tempel von Ramses III. i
Abydos

18 Blick durch die Querachse im großen Säulensaal des Amun-Tempels von Karnak ▷
(nach einem Aquarell von Krückmann)

17 Ramses III. (Mitte) mit seinem Sohn Amunherchopshef (links) vor dem Gott Anu
bis. Relief im Grab des Amunherchopshef im Tal der Königinnen, Theben-West

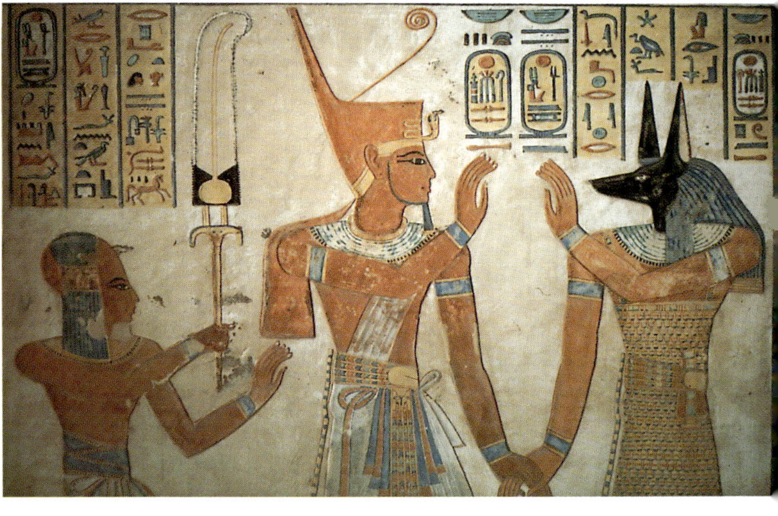

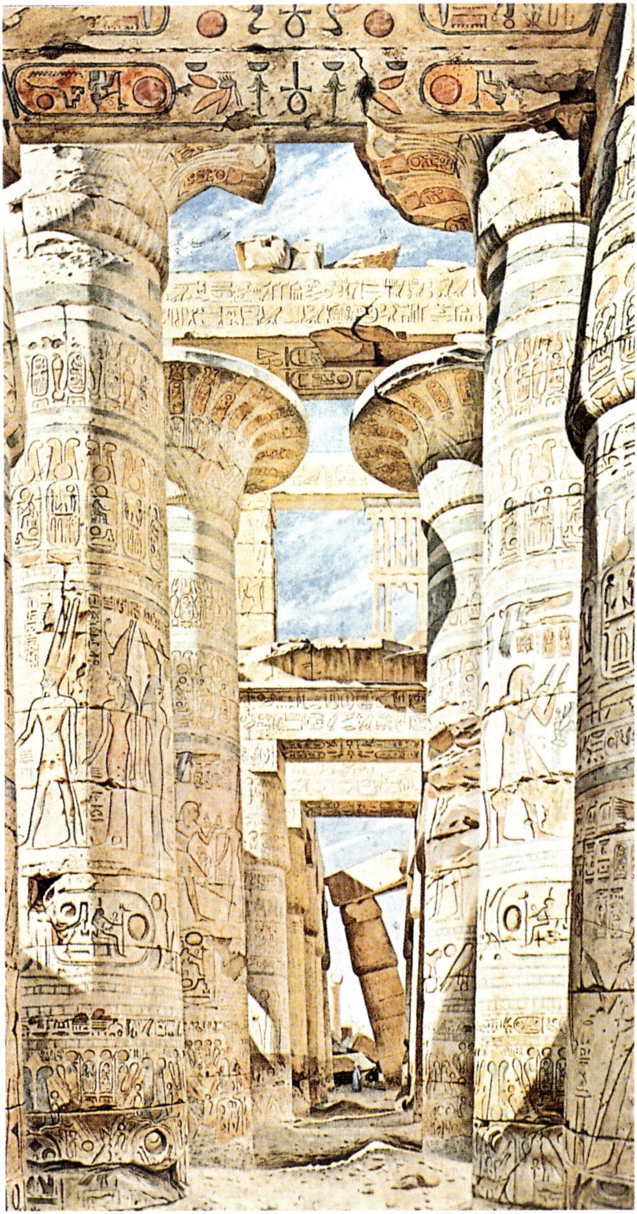

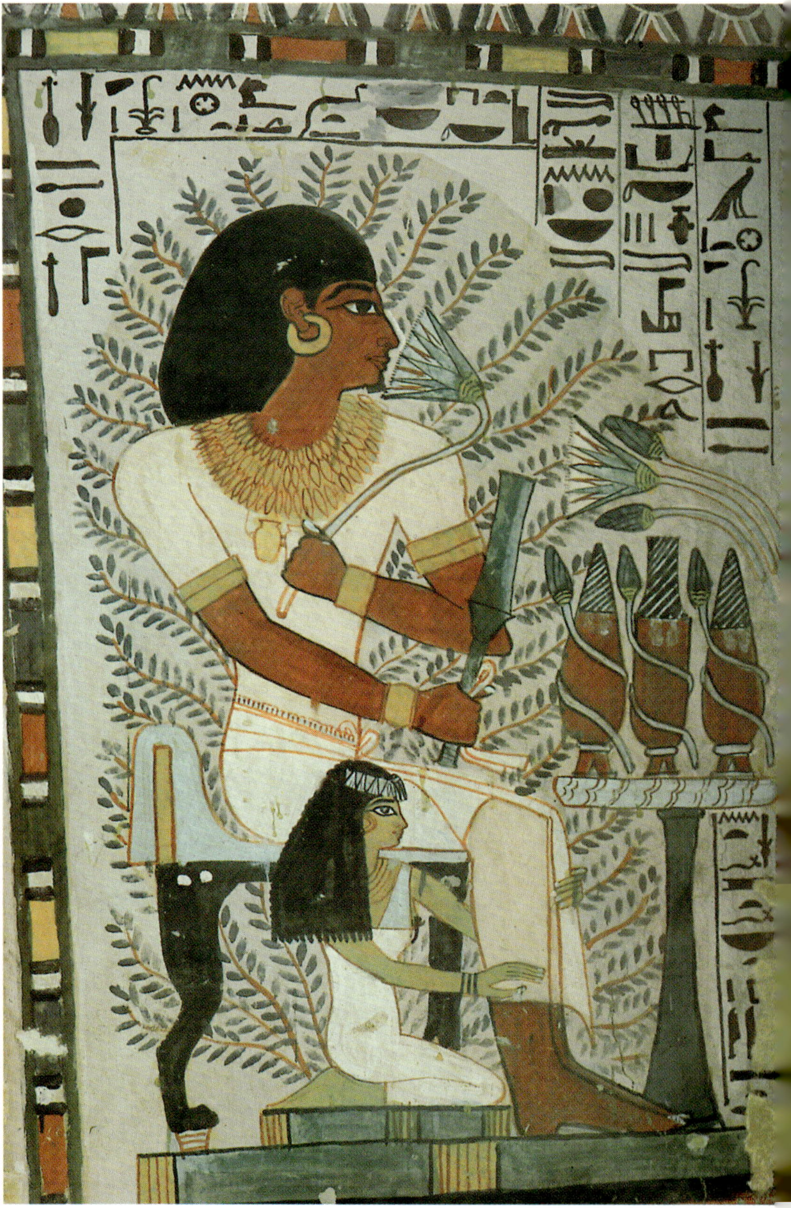

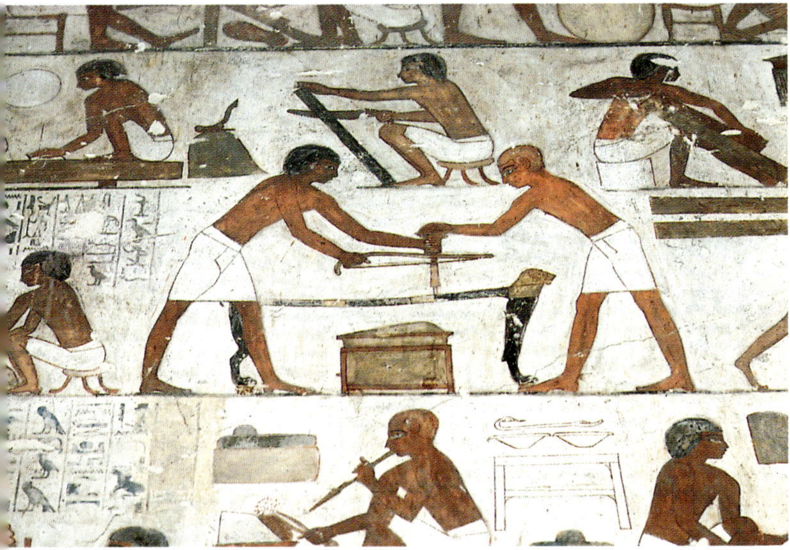

0 Handwerker im Grab des Rechmire

] 19 Senefer mit seiner Frau vor dem Opfertisch

1 Blick auf Deir el-Medine

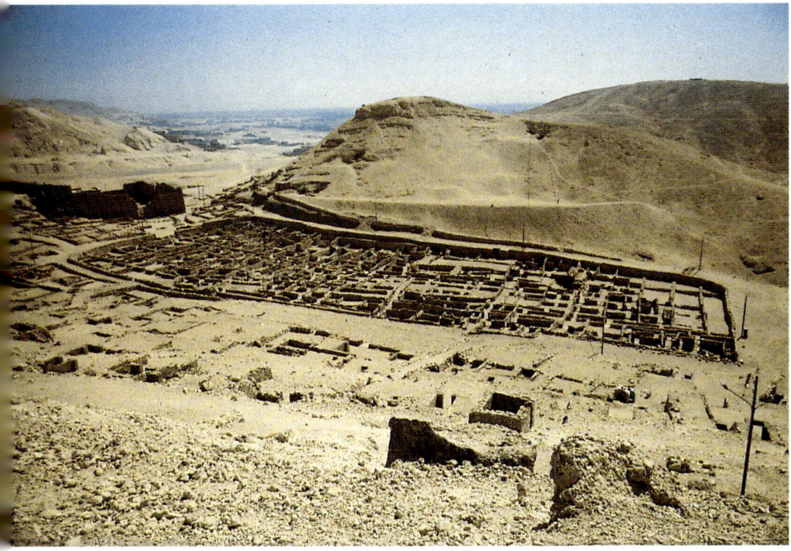

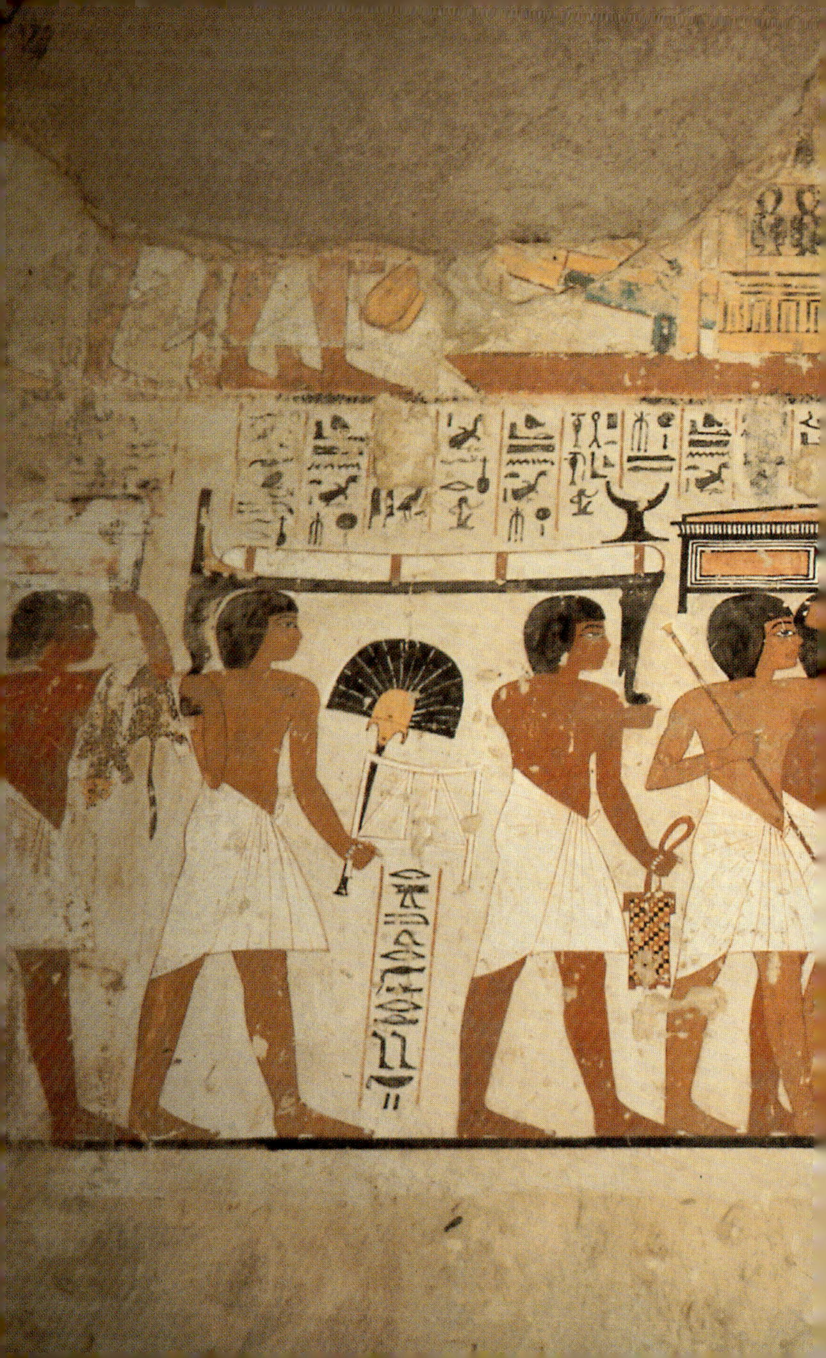

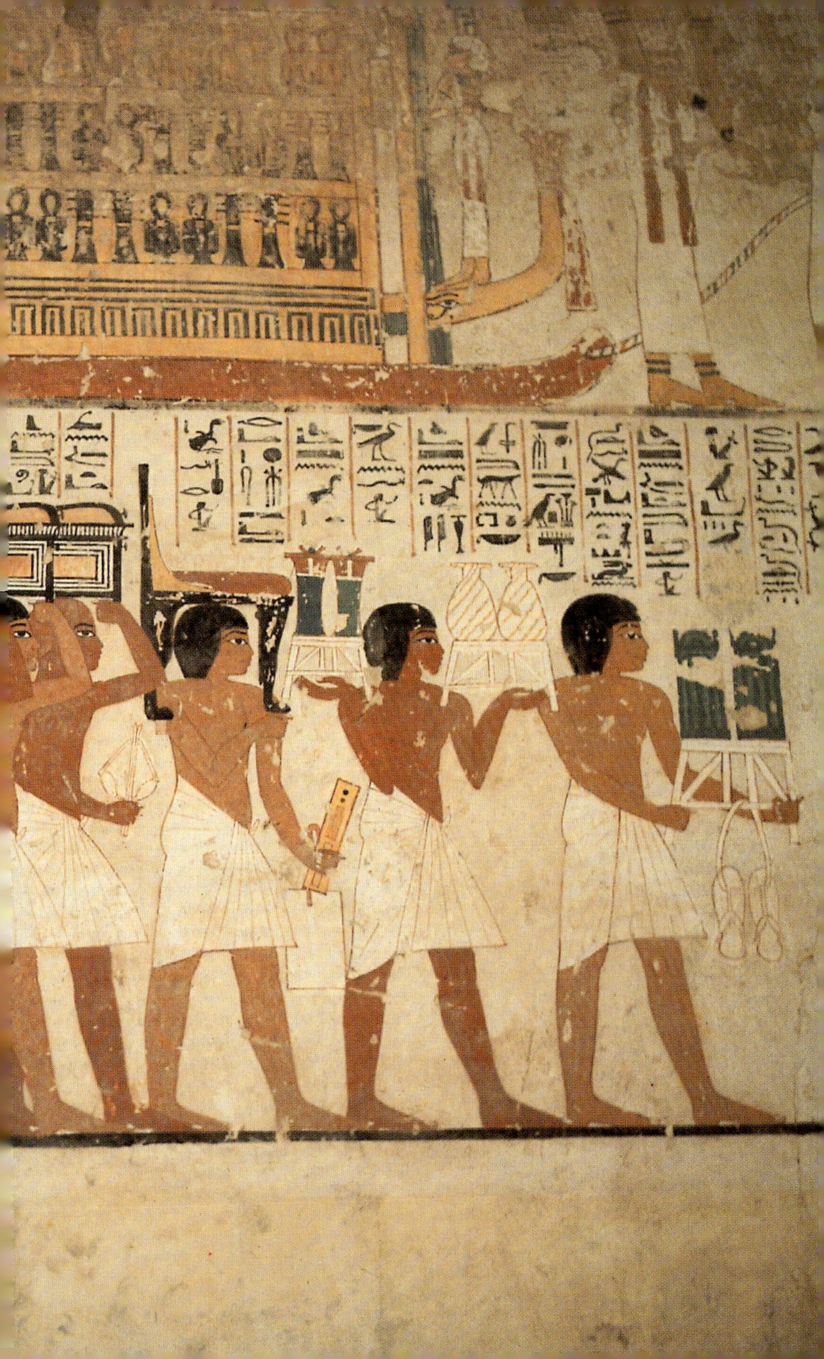

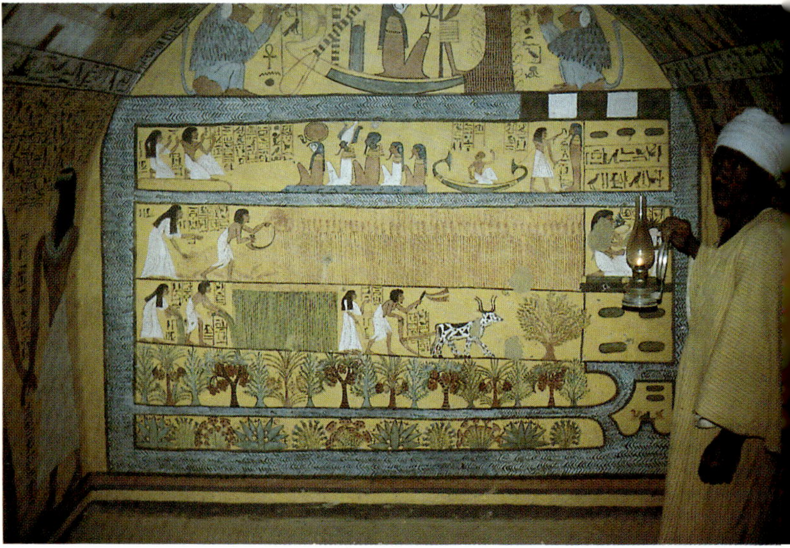

23 Wandmalerei im Grab des Sennedjem in Deir el-Medine

◁ 22 Der Leichenzug des Ramose

24 Die Baumgöttin im Grab des Sennedjem

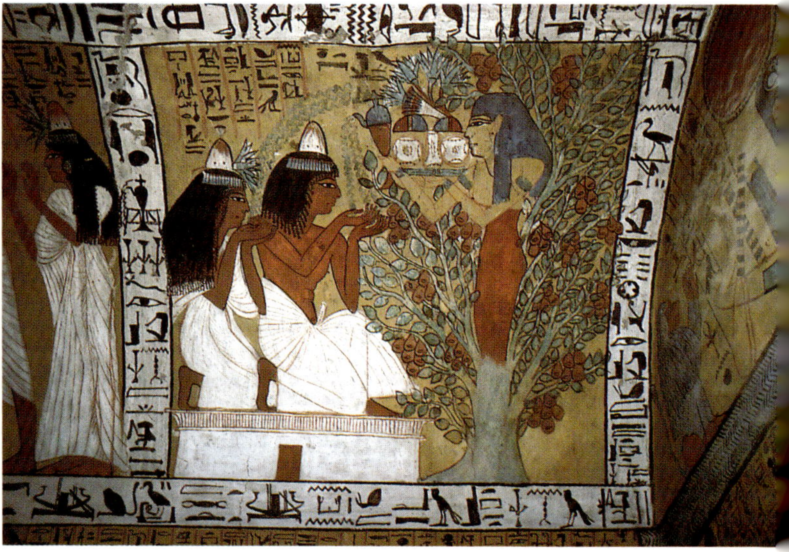

# VII. Die Zweite Zwischenzeit (15. bis 17. Dynastie, um 1650 bis 1540 v. Chr.)

Als um das Jahr 1650 v. Chr. eine vorderasiatische Herrenschicht das Nildelta überrannte, war es das erste Mal in der ägyptischen Geschichte, daß das Land am Nil einer Fremdherrschaft unterworfen wurde. Denn die Hyksos, von den Ägyptern ›Herrscher der Fremdländer‹ genannt, waren in das Land eingedrungen, hatten Avaris im Delta zu ihrer Hauptstadt gemacht und rückten allmählich bis Oberägypten vor, um schließlich die Herrschaft über ganz Ägypten zu erlangen. Diese Hyksos bilden die 15. und 16. Dynastie, die an einigen Orten, wie vor allem in Theben, ›Unterkönige‹ zuläßt. Von diesen thebanischen Fürsten geht in der 17. Dynastie die nationale Gegenreaktion aus, die unter Kamose zur Bekämpfung der Hyksos führt. Seinem Bruder Ahmose gelingt schließlich um das Jahr 1552 v. Chr. die endgültige Vertreibung, und damit schafft er die Voraussetzung für das Neue Reich der 18. bis 20. Dynastie.

Die Hyksos haben die überlieferten Formen der ägyptischen Kultur kaum angetastet, wohl aber brachten sie vorderasiatisches Gedankengut mit und eine Reihe wichtiger Neuerungen: den senkrechten Webstuhl, wirkungsvollere Bogen, einen verbesserten Bronzeguß, Schilde, Helme, Hiebwaffen, vor allem aber Pferd und Streitwagen – ein Motiv, das nun auch in die darstellende Kunst eingeht und zum Ausdruck von Bewegung und Schnelligkeit wird und sich in der Eleganz der Linienführung niederschlägt.

An Kunstdenkmälern hat uns diese Zweite Zwischenzeit allerdings kaum etwas hinterlassen. Die zahlreichen Herrscher sind uns zuweilen nur von ihren Namen her bekannt, und die beschrifteten Statuen sind in aller Regel von Vorgängern usurpiert. »Die wenigen Statuen und Grabstelen von Ägyptern, die in die Zweite Zwischenzeit datieren, unterscheiden sich unverwechselbar von den Werken der Ersten Zwischenzeit. Hier strukturlose Schlaffheit, dort marionettenhafte Beweglichkeit, hier amorph aufgedunsene Körper, dort hagere, fast skeletthafte Gestalten; hier der Endpunkt einer Entwicklung, ohne Perspektiven für einen Weiterweg, dort die Aufbruchstimmung am Beginn einer neuen Epoche. Die Erste Zwischenzeit war ein Übergang, die Zweite Zwischenzeit ist eine Zäsur.

Als Ahmose mit der Vertreibung der Hyksos einen politischen Neubeginn setzt, kann die ägyptische Kunst nicht eine noch lebendige Tradition bruchlos fortführen, sondern muß bewußt an frühere Perioden anknüpfen« (Schoske/Wildung).

# VIII. Das Neue Reich (18. bis 20. Dynastie, 1552 bis 1070 v. Chr.)

Um das Jahr 1552 v. Chr. stirbt Kamose, der letzte König der 17. Dynastie. Er hat die Hyksos weitgehend verdrängt, und als sein Bruder Ahmose den Königsthron besteigt, haben sich die Hyksos bereits bis zum Faijum zurückgezogen. Ahmose setzt den Befreiungskampf fort, und um das Jahr 1540 v. Chr. gelingt es ihm, die noch von den Hyksos besetzte alte Hauptstadt Memphis zu erstürmen. Von hier aus rückt er weiter gen Norden vor, besetzt schließlich das gesamte Deltagebiet und zwingt die dort noch ansässigen Hyksos zur endgültigen Aufgabe. Die Nachwelt feiert ihn als den großen Reichseiniger, unter dem die 18. Dynastie ihren Anfang nimmt und der den Weg bereitet für eine Entwicklung, die zu einem kaum erahnten Höhepunkt im Neuen Reich führt. Schätzten die Alten Ägypter ihren König Menes als den Einiger des Alten Reiches hoch und König Mentuhotep als den Einiger des Mittleren Reiches, so ist es nun Ahmose, der als dritter Einiger das Landes in die Geschichte eingeht.

Weit im Süden des Landes gewinnt Ahmose nubisches Territorium hinzu, das dem ägyptischen Reich dank der Goldvorkommen und Steinbrüche zu einem schnellen Aufstieg verhilft. In Buhen am 2. Nilkatarakt erweitert Ahmose die Zitadelle aus der 12. Dynastie zu einer wuchtigen Festungsanlage mit gewaltigen Bastionen, und der Festungswall wird aus Ziegeln 12 m hoch aufgebaut und durch einen davorgelegten Graben zusätzlich gesichert (Abb. S. 196).

Das »Hunderttorige Theben«, wie Homer im IX. Buche der Ilias die glanzvollste Metropole der Alten Welt nennt, wird jetzt als Verwaltungszentrum stark erweitert, und das Land verwaltet man zentral von hier aus. Der Aufbau der Beamtenschaft ist im Vergleich zu jener des Mittleren Reiches vereinfacht; in seiner Organisationsform erinnert der Staat der 18. Dynastie stark an das Gepräge der 12. Dynastie. Theben ist nun zugleich Hauptkultort des Götterkö-

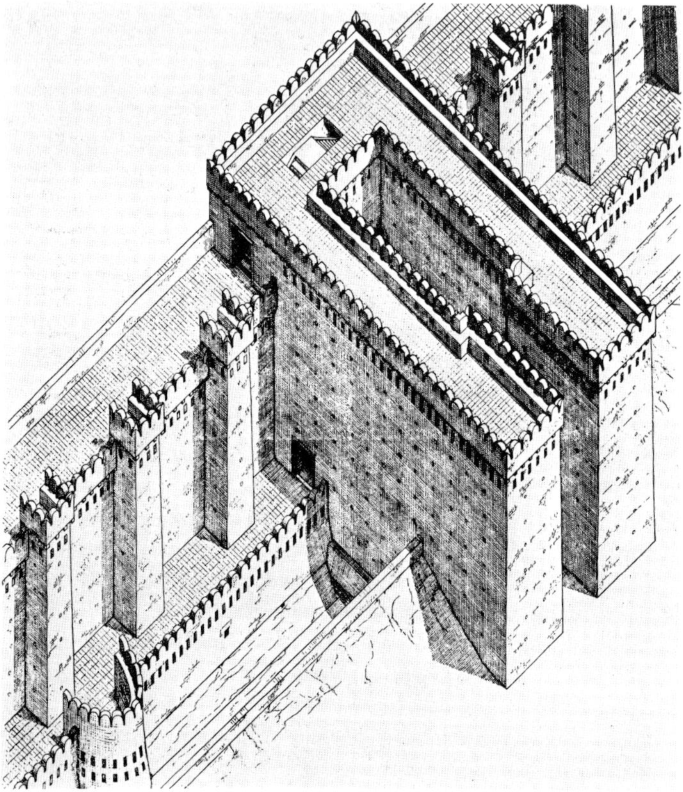

Westtor der unter Sesostris I. angelegten und später erweiterten Festung Buhen. Rekonstruktion nach Emery

nigs Amun und damit auch religiöser Mittelpunkt von ganz Ägypten.

Während das Kunstschaffen im Alten Reich von der Metropole des Imperiums – also von Memphis – ausging und die Kunst- und Bauwerke daher nicht von ungefähr in der Nähe jener alten Residenz ihren Platz fanden, so treffen wir jetzt im Neuen Reich die Künstler durchweg im thebanischen Gau, das heißt in der Metropole des Landes, und vornehmlich hier und in der näheren Umgebung finden wir die Werke, die von den Königen jener Zeit errichtet wurden.

# VIII. 1. Die Architektur

## VIII. 1.1 Die Königsarchitektur

Als der eigentliche Ahnherr der berühmten 18. Dynastie gilt Thutmosis I. (1506–1494 v. Chr.). Unter ihm und seinen Nachfolgern rücken die ägyptischen Streitkräfte im Süden bis tief in den Sudan vor und dringen etwa gleichzeitig im Nordosten weit nach Syrien ein. Diesem König gelingt es als erstem ägyptischen Herrscher, bis an die Ufer des Euphrat vorzudringen und das Imperium bis dorthin auszudehnen. Seine Unternehmungen nach Asien startet Thutmosis I. von dem strategisch so überaus günstig gelegenen Memphis, das er zu einer beachtlichen Militärgarnison ausbaut. Von diesem Stützpunkt aus bleibt die Außenpolitik für Jahrhunderte nach Asien hin gerichtet.

In Theben hingegen errichteten die Pharaonen des Neuen Reiches ihre Paläste, und in der Nekropole auf dem westlichen Ufer des Nil ließen sie sich bestatten. Mit dem Anwachsen der Totenstadt richtete Thutmosis I. eine eigene Verwaltung auf dem Westufer ein. Die in der Nekropole beschäftigten Arbeiter, Handwerker, Künstler, Schreiber und Priester werden in einer eigens für sie geschaffenen Siedlung untergebracht. In Deir el-Medine, wo die mit der Herrichtung der Königsgräber beauftragten Leute mitsamt ihren Familienangehörigen wohnen, haben die französischen Ausgräber unzählige Topfscherben gefunden, die in lebendigster Weise über das tägliche Leben Aufschluß geben. Zugleich gewähren sie einen Einblick in das Kunstschaffen der damaligen Zeit.

### *VIII. 1.1.1 Die Grabbauten*

Das Neue Reich hat die Pyramide als Form des Königsgrabes aufgegeben. Vermutlich wurde noch Ahmose (1552–1527 v. Chr.), erster König des Neuen Reiches, der die Wiedergeburt des zerfallenen Staates einleitete, in einer Pyramide bestattet, entdeckt wurde sie jedoch bislang nicht, und auch seine Mumie wurde bis heute nicht aufgefunden. Wie und wo die unmittelbaren Nachfolger des Ahmose ihre Grabanlagen errichten ließen, ist bis heute nicht geklärt; ihre Mumien fand man zwar im thebanischen Raum, doch weil von Ahmose auch eine Grabanlage in Abydos bekanntgeworden ist, kann dieser Ort für die Bestattung nicht ausgeschlossen werden.

Mit Thutmosis I. kommt ein gänzlich neuer Grabtyp auf, der für Jahrhunderte verbindlich bleibt. Anders als bei den Pyramidenanlagen des Alten und Mittleren Reiches bilden von nun an Grab und Totentempel nicht mehr eine Einheit, sondern sie sind voneinander räumlich getrennt. Für diese Trennung mag ausschlaggebend gewesen sein, daß die Totentempel jetzt als Nebentempel des Amun-Tempels von Karnak angesehen wurden und damit für den Verstorbenen nur noch eine untergeordnete Rolle gespielt haben; vielleicht war es aber auch nur der Wunsch, das bislang so auffällig gelegene Königsgrab mitsamt Opferstelle dem Anblick potentieller Plünderer zu entziehen.

Am deutlichsten begegnet uns der neue Grabtyp im Tal der Könige. Für die insgesamt 64 Gräber aus der Zeit der 18. bis hin zur 21. Dynastie wählte man die schwer zugängliche Wüstengegend in dem zerklüfteten Gebirgszug westlich der Residenz Theben. Hier trieben die Bergleute tiefe Stollen in die Bergwände hinein, teilweise bis zu über 200 m weit (wie etwa bei dem Grab der Königin Hatschepsut mit einer Stollenlänge von 213 m), und erst am Ende des Ganges legte man die Grabkammer an. Natürlich gibt es bei diesen versteckten Felsgräbern keine Opferstelle mehr, da die Priester ja gerade nicht hierher zur verräterischen Totenopferkult-Stätte am Königsgrab wandern sollten. Statt dessen dienten sie jetzt dem Verstorbenen am Totentempel, der als Opferstätte an den Rand des Fruchtlandstreifens verlegt war; und hier diente man nicht nur dem toten König, sondern besonders auch dem Sonnen- und Reichsgott Amun-Re von Karnak.

Die Anlagen aus den Anfängen der 18. Dynastie haben sehr bescheidene Ausmaße. Thutmosis I. ließ die Grabkammer mit ovalem Grundriß anlegen, und diesem Schema folgten auch Thutmo-

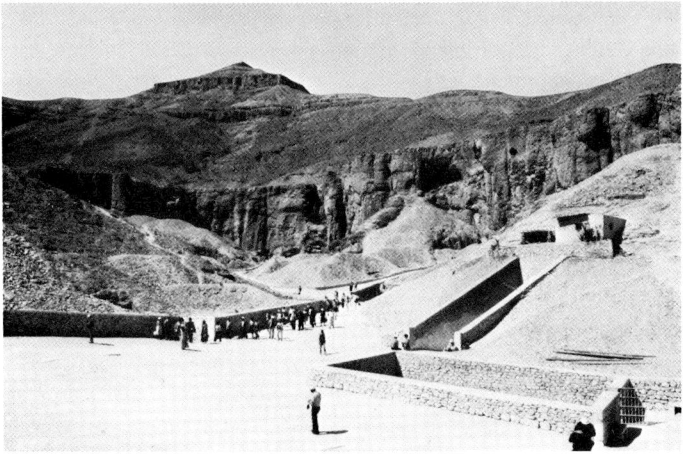

Im Tal der Könige. Rechts im Vordergrund der von einer Steinmauer umgebene Eingang zum Grab des Tutanchamun

sis II. und Thutmosis III. Die ovale Anlage erinnert an die Königskartusche; sie entspricht den älteren Unterweltsbüchern und veranschaulicht die Krümmung des Jenseitsraumes.

Die Dekoration ist in den Königsgräbern der frühen 18. Dynastie recht spärlich ausgefallen. Während die Korridore für die Zeit der gesamten 18. Dynastie gänzlich undekoriert bleiben, zeigen Schacht, Vorkammer und Sargkammer Bemalungen. »Die Motive der Dekoration sind in ihrer Verteilung streng festgelegt. Die Wände der Hauptkammer bleiben bis zu Echnaton ausschließlich dem Unterweltsbuch Amduat vorbehalten, das vollständig mit allen zwölf Nachtstunden und mit der Kurzfassung auf den Wänden

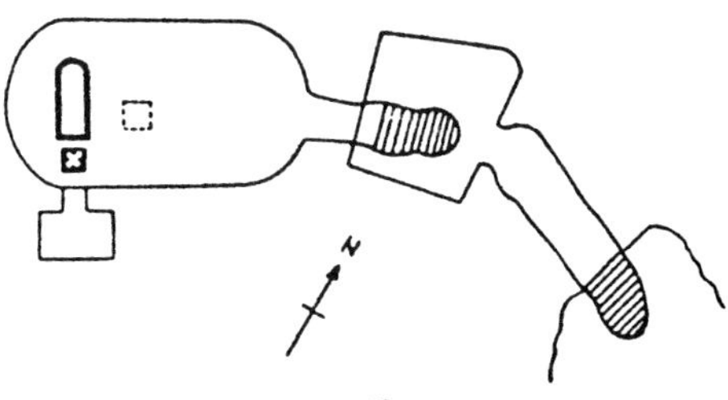


Grab des Pharaos Thutmosis I. (1506–1494 v. Chr.). Grundriß

abgerollt wird, in der Bemalung und der strichhaften Wiedergabe von Zeichen und Figuren die auf Papyrus gemalte Vorlage sehr getreu nachahmend. Die übrigen verputzten Flächen zeigen den König vor Gottheiten, die für sein jenseitiges Fortleben besonders wichtig sind; dazu sind die Decken in Schacht, Vorkammer und Sargkammer meist blau mit gelben Sternen bemalt, geben also den Himmel wieder, der auf diese Weise in die Tiefe der Unterwelt hineingenommen wird.

In Grundriß, Dekoration und verwendeten Maßen läßt sich eine deutliche Entwicklung beobachten, die auf Vermehrung zielt; hier wird der Kanon von Maßen und Dekorationselementen, den das Neue Reich für königliche und nichtkönigliche Gräber neu festgelegt hat, fortlaufend ausgebaut. Jedes Königsgrab ist neu und in erweiterter Form entworfen, unabhängig von der Länge der Regierungszeit. Hier ist sorgfältige Planung am Werk, der es auf ›Erweiterung der Bestehenden‹ ankommt – ein Grundgesetz, das auch für die Planung der Tempel und im Prinzip für alle Akte des Pharaos gilt; er wiederholt nicht nur die Taten des Schöpfers und bringt die Welt in ihren vollendeten Anfangszustand zurück, sondern geht dabei über alles hinaus, was vorher geleistet wurde. So fügt man über mehrere Jahrhunderte hinweg am Anfang jeder Regierungszeit zum bisherigen Grundriß des Königsgrabes irgendein Element hinzu, zusätzliche Korridore, Seitenkammern oder Pfeiler, und ganz entsprechend wird auch die Dekoration um neue Motive bereichert, werden die verwendeten Ellenmaße stufenweise erhöht, so daß sich größere Kammern, breitere und höhere (doch nicht unbedingt längere) Korridore und parallel dazu auch größere Abmessungen der königlichen Sarkophage ergeben« (Hornung).

Unter Amenophis II. (1438–1412 v. Chr.), dem Nachfolger Thutmosis' III., erfährt das Grabinnere eine deutliche Umgestaltung: Die Sargkammer ist in ihrem rückliegenden Teil tiefer gelegt und nimmt den Sarkophag auf; ihr Grundriß ist nicht mehr oval, sondern rechteckig; die Wände der Kammer sind ringsum mit dem Text des Amduat geschmückt.

Das Grab von König Amenophis II. zeigt jetzt mit seinem Grundriß die ›klassische‹ Lösung der im Tal der Könige bei Königsgräbern

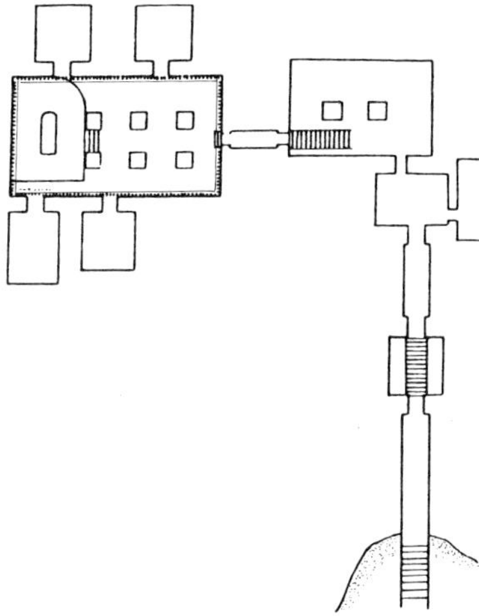

Grab des Pharaos Amenophis II. (1438–1412 v. Chr.). Grundriß

gebräuchlichen Raumfolge. Zunächst führen Treppen und lange Korridore in die Tiefe des Felsens, wobei ein plötzlich auftretender senkrechter Schacht, über den heute eine Brücke führt, als Falle für etwaige Grabräuber gedacht war. Auch der anschließende Zweipfeilerraum stellt eine ›Irreführung‹ dar, da er die erwartete Sargkammer nur vortäuschen und überdies durch roh belassene Wände den Eindruck erwecken soll, als sei die Grabanlage überhaupt nicht zu Ende geführt worden. Die in Wirklichkeit aber vorhandene Sargkammer erreicht man erst über eine weitere, ursprünglich vermauerte Treppe. Hier öffnet sich dann mit erstaunlicher Größe die von sechs Pfeilern gestützte Sargkammer, an die sich nach den beiden Seiten hin je zwei Nebenräume anschließen, in denen u. a. die Mumien der Könige Thutmosis IV., Amenophis III., Siptah und Sethos II. gefunden wurden. Die Sargkammer zeigt eine außerordentlich strenge Dekoration, die wie gemalte Literatur wirkt. Tatsächlich ist hier der gesamte Inhalt des Buches Amduat, ›Was in der Unterwelt ist‹, mit schwarzer Tinte aufgeschrieben, wobei die bräunlich-gelb getönten Wände den Eindruck von Papyrus erwecken sollen. Der Text bedient sich einer kursiven Hieroglyphenschrift.

Besondere Beachtung verdient der Quarzitsarkophag des Königs Amenophis II. In einer erstmals tiefer gelegenen Krypta der Sarg-

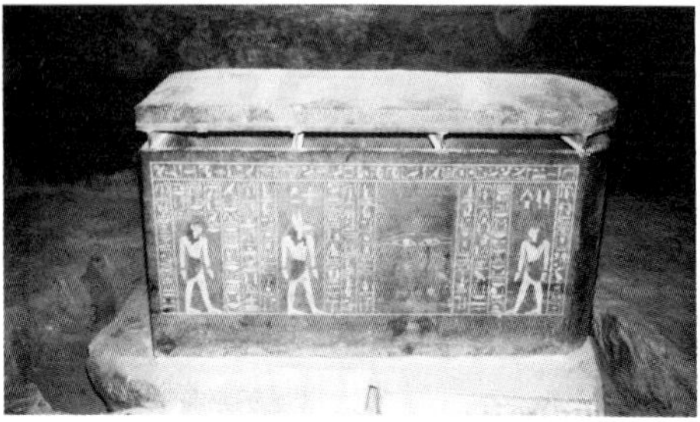

Quarzitsarkophag des Pharaos Amenophis II. in der Krypta der Sargkammer

kammer aufgestellt, barg er in einem Holzschrein die mit Blumenstrauß und Girlande geschmückte Mumie. Die Frontseite des Sarkophages zeigt die Götter Kebech-Senuf, Anubis und Hapi (von links nach rechts), die dem Toten seine Unversehrtheit im Jenseits sichern sollen. Die beiden ornamental gestalteten Udjat-Augen sollen ihm die Beobachtung der aufgehenden Sonne ermöglichen. Die linke Schmalseite schließlich zeigt die »Göttin Isis auf dem Schriftzeichen ›Gold‹ kniend. Die Hände legt sie auf den Schen-Ring, das Symbol der Unendlichkeit. Sie spricht für den toten König ein Gebet an den Erdgott Geb« (nach Lange-Hirmer).

Unter Amenophis IV. (= Echnaton, 1364–1347 v. Chr.) findet die bis dahin geübte Praxis der ständigen Graberweiterung eine Unterbrechung. So hat das Königsgrab bei der innerhalb kurzer Zeit aus dem Boden gestampften neuen Residenz Amarna überaus bescheidene Maße, und die wenigen Raumelemente erinnern an ein Polytaph (Mehrfachgrab). »Eine bedeutsame und im ganzen bleibende Änderung, die Echnaton vornimmt, ist die Rückkehr zur geraden Achse des Königsgrabes, aber sie ist jetzt nicht mehr, wie in der Pyramidenzeit, auf die Region der Zirkumpolarsterne ausgerichtet, sondern macht das Grab für die Strahlen der Sonne, des Lichtgottes Aton, zugänglich. Diese neue Entwicklung setzt sich konsequent fort bis zu den lichtdurchfluteten, nicht mehr in dunkle Tiefen hinabführenden Gräbern der späten Ramessidenzeit« (Hornung).

Tutanchamun (1347–1338 v. Chr.), der anfangs Tutanchaton hieß, war mit einer Tochter des Echnaton verheiratet, und vielleicht war er sogar dessen Sohn. Er wuchs in der besonderen Atmosphäre der Amarna-Zeit auf, erlebte das Scheitern des von Echnaton eingeführten Aton-Kultes, schaffte diesen wieder ab und verlegte schließlich die Residenz von Amarna nach Memphis, während Theben nie wieder Hauptstadt des ägyptischen Reiches wurde. Allerdings blieb Theben das religiöse Zentrum und Amun der erste Reichsgott. Und so werden auch die Königsgräber nach wie vor bei Theben angelegt. Als Tutanchamun nach nur neunjähriger Regierungszeit noch in sehr jungen Jahren eines wahrscheinlich gewaltsamen Todes starb (1338 v. Chr.), wurde er in einem eher provisorischen Grab im Tal der Könige beigesetzt.

Hätte Howard Carter nicht im Jahre 1922 dank Unterstützung von Lord Carnavon den einzigartigen Grabschatz dieses Pharaos gefunden, das Grab würde heute wegen seiner Einfachheit kaum von einem Touristen aufgesucht. Bei der Entdeckung des Grabes fanden die Ausgräber jeden der fünf Räume durch große versiegelte Steintüren verschlossen. In der Vorkammer stieß man auf tiergestaltige Totenbetten, Alabastervasen, Lampen, Salbgefäße und kostbare Schreine, und man erblickte Thronsessel, Holztruhen und Wagen.

Schale in Lotosblumenform aus dem Grab des Tutanchamun. Material: Alabaster. Kairo, Ägyptisches Museum

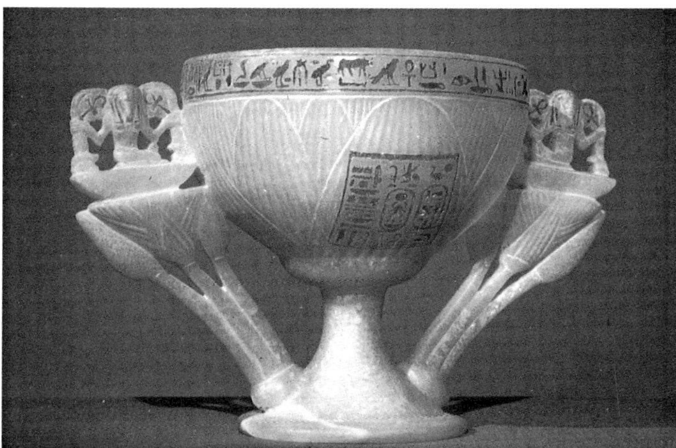

Vor der Sargkammer standen zwei schwarze, teilweise vergoldete Königsstatuen in der Funktion von Wächtern. In der Sargkammer schließlich fand man vier große ineinandergesetzte Schreine aus vergoldetem Holz. Der innerste Schrein barg den monolithischen Sarkophag aus Quarzit mit seinen 2,75 m Länge, den an seinen vier Ecken jeweils eine Totengöttin bewacht. Mit ausgebreiteten Flügeln schützen sie den toten König. Dieser Sarkophag enthielt seinerseits wieder drei ineinandergesetzte menschengestaltige Särge, von dem der innerste 1,85 m lang und aus massivem Gold gearbeitet ist. Er barg die Königsmumie, die noch heute im Quarzit-Sarkophag im mittleren der drei Särge in der Grabanlage inmitten des Tales der Könige liegt. Derweil wird der Grabschatz im Ägyptischen Museum zu Kairo aufbewahrt und nimmt hier einen Großteil des Obergeschosses ein.

Die Wände im Grabe des Tutanchamun sind roh behauen bis auf jene in der Sargkammer, die man glättete und bemalte (Farbt. 11); alle übrigen Räume blieben schmucklos. Die Wände der Sargkammer zeigen Bestattungsszenen: Auf der Ostwand (rechts) ist der Transport des Sarges auf einem hölzernen Schlitten dargestellt. Die Nordwand zeigt rechts die Szene der von König Eje vorgenommenen Mundöffnung (Farbt. 4), in der Mitte Tutanchamun vor der Himmelsgöttin Nut und links eine Dreiergruppe mit Tutanchamun (rechte Figur) und seinem Ka vor Osiris (links). Der Ritus der Mundöffnung, der aus mehr als einhundert Einzelhandlungen besteht, soll den Verstorbenen lebensfähig erhalten, damit er essen und trinken kann. Man nahm diese Zeremonie am Toten selbst vor, aber auch an seiner Ersatzstatue im Atelier. Auf der Westwand erkennen wir die Chepri-Barke und darunter drei Reihen mit je vier Pavianen (eine Illustration nach dem Anfang des Amduat). Auf der Südseite empfängt Tutanchamun neues Leben von der Göttin des Westens.

Unter Haremhab (1333–1306 v. Chr.), den die Könige der Ramessidenzeit für den ersten legitimen König nach Amenophis III. halten, setzt sich ein neues Konzept in der Grabgestaltung durch. Erstmals läßt er an den Grabwänden Auszüge aus einem neuen Unterweltsbuch aufschreiben, dem Buch von den Pforten des Jenseits, kurz

Pfortenbuch genannt. Derweil bleibt das Amduat gänzlich unerwähnt, selbst in Auszügen kommt es nicht vor. Auffallend ist im Grabe des Haremhab ferner der Übergang von der Malerei zum Relief. Die Wandflächen in seinem Felsengrab im Tal der Könige »zeigen bemaltes Flachrelief von einer Feinheit und plastischen Durchbildung, wie sie nicht wieder erreicht wurde« (Hornung).

Mit Ramses I. (1306–1304 v. Chr.) beginnt die sogenannte Ramessidenzeit, zu der wir die Könige der 19. und 20. Dynastie zählen. Während sein Grab sehr schlicht gehalten ist und auf ein Relief verzichtet, kann sein Sohn Sethos I. (1304–1290 v. Chr.), der den Thron nach der nur anderthalbjährigen Regierungszeit seines Vaters übernimmt, auf eine Grabanlage verweisen, die alles bisher Dagewesene weit in den Schatten stellt.

Das 1817 von Belzoni aus Padua entdeckte Grab wird häufig als das schönste im Tal der Könige bezeichnet (Farbt. 14). Über 100 m tief ziehen sich Korridore, Pfeilersäle und Kammern in den Felsen hinein, alle Wände und Decken vollständig und prächtig geschmückt mit durchweg erhabenen Wandreliefs. Die Decke des ersten Korridors zeigt fliegende Geier, während die gewölbte Decke der Sargkammer mit Sternenbildern überzogen ist.

Im Grundriß zeigt das Grab von Sethos I. nicht mehr den bis dahin üblichen Knick und den Richtungswechsel der Achsen, sondern die Räume folgen geradlinig hintereinander, wobei die Räume vom Vierpfeilersaal in der Mitte der Anlage aus bis hin zur Sargkammer eine leicht versetzte Parallele zur Achse der Räume vom Eingang bis hin zur Grabmitte aufweisen. Die großräumige Anlage mit ihren vielfältigen Nebenräumen und ausgedehnten Wandflächen ermöglichte es, ein Bildprogramm unterzubringen, »wie es in den bisherigen Königsgräbern nicht verwirklicht werden konnte. Bei Sethos I. können die Wände nebeneinander die beiden großen Unterweltsbücher Amduat und Pfortenbuch aufnehmen (wenn auch unvollständig), dazu die gesamte Sonnenlitanei, das Buch von der Himmelskuh, das Ritual der ›Mundöffnung‹ und eine Fülle von neuen Götterszenen, für welche die zusätzlichen Pfeiler in den Nebenräumen weitere Flächen bieten; neben den Wänden und den Decken mit ihren Himmelsdarstellungen gibt der Sarkophag noch ein weiteres, diesmal vollständiges Exemplar des Pfortenbuches« (Hornung).

In der 20. Dynastie erfährt das Königsgrab unter Ramses III. (1184–1153 v. Chr.) eine nochmalige Erweiterung durch ausgeschmückte Nischen in den Korridoren, durch eine Vergrößerung der Anzahl der Türöffnungen und ein noch umfangreicheres Bildprogramm. Allerdings läßt jetzt die Qualität der Bauausführung sowie die der Malerei und der Reliefierung zu wünschen übrig. Mit diesem Grab wird deutlich, daß eine Steigerung im Grabbau nicht mehr möglich war. In der Dekoration erlebt das Grab von Ramses VI. zwar noch einmal einen Höhepunkt, doch die Anlage selbst zeigt in ihrem Grundriß eine Reduzierung durch Verzicht auf Nebenräume.

Die Anlage von Ramses VI. (1142–1135 v. Chr.) wird auch das Grab des Memnon oder Grab der Seelenwanderung genannt. Sie war ursprünglich für Ramses V. geplant und findet sich in unmittelbarer Nachbarschaft zum Grab des Tutanchamun. Auch hier liegen die

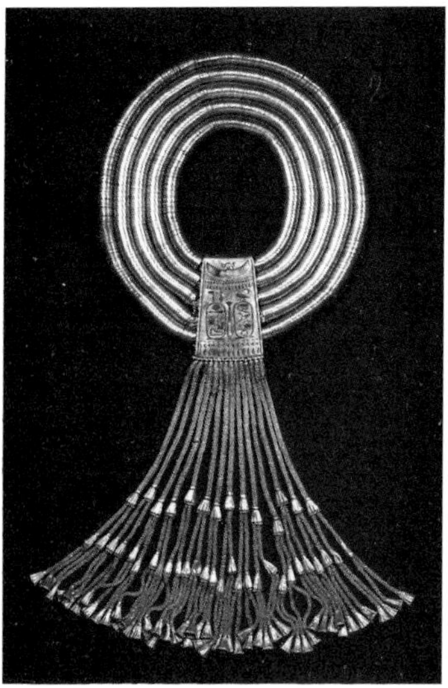

Halsschmuck des Königs Psusennes I. (1040–990 v. Chr.) aus dessen Grab in Tanis. Material: Gold und Lapislazuli. Kairo, Ägyptisches Museum

Korridore und Pfeilersäle hintereinander in einer Achse, wie dies seit dem Grab von Sethos I. üblich geworden war. In den ersten vier Korridorräumen (bis hin zum Vierpfeilersaal) ist nahezu der vollständige Inhalt des Buches der Pforten wiedergegeben (Farbt. 15). Vom dritten Raum an schildert die Decke das Buch des Tages und der Nacht. Im Vierpfeilersaal selbst zeigt die Decke astronomische Darstellungen. An der linken Wand ist eine Art Schöpfungsgeschichte bemerkenswert. Bis hierher reichte das Grab von König Ramses V. Die nun folgenden Räume gehören zu einer Erweiterung durch Ramses VI. In den beiden anschließenden Korridorräumen liegt der Ausschmückung wieder das Amduat zugrunde. Die Decke zeigt gleich zu Anfang die Abendbarke und etwas weiter die Morgen- und Abendbarke des Sonnengottes Re. Im letzten Korridor ist von den Wiedergaben aus dem Totenbuch vor allem die Schuldloserklärung der Seele vor dem Totengericht von Interesse. Im abschließenden Pfeilersaal finden sich am Deckengewölbe Szenen aus dem Buch des Tages und der Nacht; und zweimal ist die Himmelsgöttin Nut dargestellt. Alles in allem finden wir in diesem Grabe so gut wie alle uns überhaupt bekannten Himmels- und Unterweltsbücher, Sprüche aus dem Totenbuch und Darstellungen von Göttern; allerdings wurde auf die Sonnenlitanei wohl aus Platzmangel verzichtet.

Nach Ramses XI. (1099–1070 v. Chr.), dem letzten Pharao der 20. Dynastie, hört man auf, die Pharaonen im Tal der Könige zu bestatten. Vielmehr besann man sich, daß die Residenz ja seit der Amarna-Zeit im Norden des Landes lag, wo einige Pharaonen der Ramessidenzeit sich ein Zweitgrab errichten ließen. So nimmt es nicht wunder, daß die Könige der 21. Dynastie sich Gräber in ihrer Residenz Tanis im Osten des Deltagebietes errichten ließen.

### *VIII. 1.1.2 Die Tempelbauten*

Aus den Anfängen der 18. Dynastie sind kaum Tempelbauten auf uns gekommen. Von einem Totentempel des Königs Amenophis I. stehen nur noch Reste bei der Ortschaft Dra Abu'l Naga in Theben-

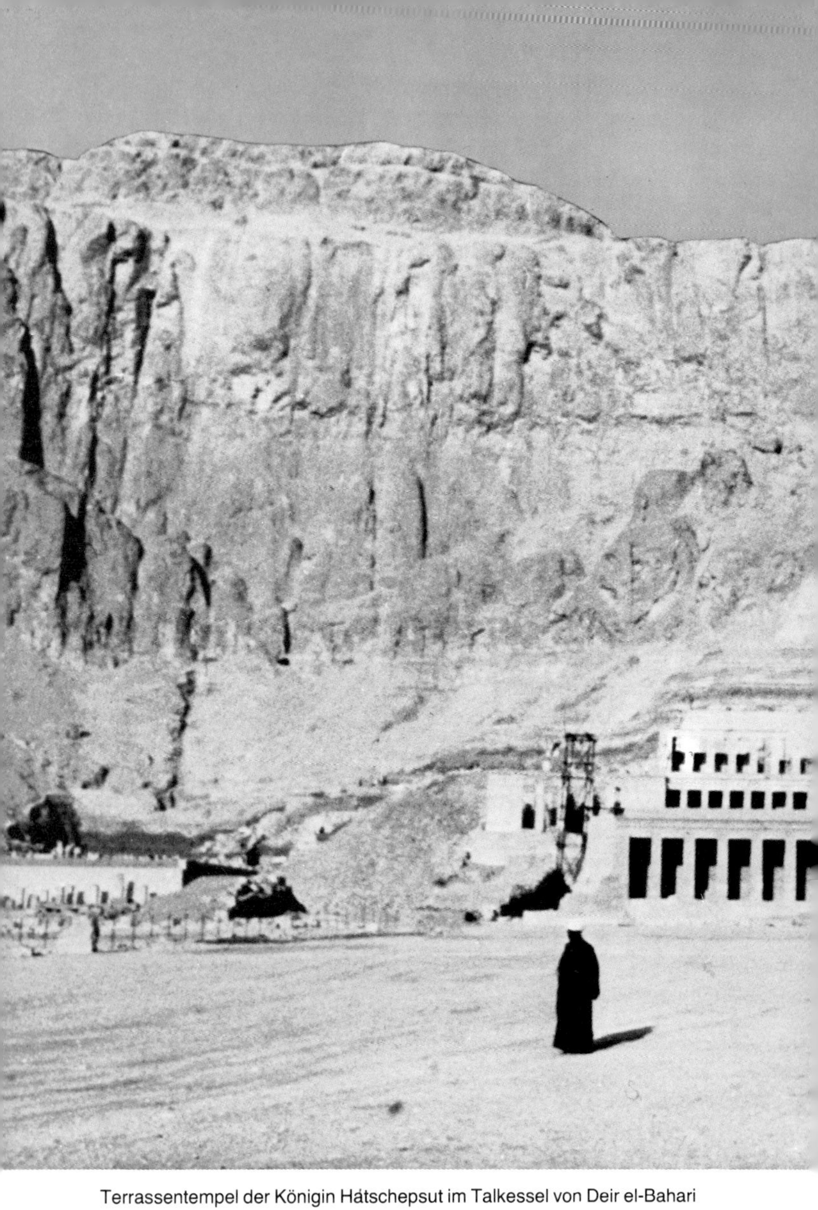

Terrassentempel der Königin Hátschepsut im Talkessel von Deir el-Bahari

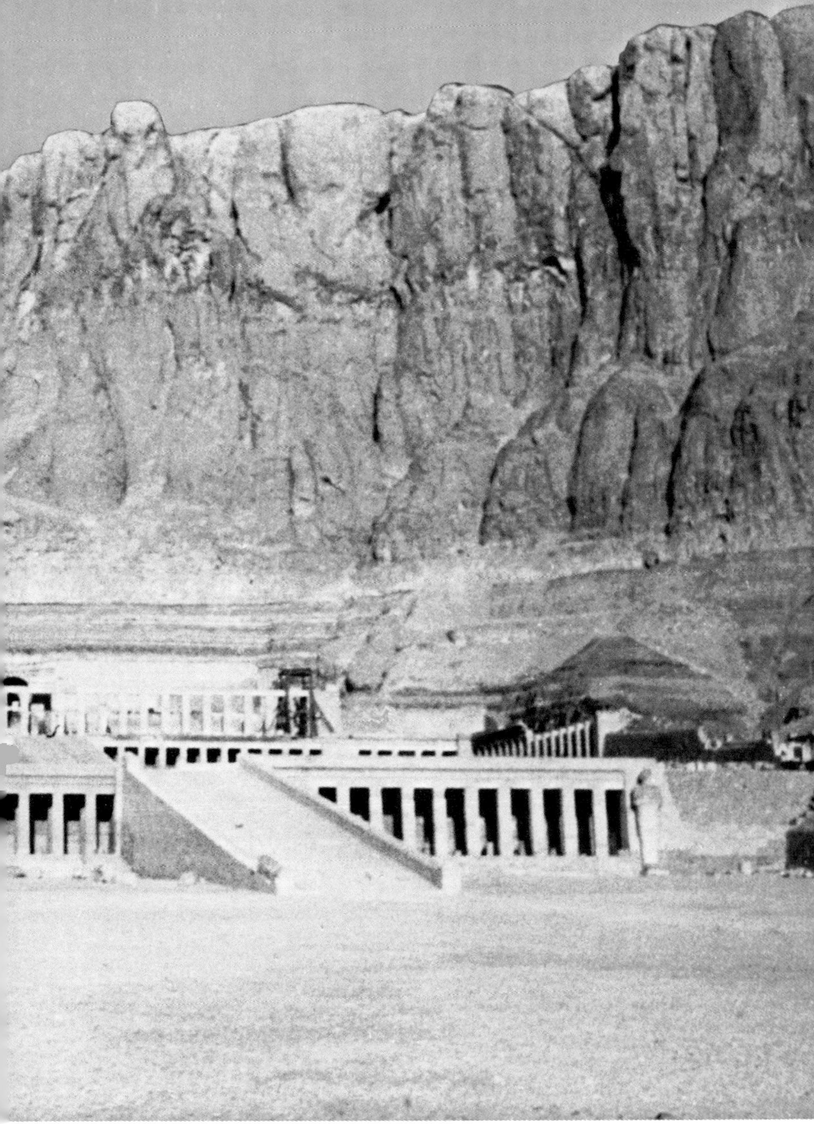

West; erwähnenswert ist allenfalls das kleine Alabaster-Heiligtum in Karnak, das die Archäologen aus Bruchstücken, die man im dritten Pylon des Karnak-Tempels entdeckte, wiederherstellen konnten. Unter seinem Nachfolger Thutmosis I. setzt im ganzen Lande eine rege Bautätigkeit ein. In der Hauptstadt Theben läßt er den im Mittleren Reich zu Ehren des Gottes Amun errichteten Tempel – den Amun-Tempel zu Karnak – durch einen großzügigen Neubau ersetzen, und die Herrscher der Folgezeit haben an dieser Anlage weitergebaut, wie unten noch ausführlich zu zeigen ist. Doch von den Tempelbauten von Karnak, die Thutmosis I. errichten ließ, sind auch nur Reste auf uns gekommen. Ganz anders schaut es dagegen aus mit jenem Tempel, den die Tochter Thutmosis' I. erstellen ließ. Diese Tochter ist keine Geringere als die berühmte Königin Hatschepsut (1490–1468 v. Chr.), die nach dem frühen Tode ihres Mannes Thutmosis II. zwanzig Jahre lang Ägypten regiert, bis der im Knabenalter zum König erklärte Thutmosis III. (1490–1436 v. Chr.) an die Stelle seiner Stiefmutter tritt. Hatschepsut führt die imperialistische Politik ihres Vaters nicht fort. Ihre Leidenschaft scheint sie auf die Errichtung herrlicher Tempel gelenkt zu haben.

Der Terrassentempel der Königin Hatschepsut in Deir el-Bahari auf der linken Nilseite gegenüber von Karnak gehört zu den großartigsten Denkmälern ägyptischer Kunst, vor allem auch durch eine nie wieder erreichte Einpassung des Bauwerks in die eindrucksvolle Felsenkulisse der libyschen Gebirgskette (Abb. S. 208/209, 211). Farbige Reliefs, unter anderem Szenen von der göttlichen Geburt der Hatschepsut und der berühmten Expedition nach Punt, schmücken die Wände der Pfeilerhallen an der Westseite des mittleren Hofes. Dieser Terrassentempel entstand rund 570 Jahre nach demjenigen von Pharao Mentuhotep I. und gehört der 18. Dynastie an. Deren Anfänge lagen gerade erst etwa 60 Jahre zurück.

Da man auch in der Kunst auf alte, bewährte Formen zurückgriff, kam es bald zu einer Art ›Klassizismus‹, zu dem auch der Hatschepsut-Tempel gerechnet werden muß. Allerdings ist die Grundhaltung nicht mehr von jener herben Männlichkeit, die das Mittlere Reich geprägt hatte, vielmehr machen sich in vielen Details eher weibliche Züge bemerkbar. Tatsächlich gelangten im Neuen Reich die Pharaonen nicht selten im Kindesalter an die Macht, so daß der Einfluß

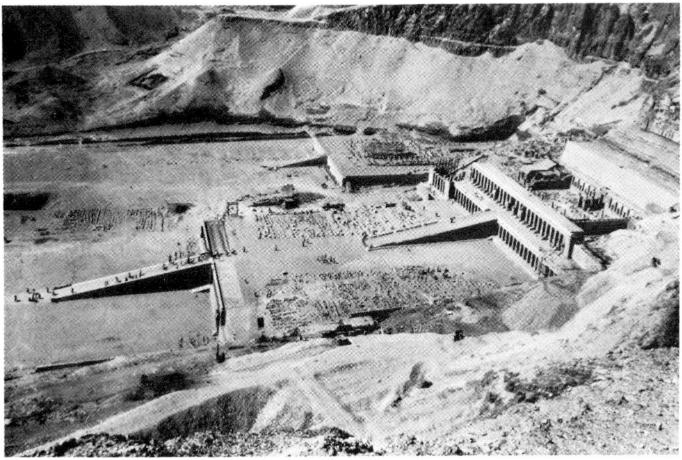

Terrassentempel der Hatschepsut, im Hintergrund der Tempel von Mentuhotep I.

ihrer Mütter und damit der Einfluß weiblicher Herrscher erheblich zunahm.

Nach relativ bescheidenen Anfängen zu Beginn der 18. Dynastie setzt erst mit Hatschepsut und Thutmosis III. »die eigentliche Kulturentwicklung des Neuen Reiches ein« (Vandersleyen). Hatschepsut hat zuerst zwei Jahre als ›Regentin‹ für den noch unmündigen König regiert, danach zwanzig Jahre als Pharao, bis sie schließlich von Thutmosis III. abgelöst wurde. Möglicherweise starb sie auf gewaltsame Weise.

In seinen Grundzügen erinnert der Tempel an die Anlage von Mentuhotep I.: Er ist ohne Pylon ›offen‹ angelegt »als eine Abfolge riesiger Höfe und Terrassen, deren heutige Leere einst von Statuen belebt und durch zwei Becken mit Papyruspflanzen bereichert war« (Vandersleyen). Der Tempel war alljährlich Ziel einer vom Amun-Tempel in Karnak ausgehenden Prozession, die im Zuge eines heute nicht mehr bestehenden Kanals direkt zum Taltempel führte und sich von dort aus in gerader Linie über eine Sphingenallee auf den Haupttempel zu fortsetzte. Vielleicht war die Tempelanlage mit ihren weiträumigen, offenen Terrassen bewußt auf eine große Besucherzahl hin konzipiert. An die Stelle des sonst üblichen Tempelhofes tritt hier die 1. Terrasse, an die Stelle des Säulensaales die höher gelegene 2. Terrasse. Die anschließenden Hallen üben die Funktion eines Vorsaales aus. Danach folgt in der 3. Terrasse das Allerheiligste mit angrenzenden Kultnischen. Wie auch sonst beim ägyptischen Tempel liegt hier das Sanktuarium an höchster Stelle, nur daß die Idee des Anstiegs durch die Abfolge der Terrassen an Ausdruckskraft und Intensität ungleich stärker ist.

Der Reliefschmuck des Hatschepsut-Tempels bringt neben den gewohnten Opferszenen auch ganz neue Themen, »die vom historischen Sinn dieser Zeit« (Vandersleyen) zeugen, so auch in den beiden Hallen seitlich der ersten Rampe: Die linke Halle schildert den Transport von zwei Obelisken, die im Auftrage der Königin in Aswan hergestellt und nach Karnak in den Amun-Tempel gebracht werden sollten. In der rechten Halle erscheinen »in geradezu göttlicher Einfalt« Tiere und Pflanzen als Sinnbilder »der Glückseligkeit, die den Gerechten im Jenseits erwarten« (Gilbert).

Auffallend ist, daß man im Tempel der Hatschepsut keiner einzigen Säule mit pflanzlichem Dekor begegnet. Pfeiler und Säulen erscheinen so, als hätten sie nur eine Stützfunktion. Eine Ausnahme machen hier allenfalls die Pfeiler mit den Hathorkapitellen.

Wenn kannelierte Säulen schon in der 3. Dynastie bei der Scheinresidenz von König Djoser in Sakkara vorkommen (dem ältesten ägyptischen Steinbau), so hatten sie damals noch einen anderen Sinn. Man verstand sie als Umsetzung von Pflanzenstengeln und -bündeln in Stein. Jetzt dagegen sind es Varianten des vierkantigen Pfeilers, der durch Abschrägung zu einem achteckigen oder überhaupt mehreckigen Pfeiler wird. Beim Tempel der Hatschepsut erscheint diese mehreckige Pfeilerform zunächst nur im Inneren der Hallen. »Erst in einer späteren Bauphase« treten sie dann bei der Anubiskapelle und den hieran anschließenden seitlichen Vorhallen auch an der Außenfront auf. Daß dieser Pfeilerform »ein tieferer Sinn zugrunde liegt« (Vandersleyen), den wir allerdings bis heute noch nicht kennen, muß angesichts der Symbolsprache ägyptischer Architektur mit gutem Grund vermutet werden.

Die Geburtshalle rechts der Rampe auf der mittleren Terrasse zeigt Wandreliefs, die die Zeugung der Hatschepsut durch Amun

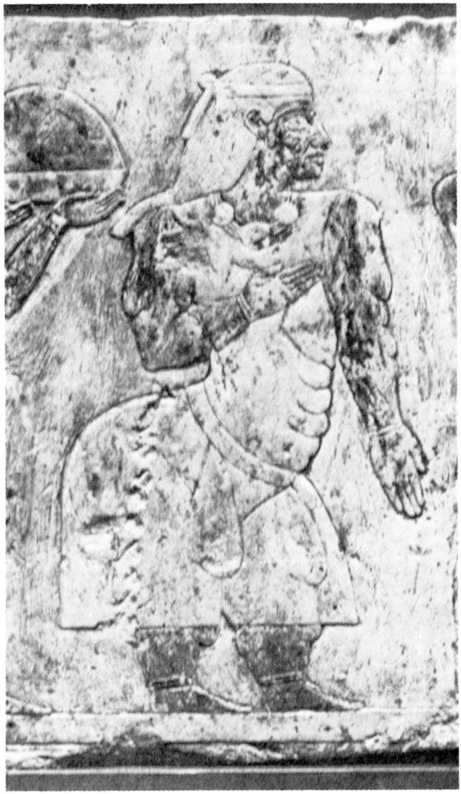

Die Fürstin des Weihrauchlandes Punt. Kairo, Ägyptisches Museum. 18. Dynastie, um 1480 v. Chr. Aus dem Terrassentempel von Deir el-Bahari

sowie Hatschepsuts Geburt zum Thema haben. Das Bild der Königin ist hier, wie überall im Tempel, nach dem Regierungswechsel von Thutmosis III. getilgt worden. Links der Rampe liegt die sogenannte Punthalle mit einer ebenso lebendigen wie genauen Schilderung einer Expedition nach Punt (am Roten Meer in der Gegend des heutigen Suakin südlich von Port Sudan). Unter den mitgeführten Waren befinden sich neben Weihrauch und Myrrhe auch Gold und Edelmetalle, Elefantenzähne, Ebenholz und mancherlei Tiere, darunter auch eine Giraffe.

In der Hathorkapelle (mittlere Terrasse, links außen) verdienen vor allem die eigenartigen Hathorkapitelle Beachtung. Ihrer Form

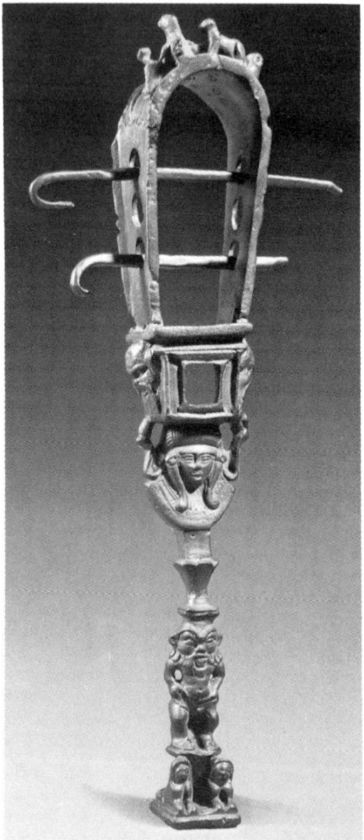

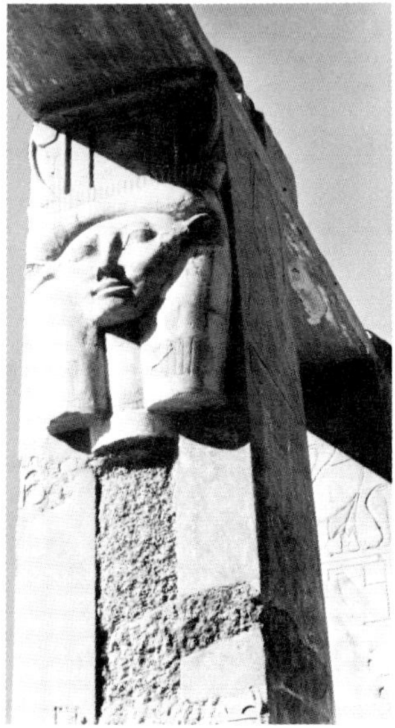

Hathorkapitell eines Pfeilers der Hathorkapelle im Terrassentempel der Hatschepsut

Sistrum. Kairo, Ägyptisches Museum. Griechisch-römische Zeit. Herkunft unbekannt. Höhe 31 cm. Bronze

liegt das sogenannte Sistrum zugrunde, ein von den Priestern des Hathorkultes verwendetes Rasselgerät zur Erzeugung rhythmischer Klänge. Säulenschaft und Kapitell ahmen Griff und Knauf dieses Gerätes nach, der obere Aufsatz den Schallkasten, die Voluten die am Schallkasten angebrachten Metalldrähte. Hathor war die Göttin der Freude, des Tanzes und der Musik.

Von den Wandreliefs in den rückwärtigen, schon im Felsen liegenden Räumen sind besonders die des zweiten Raumes sehenswert. Sie zeigen unter anderem Hatschepsut, wie sie an den Eutern der in einer Barke stehenden Hathorkuh säugt. Vor der Königin sehen wir Hathors Sohn Ihi, den Gott der Musik, mit einem Sistrum. Die obere Terrasse bietet rekonstruierte Hallen mit einigen wieder aufgestellten Osirispfeilern. Das Mitteltor führt in einen querrechteckigen ›Hof‹, bei dem es sich nach neueren Forschungen um den abschließenden Säulensaal gehandelt hat. Die heute fassadenhaft wirkenden Nischen der Rückwand lagen ehemals »im Schatten von Pfeilerhallen« (Haeny). Die kleine Säulenhalle in der Mitte wurde in der Ptolemäerzeit hinzugefügt. Nach rechts folgt ein Sonnentempel mit freistehendem Altar, links eine Opferhalle mit Opferszenen an den Wänden.

Nach dem Tode der Königin Hatschepsut erlebt Ägypten einen gewaltigen ›Bildersturm‹. Aus persönlicher Feindschaft gegen seine Vorgängerin ist Thutmosis III. entschlossen, jede Erinnerung an Hatschepsut auszulöschen. Statuen, welche die Königin darstellen, werden nach ihrem – möglicherweise gewaltsamen – Tode zerschlagen, ihre Obelisken eingemauert und ihr Bild aus den Reliefs herausgemeißelt. Ihren Namen löscht man auf allen nur auffindbaren Denkmälern, soweit man ihn dort erreichen kann.

Thutmosis III. selbst errichtet in Karnak die Festhalle, den 7. Pylon und den Heiligen See, und er tut alles, um seine Taten zu

Relief mit Hatschepsut am Euter der Hathorkuh in der Hathorkapelle

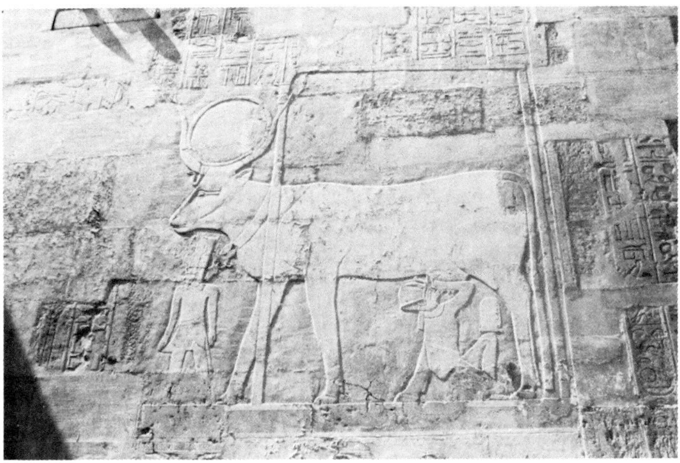

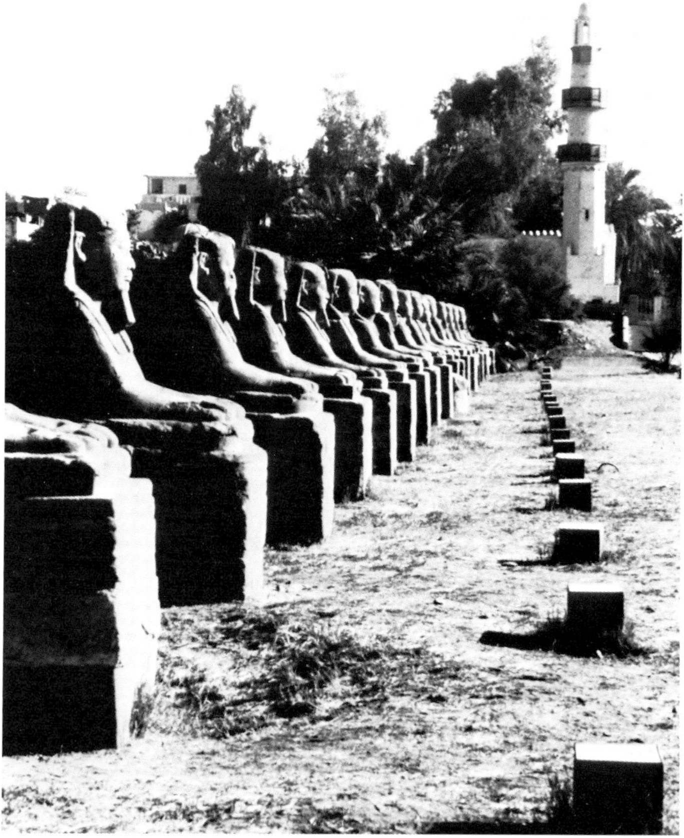

Widdersphingenallee vor dem Luxor-Tempel. Sie führt direkt auf den großen Karnak-Tempel zu

verewigen. Auf den Tempelwänden finden wir die Abrechnung über die Tributleistungen unterworfener Völker und den Bericht über seine siegreichen Feldzüge. Große Inschriften werden zu ›Annalen‹ seiner Handlungen, prunkvolle Gräber zeugen von der Größe des Imperiums und der hohen Selbsteinschätzung ihrer Begründer und Verwalter.

Unter den Nachfolgern von Thutmosis III. blüht Ägypten weiter auf. Durch üppige Kriegsbeute und hohe Tributzahlungen fließt dem Land ein ungeahnter Reichtum zu, und die materielle Kultur verfeinert sich bis zum äußersten. Einer der größten Bauherren dieser Zeit ist Amenophis III. Von seiner einst monumentalen Tempelanlage auf dem Westufer des Nil zeugen heute noch die Memnonkolosse. Sein wohl schönstes erhaltenes Bauwerk aber ist der Tempel auf dem Ostufer in Luxor (Farbt. 9). Dieser Tempel ist das letzte große Bauwerk vor der Amarna-Zeit und entstand etwa in den Jahren 1402–1364 v. Chr. Durch eine drei Kilometer lange Sphingenallee ist er direkt mit dem großen Tempel von Karnak verbunden. Schließlich war der Luxor-Tempel bei den hohen thebanischen Festen das Ziel feierlicher Prozessionen, bei denen die Götterbilder vom Amun-Tempel in Karnak mit großem Gefolge auf dem Nil nach Süden fuhren, wo Amun seinen ›südlichen Harem‹ besuchte, um sich mit seiner Gemahlin Amaunet zu vereinigen. Man nennt diesen Tempel deshalb auch den Harems-Tempel von Luxor. An den damaligen Ritus erinnern noch heute – nach rund 3500 Jahren – die Wasserprozessionen am Festtag des islamischen Ortsheiligen Abu'l-Haggag.

Während der Luxor-Tempel im wesentlichen das Werk von Amenophis III. ist, wurde der große Pylon an seinem Eingang erst unter Ramses II. (1290–1224 v. Chr.) errichtet. Dazwischen liegen mehr als 100 Jahre und mit ihnen der krisenhafte Einschnitt, den die Amarna-Zeit mit Amenophis IV./Echnaton (1364–1347 v. Chr.) gebracht hatte. Nach deren Überwindung setzt sich nun unter den Ramessiden fort, was schon in der 18. Dynastie begonnen hatte: die Hinwendung zur Wirklichkeit, zum Natürlichen, zum geschichtlichen Denken.

Die Darstellungen auf den Außenwänden des Pylons sind dafür ein gutes Beispiel. Sie zeigen den Kampf von Ramses II. gegen die Hethiter: Zuerst die Beratung mit den Fürsten (Westwand), anschließend Ramses, wie er auf seinem Streitwagen in die Schlacht zieht. Die Ostwand zeigt die Flucht der Feinde zu ihrer Festung Kadesch, daneben die Flucht des Hethiterfürsten auf seinem Wagen.

Mit diesen Schlachtenreliefs erneuert sich die alte Vorstellung, wonach die Tempelmauern eine symbolische Abgrenzung gegen das

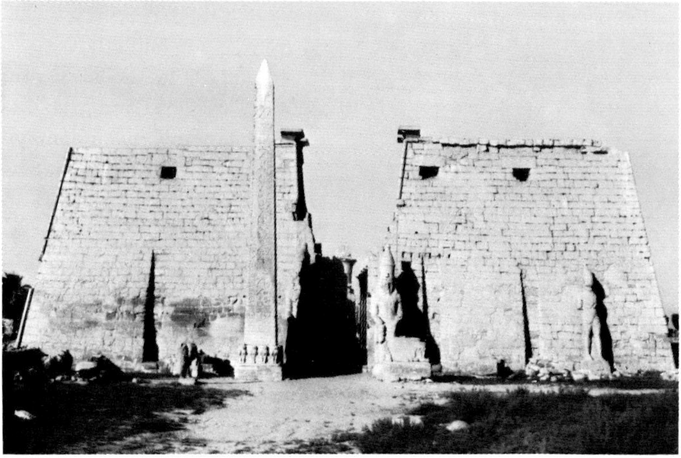

Blick auf den von Ramses II. erbauten Pylon des Luxor-Tempels

umgebende Chaos darstellen. Der König sichert sie, »indem er gegen reale, das Chaos verkörpernde Feinde kämpft« (Vandersleyen). Zugleich symbolisiert die Form des Pylons die beiden Gebirge des Niltales, zwischen denen die Sonne aufgeht. Daher wird die Terrasse über dem Portal zu einem Kultplatz (zu dem im Inneren des Pylons Treppen hinaufführen – heute sind sie oft nicht mehr begehbar).

Von den sechs Kolossalstatuen von Ramses II., die ursprünglich vor dem Pylon aufgestellt waren, haben sich nur die beiden 10 m hohen Sitzfiguren beiderseits des Eingangs und eine der Standfiguren erhalten. Auch steht von den beiden Obelisken aus Rosengranit nur noch der östliche. Sein Gegenstück hat 1836 auf der Place de la Concorde in Paris Aufstellung gefunden.

Auch der 1. Hof (57 × 51 m) ist noch ein Werk Ramses' II. und entstand somit erst 100 Jahre nach den Tempelbauten Amenophis' III. Man erkennt die spätere Entstehungszeit an den wuchtigen Papyrussäulen mit ihren geschlossenen Kapitellen, eine Form, die sich weit vom Naturvorbild entfernt zugunsten einer neuen Monumentalität, bei der nun der glatte Schaft zugleich zum Träger von Inschriften und bildlichen Darstellungen wird.

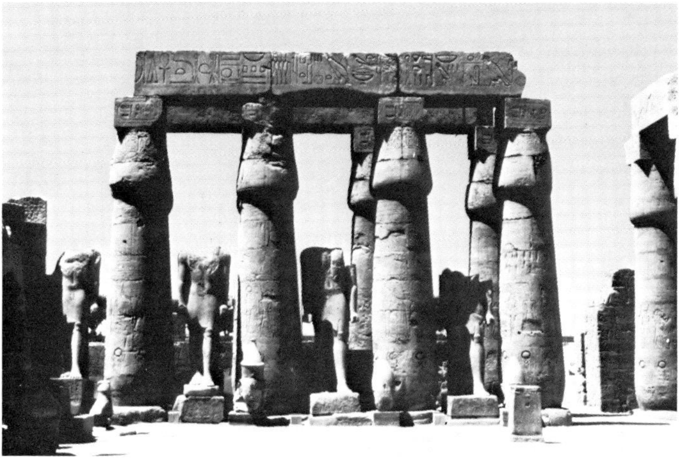

Papyrussäulen mit geschlossenen Kapitellen im 1. Hof des Luxor-Tempels

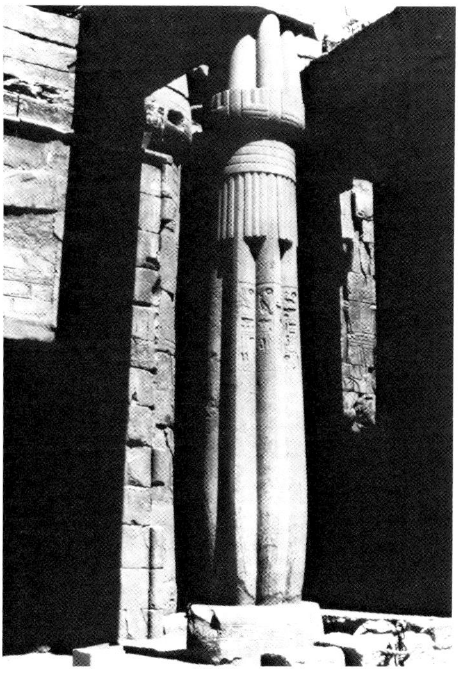

Papyrusbündelsäule in der Granitkapelle von Thutmosis III. im Tempel zu Luxor

Die zierliche Granitkapelle Thutmosis' III. (1490–1436) für die Triade Amun-Mut-Chons steht in denkbar größtem Gegensatz zur Monumentalität der Bauten Ramses' II. Sie entstand fast zwei Jahrhunderte vor jenen, und Ramses II. hat die Kapelle elegant in seine Tempelerweiterung einbezogen. Ihre zarten, ja kleinteiligen Papyrusbündelsäulen belehren uns über die damals gesuchte Naturnähe (Inschriften von Ramses II.). Es gehört zu den Eigenheiten der ägyptischen Architektur, daß sich der Wechsel zwischen abstrakter, idealisierender Monumentalform und wirklichkeitsnaher, vegetabilischer Formgebung mehrmals vollzogen hat, jeweils im Abstand von Jahrhunderten.

Von den Reliefs der Umfassungswände zeigt dasjenige der rechten Südwand den von Ramses II. erbauten Pylon mit Flaggenschmuck, Statuen und Obelisken. Von rechts (Westwand) nähert sich ihm ein Zug mit Opfertieren.

Hinzuweisen ist auf eine Reihe qualitätsvoller, zwischen die Säulen gestellter Königsstatuen. Sie gehören in die Zeit Amenophis' III. Von Ramses II. wurden sie lediglich ›usurpiert‹ und hier aufgestellt.

Die von Amenophis III. erbauten Tempelteile sind in ihren Abmessungen wahrhaft bedeutend, und die Höhe der Säulen ist gewaltig, und doch ist die Grundhaltung dieser Architektur kein imperiales Auftrumpfen, sondern ein festliches Sich-Schmücken mit dem Ziel, »die Massen der Teilnehmer auf das Göttliche hinzuleiten und in eine Stimmung religiöser Ehrfurcht zu versetzen« (Wolf).

Den Auftakt bildet die 52 m lange Kolonnade aus zweimal sieben Säulen von fast 16 m Höhe. Ihre glatten Schäfte enden in Kapitellen, die in schöner schwungvoller Linie den Umriß der Papyrusdolde nachzeichnen. Die Reliefs der Einfassungsmauern entstanden erst 60–70 Jahre nach dem Tempelbau unter Tutanchamun und Haremhab. Sie haben Anteil an der Ausdruckskraft und am ästhetischen Raffinement der späten 18. Dynastie. Dargestellt ist das berühmte Opetfest, bei dem die Götter des Amun-Tempels in Karnak auf reich geschmückten Barken den Nil hinauf zum Luxor-Tempel fahren, während auf dem Ufer die Priesterschaft, das Heer und die Volksmassen nachfolgen. Auch sieht man, wie die Barken auf Tragstangen zum Tempel gebracht werden.

Säulenkolonnade im Luxor-Tempel. Blick von Süden nach Norden

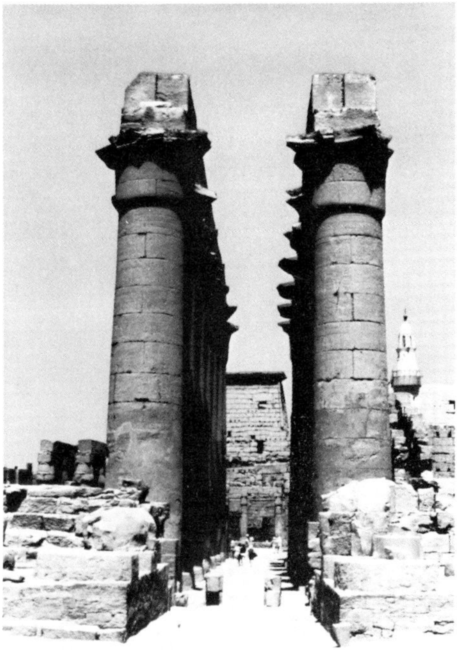

Der unter Amenophis III. erbaute Hof im Luxor-Tempel ist von Papyrusbündelsäulen umgeben

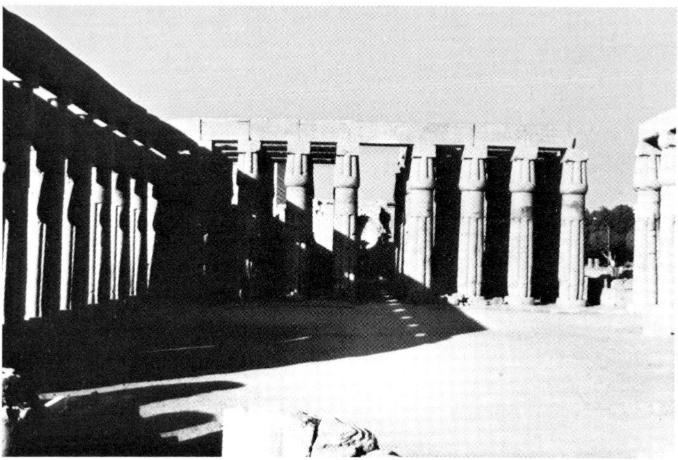

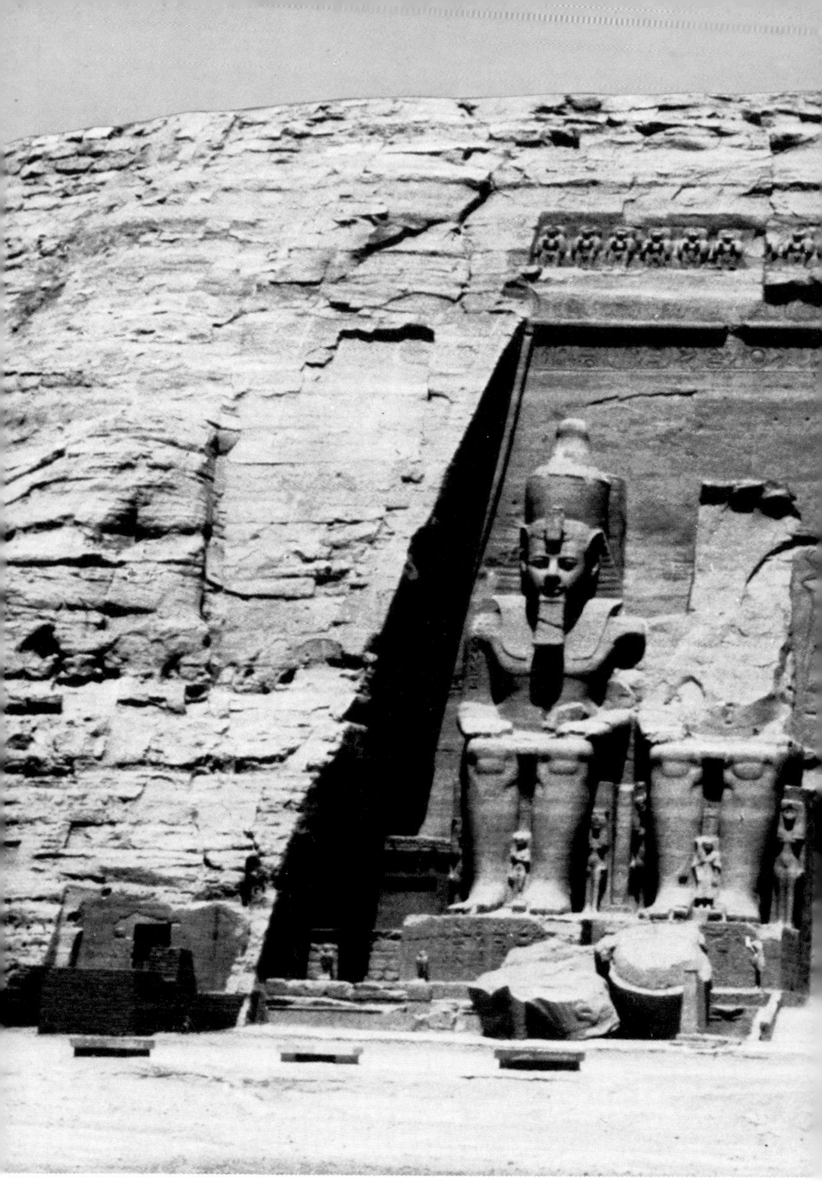

Felsentempel von Pharao Ramses II. in Abu Simbel

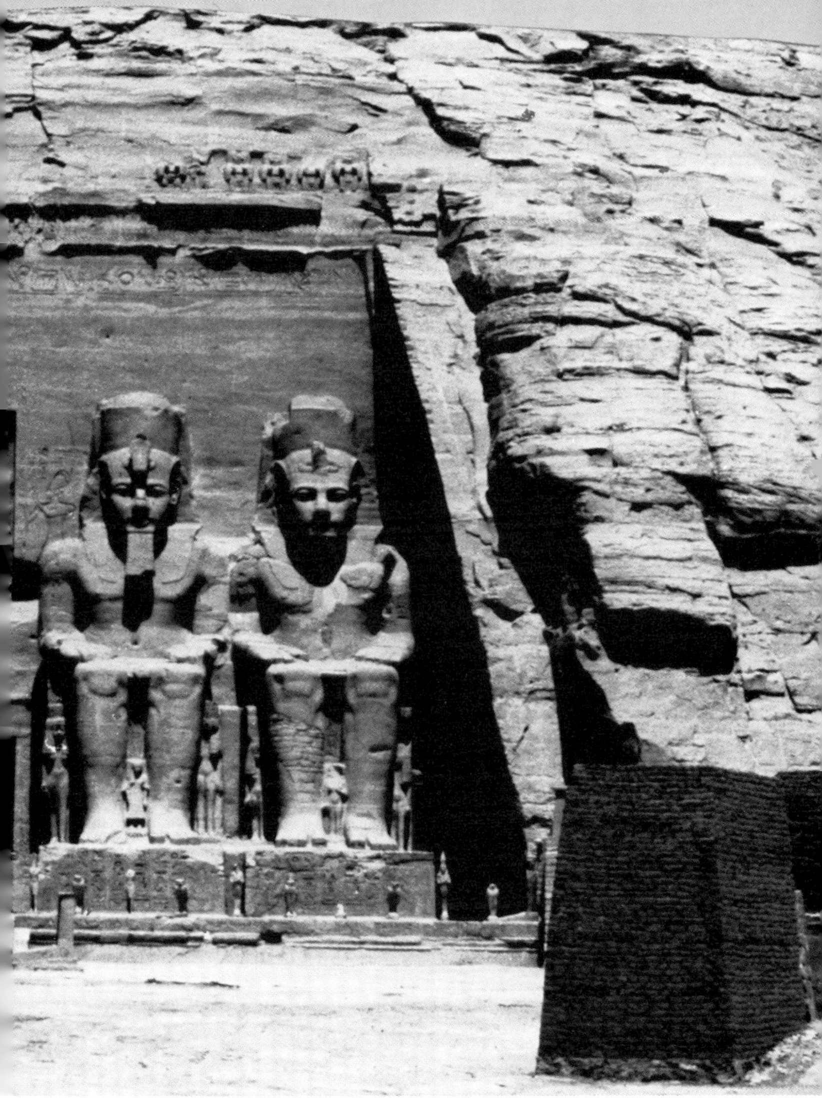

Der unter Amenophis III. erbaute Hof (52 × 46 m) ist von großartiger Wirkung und, gemessen an der Strenge der ägyptischen Baukunst, von festlich-heiterem Charakter (Abb. S. 223). Die Häufung der in doppelten Reihen angeordneten Papyrusbündelsäulen führt zu einer starken Rhythmisierung in der fassadenartigen Eingrenzung des Hofes, eine Wirkung, die sich im anschließenden Säulensaal der Südseite noch steigert und durch schlankere Proportionen auch verfeinert. Wenn man aus der Helligkeit des Hofes dort eintritt, empfängt einen zunehmende Dunkelheit in Räumen, »die zugleich enger werden und damit auf das Geheimnis des Göttlichen vorbereiten« (Wolf). Einen Teil des Säulensaales haben die Römer im 3. Jh. n. Chr. in einen Kaiserkultraum umgebaut, und später haben ihn die Christen in eine Kirche verwandelt. Von hier aus gelangt man in das

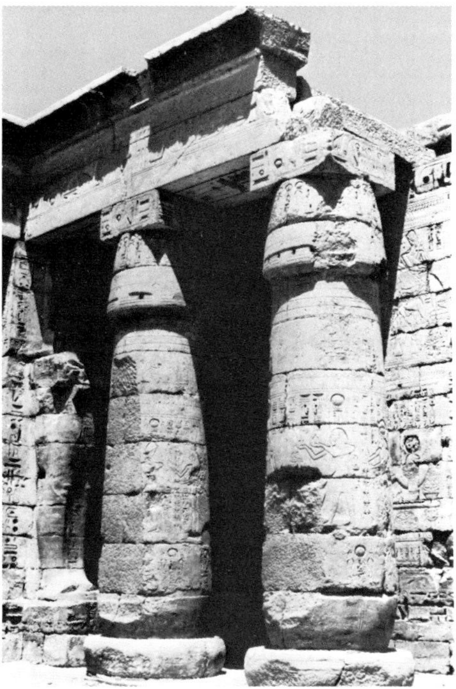

Papyrussäulen mit geschlossenen Kapitellen im Totentempel von Ramses III., Medinet Habu

Allerheiligste, das von Alexander dem Großen in eine Barkenkammer umgewandelt wurde.

Der Geburtsraum an der Ostseite der Tempelanlage gilt als Vorläufer der Mammisi. Die Westwand zeigt die Geburt des Pharaos: die Zeugung durch den Gott Amun und die (jungfräuliche) Mutemuja, Mutter von Amenophis III.

Auf den westlichen Außenwänden des Luxor-Tempels finden sich bis hin zum Pylon Überreste von Szenen, die Ramses II. auf seinen asiatischen Feldzügen zeigen.

Der Nachfolger von Amenophis III. namens Amenophis IV./Echnaton gründete die neue Residenz Achet-Aton im Zentrum der damals bekannten Welt und ließ hier zu Ehren des einen Gottes Aton Tempel errichten. In seiner neuen Hauptstadt, dem heutigen El-Amarna, lebte er abgeschieden von der Außenwelt seinen religiösen Vorstellungen und vernachlässigte darüber seine staatsmännischen Pflichten. So verfiel schon bald die staatliche Ordnung, und die Amarna-Kultur (vgl. Farbt. 12) ging mit ihrem Begründer Echnaton zugrunde. Von den Bauten aus Amarna ist uns nichts erhalten geblieben. Die Mauern des großen Aton-Tempels wurden ebenso geschleift wie die des Königspalastes, und von ihrer Existenz wissen wir nur durch die Ausgräber.

Mit der 19. Dynastie drängt die Architektur in das Kolossale (Abb. S. 222/223), und zugleich nimmt sie in Sorgfalt und Schönheit ab, während wir in Malerei und Kunsthandwerk der höchsten Qualität begegnen. Die technischen Leistungen dieser Zeit erzwingen noch heute unsere vollste Bewunderung, und die Tempel von Ramses II. (1290–1224 v. Chr.) wirken mit ihrer »weltmännischen Eleganz« noch durchaus harmonisch. Blickt man aber auf den Totentempel von Ramses III., so ist die Kolossalität stumpf und öde geworden.

Unter den Ramessiden wird die Gestaltung des Innenraumes zu einem Schwerpunkt des baukünstlerischen Schaffens. Dabei erfährt die Papyrussäule eine abstrahierende Veränderung. Man verzichtet jetzt auf die Wiedergabe der einzelnen Stengel, wie sie noch 150 Jahre früher unter Thutmosis III. und 80 Jahre früher unter Amenophis IV. in Luxor den Typus bestimmte, und man vereinfacht die Form zu einem runden, stark geschwellten Schaft als Ausdruck einer

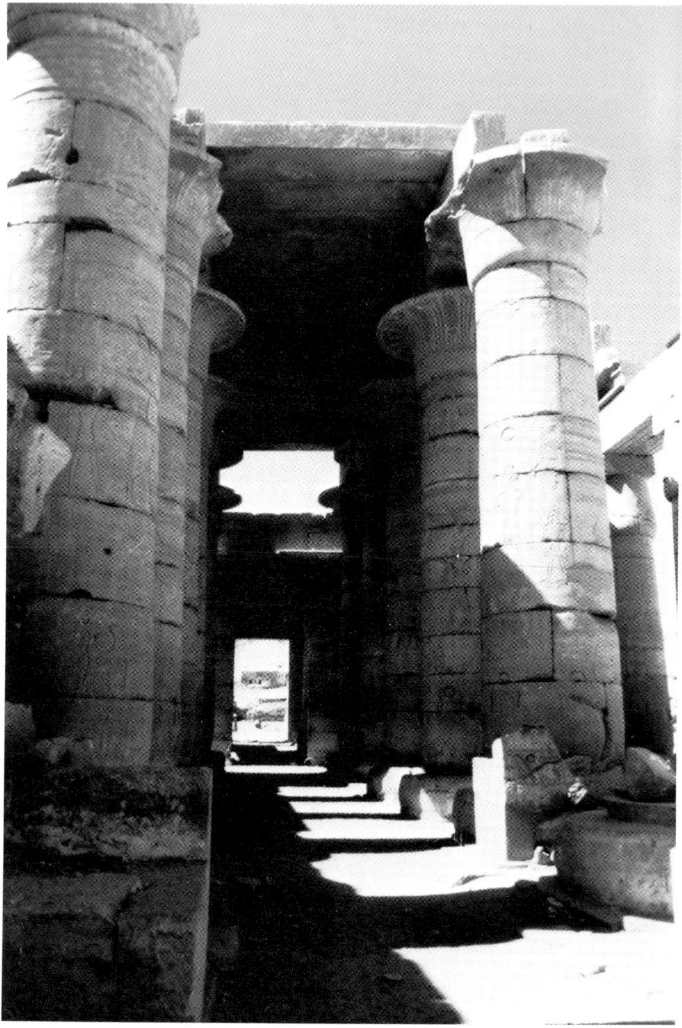

Papyrussäulen im Ramesseum, dem Totentempel von Ramses II.

»idealistischen Monumentalität: eine Rückbesinnung auf die Ursprünge« (Wolf) der Architektur im Alten Reich.

Mit Pharao Sethos I. (1304–1290 v. Chr.) setzte in der 19. Dynastie eine rege Bautätigkeit ein. Von seinem Schaffen zeugt noch heute sein großartiger Totentempel in Abydos, der von ihm begonnene und von seinem Sohn Ramses II. fertiggestellte Totentempel in Schech Abd el-Kurna sowie der große Säulensaal zwischen dem 2. und 3. Pylon des Karnak-Tempels.

In Abydos ließ sich Sethos I. inmitten des ausgedehnten Friedhofsbezirkes einen bewundernswerten Tempel errichten. Wenn man heute seine Anlage betritt, so stellt man fest, daß zwischen dem Eingangspylon und dem eigentlichen Heiligtum eine Lücke klafft, die ehemals zwei große, von seinem Sohn Ramses II. errichtete Höfe eingenommen haben. An den Resten der Einfassungsmauern findet man noch Inschriften und Darstellungen, die Ramses II. beim Opfer zeigen.

Erst mit der querverlaufenden Pfeilerreihe und dem dahinter gelegenen Haupteingang betritt man die unter Sethos I. ausgeführten Tempelteile. Sie überraschen durch zwei große, quergerichtete Säulensäle, deren sieben Durchgänge sich auf sieben Kapellen beziehen,

Blick auf den Tempel von Sethos I. / Ramses II. in Abydos

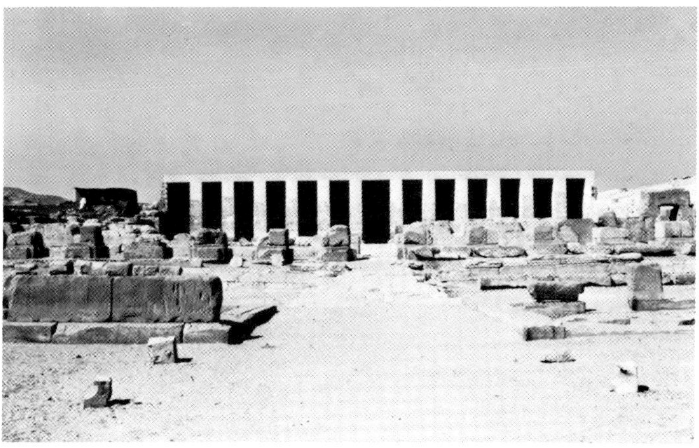

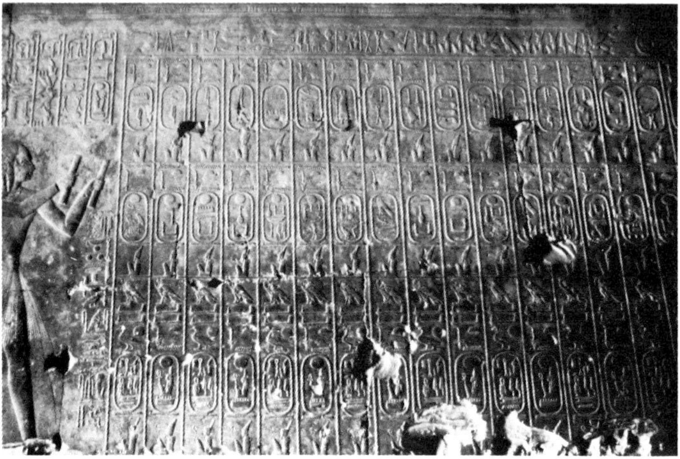

Die Königsliste von Abydos im Totentempel von Sethos I.

die sich an den zweiten Säulensaal anschließen. Diese Kapellen bilden den Kern der Anlage. Die mittlere war Amun geweiht, die drei nördlichen (rechts) gehörten den Göttern des Osiris-Kreises (von links nach rechts: Osiris, Isis, Horus), die drei südlichen (links) den Landesgöttern (von rechts nach links: Re-Harachte, Ptah) sowie Sethos I. (letzte links), dem vergöttlichten König.

Der Zusammenschluß dieser sieben Kapellen durch die beiden Säulensäle, die ihnen gemeinsam vorgelagert sind, war ein neuer, integrierender Baugedanke. Man überwand das Prinzip der bloßen Addition zugunsten einer neuen, übergreifenden Einheit, bei der die Göttervielfalt räumlich in einer Art ›Pantheon‹ aufgehoben war. Jede Gottheit besaß zwar ihre eigene Kapelle und ihre eigene Rampe (Amun eine Treppe), aber mit der letzten, höher gestellten Säulenreihe wurde diese Differenzierung in Form eines gemeinsamen Querweges wieder relativiert. Alle anderen, die streng gefügte Einheit störenden Elemente, wie Opferstelen und Kapellen, wurden (was ganz ungewöhnlich war) in einen seitlichen und einen rückwärtigen Anbau verlegt: so die Osirishalle mit einer Reihe von Nebenkapellen, dann der Raum für Ptah-Sokaris, die sogenannte Königsgalerie mit der berühmten ›Königsliste von Abydos‹, der Barkensaal und der Raum für die Schlachtung der Opfertiere, dieser mit einer eigenen Außentür, um die Opfertiere hereinführen zu können. Im Nebenraum ein Grundwasserbrunnen. Etwas höher gelegen und von außen her über eine Treppe erreichbar ist das Schatzhaus.

Nur 8 m hinter dem großen Tempel trifft man auf das berühmte sogenannte Osireion, das Scheingrab von König Sethos I. Es liegt inmitten eines Sandhügels, den der Pharao aufschütten und mit Bäumen bepflanzen ließ.

Das Scheingrab Sethos' I. verwirklicht einen ganz neuen Baugedanken: Die Pfeilerhalle ist hier ringsum von einem Grundwassergraben umgeben, so daß sie wie eine Insel aus einem Gewässer herausragt. Den religiösen Sinn dieser Anordnung erschließen Darstellungen in zeitlich parallelen Gräbern: Von einem Fährmann begleitet steuert dort der Tote mit seiner Barke auf eine Insel zu, wo er von Isis und Nephthys erwartet wird, »die ihn bergen und beklagen, bis er zu neuem Leben erwacht« (Haeny). Die Insel ist zugleich ein Bild für den vom Urwasser (Nun) umflossenen Urhügel, auf dem nach ägyptischem Glauben der Schöpfergott die Welt erschaffen hatte.

Blick auf das Osireion, Scheingrab von Sethos I. in Abydos

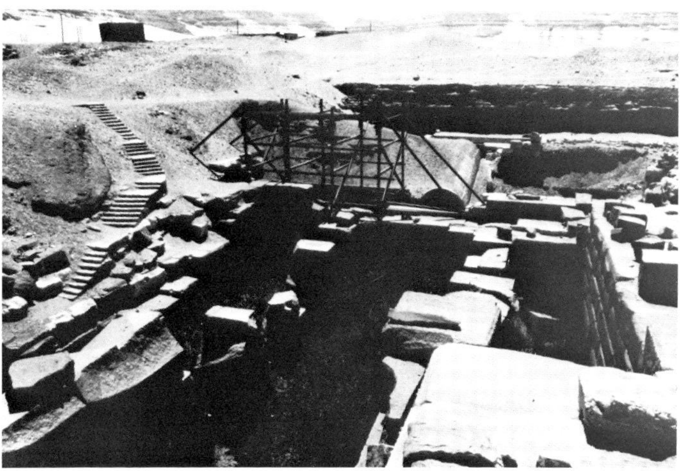

Angesichts der hohen Qualität der Reliefs im Tempel von Sethos I. und nicht zuletzt infolge ihres guten Erhaltungszustandes, der auch die Farben mit einschließt, sind diese Reliefs zu Recht berühmt. Sie sind bedeutende Zeugnisse der Nach-Amarna-Zeit, die bewußt an die überlieferten Formtraditionen der altägyptischen Kunst anknüpfen. So beobachten wir an ihnen »die alte Vorliebe für die glatte, undetaillierte Fläche«, so daß die Relieffiguren »jede Andeutung von Knochenbau oder Muskulatur vermissen lassen«. Und doch bekunden diese Reliefs eine völlig gewandelte Geisteshaltung. So ist vor allem die Beziehung zwischen dem König und den Göttern grundlegend verändert: »Die Haltung der Könige vor den Göttern gewinnt einen Ausdruck von Ehrfurcht, der sie fast auf die Ebene der Menschen zurückführt« (Zitate nach Vandersleyen). Auch ist nicht zu übersehen, daß die Reliefs bei aller Feinheit der Ausführung gewisse Züge eines Akademismus tragen, einer ›Geziertheit‹, wie sie leicht entsteht, wenn das künstlerische Schaffen bestimmten Regeln folgt und weniger der spontanen Eingebung.

Die Abbildung auf Seite 231 zeigt eine Ritualszene aus der Osiris-Kapelle: König Sethos I. (rechts), mit der Doppelkrone geschmückt und kostbar gekleidet, empfängt von dem schakalköpfigen Gott (links) den Krummstab und die sogenannte Geißel. Upuaut, ursprünglich eine Wolfsgottheit, gilt als der Begleiter des Osiris, ein Führer in der Unterwelt, wo er den toten Seelen den Weg zeigt. Mit den Worten »Ich komme zu dir mit Leben und Macht« tritt er dem König entgegen. Und er fährt fort: »Mögest du dich wie Horus als König verjüngen. Ich vererbe dir den Krummstab und das herrliche Amt des Wennofer (= Osiris). Möge dein Name unzerstörbar sein wegen dessen, das du getan hast. Solange der Himmel ist, solange sollst du sein.« (Übersetzung der senkrechten Spalten im oberen Register, von rechts nach links).

Der ägyptischen Kunst gelingt in solchen Darstellungen die Gleichzeitigkeit von Ruhe und Bewegung, von hoheitsvoller Distanz und persönlicher Direktheit, von augenblickshaftem Geschehen und zeitloser, objektivierter Dauer. Doch in der Aneinanderreihung solcher Szenen (wie hier) entsteht leicht der Eindruck eines »kalten, feierlichen Ernstes«. Die Schwäche dieser Kunst (der Ramessidenzeit) liegt in ihrer demonstrativen Absicht: Sie will den

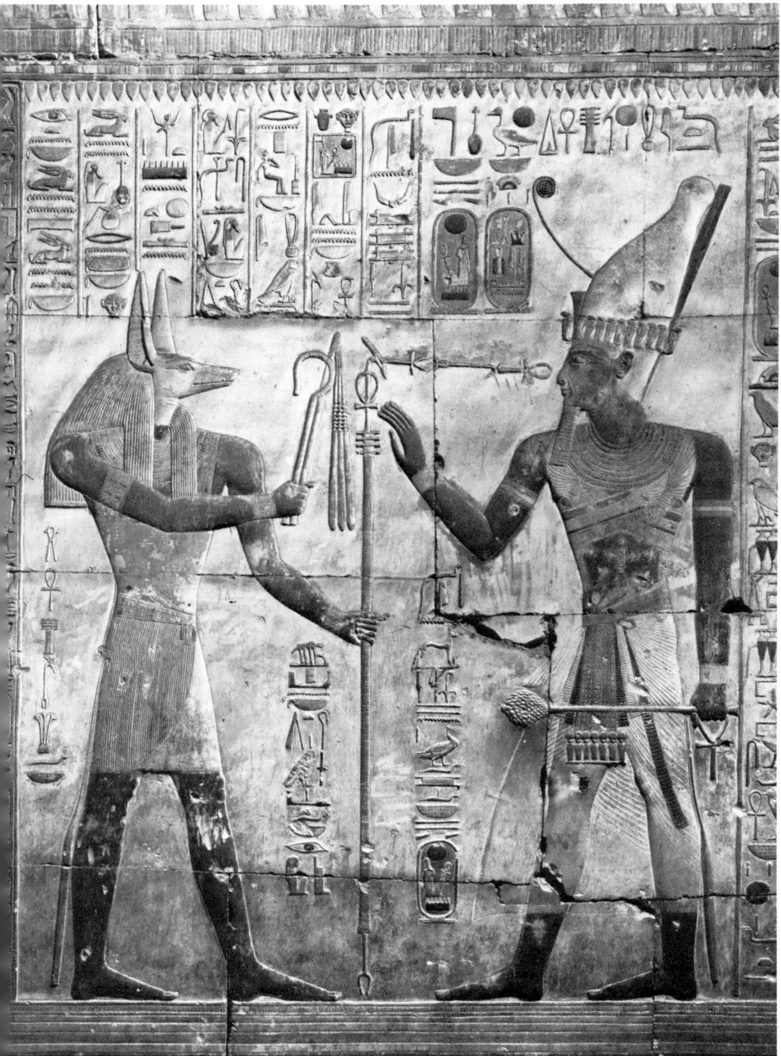

ethos I. vor dem Gott Upuaut in der Osiris-Kapelle seines Tempels. Abydos. 19. Dynastie, um 300 v. Chr. Kalkstein

alten, zeitweilig ins Wanken geratenen Glauben wieder festigen, die »Rechtgläubigkeit« geradezu unter Beweis stellen, doch »die Eintönigkeit althergebrachter gottesdienstlicher Handlungen ... wirkt ermüdend«. »Zum ersten Mal erweist sich die ägyptische Kunst als intellektuell gelenkt. Die Haltungen sind edel, von weltmännischer Eleganz und Anmut, die Umrisse wohllautend, die Figuren von vornehmer Gepflegtheit, herrlich die Feinheit langer durchscheinender Gewänder« – und doch sind die Formen insgesamt »von metallischer Schärfe, ein untrügliches Zeichen von Archaismus«, von Rückgriff auf Vergangenes (Zitate nach Wolf).

Der Totentempel für Sethos I. in Schech Abd el-Kurna ist dem Reichsgott Amun geweiht. Die Anlage finden wir auf der Linie Deir el-Bahari – Karnak. Die beiden Vorhöfe sind nahezu ganz zerstört. Die ›Fassade‹ bildet heute eine Reihe von neun (ursprünglich zehn) Papyrussäulen. Begonnen hat Sethos I. den Tempel für sich und seinen Vater Ramses I.; vollendet hat ihn sein Sohn Ramses II. Die Reliefs sind von vorzüglicher Qualität. Sie zeigen die drei genannten

Totentempel von Pharao Sethos I. in Schech Abd el-Kurna

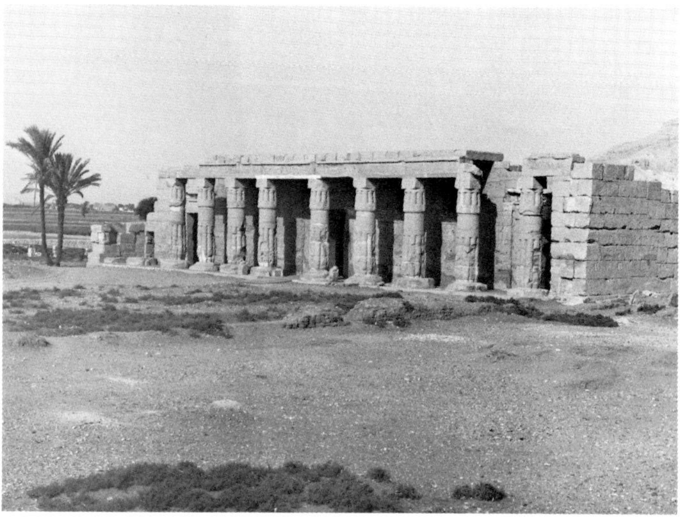

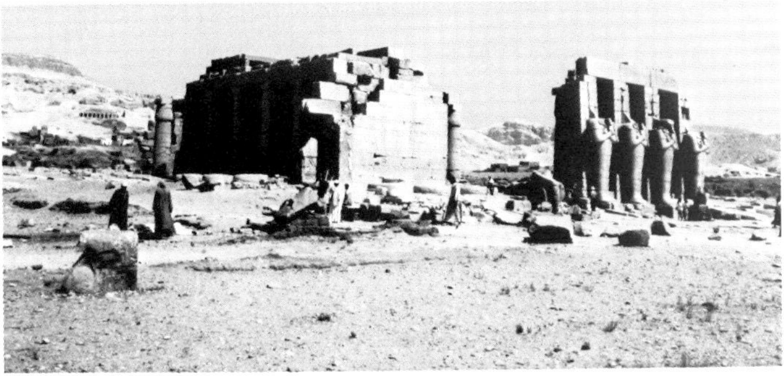

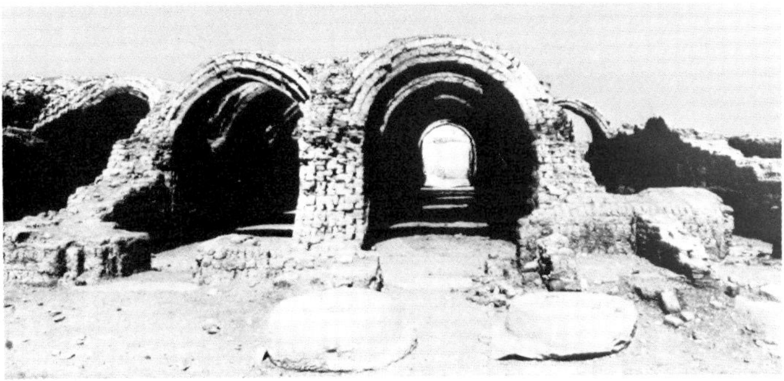

Blick auf das Ramesseum, den Totentempel von Ramses II., und die Magazine im Ramesseum zur Aufbewahrung von Vorräten

Herrscher, zumeist bei Opferhandlungen vor Amun, Mut, Ptah und Hathor. Der in der Mittelachse gelegene Säulensaal gehört noch in die Zeit von Sethos I., wie das die Königskartuschen der Papyrussäulen mit ihrem geschlossenen Kapitell zeigen. Links schließt sich eine Kapelle für Ramses I. an. Rechts folgt der Sonnenhof von Ramses II. mit dem Altar für Re.

Unweit dieser Tempelanlage ließ sich Ramses II. ebenfalls einen Totentempel erbauen, der uns unter dem Namen Ramesseum bekannt ist. Auch er sollte nicht nur dem Kult des verstorbenen

Die Gesamtanlage des Ramesseums, des Totentempels von Ramses II., bei Schech Abd el-Kurna ▷

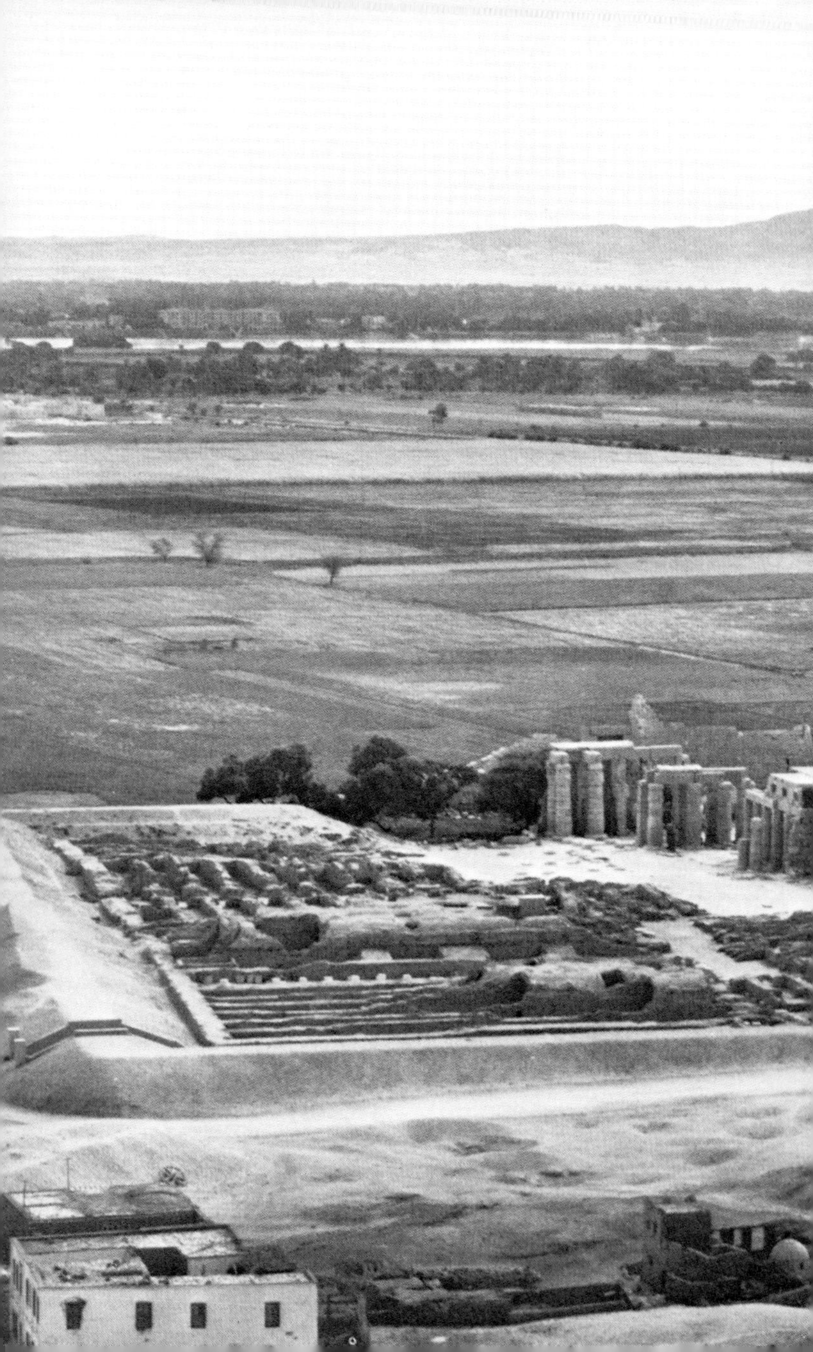

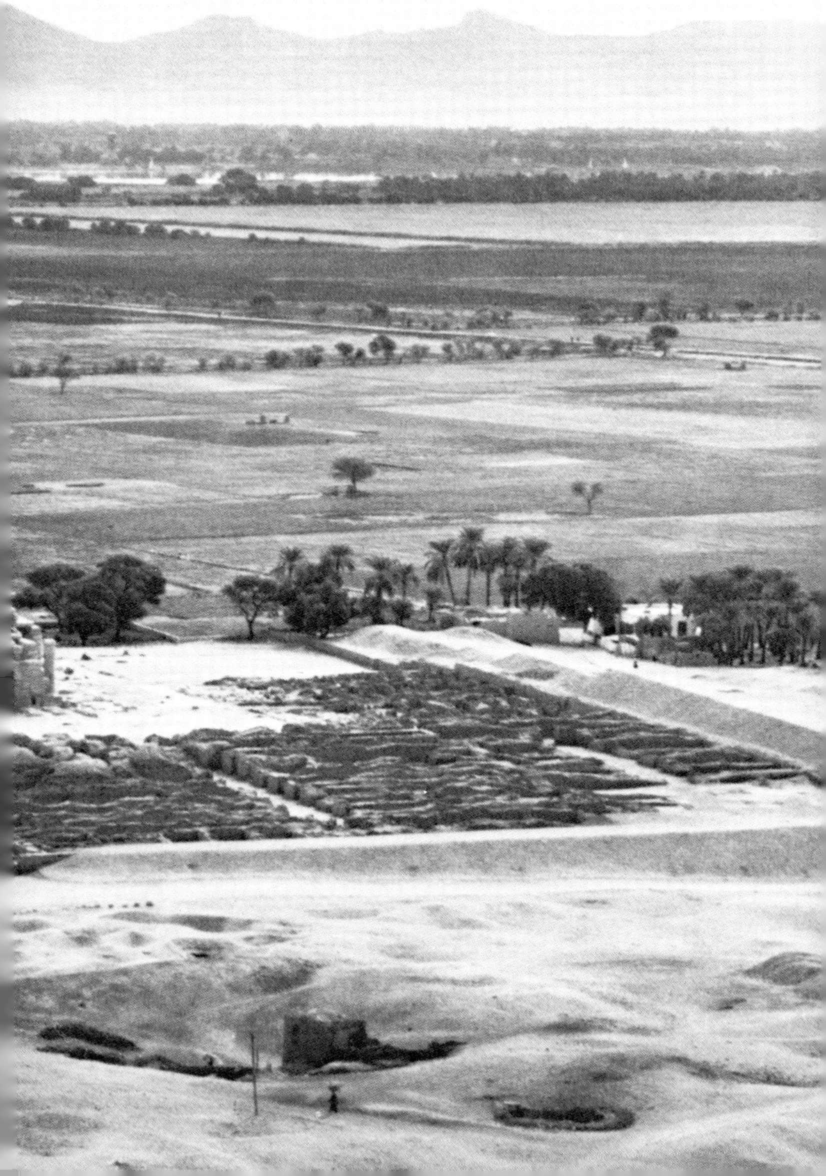

Königs dienen, sondern er war gleichzeitig dem Reichsgott Amun, dem Schutzgott dieser Dynastie, geweiht. Beim Ramesseum kommt noch hinzu, daß der Tempel mit seinen Nebengebäuden die Funktion einer Schreib- und Malschule hatte, also gewissermaßen eine Lehranstalt war. Auch gab es (links vom 1. Hof) einen königlichen Palast sowie rechts vom Haupttempel einen kleineren Tempel Sethos' I. Die ausgedehnten Magazine, Ställe, Speicher und Wohnungen, die sich in einem weiten Areal um den Haupttempel herum gruppieren, lassen auf einen lebhaften Schulbetrieb und umfangreiche Lagerhaltung (Opfertiere, Opferspeisen, Versorgungsgüter) schließen.

Von der ursprünglichen Gesamtanlage des Ramesseums, die sich noch heute durch ihre Ziegelumwallung im Wüstensand abzeichnet, hat sich nur wenig erhalten. Die beiden Säulengruppen mit den Osirispfeilern gehören zum Umgang des inneren Hofes, den man, von links kommend, wo noch Teile des Pylons stehen, über einen Vorhof betrat (dort auch die Reste einer 18 m hohen Kolossalstatue von Ramses II.). Zwischen den Osirispfeilern verlaufen die ins Innere des Tempelhauses führenden Rampen. Von den ursprünglich

Osiris-Pfeiler im Ramesseum, denen die Christen bei der Vernichtung des heidnischen Götterglaubens die Köpfe abschlugen

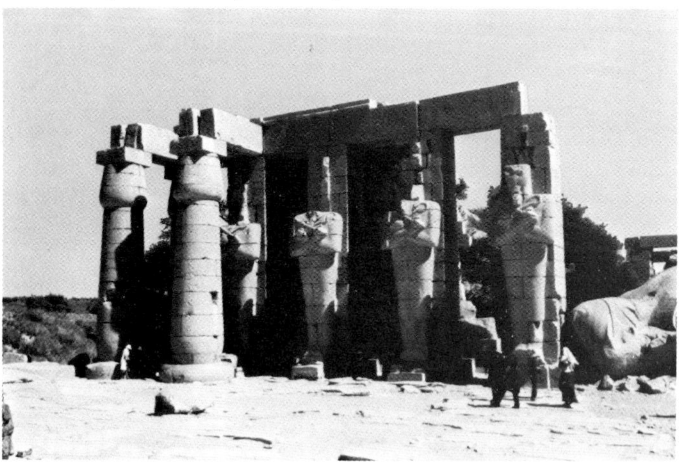

acht Pfeilern dieser Hofseite stehen noch die vier rechten. Folgt man der mittleren Rampe (jetzt links vom vierten Pfeiler), so kommt man in den Mittelgang des Großen Säulensaales, der nach dem Muster des Amun-Tempels in Karnak hier in reduzierter Form wiederholt wurde.

Nach dem Vorbild des Amun-Tempels in Karnak sind auch hier die beiden mittleren Säulenreihen erhöht, so daß sich hier wie dort das Problem des Höhenunterschiedes zwischen dem Dach des Mittelraumes und den niedrigeren Seitenhallen stellte. Interessanterweise zeigt nun das Ramesseum, obwohl es die spätere Lösung darstellt, einen geringeren Lichteinfall (bei gleichem basilikaähnlichen Raumquerschnitt). Es ging dem Baumeister also nicht um Helligkeit, vielmehr um die Gestaltung des Innenraumes, dem er eine betonte Axialität und eine gesteigerte innere Spannung geben wollte.

Sehenswerte Reliefs finden wir beim Eintritt in den Säulensaal links in der Erstürmung von Dapur. Am Ende des Saales sehen wir den König und seine Söhne vor den Göttern; im folgenden Raum eine Barkenprozession sowie die Decke mit astronomischen Darstellungen.

Bemerkenswert sind am Eingangspylon die großangelegten Reliefs der Innenseite, »die zu den bedeutendsten der ägyptischen Kunst zählen«:

*Linke Pylonseite:* Erstürmung von 18 syrischen Festungen, von denen 13 noch zu erkennen sind. Ferner lebhafte Szenen vom Lagerleben der Soldaten. Weiter unten das ägyptische Heer. Oben rechts greifen Hethiter das ägyptische Lager an. Beratung des Königs mit seinen Offizieren. Mißhandlung von Gefangenen.

*Rechte Pylonseite:* Darstellung der berühmten Schlacht von Kadesch (1285 v. Chr.) mit dem historisch umstrittenen, von Ramses II. aber immer wieder angeführten Sieg über die Hethiter.

In der 20. Dynastie läßt der Totentempel von Ramses III. (1184–1153 v. Chr.) in Medinet Habu ein für die Spätzeit des Neuen Reiches charakteristisches Merkmal erkennen, nämlich die geschlossenen Außenflächen, mit denen die Größe des Tempels betont werden soll. Die Mauern der Höfe und die Mauern des

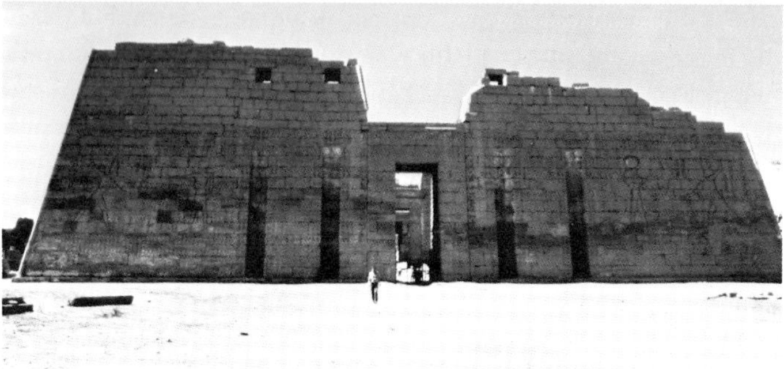

Totentempel von Ramses III. in Medinet Habu

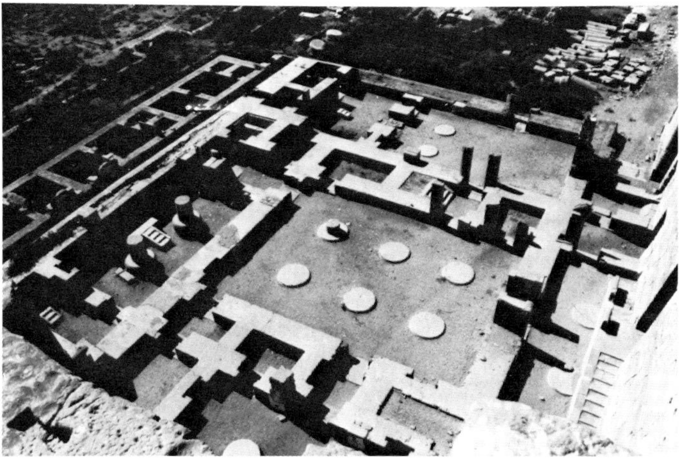

Blick vom linken Pylonturm auf den Palast von Ramses III.

eigentlichen Tempelhauses sind einheitlich zusammengefaßt, und auch dort, wo ein Pylon die Mauer unterbricht, »wird die Wand in gleicher Höhe und Richtung weitergeführt«. Vor allem in den rückwärtigen Teilen »übersteigen die Außenwände bei weitem die Dachhöhen der dahinter verborgenen Räume« (Haeny). Der Tempel soll größer und höher erscheinen, als er in Wirklichkeit ist, wobei auf den riesigen Wandflächen die königlichen Kriegstaten im Relief verherrlicht werden. Hinter dem linken Pylonturm liegt der Überrest des einst luxuriösen Palastes, der mit dem ersten Tempelhof durch ein Erscheinungsfenster verbunden war. Der Pharao hatte so die Möglichkeit, vom Palast aus Huldigungen entgegenzunehmen oder von hier aus die im Hof stattfindenden Veranstaltungen zu verfolgen.

Auf der Außenseite des Pylons finden sich sehenswerte Reliefs. Da packt der König seine Feinde bei den Haaren und erschlägt sie

Ramses III. auf der Wildstier-Jagd. Relief am 1. Pylon (Rückwand des linken Turmes) des Tempels von Medinet Habu

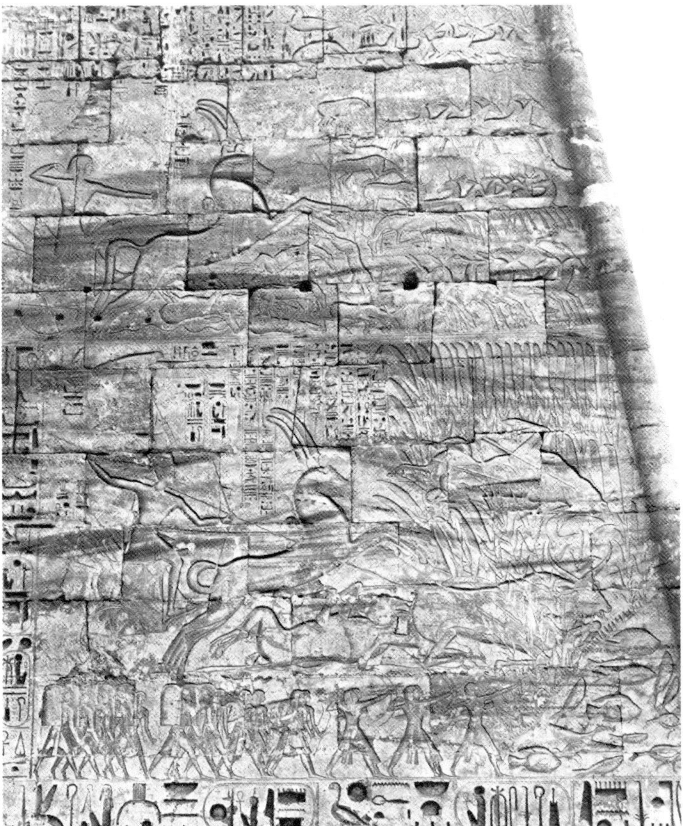

mit der Keule. Die Darstellung der eroberten Städte erfolgt jeweils durch einen Mauerring mit dem Namen der Stadt und dem Oberkörper eines gefesselten Gefangenen; der falkenköpfige Gott Re-Harachte führt sie an Stricken dem König zu. Die Inschrift bezieht sich auf einen Sieg Ramses' III. über die Syrer. Auf der zweiten Pylonhälfte eine Parallelszene. Weitere Darstellungen vom Syrerkrieg an den Innenwänden des 1. Hofes. Eindrucksvoll ist vor allem die linke Wand mit dem ›Erscheinungsfenster‹ in der Mitte.

Die äußere Rückseite des 1. Pylons zeigt oben die Jagd auf Antilopen und Wildesel, darunter die Jagd auf wilde Stiere in einer von Fischen und Wasservögeln belebten Sumpflandschaft (Abb. S. 239). Beide Darstellungen sind von höchster Qualität und packend in ihrer »tragischen Wahrhaftigkeit«; ihr ›Naturalismus‹ findet höchstens auf Kreta eine Parallele (Vandersleyen).

Die Pfeilerhalle vor dem Tempelhaus zeigt die in der Ramessidenzeit übliche Vereinfachung der Bauglieder, die aber durch reichen Reliefschmuck an Säulen und Pfeilern und deren farbige, teppichhafte Wirkung ausgeglichen wird.

Das Innere des Tempels steht in Parallele zum Ramesseum von Ramses II. Links vom Großen Säulensaal liegen fünf Schatzkammern, deren Reliefs den gehorteten Reichtum zeigen. Gegenüber vier Kapellen. Vom 2. Säulensaal aus erreicht man rechts das Sonnenheiligtum für Re. Letzter Raum (vier Pfeiler): das Allerheiligste für die Götterbarke.

Nun ist es an der Zeit, über den wuchtigen Amun-Tempel von Karnak zu berichten. Karnak, eine Tempelstadt von gewaltigen Ausmaßen, war ja dem Reichs- und Hauptgott Amun geweiht. Dessen Verehrung, zunächst noch als Lokalgott, setzt mit der 11. Dynastie ein und erhält sich bis in die Ptolemäerzeit, ja bis zu den römischen Kaisern der ersten nachchristlichen Jahrhunderte. Entsprechend ist auch der Tempelbezirk von Karnak im Verlaufe von über 1700 Jahren nicht nach einheitlichem Plan entstanden; er ist vielmehr das Spiegelbild »einer Summe von Bauideen«, die erst im Zeitraum von Jahrhunderten Gestalt gewonnen haben. Außer für Amun hat man hier auch Tempel für dessen Gemahlin, die Geiergöttin Mut, sowie ihren Sohn Chons errichtet.

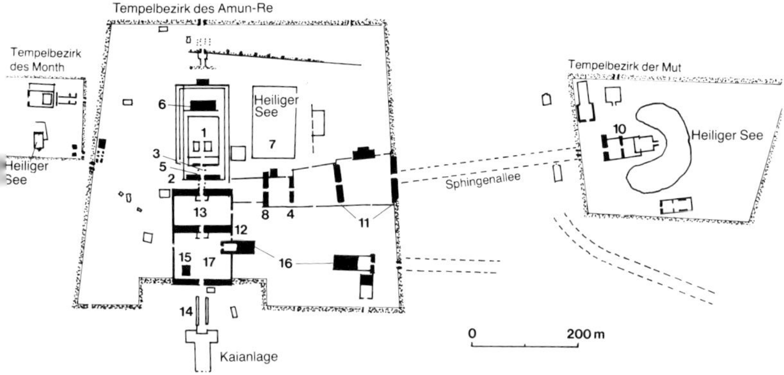


Die Tempelanlagen von Karnak

Die zeitliche Abfolge der wichtigsten Bauten von Karnak sieht folgendermaßen aus (s. dazu obige Abbildung):

(1) (12. Dyn.) Vom Tempel der 12. Dynastie sind nur die Maße bekannt. Er bildete ein Quadrat von 40 m Seitenlänge. Aus dieser Zeit stammt die (rekonstruierte) Weiße Kapelle Sesostris' I. Der neue Standort ist willkürlich gewählt. Daneben steht der Barkenschrein Amenophis' I. (18. Dyn.).

(2) (18. Dyn.) Thutmosis I. – Errichtung neuer Umfassungsmauern, Bau des 4. Pylons, damit verbunden die Aufstellung von zwei Obelisken.
(18. Dyn.) Thutmosis II. – Schaffung eines Säulensaales zwischen dem 4. und 5. Pylon.

(3) (18. Dyn.) Hatschepsut – Errichtung eines Heiligtums für die göttliche Barke. Aufstellung von zwei Obelisken im Säulensaal Thutmosis' II.

(4) (18. Dyn.) Hatschepsut – Errichtung des 8. Pylons.

(5) (18. Dyn.) Thutmosis III. – Annalensäle im Kernbau des Amun-Tempels.

(6) (18. Dyn.) Thutmosis III. – Festhalle und ›Botanischer Garten‹.

(7) (18. Dyn.) Thutmosis III. – Heiliger See.

(8) (18. Dyn.) Thutmosis III. – Errichtung des 7. Pylons.

(9) (18. Dyn.) Amenophis II. – Errichtung des 3. Pylons.

(10) (18. Dyn.) Amenophis II. – Neubau des Mut-Tempels.

(11) (18. Dyn.) Haremhab – Errichtung des 9. und 10. Pylons.

(12) (18. Dyn.) Haremhab – Errichtung des 2. Pylons.

(13) (19. Dyn.) Großer Säulensaal zwischen 2. und 3. Pylon. Begonnen von Ramses I., fertiggestellt von Sethos I. und Ramses II.

(14) (19. Dyn.) Ramses II. – Widdersphingenallee.

(15) (19. Dyn.) Sethos II. – Tempel für die Götterbarken (Amun, Mut, Chons).

(16) (20. Dyn.) Ramses III. – Tempel für Chons und Mut.

(17) Unvollendet gebliebener 1. Hof mit Bauten aus der Äthiopenzeit.

Von den frühesten Bauten, die noch unter Mentuhotep I. (2061–2010 v. Chr., 11. Dynastie), dem Begründer des Mittleren Reiches, begonnen worden waren, wissen wir so gut wie nichts; vom Tempel der 12. Dynastie (1991–1785 v. Chr.) kennen wir wenigstens die Maße. Als einziges Monument dieser Zeit ließ sich aus Fundstücken die sogenannte Weiße Kapelle Sesostris' I. (1971–1926 v. Chr.) rekonstruieren; ihr heutiger Standort in der nördlichen Ecke des Tempelbezirkes innerhalb der Ziegelumwallung ist willkürlich gewählt (s. S. 250 f.).

Karnaks große Zeit begann mit dem Neuen Reich (ab 1552 v. Chr.). Nach der Vertreibung des Hyksos war Amun jetzt Reichsgott geworden. Als Folge davon wurde Theben zu einem Zentrum des politischen Einigungswillens, verbunden mit priesterlichem Machtstreben, geistiger Regsamkeit und materiellem Reichtum, vor dem Hintergrund eines »bis dahin beispiellosen militärischen und kolonisatorischen Vordringens in Asien und Nubien« (Vandersleyen).

Dieser Vorgang erreicht mit Thutmosis III. seinen Höhepunkt. Nach dem Zwischenspiel der Amarnazeit König Echnatons, die sich entschieden gegen Amun wandte, brachte die Ramessidenzeit (19. Dynastie) die zweite große Blüte für Theben und die erneuerte Amun-Religion (Großer Säulensaal).

Der Zugang zum Amun-Tempel von Karnak folgt heute, wie ehedem, von der Nilseite her. Dabei fällt der Blick zuerst auf den gewaltigen Pylon, wohl aus der 30. Dynastie (380–343 v. Chr.), den man als letzten Bauteil der dahinter gelegenen, tiefgestaffelten Tempelanlage hinzugefügt hat. Auf deren Mittelachse erheben sich nacheinander insgesamt sechs verschiedene Pylone, die an Größe und Höhe abnehmen, bis zuletzt der innere und älteste Tempelteil erreicht wird.

Die von den Pylonen bezeichnete Achse bezog sich auf einen heute fehlenden, für Wasserprozessionen bestimmten Kanal, der den Amun-Tempel in gerader Linie mit den auf dem gegenüberliegenden Westufer befindlichen Tempeln von Deir el-Bahari verband.

Am wieder freigelegten Anlegeplatz erkennt man noch die Markierung der Wasserstandshöhe. Zwei Obelisken (der rechte von

Der große unvollendete Pylon des Karnak-Tempels

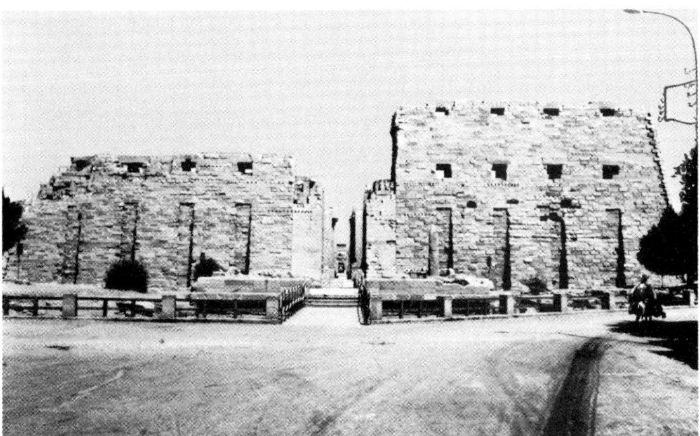

Sethos II. noch erhalten) und eine kurze Widdersphingenallee bezeichnen den Weg zum Tempel. Der Widder war eine Erscheinungsform des Gottes Amun. In vielfacher Wiederholung hält er hier schützend die Königsfigur zwischen seinen kräftigen Löwenpranken.

Von gewaltigen Ausmaßen ist der 1. Pylon: 113 m breit, 43,50 m hoch, 15 m tief. Es ist der letzte, unvollendet gebliebene Bauteil, den wohl Nektanebos II. (360–343 v. Chr.) zusammen mit der Umwallung aus ungebrannten Nilschlammziegeln errichten ließ.

Durch den 1. Pylon, das »Hohe Tor von Karnak« (eines jener Tore, die Homer meinte, wenn er vom »hunderttorigen Theben« sprach), kommt man in den großen Hof (103 × 84 m), ein Spätwerk ägyptischer Baukunst, der von den Herrschern der Äthiopenzeit (25. Dynastie, 712–664 v. Chr.) bebaut wurde. Im Zuge dieser Bebauung hat man damals die über 500 Jahre älteren Widdersphingen der Allee Ramses' II. an die Randzonen des Hofes versetzt und damit ihres ursprünglichen Sinnes beraubt.

Über 400 Jahre älter als der Hof ist auch der Tempel Sethos' II. (links), ebenso der Amun-Tempel Ramses' III. (rechts) mit seinen zwanzig Osirispfeilern; mit seiner klaren dreiteiligen Grundrißgestaltung gilt er als geradezu klassischer Tempel. Von dem einst berühmten »Säulengang des Taharko« (25. Dynastie) hat sich nur eine der 27 m hohen Säulen erhalten (Abb. S. 290). Beeindruckend durch ihre gewaltige Höhe ist die Kolossalstatue im großen Hof vor dem 2. Pylon aus Rosengranit, die 1953/54 aufgefunden wurde. Sie zeigt Ramses II. mit einer seiner Töchter, wurde aber etwa 200 Jahre später von Pinodjem I. (um 1070–1055 v. Chr.), einem Priesterkönig der 21. Dynastie, ›usurpiert‹ (Abb. S. 245).

Zwei andere Kolossalfiguren Ramses' II. stehen als ›Wächter‹ vor dem 2. Pylon, den Haremhab, der letzte Herrscher der 18. Dynastie, rund vierzig Jahre vor Ramses II. hatte errichten lassen.

Mit dem großen Säulensaal aus der Zeit von Sethos I. und dessen Sohn Ramses II. (19. Dynastie) lernt man eines der großartigsten Beispiele der ägyptischen Baukunst kennen. »Hier wird mit klarer Bewußtheit das Kolossale bis an die Grenzen des technisch Mögli-

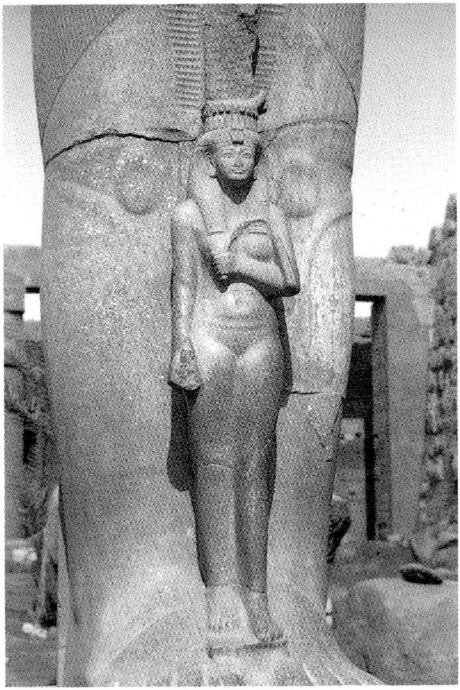

Kolossalstatue von Ramses II. mit einer seiner Töchter (Ausschnitt). Material: Rosengranit. Amun-Tempel zu Karnak

chen getrieben, um den Menschen die Macht des Göttlichen fühlen zu lassen« (Wolf).

122 Papyrusbündelsäulen, jeweils 13 m hoch und mit geschlossenem Kapitell, sind in zweimal zwei Gruppen zu beiden Seiten eines breiten Mittelganges angeordnet, der mit zwölf höheren Doldensäulen (jeweils 21 m hoch) aus dem weiten Saal herausragt (Farbt. 18). Diese mittleren Säulen mit ihrem offenen, aufgefächerten Doldenkapitell artikulieren auf eindrucksvolle Weise jene Mittelachse, deren Verlängerung direkt in den Kernbezirk des Tempels führt und im Raum mit der Barke des Gottes endet.

Im gesamten Saal sind die Säulenschäfte mit Inschriften und Darstellungen von Kulthandlungen überzogen: Diejenigen aus der Zeit Sethos' I. (Nordflügel) zeigen ein sorgfältig gearbeitetes Hochrelief;

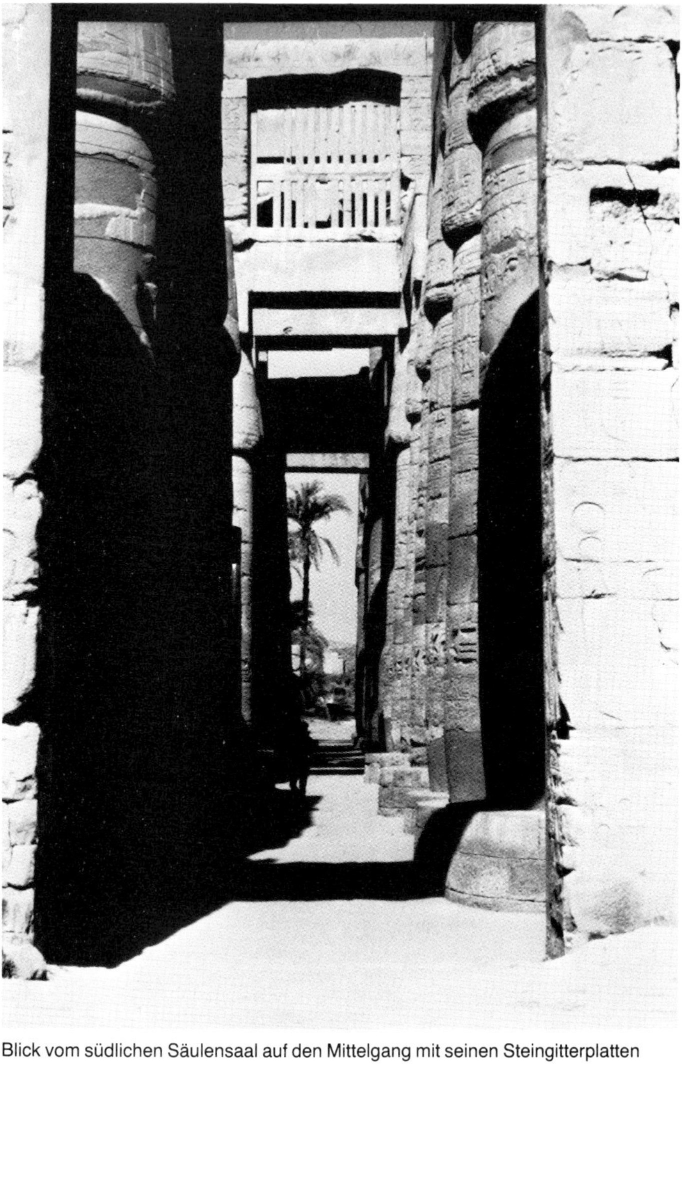

Blick vom südlichen Säulensaal auf den Mittelgang mit seinen Steingitterplatten

die anderen, aus der Zeit Ramses' II. (Südflügel), sind in gröberer Technik als vertieftes Relief gearbeitet.

Architekturgeschichtlich wird mit diesem Säulensaal das Bestreben während der 19. Dynastie erkennbar, den Innenraum zu gestalten. Das Ergebnis ist ein Raum, »der nicht von einem einzigen Standort aus zu überschauen ist, sondern nur beim Durchschreiten in wechselnden Durchblicken« erlebt werden kann.

Betrachtet man den großen Säulensaal nicht nur als reine Architektur, so muß man annehmen, daß er für größere Teilnehmergruppen von Prozessionen geschaffen war. Auch die Querachse mit den seitlichen Ausgängen deutet darauf hin. »Bauinschriften belehren uns darüber, daß der Saal als erste Wegstation der Amun-Barke diente, die sich hier mit den Barken der Mut und des Chons vereinte, wenn die Prozession an Festtagen aus dem Tempel auszog« (Haeny).

Um den Höhenunterschied zwischen dem Mittelgang und den niedrigeren Seitenhallen auszugleichen, setzt sich bei diesen, parallel zum Mittelgang, die ›Wand‹ nach oben fort, aufgelöst in schmale Pfeiler mit dazwischen gestellten Steingitterplatten. Die Auffassung, es handle sich dabei um ›Fenster‹, wird neuerdings abgelehnt, denn der ägyptische Kult wird grundsätzlich »in dunklen, nur künstlich beleuchteten Räumen zelebriert« (Heany). Die Absicht war daher wohl eher statischer Natur: Man wollte das Gebälk und die tragenden Säulen vom Druck einer massiven Steinwand entlasten (Abb. S. 246).

Der große Säulensaal schließt mit dem hundert Jahre früher unter Amenophis II. (1438–1412 v. Chr., 18. Dynastie) errichteten 3. Pylon ab. Ihm gegenüber liegt der 4. Pylon, der seinerseits wieder hundert Jahre früher, unter Thutmosis I. (1506–1494 v. Chr., 18. Dynastie) erbaut worden war. In dem schmalen Hof zwischen den beiden Pylonen standen ehemals vier Obelisken, je zwei von Amenophis II. und Thutmosis I., von denen sich nur der südwestliche, von Thutmosis I., erhalten hat (Abb. S. 248).

Zwischen dem 4. und 5. Pylon hatte Thutmosis II. einen quergestellten Säulensaal anlegen lassen. Ohne Rücksicht darauf hatte Hat-

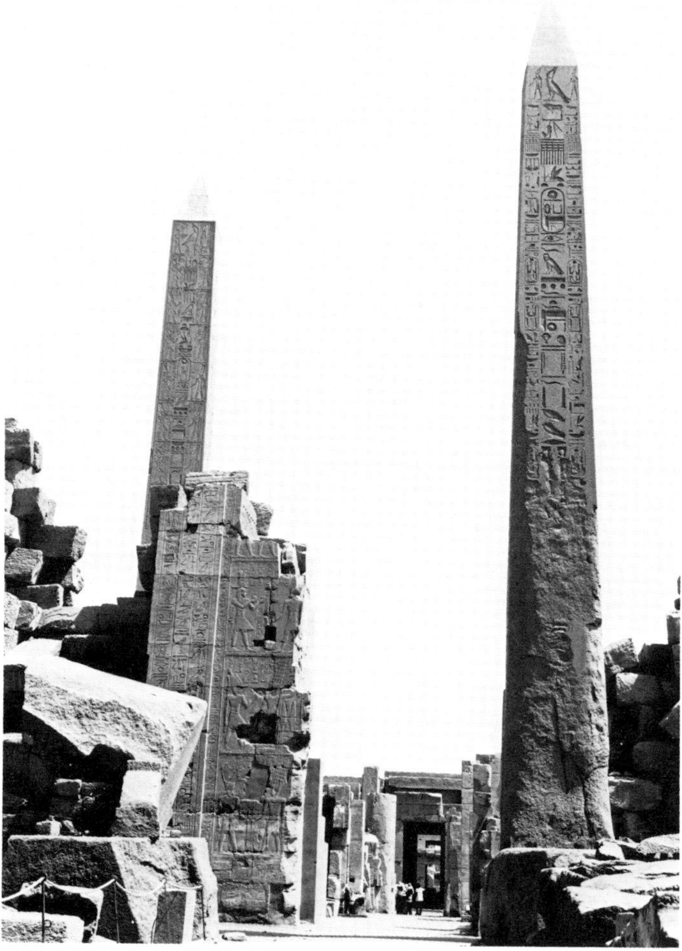

Obelisk von Thutmosis I. (rechts) im Hof zwischen dem 3. und 4. Pylon des Karnak-Tempels. Links der Obelisk der Hatschepsut

schepsut, seine Nachfolgerin, hier zwei Obelisken aufgestellt, von denen einer noch aufrecht steht. Thutmosis III. ließ diese Obelisken vermauern, um das Andenken an die Königin zu tilgen.

Nach Durchschreiten des 5. und 6. Pylons kommt man in das Sanktuarium, wo auf altarartigem Sockel die heilige Barke stand. Der granitene Bau, der einen älteren ersetzt, wurde von Philippus Arrhidaios, dem Nachfolger von Alexander dem Großen, um 320 v. Chr. errichtet, ein Raum, der sich in symbolischer Weise zur Sonne hin öffnet.

Wandreliefs zeigen die Barkenprozession und den König bei rituellen Handlungen. Der nun folgende Hof bezeichnet die Lage des ältesten Tempels (Alabasterblock aus dem einstigen Sanktuarium).

Die Festhalle Thutmosis' III. (18. Dynastie, 1490–1436 v. Chr.) liegt am Ende des eben genannten Hofes. Thutmosis errichtete sie zum Dank für den Sieg über die syrischen Stadtfürsten. Zwei Reihen von je zehn Säulen imitieren hier die Stützen eines Zeltes (Zeltstangen-Säulen). Berühmt sind ferner die hier gefundenen Königstafeln (heute im Louvre in Paris), auf denen 63 Pharaonen, von den Anfängen im Alten Reich bis zu Thutmosis III., verzeichnet sind. Im östlichen Teil liegt der ›Botanische Garten‹, ein Raum, dessen Wände jene Pflanzen und Tiere zeigen, die der König auf seinem Feldzug gesehen oder mitgebracht hat.

Zeltstangen-Säulen in der Festhalle von Thutmosis III. imitieren die Stützen eines Zeltdaches

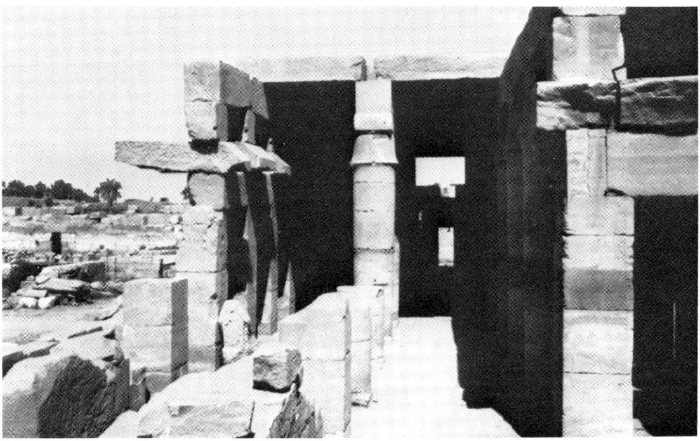

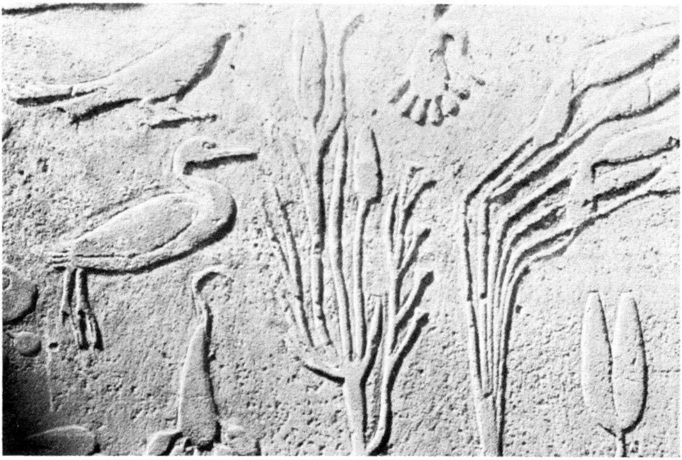

Tier- und Pflanzenreliefs im ›Botanischen Garten‹

Zu erwähnen ist noch der Heilige See. An seiner südwestlichen Ecke stößt man auf einen riesigen Skarabäus (Rosengranit) aus der Zeit Amenophis' III.

Vor dem 7. Pylon (›Cachette‹) fand man 1902/09, in 14 m Tiefe ›begraben‹, über 700 Statuen aus Stein, dazu 17000 aus Bronze. Man hatte sie anläßlich einer Tempelreinigung in der Ptolemäerzeit weggeworfen.

Die sogenannte Weiße Kapelle Sesostris' I. ist das einzige durch Rekonstruktion wiedergewonnene Monument, das wir aus Karnaks früher Zeit besitzen (12. Dynastie, um 1970 v. Chr.) und »eines der

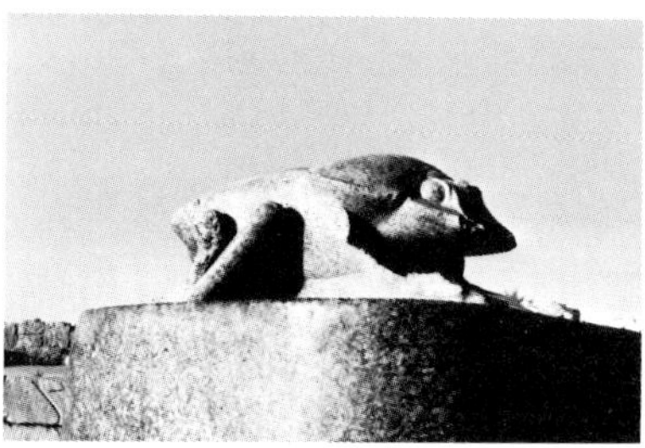

Riesenskarabäus aus Rosengranit aus der Zeit von Amenophis III.

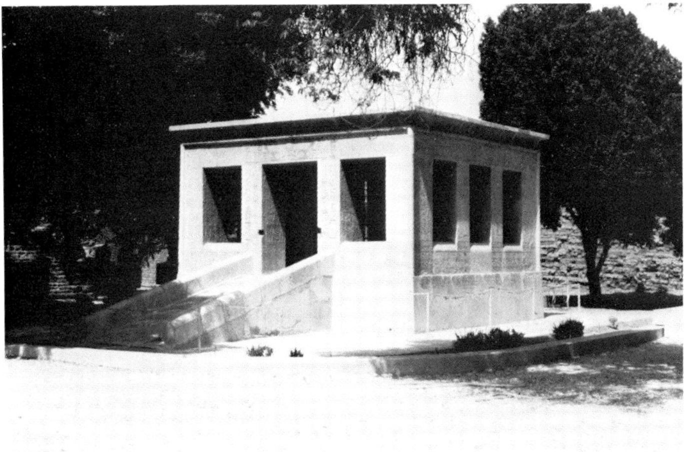

Die Weiße Kapelle von Sesostris I. im Tempelbezirk von Karnak

schönsten altägyptischen Bauwerke«. Sechzehn Pfeiler tragen ein hohlkehlengeschmücktes Dach. Von zwei Seiten her führen Stufenrampen ins Innere. Die Perfektion der Ausführung setzt ältere Vorbilder voraus: »baldachinartige Konstruktionen aus Matten«, über Prozessionsstraßen errichtet, um das Kultbild abstellen und die Riten vollziehen zu können (hier auf dem Wege von Karnak zum Nil). Anlaß zur Errichtung war das erste Sedfest des Königs.

## VIII. 1.2 Die Privatarchitektur

Die private Architektur des Neuen Reiches begegnet uns vornehmlich in den Gräbern der Priester, höheren Beamten und Offiziere. Die wohl schönsten Gräber finden wir auf dem Westufer des Nil gegenüber dem heutigen Luxor im Gebiet von Schech Abd el-Kurna. Der größte Teil der Gräber stammt aus der Zeit der 18. bis 20. Dynastie und ist somit in einem Zeitraum von 500 Jahren entstanden. Über diesen langen Zeitabschnitt verfolgen wir dabei die zunehmende Verfeinerung der Lebensformen der damals maßgebenden Führungsschicht.

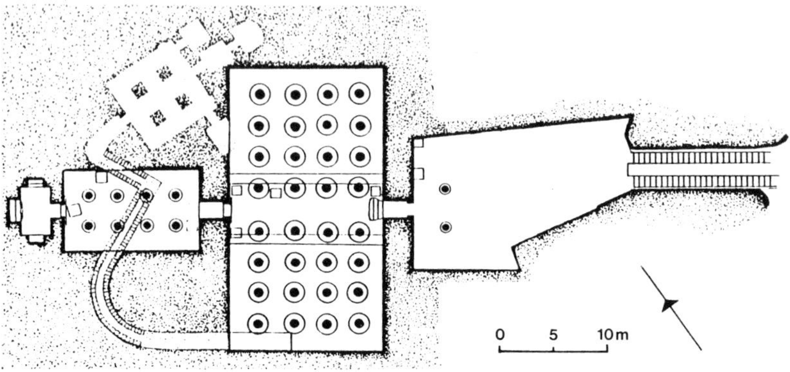


Grab des Wesirs Ramose. Grundriß. Theben, Schech Abd el-Kurna, 18. Dynastie, um 1365 v. Chr.

Der Grabtypus bleibt indessen relativ konstant. Vor dem eigentlichen Grab liegt ein *Vorhof,* in dem sich bei den Totenfeiern die Angehörigen versammeln. Dann folgt eine *Querhalle,* deren Decke bei größeren Gräbern von Säulen oder Pfeilern gestützt wird, zuletzt die *Längshalle,* die mit einer Nische für die Grabstatue des Toten abschließt.

Innerhalb der traditionsbewußten ägyptischen Kunst erscheinen die Wandmalereien in den Privatgräbern der 18. Dynastie in einer ungewöhnlichen Ausnahmestellung. Diese Kunst ist gerade nicht ›zeitlos‹ und ›ewig‹, sie läßt sich vielmehr bestimmen von der flüchtigen Inspiration des Augenblickes.

Wandmalereien hat es in Ägypten immer nur sporadisch gegeben. Im Umkreis des Hatschepsut-Tempels aber wurden sie praktisch erzwungen durch ein Gestein, dessen weiche Beschaffenheit sich für Reliefs nicht eignete.

Zu den höchst sehenswerten Privatgräbern zählen unter anderem das Grab des Rechmire, das des Sennefer, das berühmte Grab des Nacht sowie die Gräber von Menena und Ramose.

Das Grab des Rechmire (Farbt. 21) führt in die Zeit von Thutmosis III. und Amenophis II., unter denen Rechmire als Wesir gelebt hat. Bestimmend für sein Grab, das er um das Jahr 1436 v. Chr.

anlegen ließ, sind »schlanke, in archaisierendem Stil wunderbar gezeichnete Gestalten« (Nagel). Die Bildthematik gibt reichen Aufschluß über das ägyptische Beamtentum.

Weniger Meter oberhalb dieser Grabanlage treffen wir auf das Grab des Sennefer (Grab Nr. 96) mit religiösen Darstellungen von einmaliger Farbenpracht (Farbt. 20). Sennefer war Vorsteher von Theben zur Zeit von Amenophis II. (s. a. Umschlagvorderseite).

Weinkelter im Grab des Beamten Nacht (um 1410 v. Chr.)

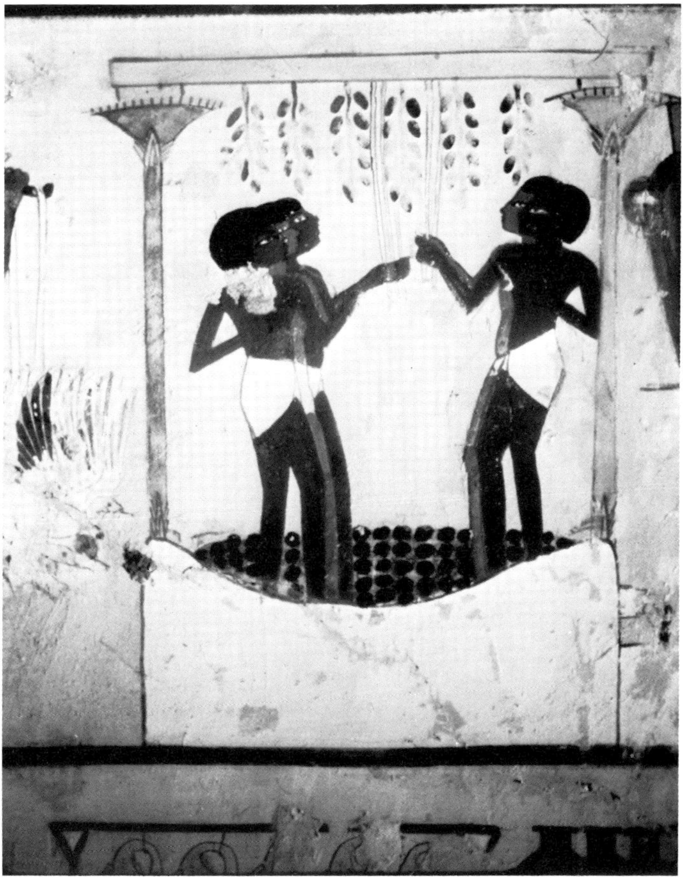

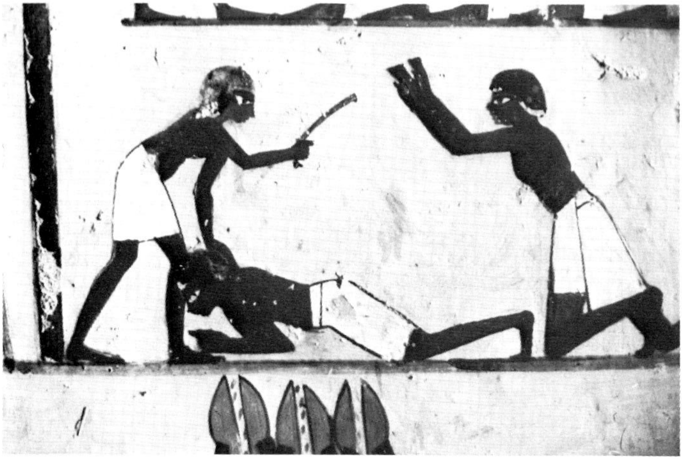
Prügelszene im Grab des Beamten Menena (um 1410 v. Chr.)

Der Beamte Nacht lebte in der 18. Dynastie unter Pharao Thutmosis IV. (1412–1402 v. Chr.). Er war Astronom am Königshof zu Theben. Die Malereien in seinem Grab, das etwa um das Jahr 1410 v. Chr. angelegt wurde, zählen zu den prächtigsten dieser Zeit.

Menena lebte ebenfalls unter Thutmosis IV.; auch er ließ sein Grab etwa um das Jahr 1410 v. Chr. errichten. Er war Katasterschreiber und Feldmesser. Sein Grab ist eines der schönsten und noch sehr gut erhalten.

Ramose war zuerst Wesir unter Amenophis III., danach unter Amenophis IV. (Echnaton). So war er Zeuge jenes krisenhaften Einschnittes der Amarna-Zeit, als aus dem vielfältigen Götter-Pantheon Ägyptens nur noch die Sonnenscheibe Aton verehrt werden sollte und zugleich der individuellen Empfindung ein bis dahin unbekannter Freiheitsraum zugebilligt wurde.

Die Darstellungen der Eingangsseite und der Südwestwand repräsentieren noch den Spätstil unter Amenophis III.: Man sieht den Leichenzug des Ramose (Farbt. 19). An der Eingangsseite erscheint Ramose selbst in herrlichen Reliefs im Dienst an den Göttern. Die drei Gabenträger zeigen, daß man die künstlerischen Möglichkeiten der Gewandfalten entdeckte, »die später ein reiches graphisches

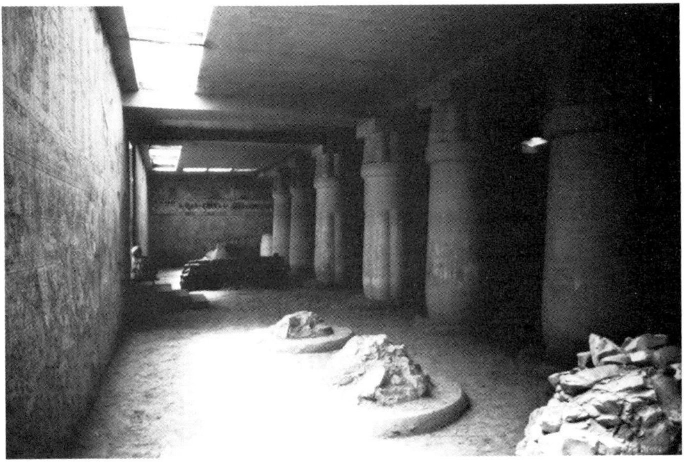

Im Grab des Ramose, der unter Amenophis III. und Amenophis IV. lebte

Linienspiel entfalteten, hier aber noch etwas schematisch angedeutet werden« (Assmann).

Das Nebeneinander von Relief und Malerei im Grab des Ramose erklärt sich aus dessen frühem Tod, der die geplante Ausführung aller Themen in der kostbaren Relieftechnik (die die besondere Würde des Grabherrn zum Ausdruck gebracht hätte) verhindert hat.

Das Grab des Ramose geht in seiner baulichen Anlage weit über das normale Maß eines Privatgrabes hinaus. Der große Quersaal mit seinen 32 Säulen erinnert ebenso wie der achtsäulige Längssaal an die Säulensäle von Tempeln und Palästen und suggeriert königliche Dimensionen. Tatsächlich war Ramose »der oberste mit Vollzugsgewalt ausgestattete Beamte«. Als Wesir »handelt er im Auftrag des Königs, repräsentiert den Willen seines Herren, ist oberster Siegelbewahrer, Chef des Steuerwesens, Mitglied des Kriegsrates und letzte Berufungsinstanz« (Yoyotte).

Unsere Abbildung zeigt Amenophis, den Bruder des Ramose: Ausschnitt aus einer Festgesellschaft auf der Eingangsseite. Die Rückkehr zum Relief verbindet sich hier, im Spätstil Amenophis' III. (vor 1364 v. Chr.), »mit einer äußersten Verfeinerung der

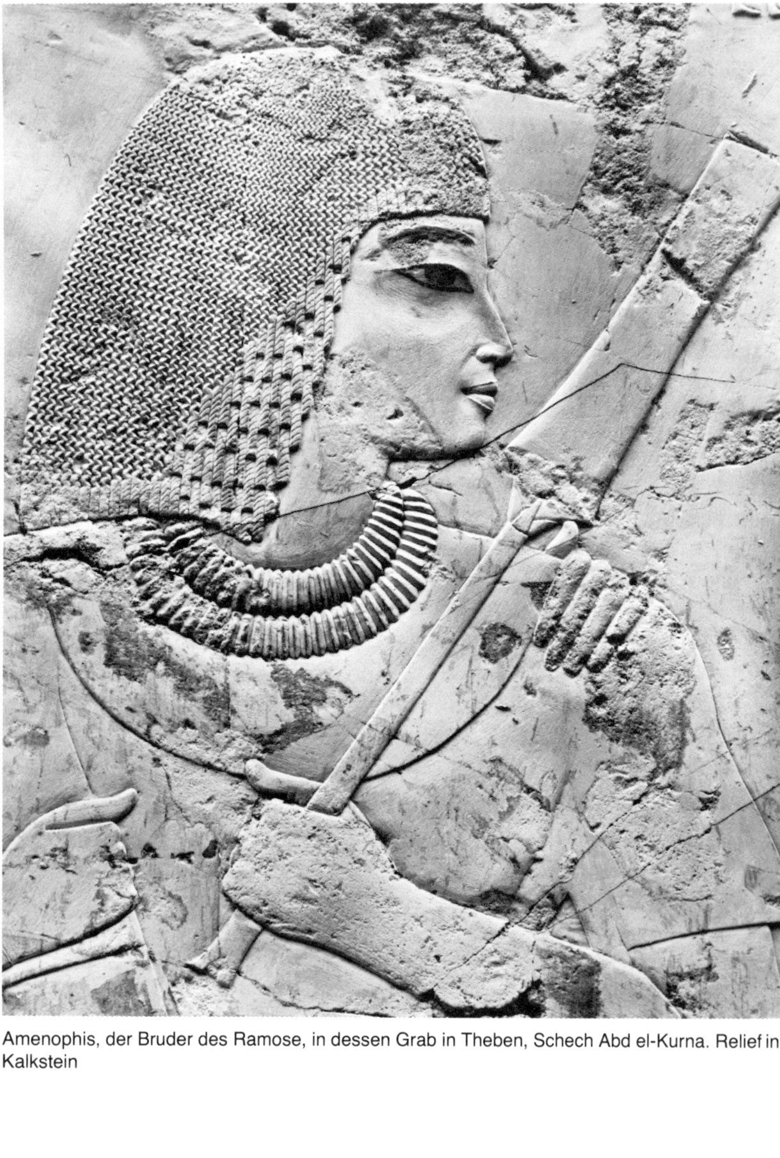

Amenophis, der Bruder des Ramose, in dessen Grab in Theben, Schech Abd el-Kurna. Relief in Kalkstein

Oberflächengestaltung« (Assmann): Die Perücke ist überreich ziseliert, der Lippenrand, die Mundwinkel und das Auge sind sorgfältig durchgezeichnet, und unter dem Gewand zeichnen sich ›raffiniert‹ die Oberarme ab. Alle diese Merkmale sind in gewissem Sinne schon ›Vorboten‹ der Amarna-Zeit, die, solcher Perfektion ›überdrüssig‹ geworden, gegen die Tradition rebelliert und den Sprung zur ›freien‹ künstlerischen Form vollzieht (was freilich Episode blieb und doch die Kunst für immer verändert hat). Den Übergang zur neuen Gestaltungsweise zeigt ein Vergleich der beiden Echnaton-Darstellungen. Links vom Durchgang sieht man das ältere der Tradition folgende Herrscherbild (um 1364 v. Chr.): Unter einem Baldachin sitzend, verharrt hier der König in der gewohnten Sitzhaltung, ohne daß ein spontaner Bezug zu dem vor ihm stehenden Grabherrn zustande käme. Rechts vom Durchgang zeigt die jüngere Wiedergabe (um 1357 v. Chr.) das königliche Paar sehr viel lebensnaher in einer Bewegung, bei der sich der König nun unmittelbar dem Grabherrn zuwendet.

Wenn wir von den Bauten der Beamten sprechen, dürfen wir diejenigen nicht vergessen, die diese Bauten geschaffen haben: Die Erdarbeiter, Steinmetzen, Bildhauer, Maler und Künstler, die zugleich mit den geheimgehaltenen Arbeiten im Tal der Könige beschäftigt waren. Sie alle lebten in unmittelbarer Nachbarschaft der beschriebenen Gräber ghettoartig in einer eigenen Stadt, die von einer hohen Mauer umgeben war. Trinkwasser lieferte eine Zisterne. Verpflegung wurde täglich von außerhalb herangeschafft und am Stadttor übergeben. Diese Stadt ist uns bekannt unter dem Namen Deir el-Medine (Farbt. 22). Auch sie hatte ihre Gräber, die in der Anlage und Thematik ihren größeren Vorbildern folgten. Die Innenwände, deren Gelbton den Papyrus imitierte, enthalten zumeist Texte und Szenen aus den bekannten Totenbüchern (Farbt. 23). Über ihren Gräbern errichteten die Grabbesitzer kleine begehbare Pyramiden, wohl auch als Ausdruck zunehmender Forderung nach Anerkennung über den Tod hinaus.

## VIII.2. Die Rundplastik

Für die Plastik aus den Anfängen des Neuen Reiches ist eine Rückbesinnung auf die klassischen Traditionen des Alten und Mittleren Reiches kennzeichnend. Und doch ist die Grundstimmung jetzt eine andere, weniger streng als noch im Mittleren Reich. Zugleich versucht man, neue Ideen in das Rundbild einzubringen. Das gilt für die Privatplastik ebenso wie für die Königsstatuen und die Tempelplastik, über die gleich noch näher zu berichten ist.

In beispielhafter Weise zeigt uns die Figur der Tetiseneb aus der Zeit kurz vor Beginn der 18. Dynastie, wie der Künstler nach den wirrevollen Hyksos-Jahren einen Neubeginn in der Darstellungsform sucht. Da sitzt Tetiseneb auf einem Stuhl, dessen Rückenlehne nur im Ansatz angedeutet ist. Ihre Haltung ist überaus korrekt, ja starr, wenn man allein schon die Armhaltung betrachtet. Ihr fast knöchellanges Trägerkleid liegt eng an und läßt ihre Figur wohlproportioniert hervortreten. Zu dieser Wohlproportioniertheit paßt aber nicht die dreigeteilte Perücke, die bis über die Schultern hinabfällt. Auch der plumpe Sockel fügt sich nicht so recht in das Gesamtbild ein, denn wenn man die Figur allein betrachtet, wirkt sie mit ihrem freundlichen Gesicht eher mädchenhaft und feingliedrig. Aus der Sockelinschrift erfahren wir, daß die Tochter der Tetiseneb namens Sanchrenes zusammen mit dem königlichen Sandalenmacher und Pförtner namens Sa-Imen diese 30,8 cm hohe Kalksteinfigur etwa um das Jahr 1550 v. Chr. für den Ka der Tetiseneb gestiftet hat.

Auch die Sitzfigur des Iahmes aus dem Beginn der 18. Dynastie zeugt von dem Bemühen des Künstlers, das traditionelle Formeninventar wiederzubeleben (Abb. S. 260). Iahmes war Gauschreiber und Vorsteher der Getreidespeicher des Amun. Von ihm ist eine 32 cm hohe Figur etwa aus dem Jahre 1480 v. Chr. auf uns gekommen. Auch er sitzt auf einem würfelförmigen Stuhl mit niedriger Rückenlehne. Ein schmaler Rückenpfeiler setzt sich oberhalb der Lehne fort. Er sitzt in formaler Strenge in ein mantelartiges Gewand eingehüllt, das bis auf die Fußknöchel herabfällt. Der V-Ausschnitt wird zum Teil von der flachen linken Hand bedeckt, während seine rechte

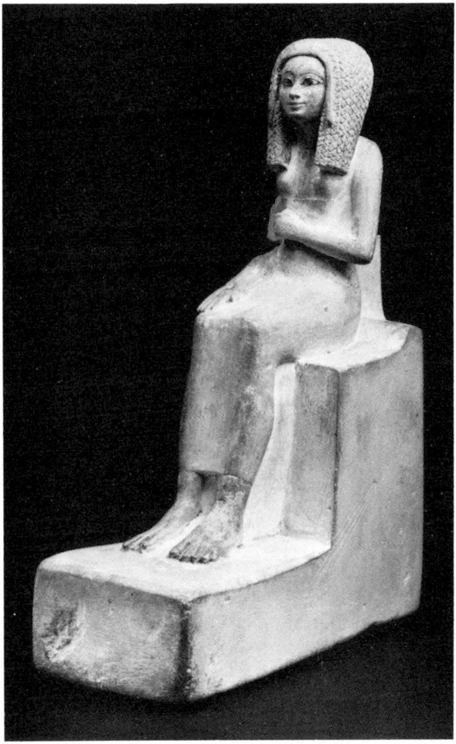

Sitzfigur der Tetiseneb. Hannover, Kestner-Museum. 17. Dynastie, um 1560 v. Chr. Aus Theben. Höhe 30,8 cm. Kalkstein

das Saumende umfaßt. Iahmes ist von fülliger Gestalt, die Konturen seines Körpers sind wohlgerundet, sein Gesicht ist rundlich. Die großen runden Ohren stehen ein wenig ab und scheinen die nach hinten abfallende Perücke geradezu abzustützen. Auf die Frühphase des Neuen Reiches deuten auch die plumpen Füße, die uns in dieser Art schon als typisches Stilmerkmal des Mittleren Reiches begegnet sind.

Die Privatplastik entwickelt eine Vorliebe für Sitz- und Hockfiguren, die von langen Gewändern eingehüllt sind. Die blockhaften Formen erinnern nicht nur an Vorbilder aus dem Mittleren Reich, sondern sie lassen diese Figuren auch monumentaler erscheinen.

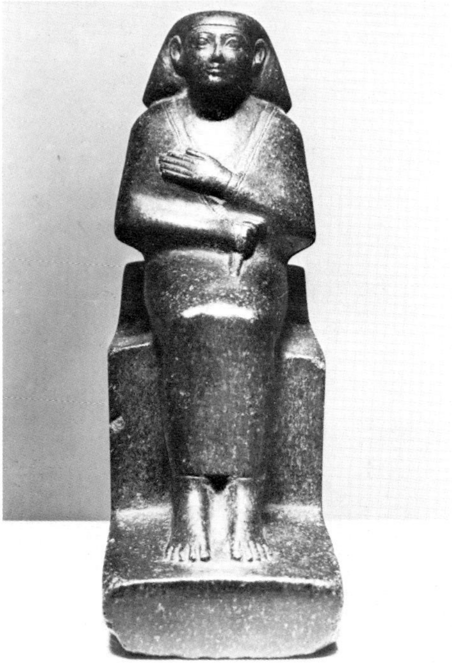

Der Beamte Iahmes. München, Staatliche Sammlung Ägyptischer Kunst. 18. Dynastie, um 1480 v. Chr. Aus Elkab (?). Höhe 32 cm. Gabbro

Im Verlaufe der 18. Dynastie weitet sich das Typenrepertoire in einer bisher nie dagewesenen Weise aus. »All diesen neuen Typen gemeinsam ist, daß sie den Dargestellten zu einer anderen Figur oder einem Gegenstand in Beziehung setzen, also gewissermaßen Konstellationen abbilden. Immer hat dabei die Figur oder der Gegenstand, mit dem sich der Dargestellte abbilden läßt, eine besondere, ihm übergeordnete Bedeutung« (Assmann).

Zu diesen Neuschöpfungen zählt der Typus des Stelophor. Bei diesem Typus hält ein kniender Mann dem Gott eine Stele entgegen. Ein anderer Typus ist der Sistrophor, ebenfalls eine Kniefigur, die

Sistrophor des Senenmut. München, Staatliche Sammlung Ägyptischer Kunst. ▷
18. Dynastie, um 1485 v. Chr. Aus Armant (?). Höhe 40,5 cm. Granit

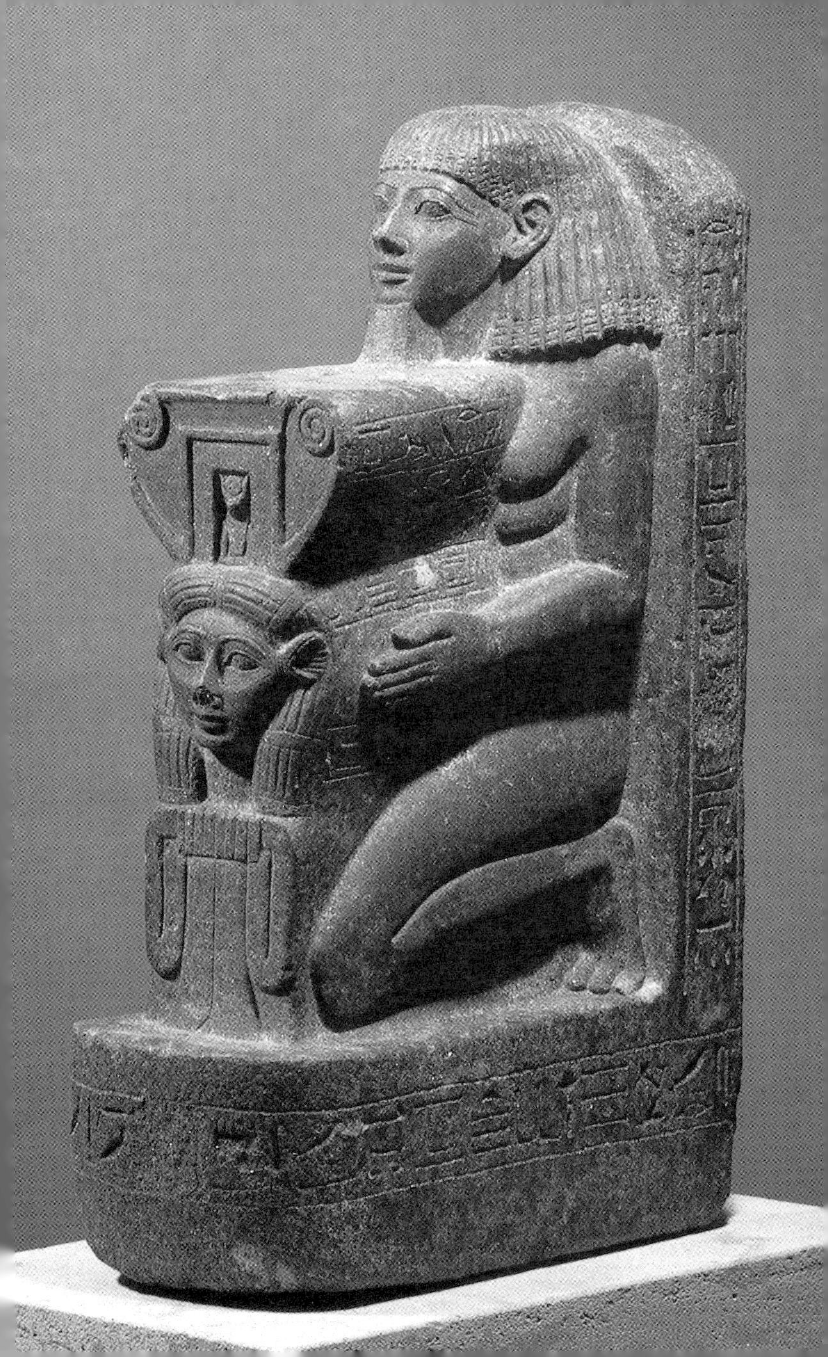

das Sistrum, das Kultsymbol der Hathor, festhält. In die Reihe der Neuschöpfungen gehört auch der Naophor. Hier hält der Kniende einen Schrein mit dem Götterbild.

Als Erfinder derartiger Statuentypen wird Senenmut gerühmt. Er war der Oberbaumeister von Königin Hatschepsut, entstammte einfachen Verhältnissen und hatte es unter Hatschepsut zu höchsten Ehren gebracht. Auf dem Höhepunkt seiner Karriere fiel er in Ungnade, und sein Name wurde auf zahlreichen Denkmälern ausgelöscht.

Mit seinem Sistrophor verdanken wir ihm eine der interessantesten formalen Neuschöpfungen der ägyptischen Plastik dieser Zeit. Die 40,5 cm hohe Kniefigur aus Granit zeigt Senenmut in kniender Haltung auf einem dicken Sockel vor einer körperhohen Rückenplatte. In feinen Strähnen fällt die Perücke hinter den großen abstehenden Ohren auf die Schultern herab. Das faltenlose Gesicht wirkt alterslos und erscheint fast vollkommen bis auf die asymmetrisch angeordneten Augen. Der Königsbart soll von der Würde dieses Mannes zeugen. Auf seinen Knien hält er mit beiden Händen das dreigliedrige Sistrum, aus dessen Mitte der Frauenkopf der Göttin Hathor mit langer Perücke und abstehenden Kuhohren hervorsticht. Der Kopf ruht auf dem Knotenamulett der Göttin Isis, und er trägt das stilisierte Kuhgehörn mit eingelassener Tempelfassade. Die Inschriften erwähnen an der Stelle der Hathor die in Armant verehrte Göttin Iunit, und so werden in dieser Kniefigur die Göttinnen Hathor, Isis und Iunit mit der Königin Hatschepsut gleichgesetzt, für die diese Figur gestiftet war.

Alle diese neuen Typen dienen einem gänzlich neuen Funktionsbereich. »Diese Statuen sollen dem Menschen nicht in Erweiterung der Mumifizierung einen Ersatzkörper aus unvergänglichem Material bereitstellen, sie sollen ihn auch nicht in der Würde eines Grabherrn den Besuchern seines Grabes repräsentieren und zum Empfang des Kultes und seiner Opfergaben befähigen, sondern sie stellen ihn seinerseits als Verehrer dar: als Verehrer von Gottheiten, in deren Tempel er sich aufhalten und an deren Opfern und Festen er teilnehmen darf« (Assmann). So handelt es sich bei den neuen Typen nicht mehr um eine Grabplastik, sondern durchweg um eine Tempelplastik. Die Statue, jetzt für die Aufstellung im Tempelhof und nicht mehr für das Grab bestimmt, wird zum Denkmal für den einzelnen.

Ein Beispiel dafür ist auch Amenophis, der Sohn des Hapu. Er war aus einfachen Verhältnissen zum ›Vertrauten des Königs‹ aufgestiegen und nun als Erzieher der Königstöchter, aber auch als Oberbaumeister und Festleiter tätig. Die Inschrift auf seiner 1,42 m hohen Hockfigur nennt ihn in einem Alter von 80 Jahren. Ihm verdanken wir unter anderem die Errichtung der beiden Memnon-

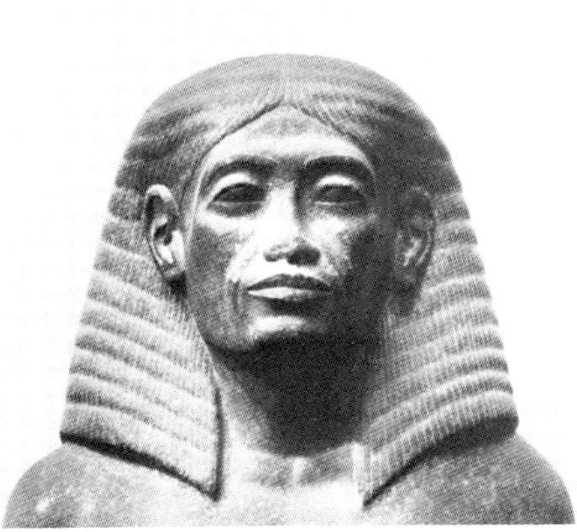

Amenophis, der Sohn des Hapu (Ausschnitt). Kairo, Ägyptisches Museum. 18. Dynastie, um 1365 v. Chr. Aus Karnak. Höhe der Plastik 1,42 m. Granit

kolosse in Theben-West, und ihm zu Ehren ließ Pharao Amenophis III. einen Totentempel errichten, ein einmaliger Vorgang ohne jegliches Beispiel. Die Statue des Amenophis, des Sohnes des Hapu, zeigt ihn mit außergewöhnlichen Gesichtszügen als einen in einem langen Leben gereiften Weisen, und, wie die Inschrift besagt, als ein Vorbild für die lebenden Nachkommen, also ein Denkmal.

Der Prozeß der Typenerweiterung ist mit dem Neuen Reich abgeschlossen. Die folgenden Dynastien zeigen keine Neuerungen in der Plastik auf. Vielmehr greift man mit zunehmender Zeit immer mehr auf das Althergebrachte und Bewährte zurück. Da sind es die Würfelhocker, die wir von der 12. Dynastie an kennengelernt haben, da ist es auch der Hockende mit aufgestelltem Knie, den wir bereits vom Alten Reich her kennen. Oftmals ist die Übernahme des alten Formengutes so hervorragend, daß sich das Exemplar aus dem Neuen Reich nur schwer von dem des Mittleren Reiches unterscheiden läßt.

Die Königsplastik aus den Anfängen des Neuen Reiches zeigt großflächige Gesichter, die doch wieder klein wirken durch die Größe von Nase, Mund und Augen. Der oft kindliche Gesichtsausdruck zeugt von einer unbeschwerten Sorglosigkeit. Auch bei diesen Typen tritt das Individuum mehr und mehr in den Vordergrund. So ist Amenophis I. durch den leicht hervortretenden Mund und seine gebogene Nase leicht von anderen Typen zu unterscheiden.

Soweit die Königsplastik des Neuen Reiches nicht zu der Funktionsgruppe der reinen Denkmäler zählt, wird man sie wohl der Tempelplastik zuordnen müssen. Eine Grabplastik ist ja innerhalb des königlichen Bereiches eigentlich gar nicht mehr vorhanden. Denn durch die Trennung von Grab- und Totentempel, die sich mit Beginn des Neuen Reiches in Theben vollzogen hat, findet zugleich eine Umwandlung der Totentempel in Göttertempel statt. In diesen Tempeln verehrt man die Gottheit, und hier hat die Tempelplastik ihre Funktion zu erfüllen. Dabei kommt ihr eine doppelte Aufgabe zu: »Sie repräsentiert einerseits das ägyptische Königtum als die ordnende Macht im politischen und religiösen Bereich, als die Institution, die in göttlichem Auftrag die Welt in Gang hält, die aber auch durch den Opferdienst die Götter am Leben erhält; speziell in dieser Form ist die Statue Bestandteil der Architektur des Tempels, ja ein Teil des Tempels selbst. Andererseits ist die Königsstatue im Totentempel des Herrschers das Abbild des Auftraggebers als Person, sie ist also ein Porträt im ägyptischen Sinne – und im Neuen Reich bedeutet dies durchaus etwas Ähnliches wie im modernen Verständnis des Wortes. Aus dieser Doppelfunktion der Königsplastik wächst ein überaus lebendiges Wechselspiel von Regeltreue und individuellem Gestaltungsdrang« (Seidel-Wildung). Je nach Verwendungszweck werden Osiris- Pfeiler und Sitzfiguren in öffentlichen Tempelteilen aufgestellt, während Betende oder Opfernde in den Innenräumen Platz finden.

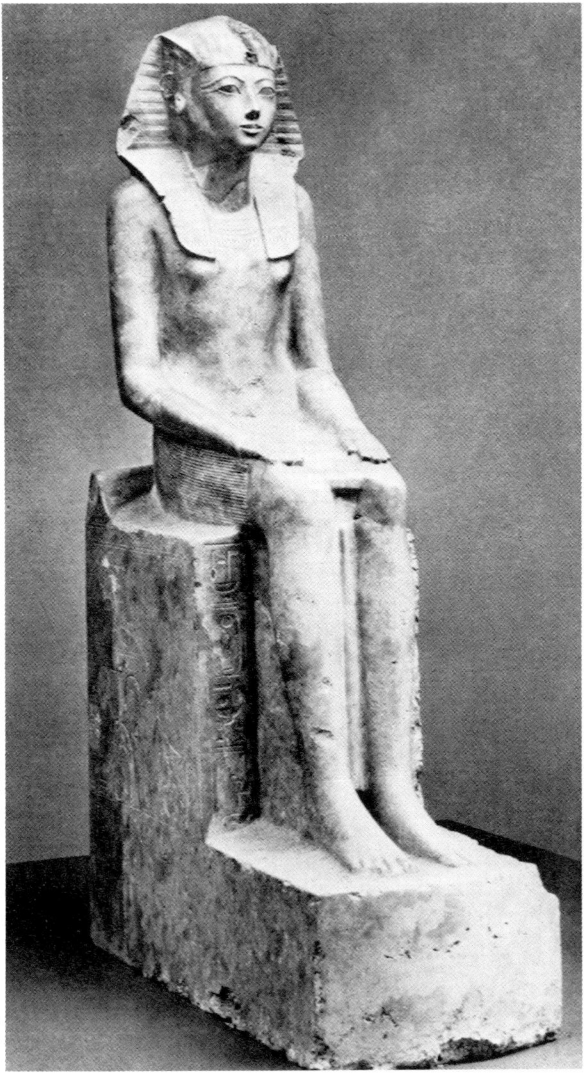

Königin Hatschepsut. New York, Metropolitan Museum of Art. 18. Dynastie, um 1475 v. Chr. Aus Deir el-Bahari. Höhe 1,95 m. Kalkstein

Die Plastik erfährt unter Königin Hatschepsut ihre größte Vollendung. Davon zeugt allein schon die 1,95 m hohe kalksteinerne Sitzfigur der Hatschepsut (Abb. S. 265). Dieses Sitzbild war auf Veranlassung ihres Nachfolgers Thutmosis III. beiseite geschafft und in einen ›Steinbruch‹ geworfen worden. Allein das Format dieser Figur ist außergewöhnlich, denn an überlebensgroßen Sitzfiguren sind uns insgesamt nur drei aus dieser Zeit bekannt. Schon dieser Umstand zeugt von der großen Bedeutung dieser so monumental dargestellten Pharaonin. Dargestellt ist sie im traditionellen Ornat eines Königs mit dem kurzen Schurz, dem Nemes-Kopftuch und dem Stierschweif. Ihre beiden flach auf die Knie gelegten Hände erinnern an königliche Vorbilder aus der späten 12. Dynastie. Auffallend sind die stark porträthaften Gesichtszüge der Pharaonin. Ihr anmutiger Körper mit schlanker Taille und den zarten Brüsten ist weitgehend dem weiblichen Ideal dieser Zeit angeglichen. »Die Anlehnung des Gesamtbildes an die Königsstatuen des Mittleren Reiches ist ebenso unverkennbar wie die eigenständige Neuformung des Gesichtes. Es ist anmutiger und ansprechbarer als irgendein Bildnis des Mittleren Reiches« (Wolf).

Unter Thutmosis III. fand die unter Königin Hatschepsut zur höchsten Blüte gelangte Rundplastik ihre Fortsetzung. »Die kanonische, auf das Alte Reich zurückgehende Darstellungsform des thronenden Gott-Königs, die unter Sesostris I. in fast akademischer Strenge das erneuerte Königsdogma repräsentieren sollte, fand unter den Thutmosiden ihren zeitgemäßen Ausdruck. Das Bewußtsein, ein die engen Grenzen Ägyptens weit überschreitendes Reich zu regieren, dessen höfisch bestimmter Mittelpunkt die königliche Residenz war, sollte auch die Selbstdarstellung des Königs beeinflussen. Die in Tempeln aus religiöser Zielsetzung, aber auch zu Propagandazwecken aufgestellten Königsstatuen zeigen wieder die idealisierte Darstellung des durch den König repräsentierten überzeitlichen Königtums« (Seipel).

So ist das Gesicht der Granitstatue von Thutmosis III. »von heiterer, in sich selbst ruhender Gelöstheit, die nichts von der Bürde des Amtes erahnen läßt. Ein Lächeln umspielt die Lippen des jugendlichen Königs, der im traditionellen Königsornat dargestellt ist. Die

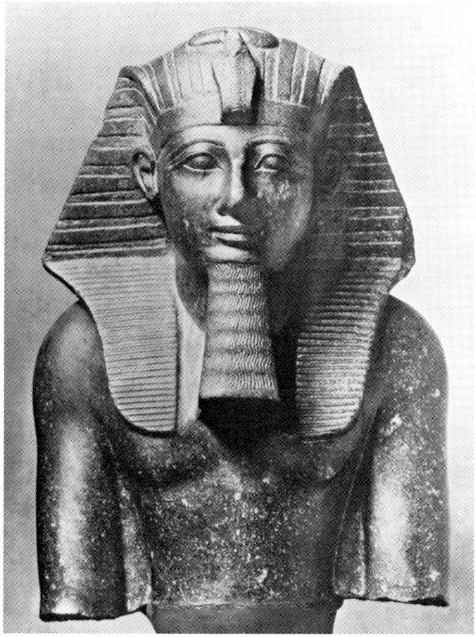

Pharao Thutmosis III. Wien, Kunsthistorisches Museum. 18. Dynastie, um 1460 v. Chr. Herkunft unbekannt. Höhe 47 cm. Granit

weit geöffneten Augen sind ein typisches Merkmal der nach außen, auf einen Betrachter hin ausgerichteten Porträts Thutmosis' III., deren individuelle Einzelheiten auch die Identifizierung dieses Statuentorsos ermöglichte. Die stark abgerundeten schmalen Schultern, die flache Brust und die schmale Hüfte erweisen, daß wir hier ein Jugendbildnis des Königs vor uns haben, das aus den ersten Jahren seiner Regierung stammen dürfte« (Seipel).

Mit Amenophis III. treten die Regeln künstlerischer Tradition immer mehr gegenüber dem individuellen Erscheinungsbild des Herrschers in den Hintergrund. Ausgelöst wird dieses Phänomen nach Seidel-Wildung durch das bemerkenswerte »Selbstverständnis des Königs als des ganz persönlich von Gott begnadeten Regenten«. Diese neue Einstellung »beflügelt hier die Künstler, ihre in jahrhundertelanger Berufstradition erworbenen, meisterhaft beherrschten Fähigkeiten schöpferischer als je zuvor einzusetzen, die Psyche des

Dargestellten an die Oberfläche zu holen und zu einem wesentlichen Bestandteil des Porträts zu machen«.

Unter Amenophis IV., uns auch als Echnaton bekannt, findet diese neue Kunstrichtung ihren Höhepunkt. Die Zeit Echnatons, nach der neuen Hauptstadt auch Amarna-Zeit genannt, nimmt in der ägyptischen Kunst eine Sonderstellung ein (s. a. S. 276). Amenophis IV. hatte mit den religiösen Traditionen seines Landes gebrochen und verehrte allein die Sonne, als deren irdische Verkörperung er sich selbst sah. Sein Name besagt: »Der, auf den die Sonnenscheibe ihr Wohlgefallen richtet.« Das merkwürdige Aussehen Echnatons ist Ausdrucksform eines neuen Glaubens; eine Abstraktion, die sich bewußt von der Wirklichkeit entfernt, um durch außergewöhnliche Merkmale »auf die in Echnaton verkörperte Gottesnatur« (Seidel-Wildung) hinzuweisen. Die abgebildete Statue gehört mit etwa 40 anderen derselben Art zur Ausstattung eines offenen Sonnenhofes in Karnak.

Nofretete war die Gemahlin Echnatons. Wir kennen sie vor allem durch die farbig gefaßte Porträtbüste in Berlin, zu der der auf S. 271 gezeigte, unvollendet gebliebene Kopf eine spätere Variante bildet. Beide Arbeiten repräsentieren die vergeistigte Atmosphäre der Amarna-Zeit. Es sind Bildwerke persönlichster Art, die »an Adel der Erscheinung und des Wesens nicht mehr zu übertreffen sind« (Lange).

In der Mittelachse des unvollendeten Kopfes verläuft eine Linie, zu deren beiden Seiten die Gesichtsflächen noch nicht vollständig bearbeitet sind. An der Stirn und an den Schläfen sieht man ferner die Vorzeichnung, mit der die Ansatzlinie für die gesondert gearbeitete Perücke markiert war. Im übrigen darf der Kopf nicht isoliert gesehen werden: Er war für eine aus Kalkstein gefertigte Statue bestimmt, ein für die Amarna-Zeit typisches Werkverfahren.

Die Amarna-Kunst bleibt nicht ohne Auswirkungen auf die folgenden Jahre. Unter Tutanchamun, der mit neun Jahren noch im

Amenophis IV. / Echnaton (Ausschnitt). Kairo, Ägyptisches Museum. 18. Dynastie, um 1365 v. Chr. Aus Karnak. Gesamthöhe ca. 1,80 m. Sandstein ▷

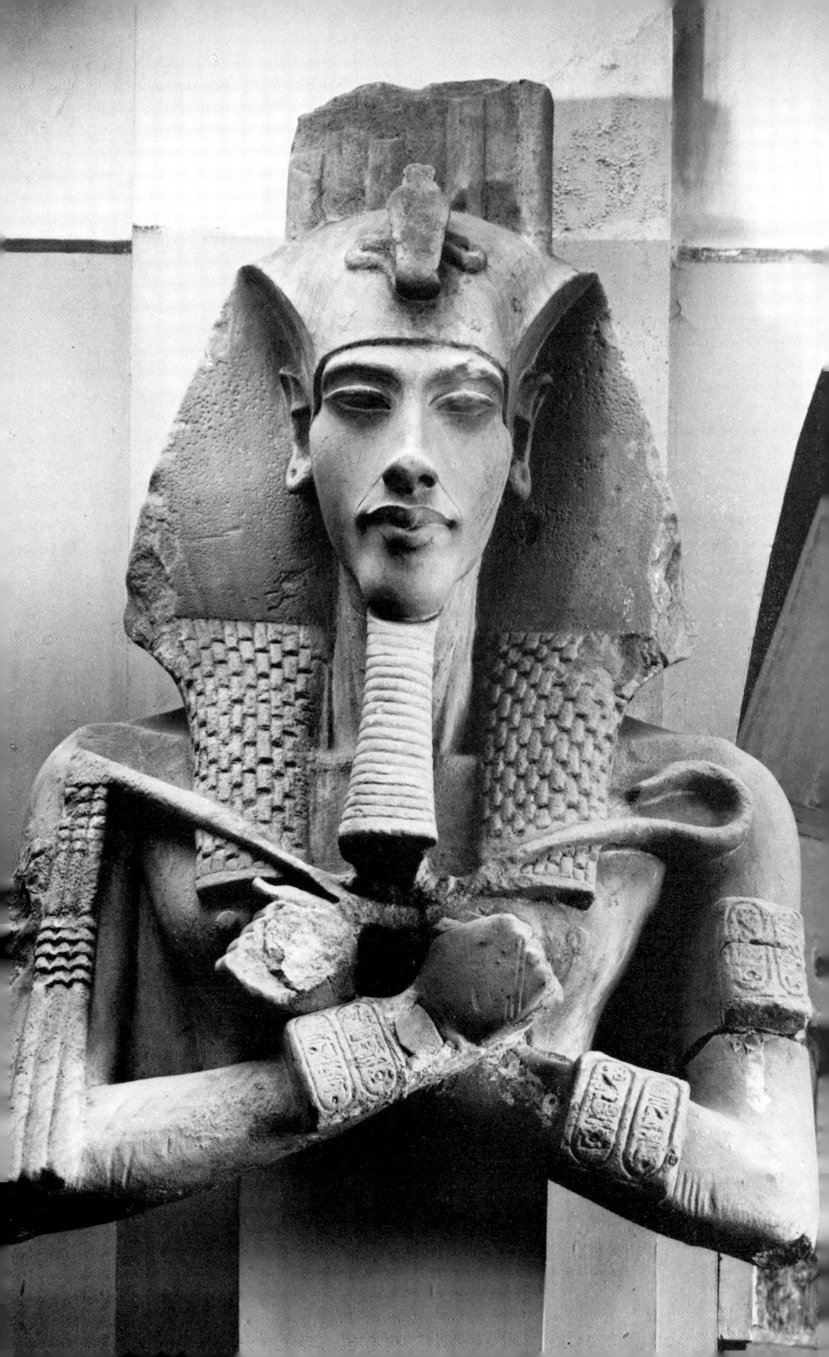

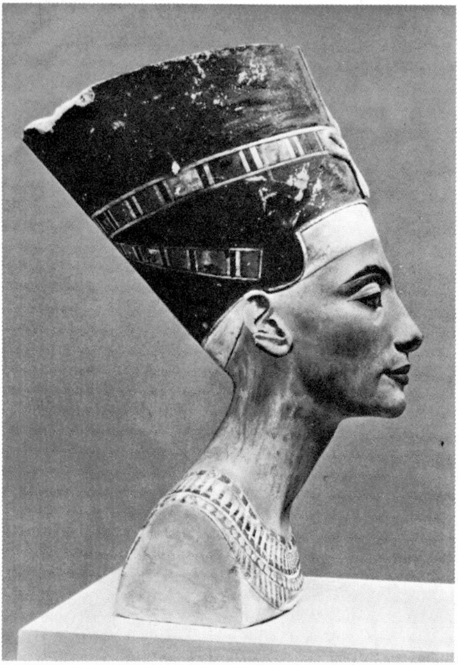

Königin Nofretete. Berlin, Ägyptisches Museum. 18. Dynastie, um 1355 v. Chr. Aus Amarna. Höhe 48 cm. Kalkstein

Todesjahr von Echnaton den Pharaonenthron besteigt, setzt eine Konsolidierung ein, die zu einer Verknüpfung der Kunst des klassischen Kanons mit der jetzt scheinbar grenzenlosen Freiheit des Künstlers führt.

So strahlt die Plastik in der 19. Dynastie unter den Ramessiden eine Weltoffenheit aus, verbunden mit einer Eleganz und »einer bisweilen sogar ästhetisierenden Schönheit der äußeren Form. Diese Tendenz zum höchst kultivierten Kunstobjekt erfaßt selbst die monumentalsten Werke der Plastik, die Kolossalstatuen« (Seidel-Wildung). Die Figuren von Ramses II., die wir in seinem Tempel in Luxor oder in seinem Felstempel von Abu Simbel (Abb. S. 222/223) oder in seinem Ramesseum in Theben-West erblicken, strahlen trotz ihrer gewaltigen Größe eine gewisse Grazie und Leichtigkeit aus. Doch gerade hier »liegt der Ansatz zum Manierismus, zu Formalismus und Erstarrung« (Seidel-Wildung). Von nun an dienen die

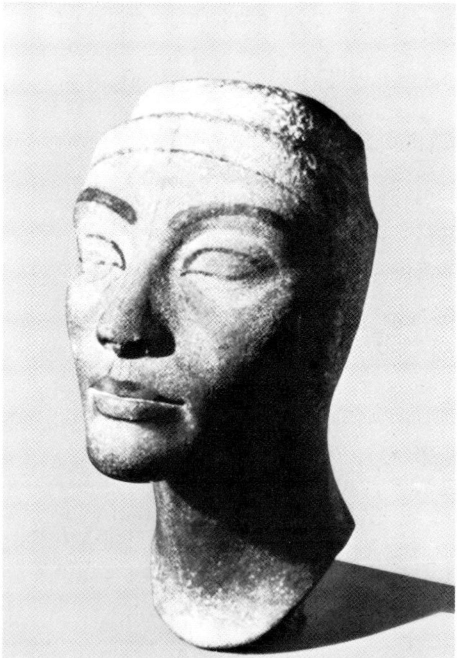

Königin Nofretete. Kairo, Ägyptisches Museum. 18. Dynastie, um 1355 v. Chr. Aus Amarna. Höhe 33 cm. Quarzit

kolossalen Statuen vielmehr als Ausdruck von Macht und Stärke, sie demonstrieren den Herrschaftsanspruch und verkünden auf das anschaulichste die Überlegenheit des Regenten.

## VIII.3. Das Flachbild

Mit dem Beginn des Neuen Reiches begegnet uns die Flachbildkunst sowohl in farbenfroher Malerei als auch im bemalten Relief. Während der Künstler sich bei der Ausführung des Reliefs an Vorbilder seiner Vorfahren anlehnen konnte und den konventionellen Stil bevorzugte, konnte er in der Malerei an eine ähnliche Tradition nur schwer anknüpfen. Letztere begegnet uns freilich in Grabanlagen aus dem Alten und Mittleren Reich, doch war es weniger eine Malerei an sich als vielmehr eine Kolorierung des im Relief Dargestellten.

Wenn sich in den ersten hundert Jahren der 18. Dynastie nunmehr die Wandmalerei zur höchsten Vollkommenheit entwickelt und in demselben Zeitraum die Reliefs in der thebanischen Nekropole weitgehend zurücktreten, so dürfte dieses Phänomen auf zwei Gründe zurückzuführen sein: Zum einen waren die brüchigen Kalksteinwände in der neuen Nekropole von Theben für die Herausarbeitung des Reliefs denkbar ungeeignet, zum anderen die neuaufkommende Thematik mit den Mitteln des Reliefs nicht mehr zu bewältigen. So verputzte man die rohen Grabwände mit einer Schicht von Nilschlamm, der mit Häcksel durchsetzt war, und man trug darauf eine dünne Gipsschicht auf. Diese glatte weiße Fläche bemalte man und überzog sie anschließend mit einer Firnisschicht, die nicht nur die Farben bis auf den heutigen Tag so hervorragend erhalten hat, sondern zugleich zur Festigung der starren Gipsoberfläche beitrug.

Die meisten Farben erhielten sich erstaunlich gut. Das Ultramarin ist allerdings ausgewaschen, und das Grün hat sich, namentlich

Quadratnetz zur Einhaltung der Proportionen bei einem Porträt des Senenmut (um 1480 v. Chr.)

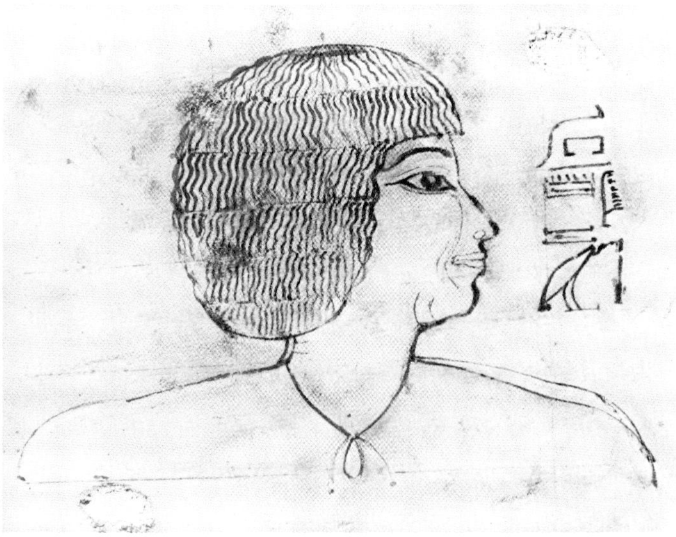

wenn es dick aufgetragen wurde, zersetzt und eine rostartige Färbung angenommen. Das Material bestand meist aus Erdfarben. Nur für Blau und Grün wurden schlecht haltbare Mineralfarben verwendet. Alle Farben wurden mit Tragantgummi-Wasser angerieben und mit verschieden breiten Pinseln aufgetragen. Die Schlußkonturierung folgte mit feinen Haarpinseln. Das Kolorit ist durchweg flächig verwendet. Bei den menschlichen Gestalten wird auch farbig jeder Naturalismus vermieden. Zeichnung und Kolorit bei Tieren und bei Gegenständen des täglichen Lebens weisen auf eine erstaunlich gute Naturbeobachtung hin. Der ägyptische Maler konnte somit die Natur wiedergeben. Bei der menschlichen Gestalt wollte er dies jedoch nicht. Ihre antinaturalistische, flächige Stilisierung mutet deshalb wie der streng beabsichtigte Wille zur Erreichung einer höheren Kunstform an. Es zeigt sich darin eine Duplizität des künstlerischen Könnens und Wollens, welche mit jener der bildenden Künste in der Romantik starke Ähnlichkeit aufweist.

Jeder Ausführung auf der Wand ging offensichtlich eine heute nicht mehr erhaltene Werkzeichnung voraus. Für die Übertragung dieser Zeichnung auf die Wand überzog man letztere mit einem Raster. Hierin wurde auf dem vorbereiteten Unterputz die Zeichnung mit ruhigen, großzügigen Linien eingetragen. Sowohl der Raster wie auch die Entwurfslinien sind in manchen Fällen noch sichtbar. Dann erfolgte in großen, sehr geschickt aufeinander abgestimmten Farbflächen die stets flächig und fast nie auf Modellierung abzielende Kolorierung. Der Hintergrund blieb meistens in einem zarten Graugelb oder im Ton eines gebrochenen Ockers. Für die nackten Körperteile der Frauen wurde ein dunkleres Ocker, für jene der Männer ein rötliches Ocker verwendet. Die bei den Frauen stets durchsichtig gehaltene Kleidung erhielt einen weißen Ton, dessen Transparenz durch das Auftragen mehrerer Farbschichten variiert wurde. Andere zusätzliche Farben sind Schwarz, ein tiefes Braun, Ziegelrot, ein dem Ultramarin verwandtes stumpfes Blau und ein leicht ins Bläuliche gehendes Grün. Nach Beendigung der Malerei wurden die Umrisse und vielfach auch die Innenzeichnung mit kräftigen, meist braun-roten Linien nachgezogen, in denen sich ein hohes Feingefühl für die Ausdrucksfähigkeit der Linie zeigt. Damit wurde erst die höchste Formverdeutlichung erreicht.

Der neuaufkommende Stil in der Flachbildkunst des Neuen Reiches ist charakterisiert durch eine Verschiebung von der Abstraktion hin zu einer anschaulichen Wirklichkeitsdarstellung, wie Assmann deutlich gemacht hat. Dabei verläuft der Prozeß der Verschiebung in der Malerei in den ersten sechzig Jahren der 18. Dynastie, während er sich im Relief erst ab Amenophis III., dem Vater des Echnaton, für eine Dauer von ebenfalls sechzig Jahren bemerkbar macht. Am auffälligsten wird diese Verschiebung durch die Abkehr von der piktographischen Festgelegtheit der Gesten hin zu einer Variationsvielfalt, weg vom Registerstil hin zur Gruppenkomposition, Einführung von Zwischentönen statt der bisher verwendeten Grundfarben weiß, schwarz, blau, grün, gelb und rot wie ferner durch die Einführung von Überschneidungen, um Räumlichkeiten wiederzugeben. Am deutlichsten sichtbar wird diese Entwicklung etwa bei den Totenklagen. In den Gräbern aus der Zeit vor der 18. Dynastie sind die Klagenden wie eine Ka-Figur mit aufrecht erhobenen Armen fast einer Hieroglyphe gleich eher auf die Wand geschrieben denn gemalt. Nun aber, zu Beginn des Neuen Reiches, ist der Künstler bemüht, das Emotionale in den Klagenden deutlich zu machen und dabei den Schmerz bildlich auszudrücken. So stehen die Klagefrauen jetzt nicht mehr nebeneinandergereiht im Register, sondern sie bilden eine Menschengruppe von Individuen. Da wirbelt eine Klagefrau die Arme in die Höhe, während eine andere sich vor Schmerz auf den Boden wirft. Durch diese Art der Darstellung erfährt das Bild eine bisher ungekannte räumliche Tiefe. Sie wird besonders im Grabe des Ramose (s. S. 254f.) durch die in die Höhe gestaffelten Figuren deutlich. Während sich die Klagefrauen in der unteren Hälfte der Klageszene auf einer gemeinsamen Standlinie bewegen und dadurch im Vordergrund zu stehen scheinen, sind die Klagenden im oberen Teil der Szene durch das Mittel des Hochstaffelns offenbar in den Hintergrund gerückt. Durch Überschneidung der Figuren wird eine bis dahin nicht bekannte Realität erweckt.

Auch bei anderen Szenen aus dieser Zeit ist die Nebeneinanderreihung gleichartiger Figuren überwunden. Das zeigt sich deutlich etwa im Grab des Nacht, der unter Thutmosis IV. als Astronom am Königshof tätig war (s. S. 254). Zwar hocken die jungen Mädchen noch auf einer gemeinsamen Linie am Boden, doch ihre gelöste

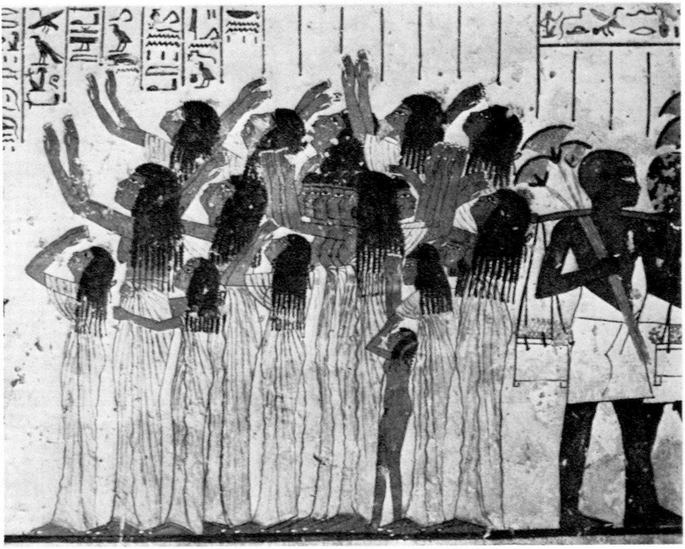

Klagefrauen im Grab des Ramose in Schech Abd el-Kurna (s. a. Farbt. 22)

Junge Damen und blinder Harfner im Grab des Nacht, Schech Abd el-Kurna

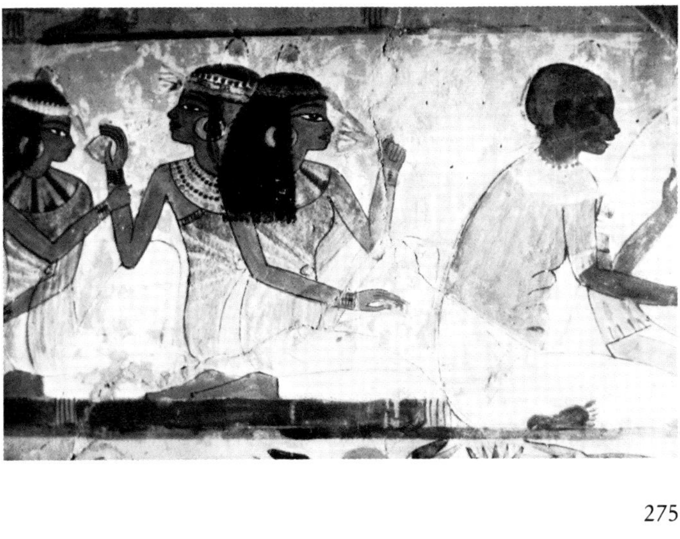

Haltung, die sich kreuzenden Arme, ihre koketten Profile können das Bild nicht lebendiger erscheinen lassen.

Mit zunehmender Zeit werden die Bilder optimiert, und die Eleganz der Linienführung hat unter Thutmosis IV. ihren absoluten Höhepunkt erreicht. Seinen Reiz erhält das Bild durch den Wechsel von kräftigen und zarten Linien. Die Bilder scheinen jetzt frei von jeder Vorlage, und der Künstler improvisiert die Szenen offensichtlich.

Als die Wandmalerei ihren Höhepunkt erreicht hatte und eine weitere Steigerung dieser Kunst nicht möglich war, wandte man sich unversehens wieder dem Relief zu. Da dieses jedoch in den zurückliegenden Jahrzehnten keine Weiterentwicklung erfahren hatte, zeigt es jetzt immer noch die strengen und abstrakten Formen auf, die es bereits in den Anfängen des Neuen Reiches in Anlehnung an die Tradition des Mittleren Reiches offenbarte. Erst gegen Ende der Regierungszeit von Amenophis III. erreichen die Reliefs eine Weichheit in der Linienführung der Umrisse, die kaum noch gesteigert werden konnte.

Doch schon bald setzt ein plötzlicher Umschwung ein, der alles bis dahin Gewesene in den Schatten stellt. Die Rede soll hier von der Amarna-Zeit sein mit ihrem geradezu revolutionären Durchbruch (s. a. S. 268 ff.). In den Darstellungen aus dieser Zeit ist – wie sonst nirgends in der ägyptischen Kunst – die Etikette des Hoflebens in so strenger Form dargestellt. Da halten sich die Damen am königlichen Hof in respektvollem Abstand von dem Königspaar entfernt, und

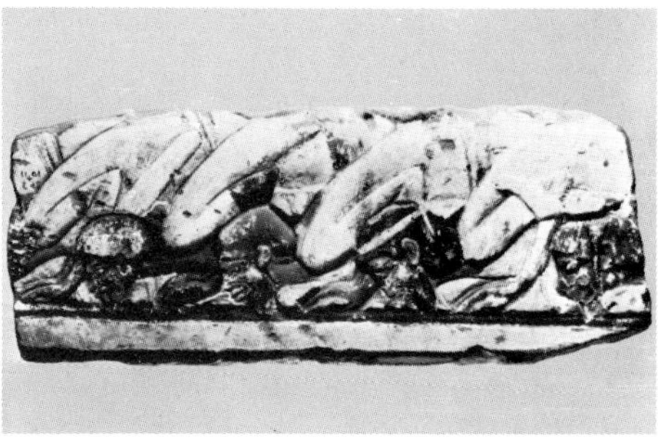

Ausländer in Ehrerbietung, wohl am Königshof zu Amarna

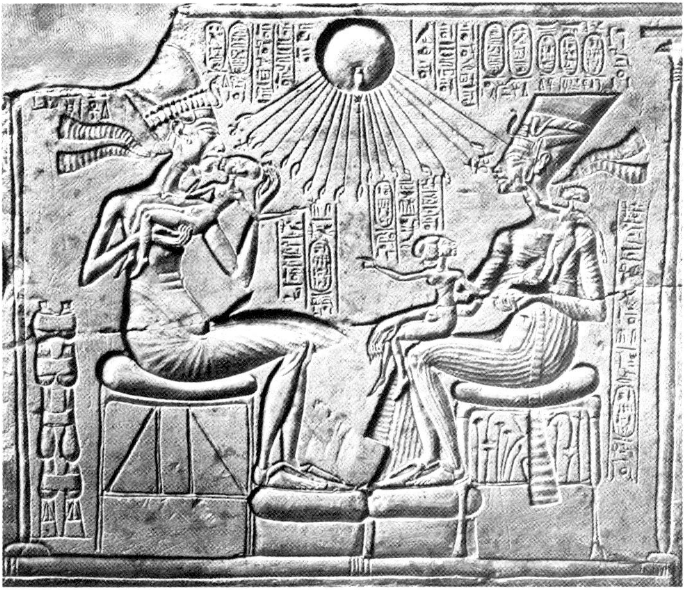

König Echnaton mit seiner Gemahlin Nofretete. Berlin, Ägyptisches Museum. Amarna-Zeit, um 1350 v. Chr.

Priester, Beamte und Hofleute verneigen sich vor dem Herrscherpaar auf das unterwürfigste. Ägypter und Ausländer lassen sich vor dem König zu Boden fallen, um ihn zu küssen.

Ganz im Gegensatz zu dieser Strenge der Etikette am Hofe stehen die intimen Szenen der Königsfamilie mit ihren Töchtern, die wir vor allem aus den Privatgräbern und auf kleinen Altären wiederfinden. Neu ist jetzt auch in den Heiligtümern von Amenophis IV. die Technik des versenkten Reliefs. In den Anfangsjahren seiner Regierung hatte er zu dieser Technik noch nicht gefunden. Offensichtlich gehörte sie zum Programm des Reformators, denn »sie beseitigt alte Tradition, die eine strikte Trennung zwischen Darstellungen an Außenwänden, in versenkter Technik, und an den Wänden von Innenräumen, in erhabener Technik, vorschrieb. Das versenkte Relief gewinnt seine besondere Wirkung von dem Streiflicht der Sonne, das die eingetieften Umrisse mit Schatten füllt und sie

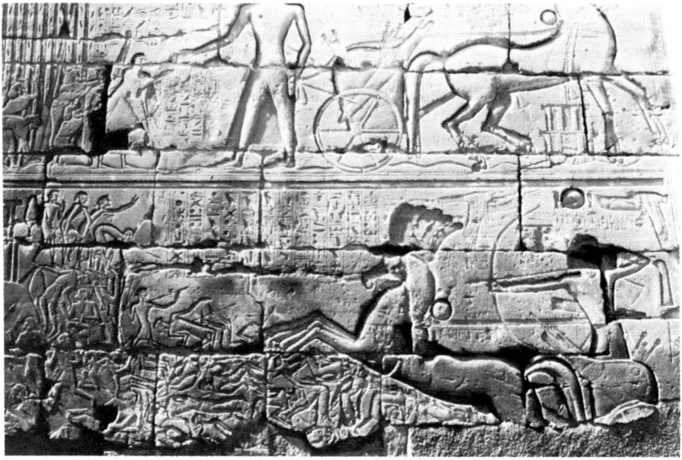

Sethos I. auf dem Streitwagen im Kampf gegen die Festung Kanaan (Relief im Karnak-Tempel)

dadurch schärfer und plastisch hervortreten läßt. Es bietet ferner die einzigartige Möglichkeit, den skizzenhaften Charakter der Vorzeichnung zu erhalten und heftige Bewegungen zum Ausdruck zu bringen« (Müller). Mit dem Tode Echnatons findet diese mehr als eigenwillige Epoche ihr rasches Ende. Der Nachfolger Tutanchamun wandte sich von Amarna ab und bezog seine Residenz in Memphis. Theben blieb zwar religiöser Mittelpunkt des Landes, wurde aber nie wieder Hauptstadt des Reiches. Die Künstler am Hofe von Amarna folgten Tutanchamun nach Memphis und paßten sich dort sehr schnell den neuen Gepflogenheiten an. Von nun an erscheint das Relief auch wieder in erhabener Form.

Am Übergang zur 19. Dynastie ist die Außenpolitik auf Expansion gerichtet. Dieses neue Ziel findet ihren Niederschlag in der Kunst in der Erfindung des monumentalen Schlachtenbildes. Derartige Schlachtenbilder hat erstmals Sethos I. eingeführt, und sie alle sind in der Technik des versenkten Reliefs an den Außenwänden seiner Tempel angebracht. Im Mittelpunkt dieser Darstellung steht immer wieder der siegreiche Pharao, der sich allein mit einem Streitwagen in das Getümmel der fliehenden Feinde begibt. Neuartig ist dabei die Dramatik im Geschehensablauf, die selbst die Figur des Königs ergreift.

Unter dem nachfolgenden Ramses II. verlieren die Darstellungen an Dramatik, und unter Ramses III. schließlich entbehrt das Geschehen jeglicher Spannung, es ist hier zu einem Piktogramm geworden.

Wenn wir uns bis jetzt mit dem Flachbild in den Anlagen der Beamten und Könige beschäftigt haben, so sollen abschließend die Wandbilder in den Gräbern der Handwerker von Deir el-Medine nicht unerwähnt bleiben. Die Bilder dieser Handwerker zeigen uns auf das anschaulichste den Gegensatz zu der königlich-repräsentativen Sphäre, die wir insbesondere in den Darstellungen an den Wänden großer Tempelbauten erkennen konnten. Hier hingegen ist die rein private Sphäre des einzelnen stark vom Religiösen her beeinflußt und entsprechend in der Malerei ausgedrückt. Nun ist aber gerade unter der Herrschaft der Ramessiden die »persönliche Frömmigkeit« weit im Volk verbreitet. »Die Spannungen und die menschlichen Gegensätze dieser Zeit waren viel zu gewichtig, ja bedrückend

Wandmalerei im Grab des Sennedjem (Grab Nr. 1 in Deir el-Medine, Theben-West). Der schakalköpfige Totengott Anubis versorgt die Mumie

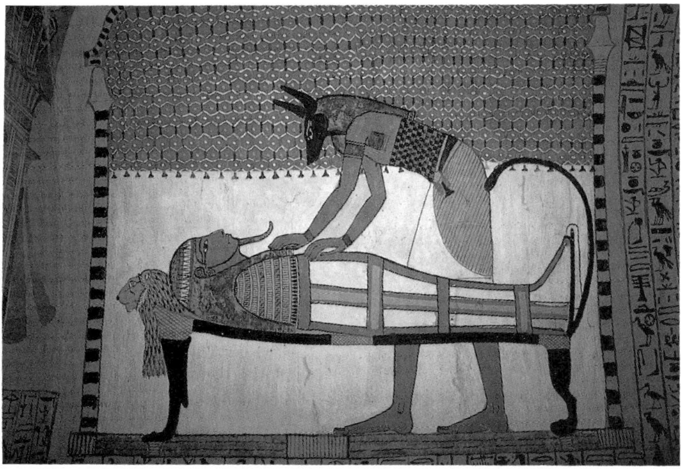

geworden, als daß nicht das Einzelindividuum seinen Weg von sich aus zu dem Jenseitigen intensiver denn je gesucht hätte. So sind auch, wie das die Grabmalereien gerade von Deir el-Medine sehr klar zeigen, die Bilder der Freude an des Daseins Buntheit und an allen Dingen dieser Welt, so wie sie die Gräber der 18. Dynastie zum Ausdruck brachten, einem Themenkreis gewichen, der die Trauer um den Toten, seine Bestattung, seine Existenz im Jenseits, die Speisung seiner Seele und das Totengericht in den Mittelpunkt stellte« (Lange-Hirmer). Die Wahl der Themen an den Grabwänden erinnert bisweilen an die unterweltliche Sphäre der Königsgräber, Hauptthema bilden stets die dem Totenbuch entnommenen Bilder und Texte. Zwar sind die Zeichnungen mit handwerklicher Sicherheit ausgeführt, »aber die Komposition bleibt steif und einfallsarm« (Leclant). Und es ist seltsam, daß in keinem der Gräber dieser Arbeiter die Versorgung des Grabherrn durch die Baumgöttin fehlt (Farbt. 24).

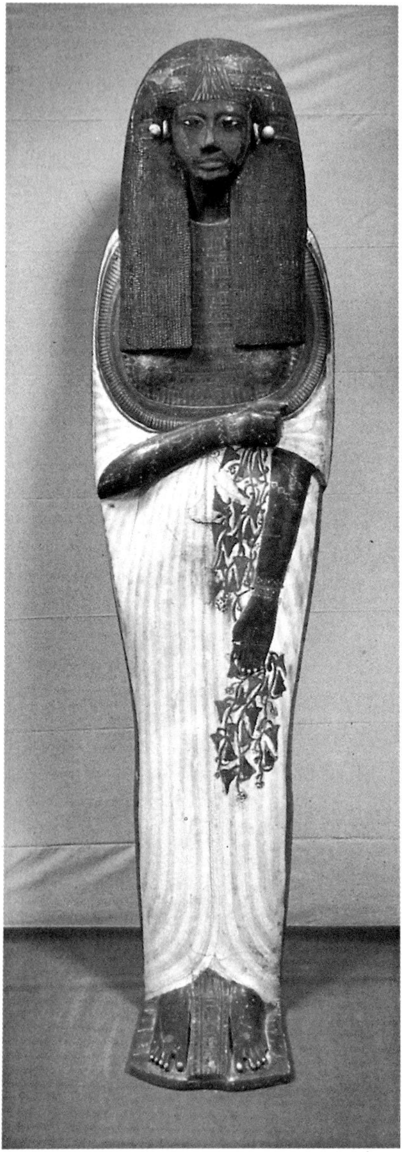

Deckel vom Sarg der Isis aus Deir el-Medine. Material: Holz, bemalt. 19. Dynastie, etwa aus dem Jahre 1250 v. Chr. Kairo, Ägyptisches Museum

# IX. Die Dritte Zwischenzeit (21. bis 24. Dynastie, 1070 bis 712 v. Chr.)

Mit dem Zusammenbruch des Ramessidenstaates fällt die Krone der Pharaonen an Smendes, der die 21. Dynastie begründet. Die neue Hauptstadt Tanis, das Zoan der Bibel, liegt im östlichen Delta, während das einst so mächtige Theben zur Bedeutungslosigkeit herabsinkt. Auch die Königsgräber werden nicht mehr in der thebanischen Wüste angelegt, sondern im Tempelbezirk der neuen Residenz. Der Niedergang Ägyptens ist nun nicht mehr aufzuhalten. Im Jahre 945 v. Chr. besteigt der libysche Militärführer Schoschenk I. (945–924 v. Chr.) den Pharaonenthron und begründet die 22. Dynastie. Neue Hauptstadt wird Bubastis im östlichen Delta. Die 23. Dynastie erweist sich als machtlos, die Aufsplitterung in eine Vielzahl feudalistischer Einzelherrscher nimmt zu, Unruhen und Aufstände sind an der Tagesordnung. Um die Mitte der 24. Dynastie (725–712 v. Chr.) regieren etliche Könige gleichzeitig in Unter- bis Mittelägypten, während Oberägypten von Theben aus beherrscht wird. Diese Zeit des Durcheinanders nutzt geschickt die nubische Kolonie; sie löst sich vom ägyptischen Machtbereich und ruft in ihrer Hauptstadt Napata ›äthiopische‹ Könige aus. Tatsächlich gelingt es einem nubischen König namens Kaschta, von Napata nahe dem 4. Katarakt des Nil bis nach Theben vorzustoßen, die Weltstadt einzunehmen und Oberägypten zu erobern. Kaschtas Sohn Pije stößt weiter gen Norden bis in das Delta-Gebiet vor und nimmt Memphis ein.

In künstlerischer Hinsicht beobachten wir ein Nachleben der Kunst des Neuen Reiches. Bei den Statuen herrscht der sogenannte Würfelhockertypus vor. Auf dem Gebiet des Bronzegusses erreicht man eine neue technische Vervollkommnung. Sie bildet die Grundlage für die Verbreitung zahlloser Götter- und Tierstatuetten in der nachfolgenden Spätzeit.

Eine herausragende Bronzefigur ist uns aus der Regierungszeit von König Osorkon II. (862–833 v. Chr., 22. Dynastie) erhalten. Dieses Exemplar mit seinen 45,5 cm Höhe zählt zu den wenigen Großbronzen dieser Zeit (Abb. S. 283). Es stellt einen König dar, vermutlich Osorkon II. Der Herrscher sitzt in aufrechter Haltung auf einem würfelförmigen Thron mit kurzer Rückenlehne. Der Gesichtsausdruck wirkt jugendhaft und zugleich ernst. Auf dem Haupt trägt er das Kopftuch, dessen beide Enden vorn bis auf die Brust herabfallen, während es hinten zopfartig zusammengebunden ist. An der Stirn trägt er die Uräus-Schlange. Lidstriche und Augenbrauen sind hervorgearbeitet und lassen die Augen groß erscheinen. Mit der geradlinigen Nase, den nur wenig hervortretenden Lippen und dem klar herausgearbeiteten Kinn versucht der Künstler die Individualität und Entschlossenheit des Königs zu kennzeichnen. Der Körper ist wohlgestaltet, und ein plissierter Schurz reicht von der Taille bis zum Knie. Die Hände liegen jeweils zur Faust geballt auf den Knien auf, und die Arme zeigen am Handgelenk und Oberarm jeweils zwei herausgearbeitete Schmuckreife. Inschriften sind auf dieser Figur nicht vorhanden, wohl aber bildliche Darstellungen zu beiden Seiten und auf der Rückseite des Sessels. Da erkennen wir auf der Rückseite das Symbol der Vereinigung der beiden Länder, dargestellt durch die Wappenpflanzen von Ober- und Unterägypten, die von den Gottheiten zusammengezogen werden. Auf den Seitenteilen fällt uns besonders der Sonnengott auf der Blüte auf.

Von einzigartiger Eleganz und Präzision ist auch die 59 cm hohe Bronzefigur der Karomama, einer Enkelin des Königs Osorkon I. (um 850 v. Chr., 22. Dynastie; Abb. S. 284). Sie war die Gottesgemahlin des Amun von Karnak. Die Standfigur im Louvre zu Paris bezeugt die völlige Beherrschung des Bronzegusses. Der Künstler hat die Figur mit Kupfer, Gold und Silber eingelegt und die Details in einzigartiger Form herausgearbeitet. Das gilt nicht nur für die

König Osorkon II. (?). Privatsammlung Basel. 22. Dynastie, um 850 v. Chr. Herkunft unbekannt. Höhe 45,5 cm. Bronze ▷

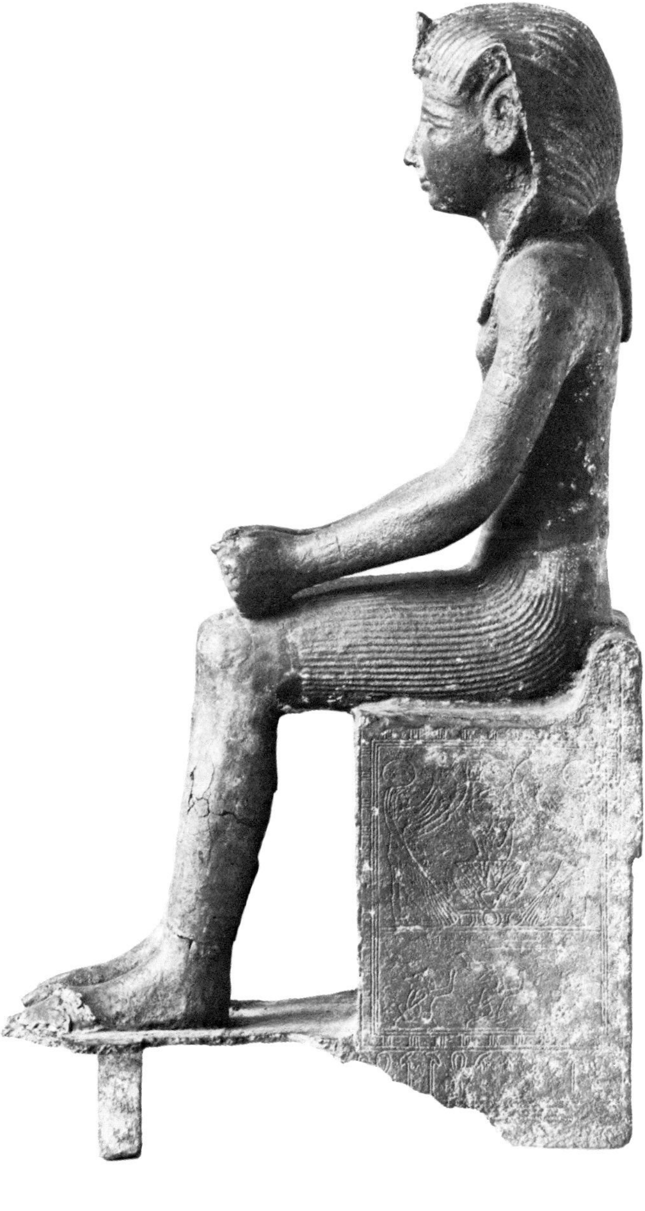

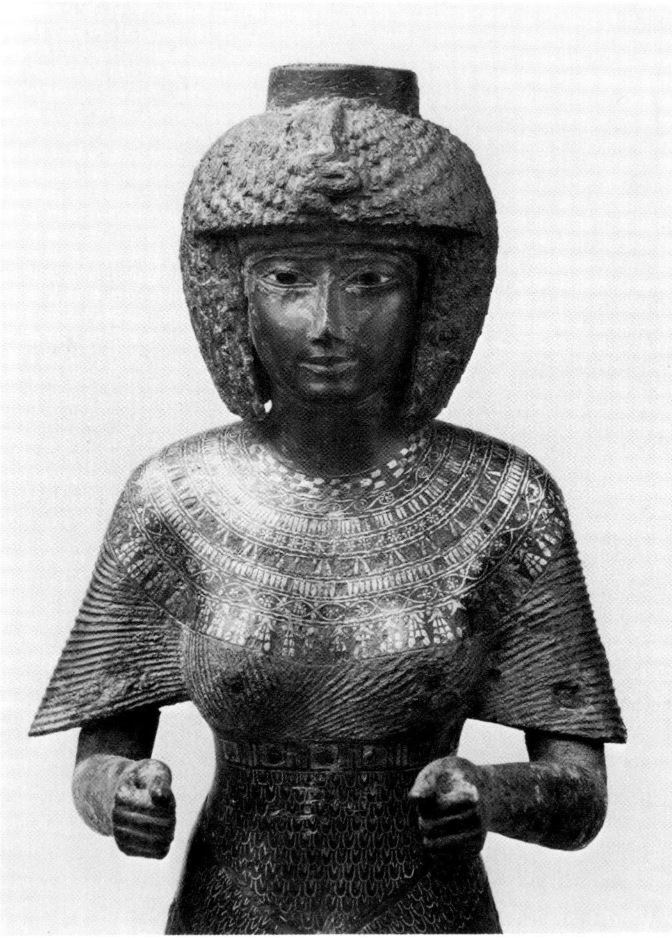

Standfigur (Ausschnitt) der Karomama. Paris, Louvre. 22. Dynastie, um 850 v. Chr. Aus Karnak. Höhe der Figur 59 cm. Bronze, mit Gold und Silber tauschiert

lockige Perücke, sondern auch für die Gewandfalten oder den als Geierflügel gearbeiteten Gürtel. Auch hier ist auf die individuellen Gesichtszüge und den außerordentlich wohlproportionierten Körper hinzuweisen.

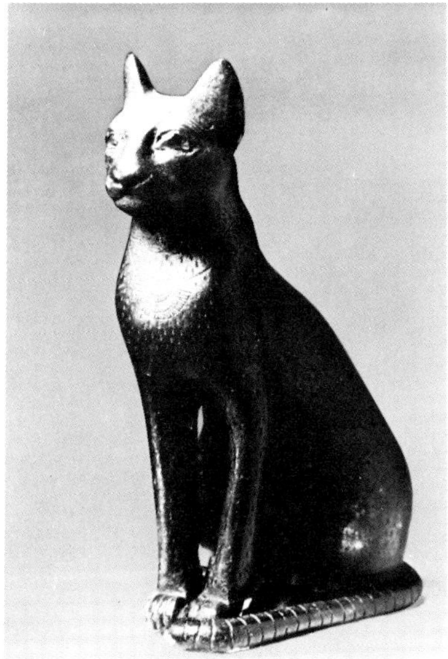

Katzenfigur, vermutlich aus Bubastis. Wien, Ägyptisch-Orientalische Sammlung

Aus der Zeit der 22. Dynastie ist eine große Zahl von Katzenfiguren erhalten. Das hängt sicherlich mit der Tatsache zusammen, daß jetzt Bubastis die Hauptstadt geworden ist, und hier hat ja die Göttin Bastet ihr Kultzentrum. Die Fülle der Katzenfiguren läßt leicht vermuten, daß wir es hier mit einer Massenproduktion zu tun haben; doch da für die Anfertigung einer Bronzefigur jeweils eine neue Form erforderlich ist, liegt uns mit jeder Katzenfigur ein individuelles Modell vor.

An Flachbildern ist aus der Dritten Zwischenzeit nicht viel auf uns gekommen. Die wenigen Zeugnisse aus dieser Zeit lassen darauf schließen, daß die Künstler bewußt an die Tradition der 19. Dynastie angeknüpft haben. Von bemerkenswerter Schönheit ist etwa die kleine Votivstele im Ägyptischen Museum zu Kairo, die der Djedamuniuanch gehörte. Auf dieser kleinen, nur 27,6 cm hohen Holzstele, die mit Stuck überzogen und in einzigartigen Farben bemalt ist, sehen wir zum ersten Male in der ägyptischen Geschichte eine

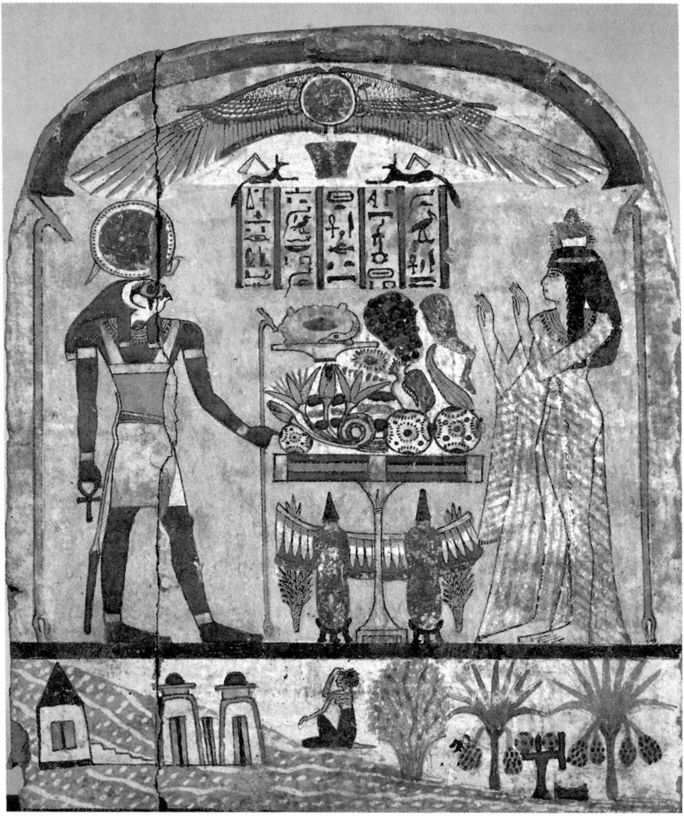

Votivstele der Djedamuniuanch. Kairo, Ägyptisches Museum. 22. Dynastie, um 900 v. Chr. Aus Deir el-Bahari. Höhe 27,6 cm. Holz

Friedhofsszene ohne Prozession. Im unteren Register hockt eine schwarzgekleidete Frau, rauft sich die Haare und trauert vor dem pyramidenförmigen Grab, zu dem eine kleine Treppe hinaufführt. Über dieser Szene bietet das Hauptbild die bisher übliche Opferszene, in der die Stelenbesitzerin vor dem geradezu überladenen Opfertisch und vor dem falkenköpfigen Gott Re-Harachte erscheint.

# X. Die Spätzeit (25. bis 31. Dynastie, 712 bis 332 v. Chr.)

Die Zeit von der 25. Dynastie (712–664 v. Chr.) bis zur 31. Dynastie (343–332 v. Chr.) zählen wir zur sogenannten Spätzeit. In diesen rund vierhundert Jahren sieht sich Ägypten zunehmend dem Druck der vorderasiatischen Großmächte ausgesetzt. In der 25. Dynastie wird das Land noch von den Äthiopen regiert, die vom fernen Napata bis nach Theben vordringen und hier über das ägyptische Imperium vom 6. Katarakt des Nil im Süden bis nach Memphis im Norden herrschen. Schabako (712–698 v. Chr.), der Bruder des Pije, ist es, der seine Herrschaft nun festigt. Wir sprechen jetzt von der »kuschitischen« oder besser »äthiopischen« Herrschaft. Diese Regenten fühlen sich durchaus als Ägypter und folgen der ägyptischen Tradition in Kunst, Religion und Sprache. Wenn sie auch von Theben aus regieren und sich dort heimisch fühlen, so lassen sie sich dennoch in ihrer Heimat bestatten. In Kurru bei Napata wählt erstmals Pije die pyramidenförmige Grabanlage, wie er sie in Theben, d. h. wohl in Deir el-Medine oder auch in Unter- und Mittelägypten gesehen hat. Mit dieser Bauform gibt er die Mastabaform der Grabanlagen seiner Vorgänger auf. Seine Pyramide hat denselben steilen Winkel wie jene Anlagen in Deir el-Medine. Eine kleine reliefgeschmückte Totenkapelle erhebt sich – ägyptischer Tradition gemäß – an der östlichen Pyramidenseite, doch die noch im Mittleren Reich üblichen Bauelemente, wie Taltempel und Aufweg, gibt es hier nicht mehr. Die im unterirdischen Teil liegende Grabkammer ist von einem im Osten der Pyramide gelegenen offenen Treppenschacht aus zugänglich. Pijes Nachfolger ändern den unterirdischen Bereich ihrer Grabanlagen geringfügig durch Erweiterung um zwei weitere Grabkammern auf nunmehr drei, ferner durch Hinzufügung eines kurzen Tunnels am Treppenende sowie durch Verlegung des Gangverlaufes.

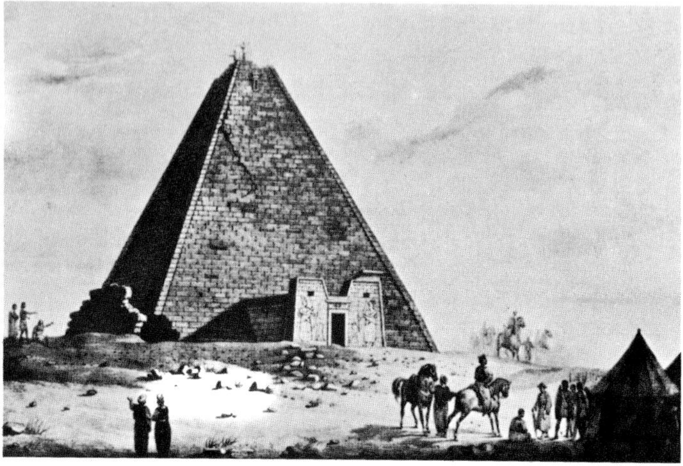

Pyramide der Königin Amanishakete auf dem Nordfriedhof von Meroe. Nach Cailliaud, 1822

Gegen Ende der 25. Dynastie dringen die Assyrer immer häufiger in den Norden des kuschitischen Reiches ein, nehmen 671 v. Chr. Memphis ein und dringen bis Theben vor. Schließlich gelingt es nach wechselvollen Kämpfen dem Assyrer-König Assurbanipal, bis zum 1. Katarakt des Nil vorzustoßen und auf seinem Feldzug das hunderttorige Theben vollständig zu plündern. Tanwatamun (664 bis 656 v. Chr.), letzter König der 25. Dynastie, gibt seinen Regierungssitz auf und zieht sich nach Napata zurück. Damit geht die kuschitische Herrschaft über Ägypten zu Ende.

Eine letzte, episodenhafte Belebung des alten Pharaonenglanzes bringt die 26. Dynastie (664–625 v. Chr.) mit den Königen von Sais, unter denen Ägypten scheinbar seine Stärke wiedergewinnt. Die neuen Könige löschen die Erinnerung an jene Herrscher aus dem fernen Kusch aus, und die Namen jener Fremdherrscher lassen sie von den Denkmälern in Oberägypten löschen.

Nach dieser Episode des Pharaonenreiches dringen die Perser nach Ägypten vor und besetzen das Land. Als Alexander der Große in die persische Provinz Ägypten einmarschiert, wird er als Befreier gefeiert. Kampflos fällt Ägypten in seine Hände, und damit endet im Jahre 332 v. Chr. die Geschichte des Pharaonenreiches.

Aus der Kunst dieser späten Zeit spricht indessen weniger die eigene Kraft als vielmehr eine starke Sehnsucht nach vergangener Größe. Das Königtum hat nur noch eine weltliche Funktion, die Religion aber begünstigt eher noch die konservative Erstarrung. Charakteristisch ist daher eine archaisierende Hinwendung zu den großen Zeiten der eigenen Vergangenheit.

## X. 1. Die Architektur

Aus der rund vierhundert Jahre währenden Spätzeit sind nur wenige Bauwerke auf uns gekommen. Das gilt insbesondere für Gebäude, Tempel oder Paläste. Von dem berühmten Iseion, dem Heiligtum der Göttin Isis in Behbeit el-Hagar, zeugt heute nur noch ein wirrer Haufen von Granitblöcken, auf denen wir noch ein feines Relief erkennen können. Von dem Kiosk des Taharko (690–664 v. Chr.) mit seinen einst zehn Säulen blieb in dem Hof des Amun-Tempels von Karnak noch eine (wiederaufgebaute) 27 m hohe Säule (Abb. S. 290). Und in Medinet Habu vervollständigen die Äthiopen eine kleine Tempelanlage aus der 18. Dynastie, indem sie diese mit einem Saal und Pylon versehen. In der weit abgelegenen Oase Charga inmitten der westlichen Wüste errichten die Perser den Tempel von Hibis zu Ehren des Gottes Amun. Erstmals zeigt sich unter den Persern die Eigenart, in die Tempelmauern oder unter die Bodenplatten kleine Kammern einzubauen. Zur Zeit der Griechen und Römer werden derartige Kammern regelmäßig in den Tempeln angelegt, und sie erreichen dort eine beachtliche Größe. Wir nennen diese Kammern Krypten, ohne deren Verwendungszweck zu kennen; denn in keinem Falle fand man Ausstattungsgegenstände im Innern dieser Kammern.

Für die sakrale Bautätigkeit während der 28., 29. und 30. Dynastie ist gerade auch die Insel Philae ein Beispiel. Die Bautätigkeit zu jener Zeit läßt sich »nur aus einem entsprechenden Wohlstand erklären«, wie er damals, in einer »letzten Periode politischer Autonomie«

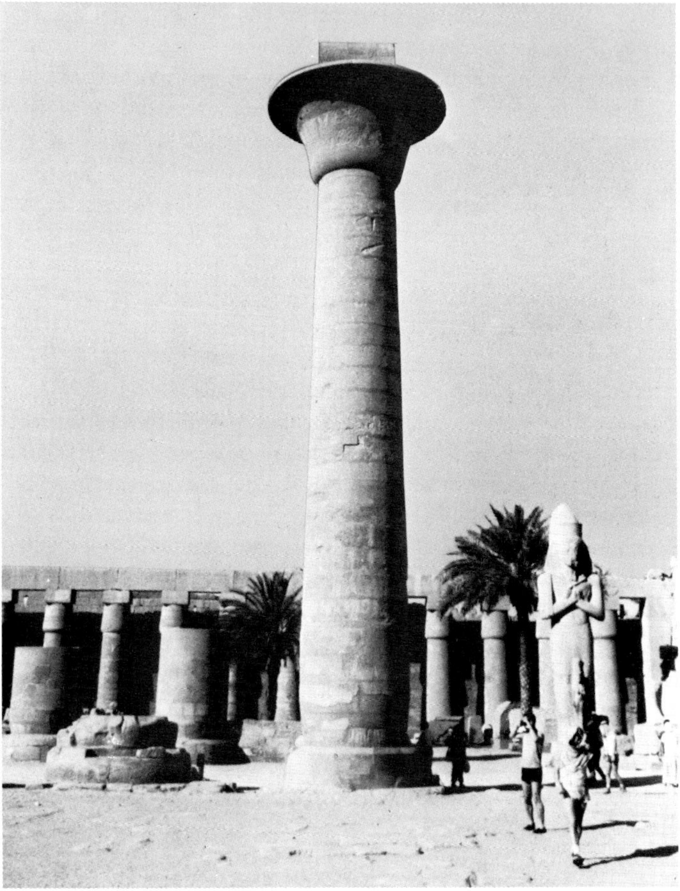

Säule des Taharko im großen Hof des Amun-Tempels zu Karnak

Ägypten vergönnt war (Vandersleyen). Andererseits beleuchtet aber die Monumentalität der Bauten auch die »Ansprüche einer einflußreichen Priesterschaft«, deren Gunst sich die Delta-Fürsten durch großzügige Tempelanlagen zu sichern suchen.

In Philae hat man von 380 v. Chr. bis 180 n. Chr. gebaut; mit der Anlage des Tempels der Isis hat Nektanebos I. (380–362 v. Chr.)

begonnen. In diesen 560 Jahren entsteht hier eine Fülle von Bauten, die um den zentral auf der Insel liegenden Isis-Tempel herum angelegt sind (heute findet sich ein Großteil der Bausubstanz auf der benachbarten Insel Agilka nördlich der Insel Bigga). Die lange Bauzeit zeigt uns, daß die Bautätigkeit nur schleppend vorangeht. Dazu verringern sich die Abmessungen, und vieles bleibt einfach unvollendet liegen. Die Tempel auf Philae sind bis zur Zeit von Kaiser Justinian (527–565 n. Chr.) in Betrieb. In der Mitte der Insel erhebt sich der unter Nektanebos begonnene Isis-Tempel, dessen doppelter Pylon Aufschluß gibt »über die reichen Einkünfte des Isis-Heiligtums« (Daumas). Die Bauzeit allein dieses Heiligtums beträgt 318 Jahre (380–62 v. Chr.). Die zwischen den beiden Pylonen zu erkennende, aber erst in der Ptolemäerzeit errichtete Säulenhalle gehört zum Geburtshaus der Göttin, zum sogenannten Mammisi. Dem Tempel vorgelagert ist der von Säulenhallen eingefaßte Tempelvorplatz, der sich zur Südspitze hin trapezförmig verjüngt.

All diesen Tempelanlagen läßt sich von nun an ein Grundrißtyp entnehmen, bei dem es insbesondere auf den ›Großen Thron‹ ankommt, nämlich das Allerheiligste. »Es enthielt einen von einem Tabernakel aus vergoldetem Holz geschützten Naos aus Stein und

Der Isis-Tempel von Philae (nach der Versetzung)

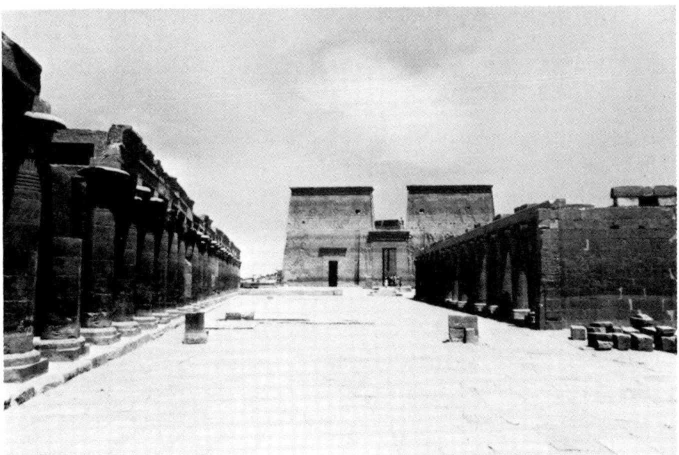

war als selbständiger, in der Mitte des Tempels gelegener Bau verstanden, mit schrägen Außenwänden, einer Hohlkehle und einem Karnies. Die Wände des Tempels und die verschiedenen Umfassungsmauern schufen einen Schutzwall um die Statue im Naos des Sanktuars. Die übrigen Bauteile entsprachen den religiösen Erfordernissen und den wirtschaftlichen Möglichkeiten des betreffenden Orts. Um das Sanktuar herum verlief ein ›geheimnisvoller Korridor‹, auf den, wie in Edfu und Kom Ombo, Kapellen für feierliche Zeremonien mündeten. Vor dem Heiligtum befand sich grundsätzlich der Mittelsaal oder ›Saal der Neunheit‹, ein Raum, in dem sich der endgültige Übergang vom Profanen zum Heiligen vollzog: er barg jene Götter, die gewissermaßen den Hofstaat des lokalen Hauptgottes bildeten und somit die Funktion von Schutzgottheiten für den Ortspatron ausübten« (Daumas). Später findet sich ein derartiger Saal auch im Tempel von Edfu und Kom Ombo. Vor diesem Mittelsaal liegt der ›Opfersaal‹ für das Versorgungsopfer für den Gott, das dreimal täglich dargebracht wurde. Vor dem Opfersaal erstreckt sich der große, von Säulen getragene Saal, in dem sich die Gottheit dem Publikum zeigte. Deshalb wird dieser Saal auch ›Erscheinungssaal‹ (in Dendera) oder ›Festsaal‹ (in Edfu) genannt.

Aus dem Bereich der Privatarchitektur müssen vor allem die Gräber in der Nekropole von Theben erwähnt werden. Besonders hervorzuheben sind die Gräber von Ibi, Montemhet, Pebes und Petamenophis. »Ihre riesigen Oberbauten, deren Außenwände das uralte Motiv der Nischengliederung wieder aufnehmen, sind aus Ziegeln. Die weiten unterirdischen Grabräume erreichen die großartigste Ausgestaltung im Grabe des Petamenophis... Mit seinen 21 Räumen, von denen einige als Pfeilerhalle ausgestaltet sind, ist es ein wahrer Grabpalast, der in seiner Raumfolge an die Königsgräber der 18. Dynastie erinnert« (Wolf).

# X. 2. Die Rundplastik

Eine reiche Kunstentfaltung erlebt die Spätzeit insbesondere während der 25. und 26. sowie zwischen der 28. bis 30. Dynastie. Eine derartige Belebung erfährt die Kunst auch im Privatbereich der 27. Dynastie, die von den Persern geprägt ist. Der besondere Reiz der Kunstwerke dieser Zeit liegt weniger im Inhalt begründet; in ihrer Art sind die Werke freilich stark von den archaistischen Tendenzen der Zeit bestimmt. Der Reiz liegt vielmehr in der besonderen Vollendung der Ausführung. Doch hat die Kunst der Spätzeit auch wirklich Neues hervorgebracht, und zwar dort, wo sie nicht Ausdruck des Wunschdenkens ihrer Zeit gewesen ist, sondern einen Teil der tatsächlichen Wirklichkeit dargestellt hat: die Vereinzelung des Menschen in einer immer mehr sich auflösenden, ihrer Inhalte und Ausdrucksformen nicht mehr sicheren Kulturgemeinschaft. Der künstliche Ort, an dem diese Darstellung geschah, war sicher nicht

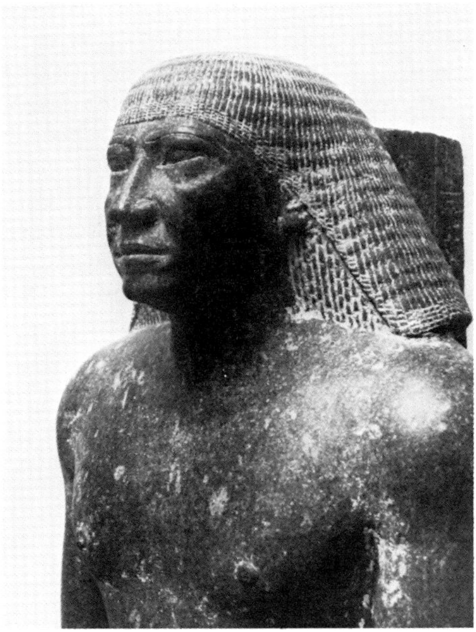

Standfigur (hier Ausschnitt) des Montemhet. Kairo, Ägyptisches Museum. 25. Dynastie, um 700 v. Chr. Aus Karnak. Höhe 1,37 m. Granit

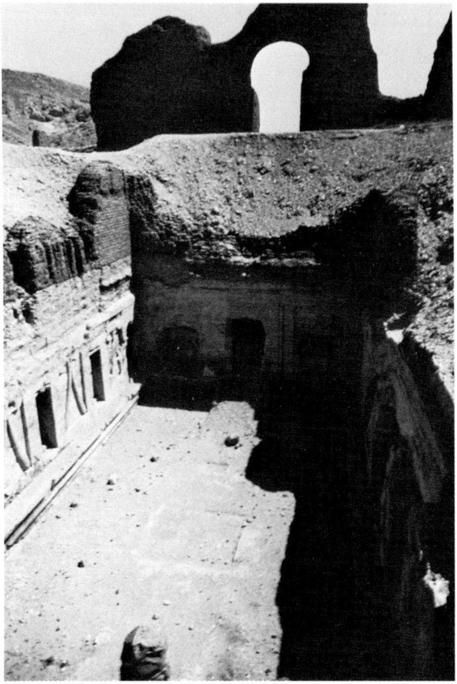

Das Grab des Montemhet mit Pylon bei Deir el-Bahari

zufällig der relativ freieste Bereich der so vielfach gebundenen ägyptischen Kunst, nämlich das nicht-königliche Rundbild. Dem Künstler ging es jetzt darum, eine individuelle, in die Tiefe dringende Darstellung der Einzelpersönlichkeit zu erreichen. Gerade in der 25. Dynastie konnte sich »im Porträt ein starkes Gefühl für Individualismus« (Lange-Hirmer) durchsetzen.

Deutlich lesen wir dieses neue Kunstgefühl an der Statue des Montemhet ab (Abb. S. 293). Montemhet war Bürgermeister von Theben und Statthalter über die ganze Thebais. Zugleich bekleidete er das Amt eines Priesters im Tempel des Amun. In der Nekropole von Theben nahe von Deir el-Bahari ließ er sein Grab anlegen mit einem Oberbau aus Nilschlammziegeln und einem Pylon. Die Statue aus grauem Granit erreicht eine Höhe von 1,37 m; sie wurde im Reichstempel von Karnak gefunden.

Dieses qualitätvolle Werk, das von den Statuen der frühen Pharaonen durch rund 1800 Jahre getrennt ist, zeigt in eindrucksvoller Weise die Fortdauer ägyptischer Formtraditionen noch bis in die Spätzeit. Kleidung und Haartracht, oder wie hier die aufrecht stehende Figur mit nacktem Oberkörper, entsprechen den ältesten Darstellungen ägyptischer Plastik. Und doch drückt sich »in der alten Gestalt eine völlig andere Geisteshaltung aus« (Vandersleyen): Der Mensch wird nun ganz realistisch gesehen, Alter, Physiognomie und Bewegung werden betont. Bestimmend sind die persönlichen Merkmale des Individuums; dagegen tritt die Idee einer religiös begründeten Gemeinschaft zurück.

Das wohl bedeutendste Werk der Spätzeit aber ist der ›Grüne Kopf‹ im Ägyptischen Museum zu Berlin. Er dürfte etwa um 500 v. Chr. geschaffen worden sein. »Die in ihm zum Ausdruck kommende Vertrautheit des Künstlers mit der anatomischen Struktur menschlicher Gesichtsbildung ist ebenso einzigartig wie die Sicherheit ihrer Darstellung und Umsetzung in künstlerische Form. Mit meisterhafter Hand ist das zugrundeliegende Knochengerüst in seiner tragenden Funktion sichtbar gemacht und zugleich überdeckt von einer vollendeten Wiedergabe der weichen Formteile. Feinste Modellierung, die das Medium des Seins kaum mehr empfinden läßt, setzt bewegende Muskeln von bewegtem Fleisch, schlappe Weichheit von gespannter Härte ab und erreicht dabei ein Höchstmaß atmenden Lebens, das durch das überall angreifende Spiel von Licht und Schatten noch weiter gesteigert wird.

Entscheidend für die faszinierende Wirkung des Werkes ist jedoch, wie es in der einzigartigen Wiedergabe des äußeren Erscheinungsbildes zugleich die Persönlichkeit des Dargestellten insgesamt sichtbar macht – eines Mannes, in dem sich die überlegene Geistigkeit, die wissende Erfahrung und beherrschte Resignation der eigenen Person mit derjenigen eines Volkes verbindet, das zu diesem Zeitpunkt seit den Anfängen seiner Geschichtlichkeit bereits einen Weg von mehr als zweieinhalb Jahrtausenden durchmessen hat. Tatsächlich ist das Bildnis nicht nur der Höhepunkt der ägyptischen

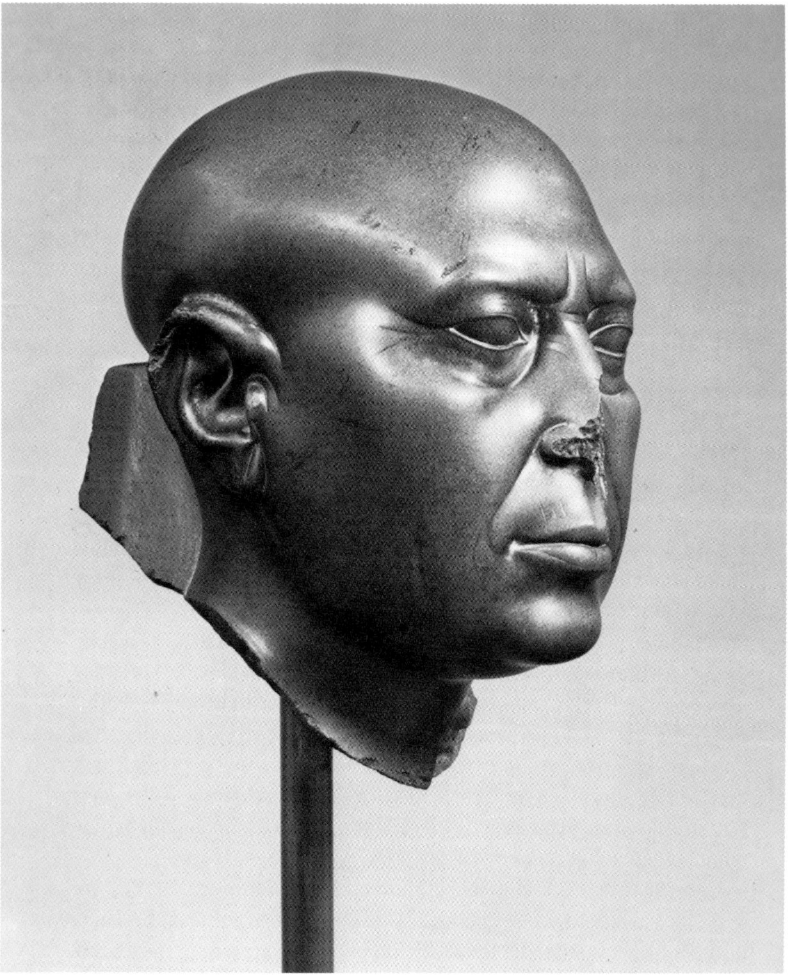

Der ›Grüne Kopf‹. Berlin, Ägyptisches Museum. 27. Dynastie, um 500 v. Chr. Aus dem Handel (Alexandria?). Höhe 21,5 cm. Schist

Kunst des letzten vorchristlichen Jahrtausends, sondern wirkt zugleich wie der siegelhafte Ausdruck der geistigen Situation seinerzeit schlechthin« (Museumskatalog).

## X. 3. Das Flachbild

Auch in der Flachbildkunst der ägyptischen Spätzeit ist die Rückbesinnung auf die traditionsbewußte Vergangenheit zunächst charakteristisch. Diese Rückbesinnung konnten wir immer dann verfolgen, wenn der Staat zu einer neuen Ordnung gefunden hatte, wie wir das nach der ersten Wirrezeit mit dem Beginn des Mittleren Reiches erleben konnten und nach der Zweiten Zwischenzeit zu Beginn des Neuen Reiches. Auch jetzt findet ein derartiger Selbstfindungsprozeß wieder statt, wie wir ihn ablesen können in der Tatsache, daß die Herrscher der 22. und 23. Dynastie etwa die Statuen ihrer Vorgänger usurpiert haben und lediglich ihren Namen an der Stelle des vorhandenen Vorfahren eingemeißelt haben. In der Flachbildkunst der 25. und 26. Dynastie geht man bei der Anlehnung an die Vergangenheit so weit, daß man einige nunmehr gar Jahrtausende alte Vorlagen sklavisch getreu imitiert. Während man früher bei der Anlehnung an Althergebrachtes allmählich die religiösen und gesellschaftspolitischen Bedingungen in das Kunstwerk miteinfließen ließ und ihm damit ein eigenes Gepräge verlieh, beschränkt man sich jetzt in der Tat auf reine Kopiertätigkeit. So wurden Stelen aus dem Bereich der Stufenanlage des Königs Djoser nachgemacht, indem man diese mit einem Quadratnetz überzog, um sie möglichst exakt kopieren zu können. Und von einigen Reliefs im Totentempel des Königs Sahure nahm man Gipsabdrücke.

Das auf S. 298 abgebildete Relief »vereint inhaltliche und formale Entlehnungen aus den Grabreliefs des Alten Reiches mit solchen der mittleren 18. Dynastie. Die eigentliche Schlachtungsszene, in der einem am Boden liegenden, gefesselten Rind in ritueller Weise ein Vorderschenkel abgetrennt wird, gehört zu den häufigsten Darstellungsszenen des Alten Reiches. Während der eine Schlächter hinter dem Rücken des Tieres steht und das Vorderbein mit beiden Händen hochzieht, schneidet es der andere Schlächter knapp am Ansatz ab. Die Wiedergabe der Seitenansicht der beiden Personen, vor allem des rechten Schlächters, dessen linke Schulter nach vorne geklappt erscheint, ist eine ebenso direkte und bewußte Übertragung von Stilelementen des Alten Reiches wie die hieroglyphische Darstellung

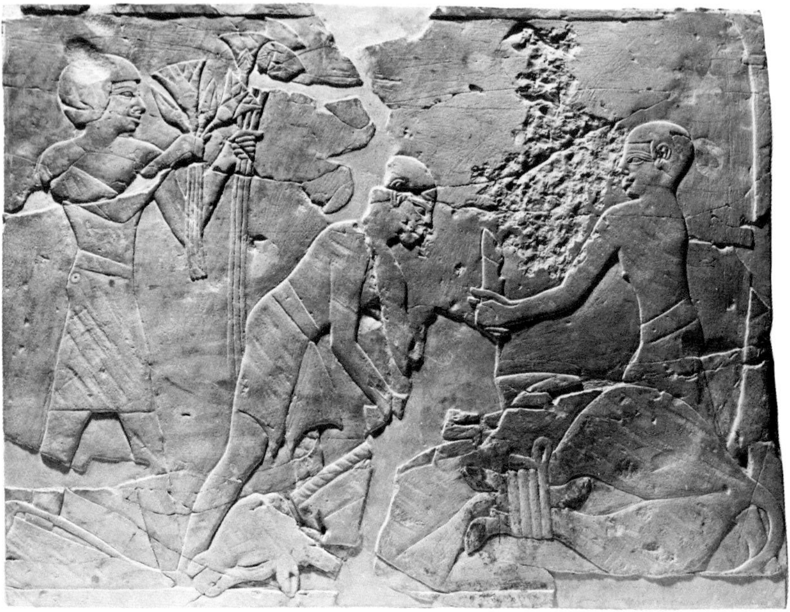

Schlachtszene aus einem thebanischen Grab. München, Staatliche Sammlung Ägyptischer Kunst. 26. Dynastie, 6. Jh. v. Chr. Aus Theben. Höhe 41 cm. Kalkstein

des Rindes und seiner Fesselung. Während jedoch bei den Schlachtungsszenen in den Darstellungen der Gräber von Sakkara häufig eine dritte helfende Person mitabgebildet ist, die ihr Steinmesser schleift, steht hier ein Gabenbringer mit Papyrusstengeln und Lotospflanzen, der einem Grab der 18. Dynastie entstiegen zu sein scheint. Wahrscheinlich wurde dieser Eindruck durch die heute nur mehr in Spuren erhaltene Bemalung noch verstärkt« (Seipel).

# XI. Die nachpharaonische Zeit (ab 332 v. Chr.)

## XI. 1. Die Kunst der Griechen und Römer

Der Sieg Alexanders des Großen über die Perser und sein Einzug in das Niltal im Jahre 332 v. Chr. bedeuten für Ägypten mehr als nur den Wandel von einer Fremdherrschaft zur anderen. Denn anders als die Perser, die sich nur als Besatzungsmacht fühlten, werden die Griechen in Ägypten seßhaft, und damit verbreitet sich griechische Kultur über das gesamte Niltal. Nach dem Tode Alexanders übernimmt dessen Feldherr Ptolemaios die Verwaltung der ägyptischen Provinz, die sich bald einer neuen Blüte erfreut. Im Jahre 305 v. Chr. nimmt Ptolemaios offiziell den Königstitel an und begründet damit das Herrscherhaus der Ptolemäer, deren rund 250jährige Regierungszeit Ägypten zu neuem Ansehen verhilft.

Alexandria entwickelt sich rasch zu einer Metropole griechischen Geistes. Bibliothek und Museion werden gegründet. In dieser Stadt hat Euklid seine ›Elemente‹ und Eratosthenes den Umfang der Erde berechnet und der Arzt Herophilos die Grundlagen zur Anatomie gelegt.

Die ptolemäischen Herrscher fühlen sich als Nachfahren der alten Pharaonen, sie führen deren Titulaturen, und sie errichten wie jene den Göttern des Landes gewaltige Tempelanlagen, an deren Wänden sie sich ganz in der Art der früheren Pharaonen bei der Ausübung kultischer Handlungen darstellen lassen. So gehören gerade die Tempel in Edfu, Dendera, Kom Ombo und Philae zu den kulturgeschichtlich interessantesten Hinterlassenschaften der ägyptischen Geschichte. Der Stil gleicht dem des Neuen Reiches. Hervorzuheben sind bei den Tempelbauten eine neue Art des Kompositkapitells, die Einführung von Säulenschranken sowie das Allerheiligste, das jetzt von einem Umgang umgeben ist. Bei den Relieffiguren fällt

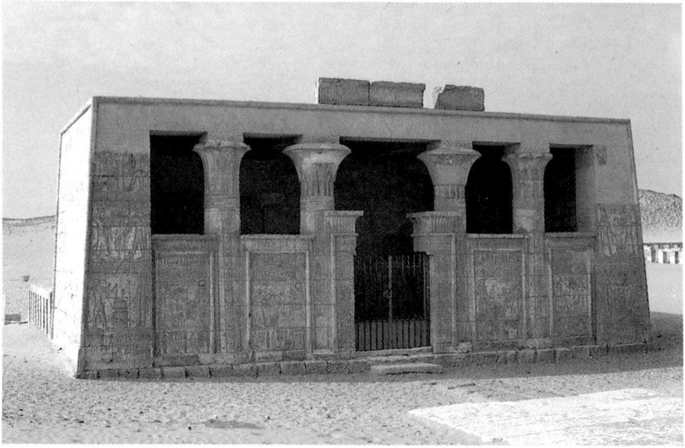

Grabtempel des Petosiris in Tuna el-Gebel. Petosiris war um 300 v. Chr. Hoherpriester des Thot in Hermopolis

eine stärkere Drehung des Körpers vor allem in der Schulterzone sowie eine Zunahme perspektivischer Verkürzungen auf. Die griechische Gewandfigur wird mit ägyptischer Profilstellung kombiniert, die Durchbildung der Körperform erfährt eine Auflockerung, und im Zusammenhang mit einer verfeinerten Porträtkunst kommt es erstmals zu Mumienporträts. Von den Tempeln aus dieser Zeit sind der Horus-Tempel in Edfu und der Doppeltempel in Kom Ombo auf uns gekommen.

Die Tempelanlage in Edfu ist eine der am besten erhaltenen überhaupt. Sie zählt zu jenen imponierenden Bauunternehmungen der Ptolemäerzeit, mit denen sich »die griechischen Herrscher der Unterstützung der ägyptischen Priester zu versichern suchten« (Vandersleyen). Die Größenverhältnisse der Anlage sind beachtlich, die Bauzeiten ungewöhnlich lang. So hat man allein in Edfu 180 Jahre benötigt (237–57 v. Chr.), um die Gesamtanlage fertigzustellen.

Ein besonderes Merkmal der Tempelanlage von Edfu ist allein schon die große Umfassungsmauer. Von den beiden Pylontürmen ausgehend, umschließt sie den großen Hof und die ›Erscheinungs-

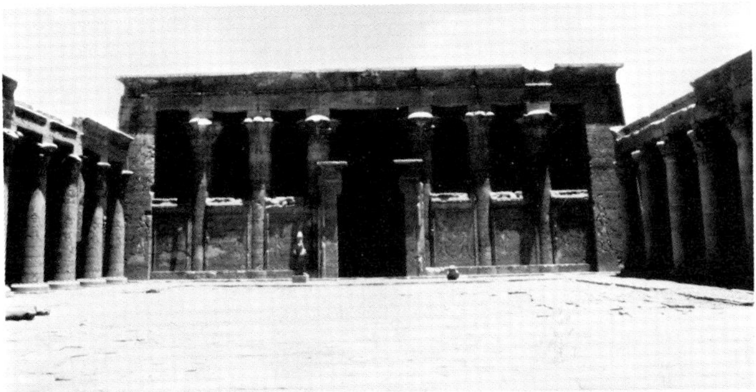

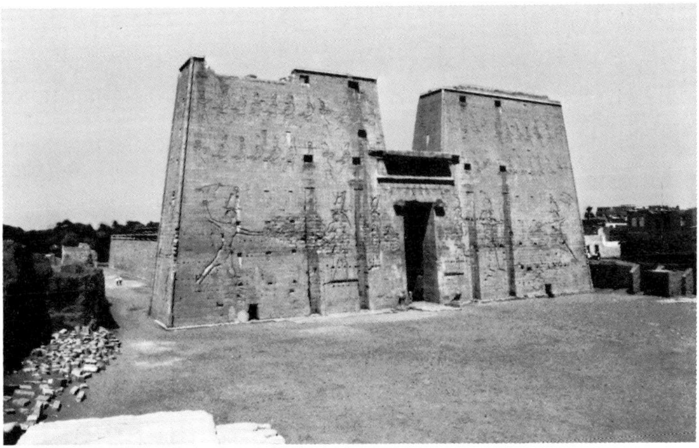

Oben: Säulenschranken versperren den Blick in den Säulensaal des Horus-Tempels zu Edfu. Unten: Der Horus-Tempel in Edfu aus der Ptolemäerzeit (237–57 v. Chr.)

halle‹, ebenso das gesamte Tempelhaus. Die Mauer hat die gleiche Höhe wie der Tempel, und so entsteht rund um das Sanktuarium ein schachtartiger Umgang mit rituellen Darstellungen, »die den Sieg der Götter über die bösen Kräfte feiern, drunter der berühmte dramatische Text von Edfu mit dem Triumph des Horus« (Daumas). Die Funktion dieser Mauern ist vergleichbar den ineinandergestellten Sarkophagen und Schreinen eines Königsgrabes: durch Unheil

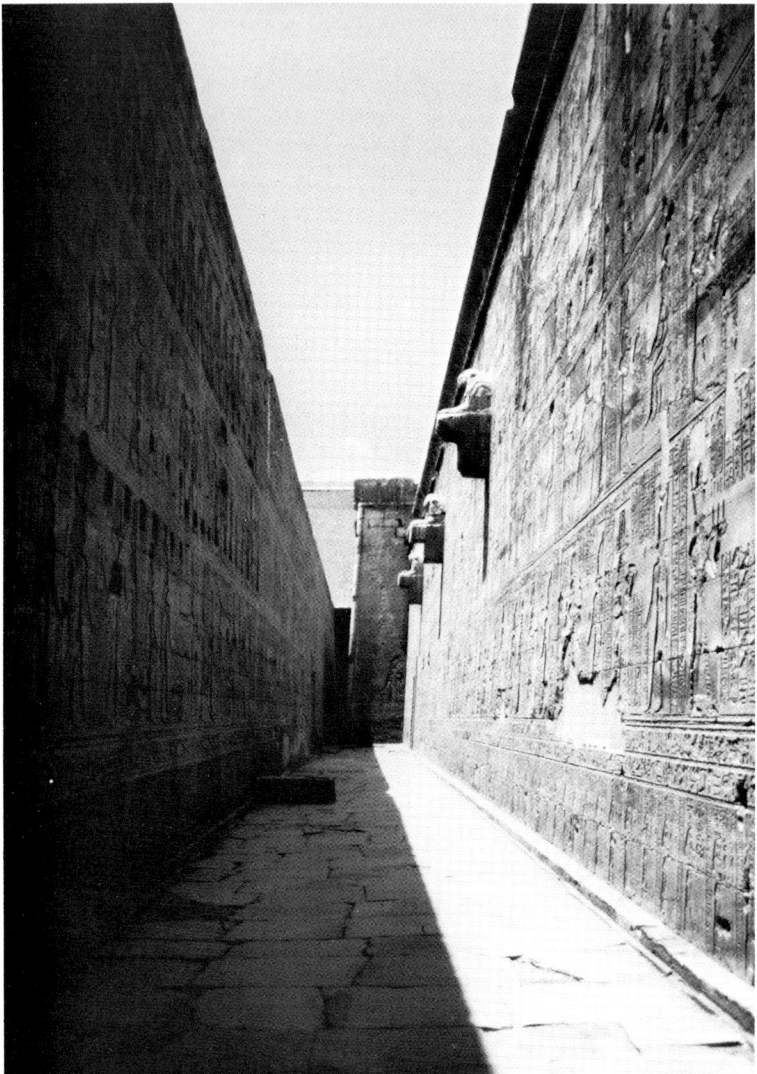

Schachtartiger Umgang im Tempel zu Edfu. Rechts das Tempelhaus mit Wasserspeiern, links die Umfassungsmauer

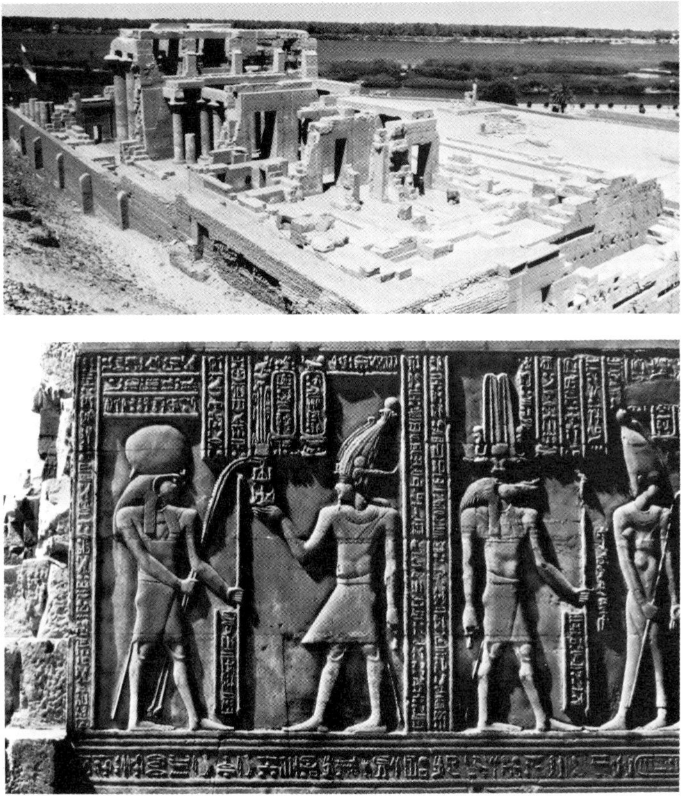

Oben: Der Doppeltempel von Kom Ombo für die Götter Sobek und Haroeris. Unten: Reliefs im Doppeltempel mit den Göttern Haroeris (links) und Sobek (3. Figur von links) (s. a. Farbt. 3)

abwehrende Texte sollen sie dem Heiligtum zusätzlich Schutz verleihen.

Dem Tempel liegt ein Grundriß zugrunde, der seit der Errichtung des Philae-Tempels zu einem feststehenden Bauprogramm gehört (s. S. 289ff.).

In Kom Ombo, dem Zentrum der oberägyptischen Zuckerproduktion, erhebt sich an der großen Schleife des Nil ein Tempelneubau

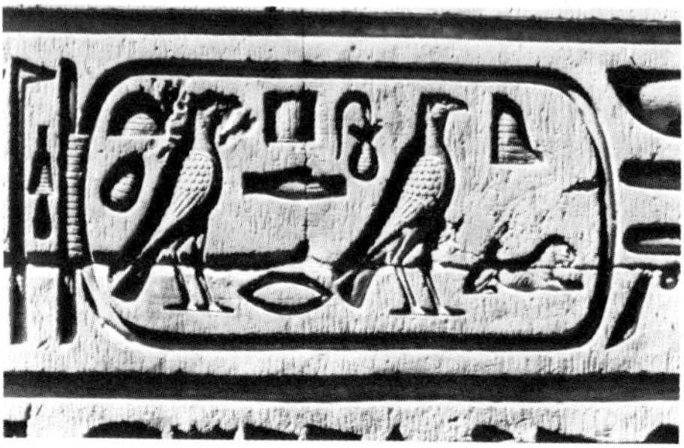

Kartusche mit dem Namen der Kleopatra im Tempel von Kom Ombo

aus der Ptolemäerzeit, der über Bauwerken aus der Zeit von Amenophis I., Thutmosis III. und Ramses III. errichtet wurde. Er zeigt eine sonst nirgends anzutreffende Besonderheit: eine kultisch bedingte Zweiteilung. Denn man verehrte hier sowohl den Krokodilgott Sobek als auch den falkenköpfigen Haroeris, mit denen unterschiedliche Texte und Riten verbunden waren. In der Gesamtanlage folgt der Tempel dem in der Ptolemäerzeit entwickelten Grundtypus, wie wir ihn vom Tempel in Edfu her kennen. Innerhalb dieses Typus aber erfolgt eine entschiedene Untergliederung: vom zweigeteilten Eingang aus verlaufen zwei parallele Raum-Achsen auf die beiden getrennten Sanktuarien zu.

In politischer Hinsicht beginnt die griechische Herrschaft vom 2. Jahrhundert v. Chr. an abzubröckeln. Thronstreitigkeiten, Aufstände und außenpolitische Mißerfolge schwächen die Machtstellung. Kleopatra, die letzte Herrscherin des Ptolemäerhauses, kann sich nur mit Unterstützung der Römer und vor allem mit Hilfe Cäsars auf dem Thron behaupten. Als aber nach Cäsars Ermordung Octavian (der spätere Kaiser Augustus) gegen seinen Rivalen Antonius zu Felde zieht, ihn bei Actium besiegt und Alexandria erobert, nehmen sich Antonius und Kleopatra das Leben. Von nun an wird das Pharaonenreich zur römischen, dem Kaiser unmittelbar unterstellten Provinz.

Das Verwaltungssystem der Ptolemäer wird von der römischen Besatzung übernommen. Griechisch bleibt aber weiterhin die offizielle Verwaltungssprache. Nur die römischen Truppen und die

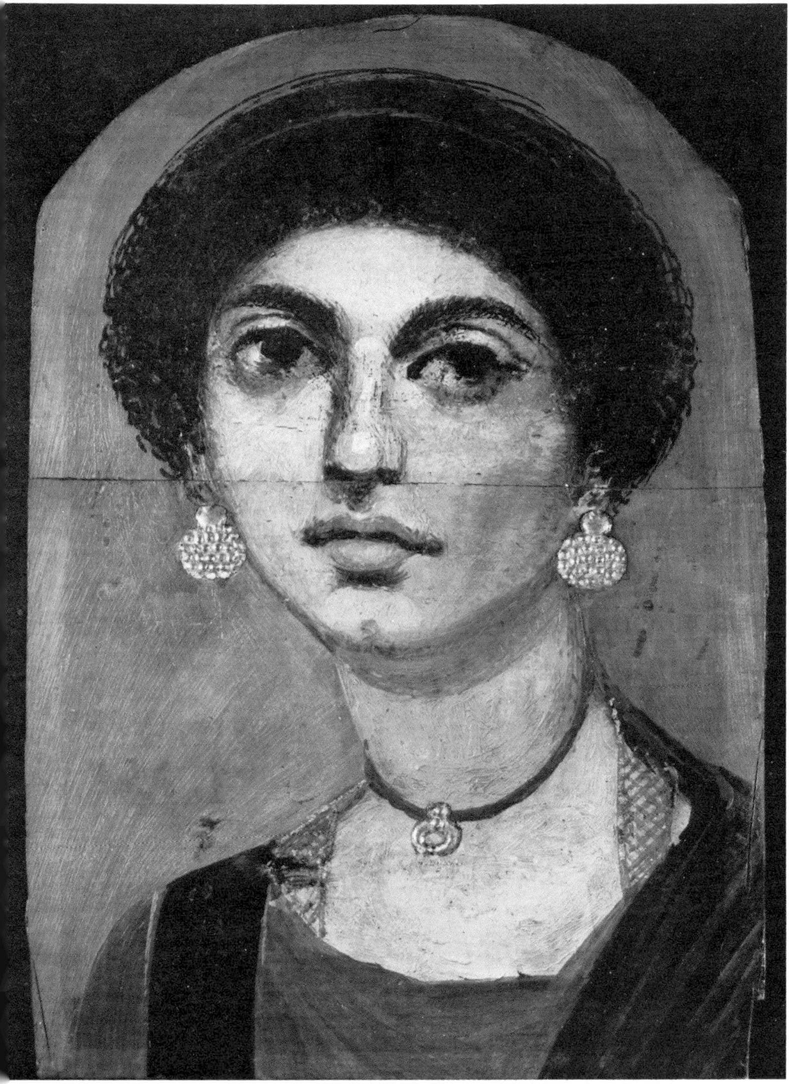

Mumienporträt einer Frau. Berlin, Ägyptisches Museum. 2. Hälfte des 1. Jh. n. Chr. Aus Hawara.
Höhe 32,5 cm. Holz

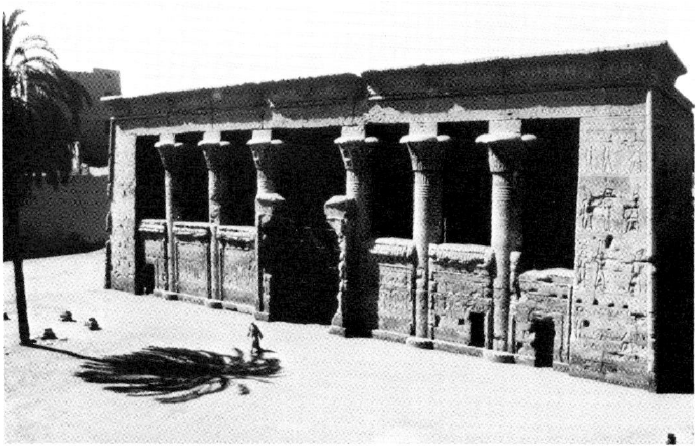

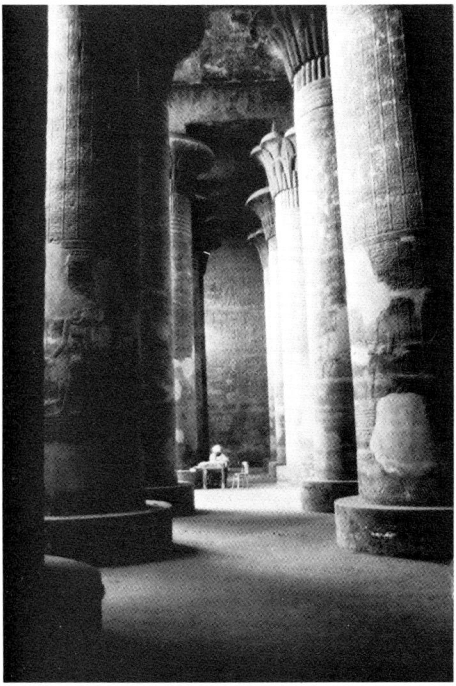

Der Tempel des Gottes
Chnum in Esna

Blick in den Säulensaal
des Esna-Tempels

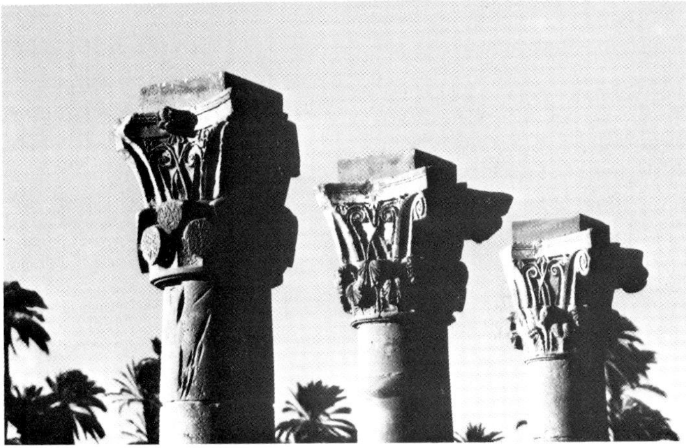

Säulen mit Komposit-kapitellen vor dem Hathor-Tempel von Dendera

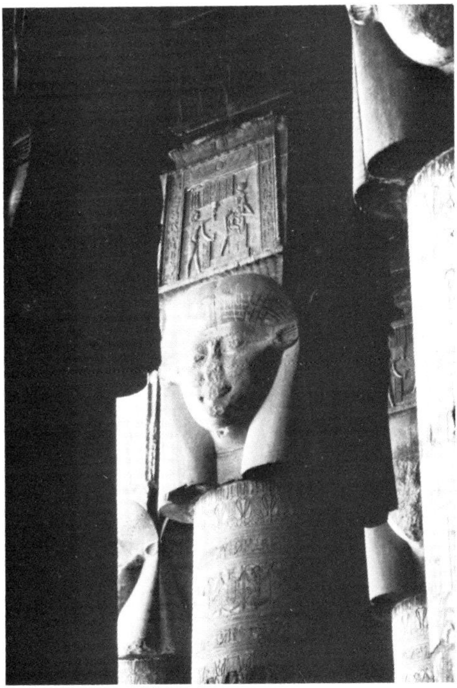

Säule mit Hathor-Kapitell im großen Säulensaal des Tempels zu Dendera

römischen Einwanderer bedienen sich des Lateins. Der Kaiser selbst, der Ägypten wie seinen Privatbesitz behandelt, läßt sich als Pharao darstellen. So scheinen die Voraussetzungen für eine günstige Entwicklung des Landes gegeben zu sein. Tatsächlich wird auch Ägypten zu einer der größten Getreidekammern der antiken Welt und gewinnt eine kaum zu überschätzende Wirtschaftsbedeutung, doch nicht für sich selbst, sondern für das Ausland.

Krypta zur Aufbewahrung von Kultgegenständen im Tempel von Dendera

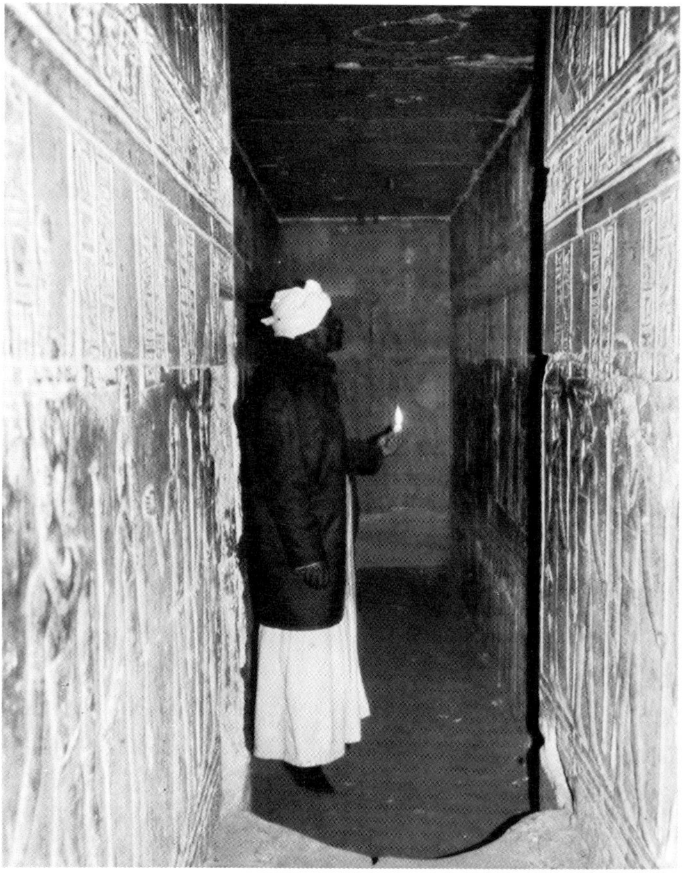

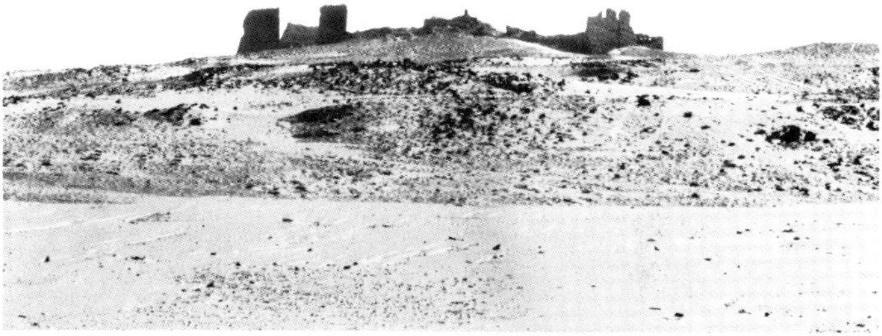

Blick auf die Reste des Tempels von Nadura

Die letzte schöpferische Kunstleistung auf ägyptischem Boden sind die Mumienbildnisse, doch geht der Anstoß hierzu nicht mehr von den Ägyptern, sondern von den Römern aus. Sie übernehmen die Sitte der Mumifizierung und geben den aufgemalten Gesichtern im Sinne ihres Realismus porträthafte Züge (Abb. S. 305). Daneben finden sich Stuckmasken und mit Wachsfarben bemalte Holzbretter, die das Bildnis des Verstorbenen zeigen.

Weniger schöpferisch zu dieser Zeit ist die Baukunst. Man begnügt sich mit der Fertigstellung von Tempeln, die noch unter den Ptolemäern begonnen worden waren, so in Kom Ombo, Esna und in Dendera. Nur vereinzelt entstehen eigene Bauten, wie z. B. der Tempel von Nadura in der Oase El-Charga aus der Zeit von Hadrian und Antoninus Pius.

## XI. 2. Die Kunst der Kopten

Unter Kaiser Nero (54–68 n. Chr.) entwickelt sich das Christentum in Ägypten. Alexandria erweist sich sehr bald als ein Zentrum theologischer Bildung und gewinnt entscheidenden Einfluß auf die frühdogmatischen Festlegungen der christlichen Lehre unter starkem Einschluß griechischer Weltvorstellungen. Von hier aus breitet sich

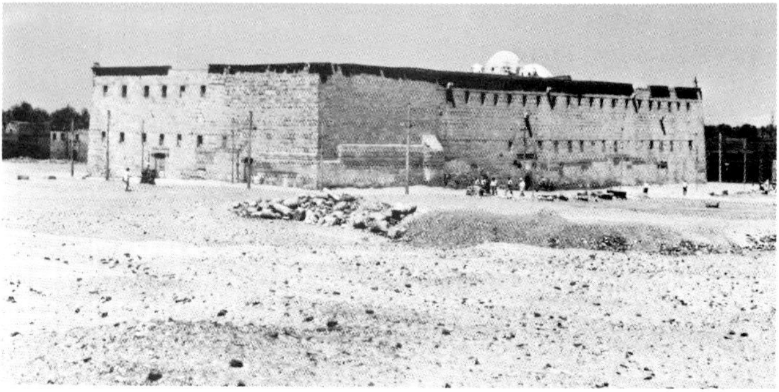

Das Weiße Kloster von Sohag (um 440 n. Chr.)

rasch das Christentum über das ganze Land aus. Bemerkenswert ist in dieser Frühphase die Herausbildung des Mönchtums als einer neuen Form altchristlicher Askese. Es handelt sich hier zunächst um Einsiedler, um Anarchoreten oder Eremiten, die in der Nähe menschlicher Niederlassungen, später auch in völliger Einsamkeit ein Leben der radikalen Weltflucht führen und gegen Dämonen ankämpfen. Das Zusammenleben solcher Menschen in klösterlicher Gemeinschaft ist schon eine jüngere Form dieses frühen Mönchtums. Beide Formen entstehen in Ägypten, die erste um 300 n. Chr., die zweite um 320 n. Chr. Pachomius (292–346), ein Kopte heidnischer Herkunft, gründet 320 bei Tabennese im Norden von Theben auf dem Ostufer des Nil das erste Kloster, dem bald weitere Klöster mit fester Ordensregel folgen.

Bemerkenswert stark war die Stellung des Patriarchen von Alexandria. Als auf dem Vierten Ökumenischen Konzil in Chalcedon im Jahre 451 die in Ägypten verbreitete monophysitische Lehre, wonach die Natur Christi als einzige, gottmenschliche Natur aufzufassen sei, verurteilt wurde, nahm man dies zum Anlaß, sich von der übrigen Kirche zu trennen, was nicht ohne nationale Gesichtspunkte geschah. Die Absonderung der ägyptischen Christen (Kopten genannt) war endgültig besiegelt, als Justinian (527–560) in seinem Streben nach religiöser Einheit die monophysitischen Christen verfolgen ließ. Auch andere Maßnahmen empfand man als gegen

Ägypten gerichtet, so die Schließung der letzten heidnischen Schulen in Alexandria und die Schließung des Isis-Tempels auf Philae, eines letzten Bollwerks altägyptischen Glaubens.

In der Zeit vor der Abspaltung der koptischen Christen von der Reichskirche werden in der christlichen Architektur Ägyptens noch Ideen vertreten, wie sie aus der übrigen Mittelmeerwelt bekannt waren. Im 4. Jahrhundert dominiert daher noch der basilikale Stil, und die Drei-Apsiden-Anlagen stehen mit nordafrikanischen Bauten in Verbindung.

Deutlicher tritt die Eigenständigkeit der koptischen Kunst in Plastik, Malerei und im Kunstgewerbe hervor. Das Koptische erweist sich hier von altägyptischen, spätrömischen und byzantinischen Stilkomponenten beeinflußt. Griechisch-mythologische Aussagen werden christlich umgedeutet, neben christliche Symbole treten altägyptische Segenszeichen, und auch im Verzicht auf die Perspektive erkennt man den altägyptischen Einschlag. Man hat Einflüsse sogar der Sassaniden sowie der Einwanderer aus Palmyra, aus Naba-

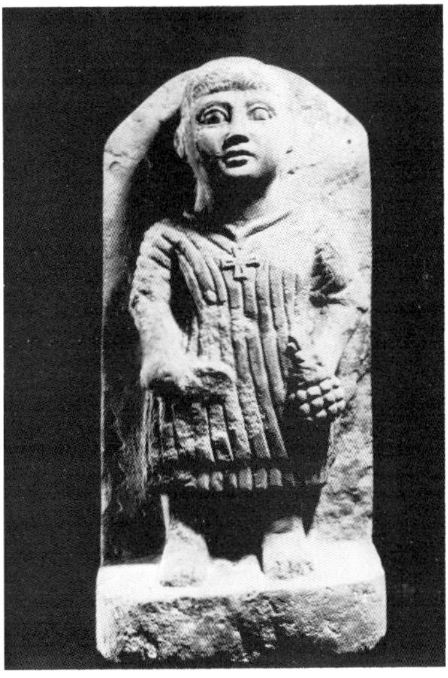

Junger Kopte auf einer Grabstele. Recklinghausen, Ikonenmuseum. Aus Schech Abade. 4. Jh. n. Chr.

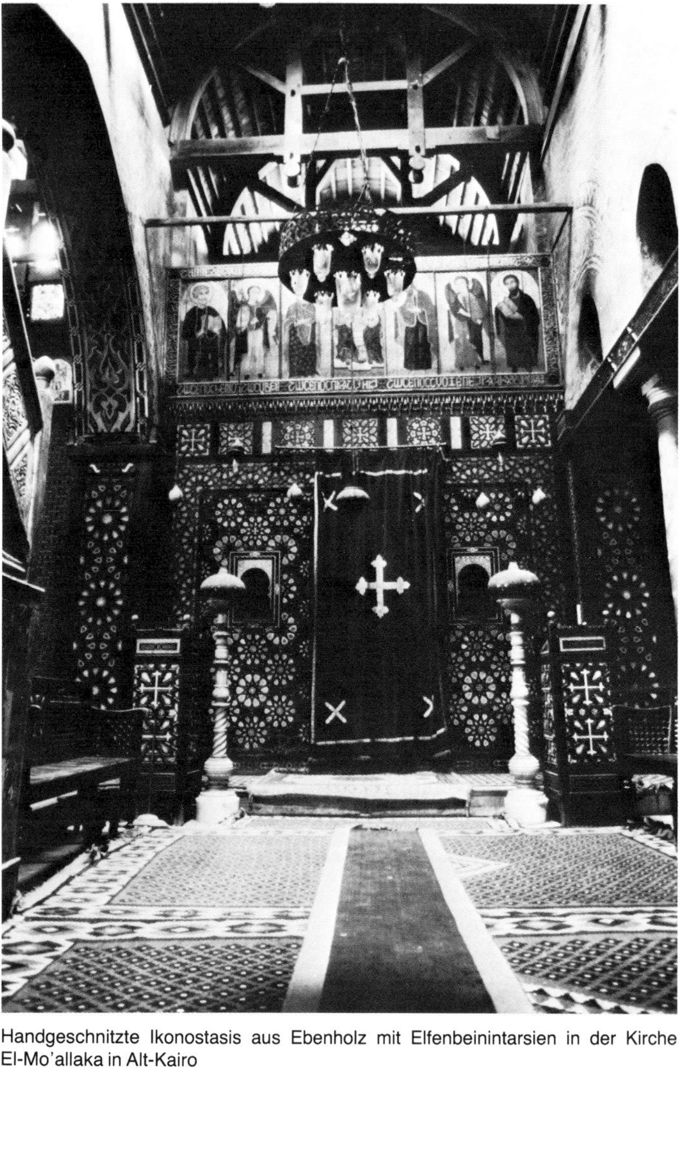

Handgeschnitzte Ikonostasis aus Ebenholz mit Elfenbeinintarsien in der Kirche El-Mo'allaka in Alt-Kairo

tea, Syrien und Persien festgestellt. Neben graziösen Gestalten stößt man auf disproportionierte mit groben Zügen und fremdartigen Formen; neben eleganten, dekorativen Motiven auf solche mit primitivster Ausführung. In der Architektur werden selbständige Lösungen aus der Zeit nach 451 vor allem bei den Klosterkirchen gefunden. Der Grundriß wird zum Quadrat, das sich wieder in kleinere Quadrate aufgliedert, über denen sich Räume mit winzigen Kuppeln erheben.

Das Schisma von 451 und die Konstituierung der monophysitischen Kirche in Ägypten haben ganz sicher ein eigenständiges Kunstempfinden begünstigt. Erst seit dieser Zeit kommt auch die volkstümliche koptische Kunst zur vollen Blüte. Es sind meist Schnitzarbeiten aus Elfenbein und Holz, aber auch Bronzestücke und kultische Gegenstände mit biblischen Szenen. Die Körperdarstellung ist oft plump, das Ornament aber reich entwickelt.

Als die Araber im Jahre 642 nach Ägypten eindringen, verändern sie in kürzester Zeit die damaligen Gewohnheiten. Die koptische Kunst findet ein jähes Ende; sie wird abgelöst von jener der islamischen Eroberer, die darauf aus sind, die im Judentum und Christentum gleichermaßen getrübte Religion Abrahams in ihrer Reinheit wiederherzustellen – eine Lehre, die den Kampf gegen die ›Götzendiener‹ als Glaubenspflicht mit einschließt und so schon von der Idee her einen expansiven und militanten Zug enthält. So kommt es schon zehn Jahre nach dem Tode des Propheten Mohammed in Ägypten zu einem beispiellosen Siegeszug, der das ›typisch Ägyptische‹ in Kunst, Kultur und Religion alsbald zu vernichten trachtet.

# Zeittafel der ägyptischen Geschichte

(Datierung unter besonderer Berücksichtigung der 1978 von Hornung vorgeschlagenen Chronologie; s. Literaturhinweise)

| | | | |
|---|---|---|---|
| **Vorgeschichtliche Zeit** | um 4300–3000 v. Chr. | Narmer (um 3000 v. Chr.) | |
| **Frühzeit** | um 2950–2640 v. Chr. | | |
| 1. Dynastie | um 2950–2770 v. Chr. | Aha, Djer, Wadji, Den, Anedjib, Semerchet, Kaa | • Mastaba-Gräber in Sakkara und Zweitgräber in Abydos |
| 2. Dynastie | um 2770–2640 v. Chr. | Hetepsechemui, Raneb, Ninetjer, Sechemib, Peribsen, Neferkare, Neferkasokar, Hudjefa, Chasechemui | • Königsgräber in Sakkara; Grab des Chasechemui bei Abydos |
| **Altes Reich** | um 2640–2134 v. Chr. | | • Residenz in Memphis |
| 3. Dynastie | um 2640–2575 v. Chr. | | |
| | um 2628–2609 v. Chr. | Nebka | |
| | um 2609–2590 v. Chr. | Djoser | • Stufenmastaba in Sakkara-Nord |
| | um 2590–2583 v. Chr. | Sechemchet | • Stufenpyramide in Sakkara-Nord |
| | um 2583 v. Chr. | Chaba | • Schichtpyramide bei Saujet el-Aryan |

| | | | |
|---|---|---|---|
| | um 2583? v. Chr. | Neferka | • Stufenmastaba (?) bei Saujet el-Aryan |
| | um 2583–2575 v. Chr. | Huni | • Pyramide bei Medum |
| 4. Dynastie | um 2575–2465 v. Chr. | | |
| | um 2575–2551 v. Chr. | Snofru | • Pyramide bei Medum, Knickpyramide und Rote Pyramide bei Dahschur |
| | um 2551–2528 v. Chr. | Cheops | • Pyramide bei Gizeh |
| | um 2528–2520 v. Chr. | Djedefre | • Pyramide bei Abu Roasch |
| | um 2520–2494 v. Chr. | Chephren | • Pyramide bei Gizeh |
| | um 2490–2471 v. Chr. | Mykerinos | • Pyramide bei Gizeh |
| | um 2471–2467 v. Chr. | Schepseskaf | • Mastabat Faraun |
| | um 2467–2465 v. Chr. | Djedefptah | |
| 5. Dynastie | um 2465–2325 v. Chr. | | |
| | um 2465–2458 v. Chr. | Userkaf | • Pyramide in Sakkara-Nord und Sonnenheiligtum bei Abu Gurob |
| | um 2458–2446 v. Chr. | Sahure | • Pyramide bei Abusir |
| | um 2446–2427 v. Chr. | Neferirkare | • Pyramide bei Abusir |
| | um 2427–? v. Chr. | Neferefre | • Pyramide bei Abusir |

| | | | |
|---|---|---|---|
| | um 2420–2396 v. Chr. | Niuserre | • Pyramide bei Abusir und Sonnenheiligtum bei Abu Gurob |
| | um 2396–2388 v. Chr. | Menkauhor | |
| | um 2388–2355 v. Chr. | Djedkare | • Pyramide in Sakkara-Süd |
| | um 2355–2325 v. Chr. | Unas | • Pyramide in Sakkara-Nord |
| 6. Dynastie | um 2325–2155 v. Chr. | | |
| | um 2325–2292 v. Chr. | Teti | • Pyramide in Sakkara-Nord |
| | um 2292 v. Chr. | Userkare | |
| | um 2292–2260 v. Chr. | Pepi I. | • Pyramide in Sakkara-Süd |
| | um 2260–2254 v. Chr. | Merenre I. | • Pyramide in Sakkara-Süd |
| | um 2254–2160 v. Chr. | Pepi II. | • Pyramide in Sakkara-Süd |
| | um 2160–2155 v. Chr. | Merenre II., Nitokris (Königin) | |
| 7./8. Dynastie | um 2155–2134 v. Chr. | Zahlreiche Herrscher | |
| | um 2140 v. Chr. | Ibi | • Pyramide in Sakkara-Süd |
| **Erste Zwischenzeit** | 2134–2040 v. Chr. | | • Residenz bei Herakleopolis |
| 9./10. Dynastie | | Verschiedene Könige | |
| **Mittleres Reich** | 2134–1650 v. Chr. | | • Residenz in Theben |

| | | | |
|---|---|---|---|
| 11. Dynastie | 2134–1991 v. Chr. | | |
| | 2134–2118 v. Chr. | Antef I. | |
| | 2118–2069 v. Chr. | Antef II. | |
| | 2069–2061 v. Chr. | Antef III. | |
| | 2061–2010 v. Chr. | Mentuhotep I. | • Tempelanlage in Theben |
| | 2010–1998 v. Chr. | Mentuhotep II. | |
| | 1998–1991 v. Chr. | Mentuhotep III. | |
| 12. Dynastie | 1991–1785 v. Chr. | | • Residenz in Ititowi |
| | 1991–1962 v. Chr. | Amenemhet I. | • Pyramide bei Lischt |
| | 1971–1926* v. Chr. | Sesostris I. | • Pyramide bei Lischt, Weiße Kapelle in Karnak |
| | 1929–1892* v. Chr. | Amenemhet II. | • Pyramide bei Dahschur |
| | 1897–1878* v. Chr. | Sesostris II. | • Pyramide bei Illahun |
| | 1878–1841? v. Chr. | Sesostris III. | • Pyramide bei Dahschur |
| | 1844–1797* v. Chr. | Amenemhet III. | • Pyramide mit Labyrinth bei Hawara<br>• Pyramide bei Dahschur |
| | 1798–1789* v. Chr. | Amenemhet IV. | • Pyramide bei Mazghuna |
| | 1789–1785 v. Chr. | Nofrusobek (Königin) | • Pyramide bei Mazghuna |

* Zeitliche Überschneidungen ergeben sich aufgrund von Doppelregentschaften.

| | | | |
|---|---|---|---|
| 13. Dynastie | um 1785–1650 v. Chr. | Mehr als 50 Könige, u. a. Chendjer (um 1750 v. Chr.) | • Residenz in Ititowi<br>• Ziegelpyramiden in Sakkara und Dahschur |
| 14. Dynastie | um 1715–1650 v. Chr. | Kleinkönige | • Stadtkönigtümer im Delta |
| **Zweite Zwischenzeit** | um 1650–1540 v. Chr. | | |
| 15. Dynastie | um1650–1553 v. Chr. | Hyksos-Könige | • Residenz in Avaris |
| 16. Dynastie | um 1650–1550 v. Chr. | Vasallen der Hyksos | • Stadtkönigtümer in Unter- und Mittelägypten |
| 17. Dynastie | um 1650–1551 v. Chr. | 15 Könige in Theben | • Residenz in Theben |
| **Neues Reich** | 1552–1070 v. Chr. | | |
| 18. Dynastie | 1552–1306 v. Chr. | | • Felsgräber bei der Residenz Theben sowie diverse Tempelbauten |
| | 1552–1527 v. Chr. | Ahmose | |
| | 1527–1506 v. Chr. | Amenophis I. | |
| | 1506–1494 v. Chr. | Thutmosis I. | • Bau am Karnak-Tempel |
| | 1493–1490 v. Chr. | Thutmosis II. | • Bau am Karnak-Tempel |
| | 1490–1468 v. Chr. | Hatschepsut | • Terrassentempel in Deir el-Bahari, Bau am Karnak-Tempel |

| | | | |
|---|---|---|---|
| | 1490–1436 v. Chr. | Thutmosis III. | • Bau am Karnak-Tempel |
| | 1438–1412 v. Chr. | Amenophis II. | • Bau am Karnak-Tempel |
| | 1412–1402 v. Chr. | Thutmosis IV. | |
| | 1402–1364 v. Chr. | Amenophis III. | • Tempel in Luxor und Theben-West |
| | 1364–1347 v. Chr. | Amenophis IV./ Echnaton | • Residenz Amarna |
| | 1347 v. Chr. | Semenchkare | |
| | 1347–1338 v. Chr. | Tutanchamun | • Residenz Memphis |
| | 1337–1333 v. Chr. | Eje | |
| | 1333–1306 v. Chr. | Haremhab | • Bau am Karnak-Tempel |
| 19. Dynastie | 1306–1186 v. Chr. | | • Seit Ramses II. neue Residenz im Delta (Pi-Ramses) |
| | 1306–1304 v. Chr. | Ramses I. | • Bau am Karnak-Tempel |
| | 1304–1290 v. Chr. | Sethos I. | • Tempel in Abydos und Theben-West, Säulensaal im Karnak-Tempel |
| | 1290–1224 v. Chr. | Ramses II. | • Ramesseum in Theben-West, Felstempel in Abu Simbel, Tempel in Abydos u. a. |
| | 1224–1204 v. Chr. | Merenptah | |
| | 1204–1194 v. Chr. | Sethos II. | • Bau am Karnak-Tempel |
| | 1194 v. Chr. | Amenmesse | |

| | | | |
|---|---|---|---|
| | 1194–1188 v. Chr. | Siptah | |
| | 1188–1186 v. Chr. | Tausret | |
| 20. Dynastie | 1186–1070 v. Chr. | | |
| | 1186–1184 v. Chr. | Sethnacht | |
| | 1184–1153 v. Chr. | Ramses III. | • Tempel in Medinet Habu |
| | 1153–1146 v. Chr. | Ramses IV. | |
| | 1146–1142 v. Chr. | Ramses V. | |
| | 1142–1135 v. Chr. | Ramses VI. | |
| | 1135–1129 v. Chr. | Ramses VII. | |
| | 1129–1127 v. Chr. | Ramses VIII. | |
| | 1127–1109 v. Chr. | Ramses IX. | |
| | 1109–1099 v. Chr. | Ramses X. | |
| | 1099–1070 v. Chr. | Ramses XI. | |
| **Dritte Zwischenzeit** | 1070–712 v. Chr. | | |
| 21. Dynastie | 1070–945 v. Chr. | | • Hauptsitz in Tanis und Theben |
| | 1070–1044 v. Chr. | Smendes | |
| | 1040–990 v. Chr. | Psusennes I. | |
| | 993–984 v. Chr. | Amenemope | |
| | 978–960 v. Chr. | Siamun | |

| | | | |
|---|---|---|---|
| | 960–945 v. Chr. | Psusennes II. | |
| 22. Dynastie | 945-722 v. Chr. | | • Hauptsitz in Tanis und Bubastis |
| | 945–924 v. Chr. | Schoschenk I. | |
| | 924–887 v. Chr. | Osorkon I. | |
| | 862–833 v. Chr. | Osorkon II. | |
| | 839–814 v. Chr. | Takeloth II. | |
| | 814–763 v. Chr. | Schoschenk III. | |
| | 763–758 v. Chr. | Pimui | |
| | 758–722 v. Chr. | Schoschenk V. | |
| 23. Dynastie | 808–715 v. Chr. | | |
| | 808–783 v. Chr. | Petubastis | |
| | um 760/750 v. Chr. | Osorkon III. | |
| | um 740 v. Chr. | Takeloth III. | |
| | um 730 v. Chr. | Rudjamun | |
| 24. Dynastie | 725–712 v. Chr. | | • Fürstenhaus von Sais |
| | 725–718 v. Chr. | Tefnacht | |
| | 718–712 v. Chr. | Bocchoris | |
| **Spätzeit** | 712–332 v. Chr. | | |

| | | | |
|---|---|---|---|
| 25. Dynastie | 712–664 v. Chr. | | • Könige von Kusch residieren in Theben |
| | ?–740 v. Chr. | Kaschta | |
| | 740–713 v. Chr. | Pianchi (Pije) | • Pyramide in Kurru bei Napata |
| | 712–698 v. Chr. | Schabako | |
| | 698–690 v. Chr. | Schebitku | |
| | 690–664 v. Chr. | Taharko | • Kiosk im Karnak-Tempel |
| | 664–656 v. Chr. | Tanwatamun | |
| 26. Dynastie | 664–525 v. Chr. | | • Könige von Sais |
| | 672–664 v. Chr. | Necho I. | |
| | 664–610 v. Chr. | Psammetich I. | |
| | 610–595 v. Chr. | Necho II. | |
| | 595–589 v. Chr. | Psammetich II. | |
| | 589–570 v. Chr. | Apries | |
| | 570–526 v. Chr. | Amasis | |
| | 526–525 v. Chr. | Psammetich III. | |
| 27. Dynastie | 525–404 v. Chr. | Kambyses u. a. | |
| 28. Dynastie | 404–399 v. Chr. | Amyrtaios | |
| 29. Dynastie | 399–380 v. Chr. | | |

| | | | |
|---|---|---|---|
| | 399–393 v. Chr. | Nepherites I. | |
| | 393 v. Chr. | Psammuthis | |
| | 393–380 v. Chr. | Hakoris | |
| | 380 v. Chr. | Nepherites II. | |
| 30. Dynastie | 380–343 v. Chr. | | |
| | 380–362 v. Chr. | Nektanebos I. | • Baubeginn des Philae-Tempels |
| | 362–360 v. Chr. | Teos | |
| | 360–343 v. Chr. | Nektanebos II. | |
| 31. Dynastie | 343–332 v. Chr. | | |
| | 343 … v. Chr. | Artaxerxes III. | |
| | | Arses<br>Darius II. | |
| **Griechische Zeit** | 332–30 v. Chr. | | |
| | 332 … v. Chr. | Alexander d. Gr. u. a. | • Tempel in Dendera, Edfu, Esna und Kom Ombo |
| **Römische Zeit** | 30 v. – 395 n. Chr. | | • Klosterbauten; Tempel von Nadura; Fertigstellung der Tempel in Dendera, Esna und Kom Ombo |
| | 30 … | Augustus u. a. | |
| **Byzantinische Zeit** | 395–642 n. Chr. | | |

# Erläuterungen der Fachbegriffe

**Abakus** Deckplatte des Säulenkapitells.

**Äthiopen** Nubier aus Napata südlich des 4. Nilkataraktes, die während der 25. Dynastie von Theben aus Ägypten beherrscht haben.

**Amduat** Illustriertes Buch mit Schilderungen über ›Das, was in der Unterwelt ist‹. Zum Inhalt hat das Unterweltsbuch (auch ›Jenseitsführer‹ genannt) die nächtliche Fahrt des Sonnengottes von Westen nach Osten durch die Unterwelt. Dort verjüngt er sich und wird allmorgendlich wiedergeboren. Das Amduat bleibt auf das Neue Reich beschränkt, wenngleich es an die Sargtexte des Mittleren Reiches anknüpft und bis zur Ptolemäerzeit tradiert wird. Dem jüngeren Höhlenbuch und Pfortenbuch dürfte es als Vorlage gedient haben.

**Amulett** Gegenstand, der dem Träger als Lebendem oder auch als Totem Schutz gewähren soll.

**Amun** Zunächst Lokalgott von Theben, seit dem Neuen Reich oberster Reichsgott als ›König der Götter‹. Er war nun auch identisch mit dem Sonnengott → Re (Amun-Re). Zusammen mit seiner Gemahlin, der Geiergöttin Mut, und seinem Sohne, dem Mondgott Chons, bildet er die → Triade von Theben.

**Anachoret** Einsiedler, der sich aus religiösen Gründen in die Einsamkeit zurückzieht.

**Annalen** Datenlisten, in denen die Ägypter seit Beginn der geschichtlichen Zeit wichtige Ereignisse aufgezeichnet haben.

**Anubis** Friedhofs- und Totengott. Er erscheint in der Gestalt eines Schakals oder als Mensch mit Schakalskopf.

**Architrav** Steinbalken, der waagerecht auf Säulen, Pfeilern oder Mauern aufliegt.

**Aton** Bezeichnung der Sonne in ihrer natürlichen Erscheinung. Die Aton-Verehrung beginnt erst im Neuen Reich. Seit Amenophis IV. (Echnaton) ist Aton der Eine Gott, der keine anderen Götter neben sich duldet. Dargestellt ist er zunächst falkenköpfig, dann aber als Sonnenscheibe mit nach unten gerichteten Strahlen, die in geöffneten Händen enden. Nach dem Tode von Amenophis IV. ging die Aton-Verehrung wieder zurück.

**Aufweg** Verbindungsweg zwischen dem Taltempel am Rande des Fruchtlandes und dem in der Regel an der Ostseite der Pyramide gelegenen Totentempel. Bis zur 4. Dynastie war der Aufweg nicht überdacht.

**Barke** Als Götterbarke diente dieses Schiff dem Priesterkult.

**Bildzeichen** Zeichen im hieroglyphischen Schriftsystem, das den dargestellten Gegenstand meint und entsprechend zu ›lesen‹ ist. Man nennt dieses Zeichen Ideogramm.

**Blattgold** Gold, das zu feinen Folien ausgehämmert wird.

**Bleiglanz** Metallisch glänzendes, graues oder silberweißes Mineral.

**Bronze** Kupferlegierung aus etwa 90% Kupfer und 10% Zinn. Neben Zinn sind auch andere Zusätze bekannt.

**Cachette** Versteck zur Aufbewahrung von Königsmumien (in Deir el-Bahari) oder von Stifterbildern (im Karnak-Tempel).

**Cheker-Fries** Doldenartiger Fries, offenbar in Stein umgesetzte ausgefranste Schilfmatten-Enden (→ Fries).

**Chepre** Eine Erscheinungsform des Gottes → Re. Chepre stellt die aufgehende Sonne dar. Der → Skarabäus auf dem Kopf ist ein Symbol der Urzeugung, hier bezogen auf die Fähigkeit der Sonne, sich am Ende der Nacht selbst zu erneuern.

**Chnum** Schöpfergott mit Widderkopf, der besonders im Kataraktengebiet von Elephantine verehrt wurde.

**Delta** Buchstabe im griechischen (und koptischen) Alphabet. Als Großbuchstabe hat er das Aussehen eines Dreiecks.

**Demotisch** Sogenannte ›Volksschrift‹; jüngste Schriftform des Hieroglyphischen. Demotisch wurde von 660 v. Chr. bis ca. 452 n. Chr. vornehmlich als Urkundenschrift verwendet.

**Deutzeichen** Zeichen im hieroglyphischen Schriftsystem, das am Ende eines Wortes die Kategorie andeutet, zu der der betreffende Begriff gehört. Man nennt dieses Zeichen Determinativ.

**Diorit** Körniges Tiefengestein, meist hell, grünlichgrau, aus verschiedenen Bestandteilen.

**Dynastie** Herrschergeschlecht, Herrscherhaus.

**Elle** Längenmaß. 1 Königselle = 0,523 m. Sie hat 7 Handbreiten bzw. 28 Finger. Darüber hinaus gibt es noch eine ›Kleine Elle‹ mit nur 6 Handbreiten.

**Eremit** Einsiedler, der aus religiösen Gründen in der Einsamkeit für sich allein lebt.

**Fayence** Gebrannte Ware aus einem Gemisch von → Quarz, Pottasche und Wasser mit einem Zusatz von Kupfersalzen, die eine bläulich-grüne Färbung bewirken.

**Firnis** Dauerhaftes Anstrichmittel aus trocknenden Ölen.

**Flachbild** Flachrelief, → Relief.

**Flechtwerk** Ornament aus geflochtenen Bändern, Zweigen o. ä.

**Fries** In der Architektur ein schmaler Streifen zur Verzierung oder Gliederung von Flächen.

**Gau** Verwaltungseinheit. Ägypten hatte 42 Gaue; davon lagen 22 in Oberägypten und 20 in Unterägypten.

**Geißel** Bezeichnung für einen Fliegenwedel. Hirtenstab und Wedel trug der Pharao als Zeichen von Macht und Würde.

**Hallengrab** Im Fels angelegtes Grab mit großem quadratähnlichen Raum, dessen Decke von → Säulen oder → Pfeilern gestützt wird.

**Harmachis** Sonnengott. Als ›Horus im Horizont‹ eine Sonderform des → Horus sowie eine Bezeichnung des → Sphinx von Gizeh.

**Hathor** Göttin mit ausgeprägt mütterlichen Zügen, meist in Gestalt einer Frau mit Kuhgehörn und Sonnenscheibe, oft auch als Kuh dargestellt.

**Heb-Sed** Jubiläumsfest (→ Sedfest).

**Hieratisch** Kursiv geschriebene Hieroglyphen auf Papyrus, Holz oder Tonscherben; Buch- und Urkundenschrift.

**Hieroglyphen** Bilderzeichen der ägyptischen Schriftsprache, die auf Kunstwerken eingemeißelt oder aufgemalt wurden; Denkmalschrift.

**Hohlkehle** Konkav ausgebildete Mauerbekrönung.

**Horus** Himmelsgott in Falkengestalt. Nach der Osiris-Sage war er der Sohn der → Isis und des → Osiris. Als einer der ältesten und wichtigsten Götter stand er in besonders enger Beziehung zum Sonnengott.

**Horus-Name** → Königsname

**Hyksos** Könige der 15. und 16. Dynastie, die von Asien her in das Deltagebiet vorgedrungen waren und von Auaris aus über Ägypten herrschten.

**Isis** Göttin, Sinnbild für Gattentreue und Mutterliebe. Sie erscheint entweder mit der Thron-Hieroglyphe auf dem Kopf oder mit Sonnenscheibe und Kuhhörnern. Oft sitzt sie mit dem Horus-Knaben auf dem Schoß und stillt ihn. Als Schwester-Gemahlin des → Osiris ist sie die Mutter des → Horus.

**Ka** Seelenbegriff. Er bezeichnet die Lebenskraft, die dem Menschen von Geburt an innewohnt.

**Kanneluren** Senkrecht verlaufende Auskehlungen am Säulenschaft.

**Kanope** Gefäß zur Aufbewahrung von Eingeweiden.

**Kapitell** Oberer Abschluß einer Säule oder eines Pfeilers mit figürlichen oder pflanzlichen Darstellungen.

**Karneol** Rot gefärbter Schmuckstein.

**Kartusche** Oval, das den Vornamen und Geburtsnamen des Königs umschließt. Der Vorname folgt dem Titel *nśwt-bjtj* = König von Ober- und Unterägypten, der Geburtsname dem Titel *s*$^{3}$-*R*$^{c}$ = Sohn des Re.

**Katarakt** Stromschnelle des Nil.

**Königsbart** Umgehängter langer schmaler Kinnbart, den der König (oder die Königin, z. B. Hatschepsut) bei zeremoniellen Anlässen trug. Der Königsbart war im unteren Ende gerade abgeschnitten im Unterschied zu dem nach vorn eingerollten Götterbart.

**Königslisten** Listen mit Namen, Regierungsdauer und Dynastieangabe der Könige. Auf Tafeln kommen auszugsweise nur die Namen vor, so in Abydos, Karnak und Sakkara.

**Königsnamen** Die Könige trugen bis zu fünf Namen: Horus-Name (kommt im → Serech vor), Herrinnen-Name, Goldhorus-Name, Vorname (steht in der → Kartusche), Geburtsname (erscheint in der Kartusche). In der 1. und 2. Dynastie kommen nur der Horus-Name und der Geburtsname vor; seit der 4. Dynastie sind auch die übrigen Namen belegt.

**Königsring** Ovaler Ring, als → Kartusche bekannt.

**Königstafel** → Königslisten.

**Kolonnade** Säulenreihe, Folge von Säulen und Säulenpaaren, die mit einem geraden Gebälk verbunden sind.

**Kompositkapitell** Vereinigung verschiedenartiger figürlicher oder pflanzlicher Elemente im → Kapitell.

**Kopten** Vom griechischen ›Aigyptos‹ abgeleitete Bezeichnung für die christlichen Ägypter.

**Koptisch** Sprache der → Kopten, die mit den Buchstaben des griechischen Alphabets geschrieben wurden.

**Kragsteingewölbe** Mit mehreren horizontalen Steinlagen überdeckter Raum, wobei die einzelnen Steinschichten zur Deckenspitze hin in den Raum hineinragen.

**Krone** Der König trägt bei verschiedenen Anlässen unterschiedliche Kronen, insbesondere die Rote Krone Unterägyptens, die Weiße Krone Oberägyptens, die Doppelkrone von Ober- und Unterägypten sowie die Blaue Krone als Kriegshelm.

**Kultlauf** Ritueller Tageslauf des Königs.

**Labyrinth** Scheinbar ausweglose Anlage mit verwirrenden Gängen.

**Lapislazuli** Blau gefärbter Schmuckstein.

**Lautzeichen** Zeichen im hieroglyphischen Schriftsystem, das eine bestimmte Lautfolge bezeichnet. Man nennt es Phonogramm.

**Malachit** Schwarzgrünes bis smaragdgrünes Mineral.

**Mastaba** Arabisches Wort für Bank; Grabform mit rechteckigem Grundriß und geböschten Wänden.

**Memnon** Nach der Sage ein äthiopischer König, der durch Achilleus bei Troja fiel. – Das Gebiet der Totentempel in der Thebais bezeichnete man als ›Memnoneia‹. Dieser Name leitet sich aus den Thronnamen von Sethos I., Amenophis III. und Ramses VI. ab. Die griechischen und römischen Besucher dieser Gegend hörten in dem Namen ›ihren‹ Memnon.

**Monolith** Bauteil, das aus einem einzigen Steinblock angefertigt wurde.

**Mumie** Leichnam, der durch spezielle Behandlung konserviert wurde.

**Mundöffnung** Ritual zur Beseelung der Mumie und der Statue des Verstorbenen.

**Naophor** Kniefigur, die einen Schrein mit Götterbild festhält.

**Nebenpyramide** Kleinere Pyramide neben der Hauptpyramide, erstmals in der 3. Dynastie. In der Regel liegt sie vor der Südseite der Hauptpyramide.

**Nechen** Königssitz Oberägyptens in vorgeschichtlicher Zeit gegenüber von El-Kab. Nechen, das antike Hierakonpolis, galt zusammen mit der unterägyptischen Stadt → Pe als mythische Hauptstadt.

**Nekropole** Friedhof.

**Nemes-Kopftuch** Tuch aus einem rechteckigen Stoffstreifen, das der König bzw. die Königin anstelle der Krone tragen konnte.

**Neunheit** Kreis von 9 Göttern, anfangs auf Heliopolis bezogen. Später wird der Begriff auf andere Städte übertragen, wobei die Anzahl der Götter von der Zahl 9 abweichen kann; z. B. gibt es eine 15köpfige Göttergesellschaft in Theben, eine 7- oder auch 11köpfige in Abydos.

**Nisut-Biti-Name** → Kartusche.

**Nomaden** Nichtseßhafte Viehzüchter.

**Obelisk** Griechisches Wort für Bratspießchen; → Monolith mit quadratischem Querschnitt. Er besteht aus einem sich verjüngenden Schaft mit abschließendem → Pyramidion. Durchweg aus → Rosengranit.

**Oberägypten** Nil-Tal südlich des Deltas. Die Grenze zwischen Ober- und Unterägypten verlief schon früh in Memphis, der Hauptstadt des Alten Reiches, der ›Waage der beiden Länder‹.

**Obsidian** Schwarzes vulkanisches Glas, das als polierfähiges Material zu Schmuck verarbeitet werden kann.

**Opetfest** Fest des Amun, an dem er vom Karnak-Tempel zu seinem ›südlichen Harem‹ (Luxortempel) nach Luxor zieht. Anfangs feierte man dieses Fest 11 Tage lang, ab der 27. Dynastie sogar bis zu 27 Tage.

**Osiris** Totengott, Herrscher der Toten und Herr des Totengerichts. Er erscheint mumienförmig und trägt Zepter und Wedel. Zusammen mit → Isis und → Horus bildet er eine göttliche Familie.

**Palette** Tafel zum Mischen von Farben.

**Paneel** Holztäfelung oder ein Feld derselben.

**Pantheon** Bezeichnung für die Gesamtheit der Götter einer polytheistischen Religion.

**Pastenrelief** Relief mit eingemeißelten Figuren, in die eine farbige Paste eingelegt ist.

**Pe** Königssitz Unterägyptens in vorgeschichtlicher Zeit bei Buto im Delta. Zusammen mit der oberägyptischen Stadt → Nechen galt die Stadt als mythische Hauptstadt.

**Pektorale** Brustschmuck.

**Pfeiler** Senkrechte Steinstütze mit rechteckigem oder quadratischem Querschnitt. Der Pfeiler besteht aus Basis, Schaft und → Kapitell.

**Pharao** Wort ägyptischer Herkunft mit der ursprünglichen Bedeutung ›Großes Haus‹ = Palast. Seit Amenophis IV. (Echnaton) Bezeichnung für den König.

**Piedestal** Sockel.

**Plastik** Werk der Bildhauerkunst. Als Material kommen Holz, Stein, Kupfer, Bronze, Elfenbein und Ton vor.

**Polytaph** Mehrfachgrab.

**Portikus** Portalvorbau mit säulengestütztem Dach; Säulenhalle.

**Ptah** Schöpfergott und Beschützer der Künstler und Handwerker. Er erscheint in Mumiengestalt und trägt eine Kappe auf dem Kopf. Hauptgott von Memphis, der Residenz des Alten Reiches.

**Ptolemäer** Griechische Herrscherdynastie in Ägypten. Ptolemaios, Feldherr von Alexander dem Großen, begründete diese Dynastie nach dessen Tod. Sie regierte von 323 bis 30 v. Chr.

**Pylon** Griechisches Wort für Einzugstor. Trapezförmige Tortürme am Eingang ägyptischer Tempel.

**Pyramide** In der Geometrie ein Körper mit einem Vieleck als Grundfläche und mit Dreiecksflächen als Seitenflächen, die in der Pyramiden-Spitze eine gemeinsame Ecke bilden. Rauminhalt: ⅓ Grundfläche mal Höhe. In der Baukunst Grabmal mit quadratischem Grundriß und geneigten Dreiecksseiten, die in der Spitze zusammentreffen. Klassische Form der ägyptischen Königsgräber.

**Pyramiden-Anlage** Viergliedrige Anlage mit Taltempel, Aufweg, Totentempel und Pyramide.

**Pyramiden-Text** Text an den Innenwänden einiger Pyramiden des Alten Reiches. Sie handeln von der jenseitigen Existenz des verstorbenen Königs.

**Pyramidion** Pyramidenförmige Spitze eines → Obelisken sowie pyramidenförmiger Abschlußstein einer Pyramide.

**Quarz** Feinkörniges Gestein hoher Härte mit kieseligem Bindemittel, aus Sandstein entstanden.

**Quarzit** Gesteinbildendes Mineral. Viele Varietäten werden als Schmuckstein verwendet, z. B. Bergkristall, Amethyst, Rosenquarz.

**Re** Sonnengott. Ihn verehrte man schon früh besonders als Schöpfergott vor allem in Heliopolis. Er ist gewöhnlich in Menschengestalt dargestellt.

**Relief** Halbplastische Objekte, die aus Holz- oder Steinflächen herausgearbeitet sind. Wir kennen je nach Bearbeitung des Grundes das Tiefrelief (auch versenktes Relief genannt), das Flachrelief, das Halb- und Hochrelief.

**Rosengranit** Kommt in Ägypten nur bei Aswan vor als helles magmatisches Gesteinsmaterial mit Hornblende (Hornblendensyenit). Sehr hart und noch schwerer zu bearbeiten als Granit; gute Polierfähigkeit.

**Rundbild** Andere Bezeichnung für Plastik.

**Sabbah** Arabisches Wort für Dünger, der besonders in Form verfallener Nilschlammziegel in den Trümmern antiker Bauten vorkommt.

**Säule** Senkrechte Stütze aus Stein oder Holz mit kreisförmigem Querschnitt. Sie besteht in der Regel aus der Basis, dem Schaft und dem → Kapitell. Aus der Dreiviertelsäule der 3. Dynastie (Djoser) entwickelte sich in der 5. Dynastie (Sahure) die Vollsäule.

**Saff-Grab** Reihengrab, das in die Bergwand hineingehauen ist. Man wählte diesen Grabtypus in der 11. und 12. Dynastie in Schech Abd el-Kurna (Theben-West).

**Saiten** Könige der 26. Dynastie. Sie herrschten in der damaligen Hauptstadt Sais im Delta.

**Sanktuar** Das Allerheiligste im Tempel.

**Sarkophag** Steinerner Sarg.

**Sa-Re-Name** → Kartusche.

**Scheintür** Nachbildung einer Tür in Stein, später auch in Holz; Opferstätte, wo der Verstorbene den Lebenden empfängt.

**Schen-Ring** Ring vom Aussehen einer → Kartusche.

**Schrein** Kastenartiger Behälter mit meist verzierten Außenflächen.

**Sedfest** Jubiläumsfest. Die Ägypter nannten es damals Heb-Sed. Der König feierte das Fest regelmäßig im Diesseits zur Machterneuerung, im Jenseits zur Innovation seiner göttlichen Kraft.

**Serdab** Arabisches Wort für dunklen Raum. Im Serdab wurde die Statue des Verstorbenen aufbewahrt.

**Serech** Darstellung einer Palastfassade in Stein. In ihr steht, senkrecht geschrieben, der Horus-Name eines Königs; auf ihr thront der Horusfalke.

**Serpentin** Grünliches, gelb- oder rotbraunes Mineral; kommt auch als selbständiges Gestein vor.

**Sirius** → Sothis.

**Sistrophor** Kniefigur, die das → Sistrum in den Händen hält.

**Sistrum** Rasselinstrument mit Griff und → Voluten, das insbesondere zu Ehren der Hathor eingesetzt wurde.

**Skarabäus** Der Käfer, in der Regel aus Fayence, als Grabbeigabe ist Symbol des Sonnengottes.

**Sonnenbarke** → Sonnenschiff.

**Sonnengott** → Re.

**Sonnenschiff** Nach Aussage der → Pyramiden-Texte sollte es dem verstorbenen König die Fahrt durch das Land ermöglichen.

**Sothis** Sirius, Hundsstern. Dieser Fixstern erscheint regelmäßig am 17. Juli unserer Zeitrechnung am Morgenhimmel. Zu Beginn der ägyptischen Geschichte fiel sein Frühaufgang mit dem Einsetzen der Nil-Flut zusammen. Dieses Ereignis erklärte man zum Neujahrstag. Von nun an begann das Neue Jahr beim Frühaufgang der Sothis (astronomisches Jahr) sowie mit dem Einsetzen der Nil-Flut (bürgerliches Jahr).

**Sphinx** Mischwesen, in der Regel mit Menschenkopf und Löwenleib

**Statue** Standbild.

**Statuette** Kleinere → Statue.

**Stele** Senkrecht aufgerichtetes Grabmal mit dem Namen und Titel des Verstorbenen, später auch mit umfangreichem Text.

**Stelophor** Kniefigur, die dem Gott eine → Stele entgegenhält.

**Syenit** Bezeichnung für den → Rosengranit nach der Stadt Syene, dem alten griechischen Namen für Aswan.

**Tauschieren** Verzieren von unedlen Metallen durch Einlegearbeiten mit Edelmetall.

**Temenos-Mauer** Umfassungsmauer einer → Pyramide.

**Thiniten** Herrscher der 1. und 2. Dynastie aus dem oberägyptischen Ort This.

**Titulatur** → Königsname.

**Tonnengewölbe** Gewölbe mit einem Halbkreis-Querschnitt.

**Triade** Dreiheit einer Götterfamilie, bestehend aus Gott, Gemahlin und Sohn.

**Udjat-Auge** Auge des → Horus, von Seth verletzt und von Thot wiederhergestellt (= ›Heilauge‹); zählt als Amulett zu den verbreitetsten Macht- und Schutzzeichen.

**Unterägypten** Gebiet des Nil-Deltas (→ Oberägypten).

**Uräus** Goldene Stirnschlange (Kobra), die der König im Alten Reich als selbständigen Kopfschmuck, vom Mittleren Reich an in Verbindung mit der Krone getragen hat.

**Urhügel** Nach der Schöpfungslehre trat aus dem Urgewässer der Hügel hervor, auf dem das erste Leben als Ei, Vogel, Gott oder Sonne entstand.

**Uschebti** Kleine Figuren in Mumiengestalt, die dem Verstorbenen im Jenseits die Arbeit abnehmen sollten.

**Voluten** Spiralförmiges Teil am Sistrum.

**Votivstatue** Statue, die einer Gottheit dargebracht wird.

**Wesir** Titel des obersten Beamten im Staat, der das höchste Richteramt bekleidete und die Oberaufsicht über alle Verwaltungsstellen innehatte.

**Würfelhocker** Statuentyp für Privatleute. Der Hockende wird von einem langen Mantel eingehüllt, wobei die Figur zu einem Kubus wird.

**Zirkumpolarsterne** Sterne, die nicht unter dem Horizont verschwinden können und deren Winkelabstand vom Himmelspol kleiner als die Höhe des Pols über dem Beobachtungshorizont ist.

# Literaturhinweise


*Ägyptische Kunst München,* München o. J. (Museumskatalog)
*Das Ägyptische Museum Kairo,* Mainz 1986 (Museumskatalog)
*Ägyptisches Museum Berlin,* Berlin 1967 (Museumskatalog)
Aldred, Cyril: *Egyptian art in the Days of the Pharaohs 3100–320 BC,* London 1986 (Reprinted)
Altenmüller, Hartwig: ›Flachbildkunst der Frühzeit und des Alten Reiches‹, in: Vandersleyen, s. u.
Anati, Emmanuel: *Felskunst im Negev und auf Sinai,* Bergisch Gladbach 1981
Arnold, Dieter: ›Architektur des Mittleren Reiches‹, in: Vandersleyen, s. u.
Assmann, Jan: ›Flachbildkunst des Neuen Reiches‹, in: Vandersleyen, s. u.
Assmann, Jan/Burkard, Günter (Herausgeber): *5000 Jahre Ägypten. Genese und Permanenz pharaonischer Kunst,* Nußloch o. J. (1983)
Bosse, Käthe: *Die menschliche Figur in der Rundplastik der ägyptischen Spätzeit von der XXII. bis zur XXX. Dynastie. Ägyptologische Forschungen,* Heft 1, Glückstadt-Hamburg-New York 1936
Brinks, Jürgen: *Die Entwicklung der königlichen Grabanlagen des Alten Reiches. Hildesheimer ägyptologische Beiträge 10,* Hildesheim 1979
Brunner-Traut, Emma: ›Bildostraka und Buchmalerei‹, in: Vandersleyen, s. u.
Conti, Flavio: *Wie erkenne ich Ägyptische Kunst?,* Stuttgart-Zürich 1979
Daumas, François: ›Architektur der Spätzeit‹, in: Vandersleyen, s. u.
Ders.: ›Flachbildkunst der Spätzeit‹, in: Vandersleyen, s. u.
*Echnaton, Nofretete, Tutanchamun,* Hildesheim 1976 (Ausstellungskatalog)
Effenberger, Arne: *Koptische Kunst. Ägypten in spätantiker, byzantinischer und frühislamischer Zeit,* Wien 1976
Eggebrecht, Arne: *Das alte Ägypten. 3000 Jahre Geschichte und Kultur des Pharaonenreiches,* München 1984
Ders.: ›Keramik‹, in: Vandersleyen, s. u.
Ders.: ›Die Kunst im nubischen Gebiet bis zur Zeit der 25. Dynastie‹, in: Vandersleyen, s. u.
*Elfenbein im Alten Ägypten. Leihgaben aus dem Petrie-Museum London,* Erbach 1986 (Ausstellungskatalog)

Feucht, Erika: ›Schmuck‹, in: Vandersleyen, s. u.
Fischer, Henry George: ›Flachbildkunst des Mittleren Reiches‹, in: Vandersleyen, s. u.
*Fünf Jahre. Neuerwerbungen der Staatlichen Sammlung Ägyptischer Kunst München 1976–1980*, Mainz 1980 (Katalog)
*Geschenk des Nils. Aegyptische Kunstwerke aus Schweizer Besitz*, Basel 1978 (Katalog)
*Götter, Pharaonen*, Mainz 1978 (Ausstellungskatalog)
*Graeco Roman Museum Alexandria*, Alexandria o. J. (Museumskatalog)
Grimm, Günter: *Kunst der Ptolemäer- und Römerzeit im Ägyptischen Museum Kairo*, Mainz 1975
Haeny, Gerhard: ›Architektur des Neuen Reiches‹, in: Vandersleyen, s. u.
Hirmer, Max/Otto, Eberhard: *Ägyptische Kunst. Architektur, Plastik, Malerei in drei Jahrtausenden*, 2 Bände, 3. Aufl., München 1979
Hölscher, Uvo: *Die Wiedergewinnung von Medinet Habu im westlichen Theben*, Tübingen 1958
Hornung, Erik: *Grundzüge der ägyptischen Geschichte.* Grundzüge, Band 3. 2., überarbeitete und erweiterte Aufl., Darmstadt 1978
Ders.: *Tal der Könige. Die Ruhestätte der Pharaonen*, Zürich-München 1982
Kayser, Hans: *Die ägyptischen Altertümer im Roemer-Pelizaeus-Museum in Hildesheim*, Hildesheim o. J. (1973)
Kemp, Barry J.: ›Architektur der Frühzeit‹, in: Vandersleyen, s. u.
*Koptische Sammlung des Ikonen-Museums*, Recklinghausen o. J. (Museumskatalog)
Lambelet, Edouard: *Museum Aegiptium. Illustrierter Führer zum Aegyptischen Museum*, 2. Aufl., Cairo 1980
Lange, Kurt/Hirmer, Max: *Ägypten. Architektur, Plastik, Malerei in drei Jahrtausenden*, München-Zürich 1978
Lauer, Jean-Philippe/Altenmüller, Hartwig: ›Architektur des Alten Reiches‹, in: Vandersleyen, s. u.
Leclant, Jean: *Ägypten. Bd. 1: Das Alte und das Mittlere Reich*, München 1979; *Bd. 2: Das Großreich.* München 1980; *Bd. 3: Spätzeit und Hellenismus*, München 1981
*Meisterwerke Altägyptischer Keramik. 5000 Jahre Kunst und Kunsthandwerk aus Ton und Fayence*, Montabaur 1978 (Museumskatalog)
*Die Meisterwerke aus dem Ägyptischen Museum Berlin, Staatliche Museen Preußischer Kulturbesitz*, Belser Kunstbibl., Stuttgart und Zürich 1980
*Museum für altägyptische Kunst in Luxor*, Kairo 1978 (Katalog)
*Nofret – Die Schöne. Die Frau im Alten Ägypten*, Mainz 1981 (Ausstellungskatalog)

*Osiris, Kreuz und Halbmond. Die drei Religionen Ägyptens,* Mainz 1984 (Katalog)
Peck, William H./Ross, John G.: *Ägyptische Zeichnungen aus drei Jahrtausenden,* Bergisch Gladbach 1979
Petrie, Sir W. M. Flinders: *Illahun, Kahun and Gurob,* Warminster/Wiltshire – Encino/California 1974
Schäfer, Heinrich: *Von ägyptischer Kunst,* 4., verbesserte Aufl., Wiesbaden 1963
Schaffran, Emerich: *Ägyptische Malerei,* Stuttgart o. J.
Schüssler, Karlheinz: *Ägypten. Altertümer, Koptische Kunst, Islamische Denkmäler,* 2., durchgesehene und erweiterte Aufl., München und Zürich 1987
Ders.: *Die ägyptischen Pyramiden. Erforschung, Baugeschichte und Bedeutung,* 3. Aufl., Köln 1987
Seidel, Matthias/Wildung, Dietrich: ›Rundplastik der Frühzeit und des Alten Reiches‹, in: Vandersleyen, s. u.
Dies.: ›Rundplastik des Mittleren Reiches‹, in: Vandersleyen, s. u.
Dies.: ›Rundplastik des Neuen Reiches‹, in: Vandersleyen, s. u.
Seipel, Wilfried: *Bilder für die Ewigkeit. 3000 Jahre ägyptische Kunst,* Konstanz 1983
Ders.: ›Kleinkunst und Grabmobiliar‹, in: Vandersleyen, s. u.
*Sen-nefer. Die Grabkammer des Bürgermeisters von Theben,* Mainz 1986 (Ausstellungskatalog)
*Treasures of the Egyptian Museum Cairo,* New York 1969 (Museumskatalog)
*Tutanchamun,* Mainz 1980 (Ausstellungskatalog)
Vandersleyen, Claude: *Das Alte Ägypten,* Propyläen Kunstgeschichte Bd. 15, Berlin 1975
Wenig, Steffen: ›Die Kunst im Reich von Kusch zur Zeit der 25. Dynastie und der Herrscher von Napata‹, in: Vandersleyen, s. o.
Ders.: ›Die Kunst im Reich von Meroe‹, in: Vandersleyen, s. o.
Wildung, Dietrich: *Ägypten vor den Pyramiden. Münchner Ausgrabungen in Ägypten,* Mainz 1981
Ders.: *Sesostris und Amenemhet. Ägypten im Mittleren Reich,* München 1984
Woldering, Irmgard: *Ägypten. Die Kunst der Pharaonen,* Kunst der Welt, 5. Aufl., Baden-Baden 1980
Dies.: *Götter und Pharaonen,* 2. Aufl., Fribourg 1975
Wolf, Walther: *Kulturgeschichte des Alten Ägypten,* Stuttgart 1962
Ders.: *Die Kunst Ägyptens. Gestalt und Geschichte,* Stuttgart 1957

# Abbildungsnachweis

Archäologisches Institut der Universität Zürich S. 283
Bildarchiv Preußischer Kulturbesitz, Berlin S. 296, 305
British Museum, London S. 99
DuMont Buchverlag, Köln S. 2, 21, 31, 45, 47, 87 (beide), 115, 117, 120, 121, 124, 125, 156, 168, 213, 214 (beide), 232, 234/235, 263, 265, 270, 293
Hirmer-Verlag, München S. 27, 29, 114, 126, 134, 170 rechts, 174, 231, 256, 268
Kestner-Museum, Hannover S. 15, 92, 259
Kunsthistorisches Museum, Wien S. 267
Musée du Louvre, Paris S. 102, 110, 284
Office du Livre, Fribourg S. 140, 158, 161, 164, 170 links
Roemer- u. Pelizaeus-Museum, Hildesheim S. 109, 128
Sammlung Kofler-Truniger, Luzern S. 44
Staatliche Sammlung Ägyptischer Kunst, München S. 130, 172 (Leihgabe Wildung), 175, 260, 261, 298
Hans Strelocke, Berlin S. 248
Verlag Philipp von Zabern, Mainz S. 286
Nach: Jean Leclant, Ägypten, Bd. 2, München 1980, Abb. 376 S. 241
Nach: Claude Vandersleyen, Das Alte Ägypten, Berlin 1975, Abb. 62b: S. 196; Abb. 155a: S. 170 oben links
Die übrigen Abbildungen stellte der Autor des Buches zur Verfügung. Ebenfalls vom Autor stammen die Vorlagen für die vordere Umschlagseite und die Farbtafeln, mit Ausnahme der Farbtafel 10, die wir dem Hirmer-Verlag, München, verdanken.

# Register